백암집
栢庵集

동국대학교 불교기록문화유산아카이브사업단(ABC)
본서는 문화체육관광부 지원으로 동국대학교 불교학술원에서 간행하였습니다.

한글본 한국불교전서 조선 42
백암집

2018년 6월 30일 초판 1쇄 인쇄
2018년 7월 10일 초판 1쇄 발행

지은이 백암 성총
옮긴이 유호선
펴낸이 한태식
펴낸곳 동국대학교출판부

주소 04620 서울시 중구 필동로 1길 30
전화 02-2260-3483~4
팩스 02-2268-7851
Homepage http://dgpress.dongguk.edu
E-mail book@dongguk.edu
출판등록 제2-163(1973. 6. 28)
편집디자인 나라연
인쇄처 네오프린텍(주)

© 2018, 동국대학교(불교학술원)

ISBN 978-89-7801-758-9 93220

값 27,000원

이 책의 무단 전재나 복제 행위는 저작권법 제98조에 따라 처벌받게 됩니다.

한글본 한국불교전서 조선 42

백암집
栢庵集

백암 성총 栢庵性聰
유호선 옮김

동국대학교출판부

백암집栢庵集 해제

유호선
국립한글박물관 학예연구관

1. 개요

『백암집』은 성총性聰(1631~1700)의 문집으로 『한국불교전서』 제8책에 수록되어 있다. 성총의 호는 백암栢庵이며, 취미 수초翠微守初의 법을 이었다. 『백암집』은 2권 1책으로, 간행 연대와 장소가 분명치 않은 목판본이 규장각에 소장되어 있고 국립중앙도서관에 필사본이 전한다. 상권에는 시, 하권에는 문이 실려 있는데, 시는 종류를 구분하지 않고 편집되었으며, 증여시와 차운시의 형태가 많다. 문은 기記·서序·상량문·서書·소疏·권선문 등으로 양이 풍부한 편인데 대개 문체별로 모여 있으나 엄격하지는 않다. 이 중에 특히 기記가 많아 사료로서의 가치가 높고, 서書·소疏·권선문도 많다. 무용 수연無用秀演이 쓴 「백암화상문서栢庵和尙文序」가 『무용집無用集』에는 실려 있는데 본 문집에는 실리지 않았다.

2. 저자

　백암 성총의 생애는 『동사열전東師列傳』 및 현재 송광사에 있는 「백암대선사비명栢庵大禪師碑銘」(『조선불교통사』에 수록), 그리고 이능화의 『조선불교통사』 기사 등을 통해 그 내용을 짐작할 수 있다. 이 기록들에 의하면 백암의 법휘法諱는 성총性聰으로, 성姓은 이씨이며 남원 사람이다. 고려 안호부원군의 10세손으로 아버지의 휘諱는 강이고 어머니는 하씨河氏이다.

　숭정崇禎 신미년인 인조 9년(1631) 11월 1일에 출생하여 13세에 순창의 취암사鷲岩寺에 출가, 16세에 법계法戒를 받았다. 18세에 방장산方丈山(지리산)에 들어가 취미 대사翠微大師로부터 9년간 수학하고 그 법을 전수받았으며, 27세에는 곡성에 있는 신덕왕후 강씨의 원당願堂 신덕암神德庵에 거주, 30세에 이르러서는 명산을 두루 유람하였다. 이후 승주 송광사와 낙안 징광사澄光寺, 하동 쌍계사 등의 사찰에 두루 거주하며 후학들을 가르쳤으며, 이때 『치문경훈주緇門警訓註』 3권을 간행하여 많은 학승學僧들을 지도하면서 승려들의 교과서로 제시하였다.

　그는 외전外典뿐만 아니라 시에도 뛰어나 당시 유명한 사대부였던 김문곡金文谷 및 정동명鄭東溟·남일곡南壹谷·오서파吳西坡 등과 교류하였으며, 이들 모두 공문空門의 벗으로 받아들였다.

　숙종 7년(1681), 백암 성총이 50세가 되었을 때 임자도荏子島에 표류 중이던 큰 배가 정박하였다. 그 배에는 명明의 평림섭平林葉(『동사열전』에는 葉平林으로 기록) 거사가 교열 간행한 『화엄경소초華嚴經疏抄』 외에 『대명법수大明法數』, 『화엄경회현기華嚴經會玄記』, 『금강경기金剛經記』, 『기신론기起信論記』 등과 함께 『정토보서淨土寶書』 등 190권의 책이 실려 있었다. 「백암대선사비명栢庵大禪師碑銘」의 음기陰記에 의하면 경經이 표류하여 도착했을 때부터 숙종 21년까지 무려 15년에 걸쳐 5,000개의 판목에 이를 새겨 간행하고 징광사와 쌍계사에 안치하였다고 한다.

한편 숙종 18년(1692) 봄 61세의 나이로 선암사 창파각滄波閣에서 화엄대회華嚴大會를 베풀자 제방의 학자들이 몰려왔으며, 그해 겨울 지리산으로 거처를 옮긴 이후 숙종 26년(1700) 쌍계사 신흥암에서 7월 25일 밤 자정 무렵 열반에 들었다.

백암이 열반에 든 뒤 연일 밤마다 상서로운 빛이 감돌더니, 7일째 되는 날 밤 다비식을 치를 때 그 빛이 확대되어 한 줄기 빛이 남북으로 뻗쳤다. 그리고 3일이 지나 유골을 거둘 때 솔가지 위에서 두 조각 영골靈骨을 수습했으며 송광사와 칠불사 등에 나누어 탑을 세우고 봉안하였다고 한다.

『해동불조원류海東佛祖源流』에 의하면 부휴 선수로부터 벽암 각성碧巖覺性→취미 수초翠微守初→백암 성총栢庵性聰→무용 수연無用秀演→영해 약탄影海若坦→풍암 세찰楓巖世察→묵암 최눌默庵最訥로 이어지는 선맥禪脈은 호남의 대표적 선가禪家로 자리매김하였는바, 백암은 부휴 선수의 정통 계보로서 태고 보우의 법을 이은 9대손에 해당됨을 알 수 있다.

제자로는 수연秀演, 명안明眼, 만훈萬訓 등 20여 명이 있었다고 전한다. 이 가운데 무용은 그의 법제자로서 성총의 강석을 물려받아 임제선종을 이어 갔다. 성총은 불교에 대한 자신의 독창적인 사상을 전개하기보다는 주로 불교 관계 문헌을 수집 정리하고 후진을 양성하는 데 주력했던 것으로 보인다.

한편 백암 성총은 많은 저술을 남겼다고 알려져 있지만, 『동사열전』에 의하면 "백암이 남긴 원고는 십여 편에 달하는데 거의 모두 흩어져 사라지고 겨우 몇 편을 찾아 상재했는데 최상국崔相國이 서문을 지었다."고 했으며 "그의 저술로는 사집私集 2권, 경서經序 9수, 『정토찬백영淨土讚百詠』 및 『백암집』 2권이 전한다."고 했다. 『한국불교전서』에 『백암집栢庵集』 상·하 2권 및 『정토보서』 1권, 『백암정토찬栢庵淨土讚』, 『사경지험기四經持驗紀』 4권, 『치문경훈주』 3권, 『대승기신론소필삭기회편』 4권 등 그의 찬집 및 주석서 등이 실려 있다.

3. 내용과 성격

『백암집』은 성총의 제자 수연秀演(1651~1704)이 편집한 책으로, 285편의 시로 이뤄진 상권과 70편의 문으로 이뤄진 하권으로 구성되어 있다. 일반적인 문집의 구성요건을 갖추고 있지 않은데, 서문이나 발문, 행장 등이 없으며, 시와 문이라는 표제가 보이지 않는다.

그 구성형식을 보면, 상권은 285편의 시로 이루어져 있으며 선미禪味를 드러내는 선시禪詩가 주를 이루고 상당수의 서경시도 보인다. 특히 〈이시천이 보낸 시 제야유당십경에 차운하다(次李詩川寄題野幽堂十景韻)〉는 소나무와 대나무, 매화 그리고 연꽃 등 열 가지 주제를 중심으로 엮은 것으로 서정성이 뛰어나며, 〈폐사가 된 회암사(檜巖廢寺)〉에서는 고려 말의 대표적인 승려였던 나옹 혜근懶翁慧勤(1320~1376)의 선풍이 찬란하던 시절의 회암사가 폐허가 된 것을 보고 안타까운 심정을 드러내고 있다. 요컨대 그의 시는 당시풍을 농후하게 드러내고 있으며 여느 사대부의 시에 뒤지지 않는 시어 구사와 형식미를 보여 준다.

하권에는 70편의 문이 수록되어 있다. 그 내용은 주로 사찰을 짓거나 중수한 기념으로 지은 기記와 불사를 위해 신도들에게 모금을 요청하는 권선문, 그리고 친분이 있는 이들에게 보내는 편지(書)로 구성되어 있다. 구체적인 내용을 보면 다음과 같다.

먼저 순천 송광사에 있는 보조국사 지눌(1158~1210)의 비문을 보면, 원래의 비는 고려의 문인 김군수金君綏가 짓고 유신柳伸이 쓴 다음 보창寶昌이 1211년에 새기고 1213년(강종 2)에 세웠으나 임란으로 비가 무너지고 귀부만 남았다. 이에 백암 성총이 원 비문을 다시 새기고 1678년(숙종 4) 10월에 중건하였다. 따라서 현재 비 전면에는 보조국사의 원 비문을 새기고 후면에는 새로 중건하게 된 배경을 적었으며 건립에 참여한 승려와 재가 신자들을 열거하고 있다. 또한 「모악산 해불암기」에는 해불암은 역대로 고승들이 많이 주석하였으며, 정유재란 때 전소되었으나 그 후 법릉 선사의 중창과 연화 인욱 대선사의 중창으로 가람의 면모를 되찾았다는 사실이 자세히 실려 있다.

이 가운데 최근에 주목받는 글은 「화엄소초후서」로서 "근래에 대장경을 실은 배가 표류하여 우리나라에 왔다. 그 배에는 명나라 평림 섭기윤葉祺胤 거사가 편찬하여 간행한 80권 전부가 있었는데 다행히 내 손에 들어왔다."는 기록이다. 이를 바탕으로 삼아 당시 임자도에 표류된 배를 통해 들어온 불경들이 가흥대장경 속장이라는 연구논문이 발표되었다. 이 논문에서 이종수는 "당시 조선불교계는 이미 화엄경을 필수과목으로 채택해 강원에서 교재로 사용하고 있었지만 화엄경소의 참고서라고 할 수 있는 화엄소초가 없어서 학승들이 화엄의 자세한 뜻에 대해서는 참고할 자료가 없는 실정이었는데, 성총이 중국에서 표류한 『화엄소연의초』를 입수함에 따라 조선 화엄학 연구에 큰 도움이 되었다."고 설명했다.

또한 「옥천사 사적」에서는 담양 옥천사의 사적을 서술할 뿐 아니라 "고구려에 순도를 보내니 때는 소수림왕 2년이었고, 눌지왕 때 묵호자라는 사문이 고구려에 이르니 그때가 신라 19대 왕 시절이라. 또 인도승 마라난타가 진나라를 거쳐 마한으로 오니 진나라 태원 9년 갑신년 침류왕 때이니라. 선각국사(도선국사)가 처음 창건을 도와 모자람을 채우고, 뒤를 이은 귀곡 대선사가 일찍이 주석해 크게 개척, 넓히고 복원하니 점차적으로 총림의 규모가 갖추어졌다."고 하면서 한국에 불교가 전래한 초기 상황을 대략적으로 서술하고 있는데 불교사 연구에 중요한 참고가 된다.

『백암집』의 기문들은 해당 사찰이나 전각들의 개창, 중창 내역을 살필 수 있는 좋은 사료이다. 「신영당기新影堂記」는 영당影堂이라는 당호를 통해 불교이론을 소개한 기記로서, 조사들의 영정影幀이 결코 단순한 그림이 아님을 보이려고 했다. 『장자』의 논리를 빌려 진상眞相과 가상假相이라는 이원적 구분을 해소하고 있다. 「순창 영축산 축암사 불전 중수기(淳昌靈

鷲山鷲岩寺重修佛殿記)는 전라도 순창의 영축산에 있었던 축암 총림에 대해 쓴 기記로 그 내력과 지세 그리고 건물구조 등을 소개하고 있으며,「금산 비장암 독의루기金山臂長菴獨倚樓記」는 강주講主로 전국을 다니다가 비장암에 머물 때, 누각에 올라 느낀 감회를 독의루라는 편액으로 만들었다는 내용을 적은 기문이다.「호남 영광군 구봉산 보현사 연기기湖南靈光郡九蓬山普賢寺緣起記」는 행정行靖이라는 승려가 구봉산에 풀을 엮어 집을 지은 것이 계기가 되었다는 내용이고,「모악산 해불암기母岳山海佛庵記」는 연화蓮華라는 장로가 거처하고 있는 모악산의 해불암에 다녀온 감회를 적은 것이며,「정 염서 거사의 일출암기(丁念西居士日出庵記)」는 정토를 신봉하던 어떤 재가 신도가 암자를 지은 기념으로 부탁하여 지은 것이고,「홍주 팔봉산 용봉사의 새 누각 기(洪州八峯山龍鳳寺新樓記)」는 법당 앞 냇가에 누각을 지은 것을 기념하여 방문하고 그곳에서 느낀 감회를 적은 것이며,「천봉산 자수암의 새로 수리한 동쪽 정자 기(天鳳山慈壽庵新理東亭記)」는 자수암이라는 곳에 들러 느낀 감회를 적었고,「지리산 쌍계사의 대웅전과 팔영루 중수기(智異山雙溪寺重修大雄殿及八詠樓記)」는 쌍계사 대웅전과 누각의 재건이 반백 년이나 연기되어 더 이상 버틸 수 없는 지경에 이르렀으므로 이를 중수하자는 내용이다.「지리산 내원암 제명기智異山內院庵題名記」는 지리산 내원암의 암자 이름을 지으면서 쓴 기문이다.

서문으로는「애련집 서愛蓮集序」에서 애련이라는 승려의 시를 격찬하고 있고,「명천 칠보산으로 돌아가는 지즙 상인을 전송하는 서(送智楫上人還明川七寶山序)」는 승려 지즙이 모든 아름다움을 갖춘 칠보산에 오래 머물렀다는 사실을 들어 이 산이 뛰어나다고 적었으며,「백련사로 가는 칠봉 인 공을 전송하는 시의 서(送七峰印公往住廬白蓮社詩序)」는 여산의 백련사에서 은거했던 인 공이라는 인물의 뜻을 기리면서 쓴 시의 서문이다.「영남으로 유람하는 욱 상인을 전송하는 서(送旭上人遊嶺南序)」는 영남으로 떠나는 욱旭 승려를 위해 지은 서序로 부귀는 뜬구름과 같으므로 막힘없는 마음이 중요할 뿐이라는 내용을 담고 있다.

　편지글도 다수를 차지한다. 「침굉헌에게 답하여 올리는 계(答枕肱軒啓)」는 침굉 현변枕肱懸辯(1616~1684)의 인물됨과 수행정신에 대해 적은 계啓로 침굉이 소나무에 부는 바람이나 물에 비친 달빛처럼 고고하고, 굶주리면서도 수행에 대한 마음을 잃지 않았다고 전하면서 만세의 사표가 될 만하다고 적고 있다. 「전라감사가 보낸 쌀과 필묵에 감사하여 받들어 올리는 계(奉謝湖伯賚光及筆墨啓)」에서는 도를 보는 것에 어찌 상하귀천이 있겠느냐고 하면서, 자신이 승려의 신분인데도 불구하고 융숭한 대접을 해 주어 고맙다는 내용을 적고 있고, 「수월암 주인에게 보내는 통계(通水月庵主啓)」는 오랫동안 가까이 지내던 승려가 수월암에 있다는 소식을 듣고 띄운 계이다. 만나고 헤어지는 것이나 말하고 침묵하는 것 모두가 한 시절의 인연인 듯싶다고 하면서 만나지 못하는 안타까움을 전하고 있다. 「서석산 한 대사에게 회신하는 계(回瑞石閑大師啓)」 역시 오랫동안 떨어져 지내던 석한이라는 승려에게 문안인사로 보낸 계이다. 선과 윤회 그리고 승려의 단출한 살림살이 등에 대해 적고, 널리 부처의 가르침을 펴는 것을 마음으로 삼아 함께 고해의 바다를 건너자는 내용이다. 김 집의에게 그리움을 전하는 「김 집의에게 보내는 편지(寄金執義書)」와 명성을 듣고 마음을 전하고자 했다는 내용의 「조 진사에게 주다(與趙進士)」, 병이 들어 찾아뵙지 못했는데 기별을 주어 고맙다는 내용의 「조 지평에게 회신하는 편지(回趙持平書)」, 안부편지인 「조 양양에게 올리는 편지(上趙襄陽書)」 등이 있다.

　특기할 것으로는 사대부를 넘어서 왕실 인물과의 교유를 보여 주는 자료로 「낭선군에게 올리다(上朗善君)」가 있는데, 이 편지에는 글씨로 유명한 낭선군의 필봉이 삼엄하고 고금에 다시없을 만큼 뛰어나다고 칭송하고 있다. 또 한 편의 「낭원군에게 올리다(上朗原君)」에서는 낭원군이라는 인물이 성처럼 견고하고 반석처럼 무겁다고 칭송하고 있다.

　다음은 권선문들로 「석교 권화소石橋勸化疏」는 장마로 인해 무너진 다리를 다시 건설하여 지나는 사람과 우마차를 편안케 하자는 것이고,「신흥사를 중건하는 권선문(重建神興勸文)」은 옛날에 만여 명의 사부대중들이 오갈 만큼 큰 가람이었던 신흥사가 피폐하였으므로 신도들이 참여하여 다시 일으키자는 내용이며, 신흥사에 관한 다른 한 편의 권선문으로, 기와 굽는 가마를 만들자고 권하는「신흥사의 기와 굽는 가마를 만드는 권선문(神興寺燒瓦窯勸文)」이 있다. 이 신흥사는 백암이 입적한 신흥암을 말하며 이 글들은 모두 말년에 지어진 것으로 보인다. 또한「전일암의 불기와 놋쇠솥에 시주하라는 글(錢日庵化供佛器鍮鐺文)」은 전일암에서 부처를 받드는 정성을 모아 발우를 구워 만든 것을 두고 칭송하고 있으며,「봉갑사 천불을 조소하는 권선문(鳳岬寺雕塑千佛勸文)」은 천불을 조성하기 위해 지었고,「함평 용천사 숙석 보루와 섬돌의 권선문(咸平龍泉寺熟石疊階勸文)」은 절의 돌계단을 만들기 위해 대중들의 뜻을 모으려고 쓴 권문이다. 이 밖에도 지눌의 부도전을 세우기 위한「조계산 보조국사비와 부도전을 새로 세우는 권선문(曹溪山普照國師碑浮屠殿新建勸善辭)」, 화엄사의 전각을 중수하기 위한「구례 화엄사의 장륙전과 불상 조성의 권선문(求禮華嚴寺重建丈六殿兼造像勸文)」, 능가사 팔상전을 지으면서 쓴「팔영산 능가사 팔상전 권연소(八影山楞伽寺八相殿勸緣疏)」등이 있다.

마지막으로 천도소로는「식 상인이 죽은 스승을 천도하는 소(湜上人薦亡師疏)」는 식湜 스님을 천도하기 위해 지은 소로서, 법신도 거울에 비친 형상과 같아서 인연에 따라 나타나고 없어지는 법이니, 형상에 집착하지 말고 성불하라는 내용과 스님의 지극한 은혜에 감사한다는 내용을 담고 있으며,「영 상인이 죽은 부친을 천도하는 소(英上人薦亡父疏)」는 영英이라는 인물의 아버지를 천도하기 위해 지은 소로서 부모의 은혜가 한량없음에 감사하고 부디 열반에 들라는 내용이다. 그 밖에 스승인 취미 수초翠微守初(1590~1668)를 천도하는 소 등이 있다.

4. 가치

『백암집』은 상권은 285수의 시, 하권은 중창·중수기와 권선문, 편지글 등 70편의 문으로 되어 있다. 이 가운데 특기할 것은 그의 불교관을 엿볼 수 있는 화엄, 선, 정토사상에 관한 내용과 유교 교리와 비교한 글 등이다. 「보조국사의 사리를 봉안하는 소(奉安普照國師舍利疏)」에서는 백암이 보조국사 지눌의 수행과 결사활동을 높이 평가하면서 그의 사리를 송광사에 봉안하고 비석과 부도를 세운 점과 또 스승 수초에 대한 글 등에서 자신이 보조 지눌의 선풍과 부휴 선수의 선맥을 잇는다는 계맥의 정체성을 확연히 갖고 있었음을 알 수 있다.

또한 숙종 7년(1681)에 호남의 임자도에 표류한 명나라 배에 가득 실려 있다가 흩어진 불전佛典들을 6년여 만에 수집하고 이를 다시 9년 만인 숙종 21년에 5천 판으로 새겨 간행작업을 완수했다는 기록의 증빙 자료가 되는 『화엄경회편소초』를 다시 간행한 낙성식 경참소(重刊華嚴經會編疏鈔落成慶懺疏)가 있다. 이 글은 『화엄경』 간행을 마치고 적은 글로서 화엄경이 몇몇 사람들에게만 읽히고 대중들에게 널리 알릴 기회가 없었는데, 목판으로 간행하게 되어 그 감회가 크다는 내용을 담고 있다. 한편 그의 정토관을 요약한 「정토사기淨土社記」에서는 "오로지 한 생각으로 마음이 깨끗하면 땅이 깨끗하지 않을 수 없으니, 마음이 깨끗한데도 땅이 깨끗하지 않은 경우는 일찍이 없었으며, 마음이 깨끗하지 않은데 땅이 깨끗한 경우 또한 없었다. 그러므로 정토가 십만 억이나 되는 바깥의 서방에 있겠는가. 눈으로 볼 수 있고 역력히 손가락으로 가리킬 수 있고 걸어서 갈 수 있다."고 하였는데, 유심론적인 정토관을 엿볼 수 있다.

아울러 「호남 담양 법운산 옥천사 사적湖南潭陽法雲山玉泉寺事蹟」은 옥천사의 사적을 쓴 것이지만, 조선 시대의 배불排佛 분위기에 맞서서 불교를 변호하는 성총의 입장이 나타나 있다. 즉 불교의 도는 깨끗하고 무엇인가를 애써 도모하지 않는 것으로 종지를 삼으며, 자비롭게 남을 해치지 않는 것으로 가르침을 삼는다. 비록 세상을 다스리는 데는 그렇게 절실하지 못하지만 진실로 이러한 마음을 미루어 세상 사람으로 하여금 좋은 것을 좋아하고 싫은 것을 싫어할 줄 알도록 함으로써 세간의 바람직한 영역으로 오르게 한다면 그 보탬이 클 것이라고 성총의 개인적인 입장을 토로하고 있다.

5. 참고 문헌

범해 각안, 김두재 옮김,『동사열전』, 동국대학교출판부, 2015.
『숙종실록』
이능화,『조선불교통사』, 동국대학교출판부, 2010.
서울대학교규장각 편,『규장각소장문집해설奎章閣所藏文集解說』7권, 서울대학교 규장각한국학연구원, 2007.

차례

백암집栢庵集 해제 / 5
일러두기 / 28

백암집 상권 栢庵集上

시-285편

비 온 뒤 찾은 향적사 雨後訪香積寺 ……… 31
학천 상인과 이별하며 別學天上人 ……… 32
바다 어귀를 바라보며 望海門 ……… 33
산속 가을밤 행각하는 도반들을 생각하며 山中秋夜憶途中諸侶 ……… 34
가을날의 심회 秋懷 ……… 35
벗을 떠올리며 憶故人 ……… 36
동강에서 이별시를 건네다 東江贈別 ……… 37
가을밤 홀로 앉아서 秋夜獨坐 ……… 38
산에 올라 入山 ……… 39
백운 산인에게 주다 贈白雲山人 ……… 40
강가를 거닐다 江上行 ……… 41
대나무를 읊다 詠竹 ……… 42
귤을 읊다 詠橘 ……… 43
휘 상인의 방에 부치다 題暉上人房 ……… 44
골짜기 마을 峽村 ……… 45
황령사에 부치다 題黃嶺蘭若 ……… 46
관서로 가는 여악 산인을 보내며 送廬岳山人遊關西 ……… 47
숨어 살면서 幽居 ……… 48
서암 노인에게 주다 贈瑞岩老人 ……… 49
관서로 돌아가는 월암 인 상인을 보내며 送月庵仁上人歸關西 ……… 50
봄날 느낌이 있어서 春日有感 ……… 51

차운하여 선객에게 주다 次韵贈禪客 ········ 52
화첩에 쓰다 題畵帖 ········ 53
숨어 지내며 幽居 ········ 54
한가로이 거닐다 閑行 ········ 55
맑은 봄날 春晴 ········ 56
능 상인에게 주다 贈能上人 ········ 57
정 서천에게 올리다 上鄭舒川 ········ 58
동명이 우 상인에게 준 시에 차운하다 次東溟贈宇上人韵 ········ 59
낙동강을 건너며 渡洛東江 ········ 60
여름날 비 온 뒤 진락대에 올라 夏日雨後登眞樂臺 ········ 61
해심 대사에게 보내다 寄海深大師 ········ 62
순일 사미에게 주다 贈順一沙彌 ········ 63
양무중의 만시 挽楊茂中 ········ 64
적성의 큰선비 양무중에게 보내다 寄赤城楊碩士【茂仲】 ········ 65
웅 스님에게 보내다 寄雄師 ········ 66
가을밤 빗소리 들으며 秋夜聽雨 ········ 67
송광사에서 송 수재의 시에 차운하다 松廣寺次宋秀才韵 ········ 68
다시 앞의 운을 사용하다 再用前韵 ········ 69
산으로 떠나는 천풍산인 응화를 보내며 送天風山人應和歸山 ········ 70
이 석사의 시에 차운하다 次李碩士韵 ········ 71
암 스님 시에 차운하다 次庵師韵 ········ 72
구수 상인 지밀에게 주다 贈九岫上人智密 ········ 73
와룡산으로 떠나는 일 상인을 전송하며 送一上人歸臥龍山 ········ 74
또 又 ········ 75
서 거사의 방문에 감사하며 謝徐居士來訪 ········ 76
능주 김 목사를 이별하며 留別綾州金使君 ········ 77
기 스님의 시에 나중에 차운하다 追次機師來韵 ········ 78
근친하러 가는 관 상인을 전송하며 送寬上人歸覲 ········ 79
윤 상인에게 주다 贈允上人 ········ 80
묘휘 사미에게 주다 贈妙輝沙彌 ········ 81
성담에게 이별하며 주다 贈性湛別 ········ 82

선승에게 주다 贈禪者 83
박 운사가 보낸 시에 차운하다 次朴運使來韵 84
임경당에서 운대 박태손의 시에 차운하다 臨鏡堂次朴運臺【泰遜】韵 85
수재 노황이 보낸 시에 차운하다 次盧秀才【榥】來韵 86
연 대사가 성천 상인을 전송한 시에 차운하다 次璉大師送性天上人韵 87
안 순천에게 보내다 寄安順天 88
최 생원의 시에 차운하다 次崔生員韵 89
무령군 모악산에 올라 登武靈母岳山 90
또 又 91
모악산 정상에 올라 지리산을 바라보며 登母岳頂望智異山 92
김 석사가 보낸 시에 급히 차운하다 走次金碩士來韵 93
천 상인의 시에 차운하다 次韵天上人 94
시천의 시에 차운하다 次詩川韵 95
이 시천이 보낸 시 〈제야유당십경〉에 차운하다 次李詩川寄題野幽堂十景韵 96
거사에게 주다 贈居士 99
즉흥시 即事 100
육조 게송의 운을 써서 명 수좌에게 주다 用祖偈韵贈明首座 101
천풍루에서 바다를 바라보며 天風樓望海 102
비 온 뒤 누각에 올라 양 수사의 시에 차운하다 雨後登樓次梁秀士韵 103
산속에서 山中 104
봄날 저녁 길에서 途中春暮 105
웅 스님께 드리다 寄雄師 106
합천 가는 길 陜川途中 107
밤에 월성 영재에 앉아 가야금 소리 들으며 돌아갈~ 月城鈴齋夜坐聽琴思歸 108
차운하여 선 상인에게 주다 次韵贈善上人 109
가을날 산속에서 임 석사에게 보내다 山中秋日寄林碩士 110
죽림 처사에게 보내다 寄竹林處士 111
진사 박세혁의 시에 차운하다 次朴進士世赫韵 112
산속의 가을비 山中秋雨 113
옛 절로 돌아가는 원 스님을 전송하며 送圓老師歸故寺 114
가을날 저녁 산을 나가 우연히 읊다 秋晚出山偶吟 115

묘원 선사가 게를 구하여 입으로 외워 보이다 妙圓禪師求偈口號誦示 116
조 정언에게 주다 寄趙正言 117
고요할 때 집구하여 서울의 여러 군자에게~ 靜中集句戲呈洛下諸君子 118
초겨울 우연히 읊다 初冬偶吟 119
태위 김 상서를 알현하러 서울로 가는 사람을 전송하며 送人之京謁太尉金尙書 120
진락대에 올라 송 수재에게 보내다 登眞樂臺寄宋秀才 121
방장산에 들어가는 스님을 전송하며 送僧入方丈山 122
해 상인에게 재미 삼아 보내다 戲寄海上人 123
조 진사에게 주다 贈趙進士 124
정 수사의 시에 차운하다 次鄭秀士韵 125
신 대사의 시에 차운하다 次信大師來韵 126
인 스님에게 보내다 寄印師 127
이 석사의 시에 차운하다 次李碩士韵 128
하 수사의 시에 차운하다 次河秀士韵 129
하 수재와 이 수재가 유마사에 머문다는~ 聞河李兩秀才寓維摩寺寄示二絶 130
차운하다 次韵 131
해심 대사에게 보내다 寄海深大師 132
봄날 용문사에서 설암 도인이 방장산에~ 春於龍門寺送雪岩道人歸方丈山 133
범패승 정에게 주다 贈淨魚山 134
상 사미에게 주다 贈祥小師 135
길 떠나는 고령의 정 산인에게 주다 贈古靈山人淨行脚 136
호서 청산현으로 돌아가는 김 수재에게 주다 贈送金秀才歸湖西靑山縣 137
선승에게 조응하여 화답하다 調應和禪子 138
영남으로 가는 순 상인을 전송하며 送淳上人遊嶺南 139
공 상인에게 재미 삼아 주다 戲贈珙上人 140
우연히 읊다 偶吟 141
잠에서 깨어 夢覺 142
욕천 영재에서 맹 사군이 운자를 부르다 浴川鈴齋孟史君呼韵 143
연 스님에게 주다 贈演師 144
호 장로에게 보내다 寄浩長老 145
행각승에게 주다 贈行脚僧 146

밤에 범음을 듣고 범패승 채영에게 주다 夜聞梵音贈彩英魚山 ……… 147
복천의 이 처사에게 주다 寄福川李處士 ……… 148
묘현 상인이 시로 가르침을 구하자 재미 삼아~ 妙玄上人以詩求敎戱次其韵 ……… 149
고 상사 이재의 은거지에 쓴 시를 보내다 寄題故李上舍【滓】幽居 ……… 150
산속에서 우연히 쓰다 山中偶題 ……… 151
상사일에 시내를 따라 걷다 上巳日溪行 ……… 152
죽림 거사의 시에 차운하다 次竹林居士韵 ……… 153
고금당의 시에 차운하다 次皷琴堂韵 ……… 154
승지 동명 정두경 시에 공경히 차운하다 次敬東溟鄭【斗卿】丞旨韵 ……… 155
영주로 돌아가 양산에 들어가는 오 상인을 전송하며 送悟上人歸瀛洲入陽山 ……… 156
늦은 봄 暮春 ……… 157
송광사 수각에 부치다 題松廣寺水閣 ……… 158
어부漁父 ……… 159
삼월 이십구일에 죽암의 중이 화려한 종이~ 三月二十九日竹庵僧送華牋~ ……… 160
늦은 봄 우연히 읊다 暮春偶吟 ……… 161
한가하게 마음대로 읊다 閑中雜咏 ……… 162
종성 강백년의 시를 공경히 차운하여~ 敬次姜鍾城栢年韵送根上人還七寶山 ……… 163
가을밤 나그네 심정 秋夜旅懷 ……… 164
벗의 무덤을 지나며 過故人若堂 ……… 165
황매 처사의 초당에 부치다 題黃梅處士草堂 ……… 166
장 봉의의 교외에 있는 집에 부치다 題張鳳儀郊居 ……… 167
산의 샘물 山泉 ……… 168
수재 박정필의 시에 차운하다 次朴秀才廷弼韵 ……… 169
입춘立春 ……… 170
봄을 보내며 送春 ……… 171
고향의 승려와 이별하고 留別同鄕僧 ……… 172
동명이 다른 이에게 준 시에 삼가 차운하다 敬次東溟見寄人 ……… 173
봄을 보내며 送春 ……… 174
백운산에서 방장산으로 돌아가는 수 상인을 전송하다 寓白雲山送修上人歸方丈 ……… 175
산속에서 山中 ……… 176
여름날 절구 한 수 夏日絶句 ……… 177

차례 • 19

차운하여 건 상인에게 주다 次韵贈健上人 ……… 178
병이 들어 읊다 病中吟 ……… 179
저녁에 노봉을 바라보며 晚望爐峯 ……… 180
거미줄에 걸린 나비를 놓아주며 放觸蛛網蝶 ……… 181
청개구리 靑蛙 ……… 182
두승산 원통암 斗升山圓通庵 ……… 183
비 내리는 밤 고향을 생각하며 雨夜憶故山 ……… 184
이름을 구하는 승려에게 주다 贈求名僧 ……… 185
박 장군에게 주다 贈朴將軍 ……… 186
학사 최치옹의 시에 차운하다 奉次崔學士致翁韵 ……… 187
봄날의 흥취 春興 ……… 188
사군 김지성이 참봉 양종호의 물가 정자에서~ 聞金使君之聲宴楊叅奉鐘湖~ ……… 189
강촌 江村 ……… 190
가을밤 구봉자를 생각하며 秋夜憶龜峯子 ……… 191
그윽한 곳에 살며 마음대로 읊다 幽居雜咏 ……… 192
징군 유진석에게 받들어 보내다 奉寄柳徵君【震錫】 ……… 193
만사 挽人 ……… 194
백곡의 시에 차운하여 찬 스님에게 보이다 次白谷韵示粲師 ……… 195
담허재에 부치다 寄澹虛齋 ……… 196
침허 장로가 백련사로 옮겨 간 소식을 듣고~ 聞枕虛長老移入白蓮社以寄 ……… 197
조 학사의 운에 삼가 화답하다 奉和趙學士來韵 ……… 198
복천 수령이 돌아감을 듣고 절구를 보내다 聞福川宰解歸以寄絶句 ……… 199
승평군재에서 자면서 안 사군에게 드리다 宿昇平郡齋呈安使君 ……… 200
낭선군께 받들어 드리다 奉寄朗善君 ……… 201
선승에게 주다 贈禪者 ……… 202
시산 조 사군에게 주다 寄詩山趙使君 ……… 203
박 교리에게 보이다 呈朴校理 ……… 204
시산현재에서 조 사군을 대하여 임 학사에게~ 詩山縣齋對趙使君示林學士 ……… 205
조 낭중에게 받들어 보내다 奉寄趙郎中 ……… 206
또 又 ……… 207
와룡산 연 스님에게 보내다 寄臥龍山演師 ……… 208

김 집의에게 드리다 寄呈金執義 ……… 209

송광사에서 사군 안후태에게 드리다 松廣寺呈安使君【后泰】……… 210

청류동 淸流洞 ……… 211

조계산에 있으면서 유방승을 전송하다 寓曹溪山送遊方僧 ……… 212

박 수재의 시에 차운하다 次朴秀才韻 ……… 213

양 처사의 초당에 부치다 題楊處士草堂 ……… 214

협곡 마을 峽村 ……… 215

황령사에 부치다 題黃嶺蘭若 ……… 216

유 수재가 제영당에 부친 시에 차운하다 次柳秀才寄題影堂韻 ……… 217

김 사군이 서울로 들어감을 받들어 전송하다 奉送金使君入洛 ……… 218

둘째 수 其二 ……… 219

돌아가는 제비 歸鷰 ……… 220

북으로 떠나는 승려를 전송하며 送僧歸北 ……… 221

북쪽 오봉산으로 돌아가는 현해 스님을 전송하며 送懸解師北歸五峯山 ……… 222

둘째 수 其二 ……… 223

관동으로 돌아가는 승려를 전송하며 送僧歸關東 ……… 224

폐사가 된 길상사에 묵으면서 宿吉祥廢寺 ……… 225

속인에 대한 만시 挽俗人 ……… 226

눈 내린 뒤 달밤에 장 수재에게 차운하다 雪後月夜次張秀才 ……… 227

산중의 심회를 적어 장 수재에게 보이다 山中書懷示張秀才 ……… 228

이별하며 학민에게 주다 留別贈學敏 ……… 229

창주의 찰방 정광연에게 받들어 보내다 奉寄滄洲鄭察訪【光淵】……… 230

둘째 수 其二 ……… 231

셋째 수 其三 ……… 232

넷째 수 其四 ……… 233

최규에게 주다 贈崔珪 ……… 234

승지 정동명에게 올리다 寄上東溟鄭丞旨 ……… 235

학봉이 순 장로의 선실에 부친 시에 차운하다 次鶴峯寄題順長老禪室韻 ……… 236

둘째 수 其二 ……… 237

과거 보러 가는 강 선사 형제를 전송하며 送姜選士昆季赴擧 ……… 238

나그넷길에 비 온 뒤 우연히 읊다 客中雨後偶題 ……… 239

지헌 사미에게 차운하여 보내다 次寄志軒沙彌 240
앞의 운을 거듭 사용하여 백련암에 부치다 疊用前韻寄題白蓮庵 241
지헌 사미에게 주다 寄志軒沙彌 242
매 상인을 대신하여 영 스님이 보내온 시에 차운하다 替梅上人次英師來韻 243
둘째 수 其二 244
니泥 자 운을 써서 비장루를 읊다 題臂長樓用泥字韻 245
안 사군에게 받들어 보내다 奉寄安使君 246
양무중의 만시 挽楊茂仲 247
비에 막혀 약속 장소에 나가지 못하여 시천에게 보내다 阻雨不赴約以寄詩川 248
민 상서에게 올리다 寄上閔尙書 249
정 원외에게 받들어 보내다 奉寄鄭員外 250
비안 현령 김호에게 받들어 보내다 奉寄比安宰金使君【鎬】 251
비안 현령의 편지를 받고 나서 정자 조종저~ 得比安宰書寄呈趙正字【宗著】 252
정 상사 형제에게 보내다 寄鄭上舍昆季 253
형조 상서 남용익에게 올리다 寄上讞部南尙書【龍翼】 254
월성에서 옛일을 회상하며 月城懷古 256
통영으로 원수를 뵈러 가는 중을 보내며 送僧赴統營謁元帥 257
남원 김 사군에게 올리다 上南原金使君 258
평양으로 돌아가는 현 상인을 전송하며 送玄上人歸平壤 259
김 상국에게 올리다 寄上金相國 260
만휴 임유후 선생에 대한 만시 挽萬休任先生【有後】 261
내한 오도일에게 부치다 寄吳內翰【道一】 262
사간 최후상에게 보내다 寄崔司諫【後尙】 263
수찬 김석주에게 보내다 寄金修撰【錫冑】 264
윤씨의 『삼절유고』 뒤에 부치다 題尹氏三節遺稿後 265
삼가 집의 조세환과 장성 수령 홍석구~ 謹次趙執義【世煥】長城倅洪【錫龜】~ 266
김 상국께 올리다【당시 영암에 유배 중이었다】 上金相國【時謫靈岩】 267
석사 조근하가 보낸 시에 차운하다 次曹碩士【根夏】來韻 268
환선정 시에 차운하다 次喚仙亭韻 269
승평 군수 안후태에게 올리다 寄上昇平安使君【后泰】 270
복천 수령 조경망의 시에 받들어 화답하다 奉和福川宰趙【景望】韻 271

감사 유명현에게 올리다 上柳監司【命賢】 272
조 석사가 서석산에 노닌 시에 차운하다 次趙碩士遊瑞石山韵 273
운사 박태손에게 받들어 드리다 奉寄朴運使【泰孫】 274
선 수사에게 차운하다 次宣秀士 275
달을 바라보며 옛 친구를 생각하다 對月有懷故人 276
회소 스님을 애도하며 悼繪素上人 277
유회의 시에 차운하다 次韵遣懷 278
진양 의곡사로 돌아가는 원 상인을 전송하면서 送圓上人歸晋陽義谷寺詩 279
산을 나서며 우연히 읊다 出山偶吟 280
천왕봉에 올라 登天王峯 281
백운산에 머물며 수 스님을 생각하다 寓白雲山憶修上人 282
흘 스님을 보내며 送屹師 284
윤 진사의 시에 차운하다 次尹進士韵 285
삼척 이지온이 석왕사를 유람한 시를 받들어~ 奉次李三陟【之薀】遊釋王寺韵 286
영은암에서 사군 정면에게 올리다 靈隱庵上鄭使君【勔】 287
처사 장죽재가 교외에 살면서 가을날 흥취를 읊은~ 次張處士竹齋郊居秋興韵 288
정 원외랑이 보내온 시에 공경히 차운하다 敬次鄭員外來韵 289
연운으로 가서 머물려는 송파 대사를 전송하며 送松坡大師赴緣雲住 290
만휴 임 참의에게 올리다 寄上萬休任叅議 291
벽암 대장로를 곡하다 哭碧巖大長老 292
황령黃嶺 293
묘봉妙峯 294
내원內院 295
호서에서 관북으로 떠나는 승려를 전송하며 送僧自湖西徃遊關北 296
봄날 우연히 읊다 春日偶吟 297
속된 중에게 주다 贈俗僧 298
다시 수선사에 이르러 벗에게 보이다 重到修禪杜示知己 299
관서의 산에 돌아가는 눌 상인을 전송하며 送訥上人歸關西住山 300
진정국사 『호산록』의 시에 차운하여 원인에게~ 次眞靜國師湖山錄韵贈元忍 301
수 사미에게 주다 贈修小師 302
폐사가 된 만복사에 부치다 題萬福廢寺 303

차례 • 23

찰방 남계 정광연에게 받들어 보내다 奉寄灆溪鄭察訪【光淵】 304
행 사미에게 주다 贈行小師 305
환 스님의 시에 차운하다 次還師韻 306
환 스님에게 보내다 寄還師 307
『화엄경』을 읽고 讀華嚴經 308
판관 유현과 함평 오이익을 모시고~ 奉陪柳判官【俔】吳咸平【以翼】遊順天松廣寺 309
봄날 저녁 산에 거하며 山居春暮 310
의심 상인이 시를 지어 방장산의 경치를 묻기에~ 義諶上人作詩問方丈山景~ 311
윤 스님이 시를 구하기에 재미 삼아 주다 允上人求詩戱贈 312
오 스님에게 드리다 贈悟上人 313
관 스님에게 드리다 贈寬上人 314
계룡산 우 대사에게 드리다 贈鷄龍山牛大師 315
가을밤 심정을 적어 명, 순 두 사미에게 보이다 秋夜書懷示冥順二小師 316
폐사가 된 회암사 檜岩廢寺 317
석주의 운을 써서 준 상인에게 주다 用石洲韻贈俊上人 318
봄날 저녁 만휴와를 생각하다 春暮憶萬休窩 319
다섯째 표질 정시필의 초가집에 부치다 寄題表姪鄭五【時弼】茅亭 320
가을날 사군 이봉징과 참의 이옥을~ 秋日奉陪使君李鳳徵參議李沃遊松廣寺 321
삼은 사군, 박천 학사와 밤에 앉아 연구를~ 與三隱使君博泉學士夜坐聯句 324
또 又 325
삼은 사군이 부채 두 자루를 보내 주고~ 三隱使君寄扇二柄兼示以詩次韻 326
삼은 사군과 동박천 학사에게 받들어 주다 奉寄三隱使君兼東博泉學士 327
경 스님이 화 수좌에게 준 시에 차운하다 次瓊老師贈和首座韻 328
책 읽는 학생들에게 보이다 示讀書諸生 329
고부 군수 정 사군의 만일사 유람시에 공경히~ 敬次古阜鄭使君遊萬日寺韻 330
붓을 날려 삼십 운을 지어 형 사미에게 주다 走筆三十韻贈泂沙彌 331

주 / 334

백암집 하권 栢庵集下

문文-70편

신영당기 新影堂記 361
순창 영축산 축암사 불전 중수기 淳昌靈鷲山鷲岩寺重修佛殿記 364
금산 비장암 독의루기 金山臂長菴獨倚樓記 367
『애련집』서 愛蓮集序 370
명천 칠보산으로 돌아가는 지즙 상인을~ 送智楫上人還明川七寶山序 373
백련사로 가는 칠봉 인 공을 전송하는 시의 서 送七峰印公住廬白蓮社詩序 375
백아산 금선대 상량문 白鵝山金仙臺上樑文 377
징광사 수진실 상량문 澄光寺垂眞室上梁文 380
침굉헌에게 답하여 올리는 계 答枕肱軒啓 381
전라감사가 보낸 쌀과 필묵에 감사하며 받들어~ 奉謝湖伯賚米及筆墨啓 385
수월암 주인에게 보내는 통계 通水月庵主啓 387
서석산 한 대사에게 회신하는 계 回瑞石閑大師啓 389
영남으로 유람하는 욱 상인을 전송하는 서 送旭上人遊嶺南序 394
〈야유당십경〉을 차운한 시의 인 次野幽堂十景詩韵引 396
석교 권화소 石橋勸化䟽 398
조계산 송광사 보조국사비 중수 경참소 曹溪山松廣寺重堅普照國師碑慶懺䟽 400
다시 짓다 又 403
식 상인이 죽은 스승을 천도하는 소 湜上人薦亡師䟽 404
영 상인이 죽은 부친을 천도하는 소 英上人薦亡父䟽 405
성변 의준을 대신하여 스승을 천도한 소 代性卞義俊薦師䟽 406
섣달그믐날 밤 소 除夜䟽 408
남을 대신하여 모친을 천도한 소 代人薦母䟽 409
나한재 소를 대신 짓다 羅漢齋䟽【代人】 410
『화엄경회편소초』를 다시 간행한 낙성식~ 重刊華嚴經會編䟽鈔落成慶懺䟽 411
희경 상인을 대신하여 스승을 천도하는 소 代希敬上人薦師䟽 413
보조국사의 사리를 봉안하는 소 奉安普照國師舍利䟽 416
취미 대사 천도소 薦翠微大師䟽 418
다시 짓다 又 420

죽은 스님의 천도소를 대신 짓다 薦亡師疏【代人作】 422
순 스님이 어머니를 천도하는 칠칠재 소를 대신 짓다 代順師薦母七七疏 424
김 집의에게 보내는 편지 寄金執義書 426
조 진사에게 주다 與趙進士 427
조 지평에게 회신하는 편지 回趙持平書 428
조 양양에게 올리는 편지 上趙襄陽書 429
유 방백에게 답하다 答柳方伯 430
박 운사에게 보내다 寄朴運使 432
조 수찬에게 보내다 寄趙修撰 433
낭선군에게 올리다 上朗善君 434
낭원군에게 올리다 上朗原君 435
남 상서에게 올리다 上南尙書 436
홍 해주자사에게 보내다 寄洪海州 437
김 수찬에게 보내다 寄金修撰 438
최 응교에게 보내다 寄崔應敎 439
김 상국에게 올리다 上金相國 440
유 관찰사에게 보내다 與柳巡相 441
취암 장로에게 보내다 與翠巖長老 442
회계 도인에게 보내는 편지 與檜磎道人書 443
구봉에게 보내다 與龜峯 445
양 참봉에게 보내다 與楊參奉書 447
구봉 보현사 승려에게 보내다 與九峰普賢寺僧 448
오 석사에게 답신하다 復吳碩士 450
삼은 사군에게 편지 보내다 束三隱使君 452
이 대사간에게 보내다 寄李大司諫 453
호남 영광군 구봉산 보현사 연기기 湖南靈光郡九峯山普賢寺緣起記 454
모악산 해불암기 母岳山海佛庵記 460
정 염서 거사의 일출암기 丁恁西居士日出庵記 464
정토사기 淨土社記 466
호남 담양 법운산 옥천사 사적 湖南潭陽法雲山玉泉寺事蹟 468
홍주 팔봉산 용봉사의 새 누각 기 洪州八峯山龍鳳寺新樓記 476

천봉산 자수암의 새로 수리한 동쪽 정자 기 天鳳山慈壽庵新理東亭記 **478**
지리산 쌍계사의 대웅전과 팔영루 중수기 智異山雙溪寺重修大雄殿及八詠樓記 **480**
신흥사를 중건하는 권선문 重建神興勸文 **482**
신흥사의 기와 굽는 가마를 만드는 권선문 神興寺燒瓦窑勸文 **483**
전일암의 불기와 놋쇠솥에 시주하라는 글 錢日庵化供佛器鍮鐺文 **484**
봉갑사 천불을 조소하는 권선문 鳳岬寺雕塑千佛勸文 **485**
함평 용천사 숙석 보루와 섬돌의 권선문 咸平龍泉寺熟石疊階勸文 **487**
낙안 남쪽에 다리를 잇는 권선문 樂安治南斷橋架橋梁勸善文 **489**
경기도 양성 북쪽 소사의 석교 권선문 京畿陽城治北素沙石橋勸文 **491**
조계산 보조국사비와 부도전을 새로~ 曹溪山普照國師碑浮屠殿新建勸善辭 **493**
구례 화엄사의 장륙전과 불상 조성의~ 求禮華嚴寺重建丈六殿兼造像勸文 **495**
팔영산 능가사 팔상전 권연소 八影山楞伽寺八相殿勸緣疏 **499**
지리산 내원암 제명기 智異山內院庵題名記 **502**

주 / **504**

찾아보기 / **531**

차례 • 27

일러두기

1 '한글본 한국불전서'는 문화체육관광부의 지원을 받아 동국대학교 불교학술원에서 수행하고 있는 '불교기록문화유산아카이브(ABC)사업'의 결과물을 출간한 것이다.

2 이 책은 『한국불교전서』(동국대학교출판부 간행) 제8책의 『백암집栢庵集』을 저본으로 하여 번역하였다.

3 번역문에 이어 원문을 병기하였다. 원문은 『한국불교전서』를 대본으로 하였으며, 원문에 간단한 표점 부호를 넣었다.

4 원문 교감 내용은 원문 아래에 표기하였다. ⑪은 『한국불교전서』의 교감 내용을, ⑲은 번역자의 교감 내용을 가리킨다.

5 약물은 다음과 같다.
　『　』: 서명
　「　」: 편명, 산문 작품
　〈　〉: 시 작품
　[S] : 산스크리트어

백암집 상권
|栢庵集 上|

시
詩

비 온 뒤 찾은 향적사
雨後訪香積寺

비 온 뒤라 시냇물 콸콸대고   雨過水聲急
구름 걷힌 산빛은 더욱 푸르구나   雲收山色多
제천은 어느 곳에 있는가   諸天在何處
범종 소리 이내 낀 등라[1] 너머에서 울리네   鐘梵隔烟蘿

학천 상인과 이별하며
別學天上人

만남과 헤어짐은 이야기하지 말게나   莫謂有離合
이 몸에는 가고 옴이 없으니   此身無去來
누가 알리오. 큰 도에서 보면   誰知大道上
이 세상도 떠다니는 한 티끌인 것을   天地一浮埃

바다 어귀를 바라보며
望海門

파도가 모래섬 가득 하얗게 일렁이고	潮滿汀洲白
안개가 걷히자 섬들이 푸르게 드러나네	烟消島嶼靑
바다 어귀도 맑아 멀리까지 보이는데	海門晴望遠
하루가 다 가도록 바위 문에 기대어 있노라	終日倚岩扃

산속 가을밤 행각하는 도반들을 생각하며
山中秋夜憶途中諸侶

성안 저잣거리로 걸식하러 내려가서는	乞食下城市
어이하여 오랫동안 돌아오지 않는지	如何久不還
이 밤의 달을 보면	豈無今夜月
가을 산에 잠들 나를 생각할까나	念我宿秋山

가을날의 심회
秋懷

침상 아래 풀벌레 우는 소리	床下草虫鳴
깊은 밤에도 쉬지 않네	夜深猶未歇
스산하고 슬픈 마음에 잠들지 못하고	悲酸不得眠
문에 기대어 소나무 사이의 달을 바라보네	倚戶看松月

벗을 떠올리며
憶故人

잠이 깨어 난간에 기대앉았으니	睡覺坐憑欄
저녁 비바람에 배꽃이 날리네	梨花風雨夕
그대를 생각하며 홀연 고개를 돌리니	憶君忽回首
큰 강물과 첩첩 산이 가로막고 있구나	萬水千山隔

동강에서 이별시를 건네다
東江贈別

동강에서 벗과 이별하니	東江別故人
그대는 어느 곳으로 돌아가는가	故人歸何處
강물과 벗이	江水與故人
함께 하늘 끝으로 떠나가는구나	共向天涯去

가을밤 홀로 앉아서
秋夜獨坐

가을밤 돌 침상에 앉았으니	秋夜坐石牀
이슬 차가운데 벌레 소리 시끄럽네	露冷虫暄急
사방 벽은 고요하여 인적도 없는데	四壁悄無人
빈 처마로 밝은 달빛만 들어오누나	虛簷明月入

산에 올라
入山

걷고 또 걸어 바위 계곡을 지나고	行行過石溪
성긴 대숲에 난 오솔길을 걸어가네	細徑通踈竹
중 옷이 젖는 줄도 몰랐는데	不覺濕禪衣
학이 날며 소나무의 이슬을 떨구었나	鶴搖松露滴

백운 산인에게 주다
贈白雲山人

그대는 백운산에 사니	君在白雲山
흰 구름은 정해진 거처 없는지라	白雲無之處
오는 것도 흰 구름을 따라오고	來從白雲來
가는 것도 흰 구름을 따라가네	去逐白雲去

강가를 거닐다
江上行

서강 위로 부슬비 내리는데	微雨西江上
나그네는 아득한 하늘 끝으로 돌아가네	客歸天一涯
가을바람에 해도 빨리 저물어	秋風日暮急
돌아가는 기러기 너른 모래 위로 내려앉노라	征鴈落長沙

대나무를 읊다
詠竹

네 곧은 절개를 사랑하여	愛爾藏貞節
예전에 멀리서 옮겨 심었노라	曾從遠地移
비 내리는 가을밤 말고	不宜秋雨夜
추운 한겨울에는 감상할 만하리라	堪賞歲寒時

귤을 읊다
詠橘

누가 누런 규룡의 알[2]을 빼앗아　　　　誰奪黃虯卵
푸른 옥 가지에 높이 매달아 놓았나　　　高懸碧玉枝
따 가지고 오자 귤 향기 소매에 가득하니　摘來香滿袖
이 맛을 아는 이 적으리　　　　　　　　風味少人知

휘 상인의 방에 부치다
題暉上人房

절은 맑은 시냇가에 있고	寺在淸溪上
안개는 푸른 숲 사이로 피어나네	烟生碧樹間
그윽한 사람 고요히 일이 없어	幽人寂無事
하루가 다 가도록 푸른 산을 바라보네	終日對靑山

골짜기 마을
峽村

띳집들 산을 등지고 옹기종기 모여 있고   草屋背山結
쑥 대문은 강을 마주 보고 열려 있네   蓬門面水開
저잣거리의 시끄러움 예까지 이르지 못하니   市喧終不到
진의 난리 피한 무릉이 여기인가 하노라   疑是避秦來

황령사에 부치다
題黃嶺蘭若

황령사는 이름 있는 절	黃嶺知名寺
언제 이곳에서 개창했는지	何年此地開
마당 앞에는 잣나무 서 있어	庭前有栢樹
달마가 서쪽에서 온 까닭 물을 필요 없구나	不必問西來

관서로 가는 여악 산인을 보내며
送廬岳山人遊關西

십 년을 여산에 살면서   十載依廬岳
풀옷 걸치고 나무 열매 먹었는데   草衣兼木食
지팡이 날려 서쪽으로 간다 하니   一錫向西飛
구름의 자취를 어디에서 찾으리   雲踪何處覓

숨어 살면서 [2수]
幽居 [二]

[1]
높은 나무에는 아름다운 새 깃드는데	喬木有佳禽
사립문으로는 속세의 나그네 찾질 않네	柴門無俗客
맑게 갠 창가에 적막하게 앉았으니	晴窓坐寂寥
푸르고 흰 구름만 떠가노라	只管雲靑白

[2]
게으르게 시냇가에서 푸성귀 익히고	嬾煮澗邊蔌
자고 일어나 짙게 차를 달이네	濃煎睡後茶
참선하는 마음 물처럼 맑아	禪心淸似水
불경을 외울 필요 없다네	不必誦恒沙

서암 노인에게 주다
贈瑞岩老人

향로봉 정상에 홀로 앉아서	獨坐香爐頂
늘 주인공을 부르네³	尋常喚主人
스님의 깨끗한 두 발이 부러우니	羨師雙白足
한 번도 세속의 티끌 밟지 않았나니	曾不踏紅塵

관서로 돌아가는 월암 인 상인을 보내며
送月庵仁上人歸關西

끊어진 골짜기엔 구름 그림자 짙고   斷峽雲陰重
먼 산은 비 기운으로 어두운데   遙岑雨氣昏
관서는 몇천 리가 되니   關西幾千里
이 이별에 둘 다 애가 타네   此別共銷魂

봄날 느낌이 있어서
春日有感

풀잎 푸르른 유령산과	草靑柳嶺山
꽃잎 흩날리는 황계⁴수야	花落黃溪水
봄빛은 해마다 같은데	春色年年同
사람의 마음은 어찌하여 다른지	人心胡不似

차운하여 선객에게 주다
次韻贈禪客

시냇가 버드나무는 아지랑이 속에 푸르고	溪柳含烟綠
산꽃은 비 맞아 더욱 붉구나	山花冒雨紅
바람과 서리에도 지조를 고치지 않는 것은	風霜無改操
오직 강가의 소나무뿐이라네	獨有澗邊松

화첩에 쓰다 [3수]
題畫帖 [三]

[1]
서리 내린 가을 강물 맑기만 하고　　　　　霜落秋江淨
찬 모래사장에 자는 백로 웅크리고 있는데　沙寒宿鷺拳
강 양쪽 기슭 갈대꽃은 눈처럼 희고　　　　蘆花兩岸雪
바람에 흔들리는 고기잡이배 한 척　　　　風撼釣魚船

[2]
깎아지른 절벽에 가을 풀 무성하고　　　　斷岸迷秋草
긴 강에는 저녁 파도 철썩이네　　　　　　長江生晚波
남쪽으로 가는 기러기 몇 마리　　　　　　征南鴈數點
달을 따라 둥근 모래밭에서 자노라　　　　隨月宿圓沙

[3]
울창한 천 그루의 전나무 숲　　　　　　　欝欝千株檜
겹겹의 바위에 절이 하나 있어　　　　　　岩岩一梵宮
호승은 앉아서 선정에 들었는데　　　　　　胡僧坐入定
꽃비가 바람 따라 어지럽게 날리네　　　　花雨亂隨風

숨어 지내며
幽居

궁벽한 곳 찾는 손님도 없어	境僻無來客
빈산에 홀로 문 닫고 지내나니	山空獨掩門
승려 사는 산림은 조정이나 저자와	雲林與朝市
예부터 멀리 떨어져 있었다네	從古遠相分

한가로이 거닐다
閑行

저물녘 명아주 지팡이 짚고 걸어 나와　　　杖藜晚步出
발 씻고 맑은 시내에 앉았네　　　　　　　　濯足臨淸流
새 한 마리도 울지 않는 곳에서　　　　　　　一鳥不鳴處
산의 그윽함을 실감하게 되네　　　　　　　　始知山更幽

맑은 봄날
春晴

먼 산봉우리에 보슬비 걷히자	遠岫收微雨
높은 창으로 바람이 솔솔 불어오네	高窓引細風
잠깐 졸다 궤안에 기대니	小眠仍隱几
꿈결에 새소리 들리노라	殘夢鳥聲中

능 상인에게 주다
贈能上人

만난 것은 오늘이 처음이지만	見面雖今日
이름을 들은 것은 젊어서부터라네	聞名自少年
신선산 푸른 등라 사이로 비추는 달	方壺綠蘿月
함께 잠자기를 저버리지 말지니	莫負對床眠

정 서천에게 올리다
上鄭舒川

선생이 저자와 조정에 있을 때 　　　　先生在市朝
산승은 구름과 나무⁵에 깃들었다네 　　野衲棲雲樹
귀한 것은 기약하는 마음이 같은 것이니 　所貴同心期
어찌 출처가 다르다고 말하리오 　　　　何言殊出處

동명이 우 상인에게 준 시에 차운하다
次東溟贈宇上人韵

우리나라의 시에 능한 선비	海內能詩士
동명[6] 한 사람뿐이지	東溟只一人
늙어 백발이 되어서도	蒼顔與白髮
맑고 깨끗하게 풍진세상 벗어났네	蕭洒出風塵

부록 원시 附原韵

손님을 사랑하지만 찾는 손님 없고	愛客無來客
사람을 만나도 모두 중이라네	逢人盡上人
도연명은 오랫동안 술에 취하여	陶潛長醉酒
세속 일 물을 겨를 없구나	不暇問塵塵

낙동강을 건너며
渡洛東江

아침엔 아계역에서 밥 먹고	朝餐我溪驛
저녁엔 낙동강을 건너네	晚渡洛東江
푸른 벌판 끝없이 펼쳐져 있는데	靑蕪望不極
흰 새들 짝지어 내려앉노라	白鳥下雙雙

여름날 비 온 뒤 진락대에 올라
夏日雨後登眞樂臺

번뇌로 가득한 인간 세상과	熱惱人間世
청량한 숲속의 누대	淸凉樹下臺
누가 알리오 이것이 진정한 즐거움인 것을	誰知此眞樂
하루가 가도록 홀로 거니노라	終日獨徘徊

해심 대사에게 보내다
寄海深大師

푸른 바다에 가을 구름 어둑어둑	碧海秋雲暗
푸른 시내에 저녁 비가 부슬부슬	靑溪暮雨踈
벗이 천 리 밖에 있으니	故人千里外
몇 줄 편지를 어찌 아끼리오	那惜數行書

순일 사미에게 주다
贈順一沙彌

순일 사미는	沙彌順一也
진실로 천리마 새끼라네	眞是驥之子
바람을 쫓아 맑은 소리로 울부짖고	追風噴玉嘶
하루에 천 리를 달리노라	一日能千里

양무중의 만시
挽楊茂中

어린아이 때부터 서로 알고 지냈는데	相識自童稚
이제 보니 한바탕 꿈처럼 무상하구나	於今一夢空
밤을 비추는 밝은 빛을 감당하지 못하여	不堪光照夜
구천의 들에 묻혀 버렸는가	埋却九原中

적성의 큰선비 양무중에게 보내다
寄赤城楊碩士【茂仲】

손작[7]이 은거하는 곳의	孫綽幽棲處
높은 창문 적성을 향해 나 있으니	高窓對赤城
다만 요즘 지은 부를	唯應近作賦
땅에 던져 쇳소리를 시험해 보게나[8]	擲地試金聲

웅 스님에게 보내다
寄雄師

푸른 숲에는 맑은 빛이 일렁이고　　　　　碧樹晴光動
서늘한 매미는 곳곳에서 울어 대네　　　　風蟬處處鳴
벗이 천 리 밖에 있으니　　　　　　　　　故人千里外
가을날의 정회를 이기지 못하노라　　　　　秋日不勝情

가을밤 빗소리 들으며
秋夜聽雨

달빛도 없는 가을 산은 텅 비고	月黑秋山空
숲의 나뭇잎은 쓸쓸하게 떨어지는데	蕭蕭葉下樹
외로운 등불 켜고 잠 못 들어	孤燈照不眠
찬 시내의 맑은 빗소리 들노라	聽灑寒溪雨

송광사에서 송 수재의 시에 차운하다
松廣寺次宋秀才韵

절이 첩첩 산속에 있어	寺居千嶂裡
절집⁹은 티끌 하나 없이 맑구나	初地淨無塵
한밤중 맑은 시내에 내린 비로	一夜淸溪雨
저무는 봄 꽃들이 시드네	殘花屬暮春

다시 앞의 운을 사용하다
再用前韻

저녁 늦게 시내의 누대에 기대어	晚倚溪樓上
맑은 시구를 읊조리니 세속의 번뇌 끊어졌네	淸吟句絶塵
누가 알리오, 화답할 시가 적음을	誰知寡和曲
그대의 곡은 모두 〈양춘곡〉[10]인 것을	一一是陽春

산으로 떠나는 천풍산인 응화를 보내며
送天風山人應和歸山

바닷가 산에 가을비 뿌리니	海岳殘秋雨
천풍산에는 낙엽이 떨어지겠구나	天風落木時
참선하러 돌아가는 그대를 보내나니	送君歸入定
차가운 달빛 하늘 연못[11]에 가득하리	寒月滿天池

이 석사의 시에 차운하다
次李碩士韵

골짜기의 새가 처음으로 벗을 찾으니   谷鳥初求友
저무는 봄날 온 집 안이 그윽하도다   殘春一院幽
누가 알리오 선정의 쓸쓸함 말고   誰知禪寂外
이별의 그리움이 더욱더 아득한 것을   離思更悠悠

암 스님 시에 차운하다 [3수]
次庵師韵【三】

[1]
푸른 숲엔 매미 소리 시끌시끌	碧樹蟬鳴急
푸른 산엔 저녁 비가 부슬부슬	靑山暮雨踈
도인은 그윽하고 고요한 마음으로	道人幽寂意
대나무 마루에 누워 책을 보노라	竹榻臥看書

[2]
노쇠하면서 병도 많아	衰老仍多病
친구들이 날마다 줄어드니	親知日漸踈
한가한 마음을 누구와 말하리오	閑懷誰與說
나무를 베어 흰 바탕에 쓰리라[12]	斫樹白而書

[3]
푸른 산에 구름이 담담하고	碧岑雲淡淡
푸른 대숲엔 비가 부슬부슬	蒼竹雨踈踈
맑고 그윽한 생각 끝이 없어	無限淸幽思
소리 높여 한결같이 책을 읽노라	高聲一讀書

구수 상인 지밀에게 주다
贈九岫上人智密

구수암의 주인이여	九岫庵中主
산을 떠나 거듭 참학하러 왔네	辭山爲再叅
가을바람에 지팡이 하나 짚고	秋風一杖錫
순천[13]에 찾아왔구나	來訪小江南

와룡산으로 떠나는 일 상인을 전송하며
送一上人歸臥龍山

동쪽으로 육백 리 길을	東行六百里
삼 년 동안 두 번 왔다 가니	三載兩來歸
헤어지면 다시 만나기 어려워라	別後難重見
공연히 꿈속의 넋이 찾아가느라 수고롭네	空勞魂夢飛

또
又

세월의 흐름은 물과 같아   歲月流如水
헛된 인생 풀잎의 이슬 같구나   浮生草露微
꿈속에서 가고 또 오니   夢中來又去
훗날 그릇됨을 알리라[14]   他日覺知非

서 거사의 방문에 감사하며
謝徐居士來訪

어찌 알았으리 유마 거사가	孰謂維摩老
조주를 방문할 줄을	能來訪趙州
무더운 여름 유월의 저녁인지라	炎天六月暮
흰 땀이 줄줄 흐르는구나	白汗正交流

능주 김 목사를 이별하며
留別綾州金使君

호서의 능주 목사는	湖左綾州牧
한나라 관리처럼 어질구나	居然漢吏賢
서로 만나 한번 웃은 뒤에	相逢一笑後
홀로 깊은 산속으로 들어가노라	獨入萬峯前

기 스님의 시에 나중에 차운하다
追次機師來韵

벌써 천중절[15]	已屆天中節
석류꽃 핀 오월이라	榴花五月時
그대를 생각하며 누대 기둥에 기대 있는데	思君倚樓柱
산에는 가랑비가 실처럼 내리네	山雨細如絲

근친하러 가는 관 상인을 전송하며
送寬上人歸覲

떠나갈 때는 돌아보지 말게나	去去莫回顧
마을 어귀에 기대어 어머님이 기다리시네	相望有倚閭
내일 아침 부모님께 진지 올릴 때[16]	明朝視膳處
날 생선은 올리지 말게나	應不薦生魚

윤 상인에게 주다
贈允上人

그윽한 계곡엔 아름드리 나무 쭉쭉 뻗어	幽壑梗楠長
구름에 닿을 듯 성대하구나	連雲大矣哉
우리 종문이 이미 퇴락하고 꺾였으나	宗門已頹挫
동량의 재목이 될 만하도다	可任棟樑材

묘휘 사미에게 주다
贈妙輝沙彌

사미의 나이 매우 어리나	沙彌年最少
기골은 범상하지 않으니	骨氣異於凡
만일 뛰어난 안목을 갖추면	倘着超方眼
사바세계의 나침반이 되리라	迷途作指南

성담에게 이별하며 주다
贈性湛別

만법은 오직 하나로 돌아가나니	萬法猶歸一
어찌 나와 남이 다르다고 말하리	寧論彼我殊
물거품으로 서로 적셔 주는 것[17]보다	相將濡以沫
강호에서 흩어지는 것이 낫다네	不若散江湖

선승에게 주다
贈禪者

바깥에서 수고롭게 찾는 것은 속이는 일이라	向外謾勞尋
그 속에서 스스로 은거하는구나[18]	於中自陸沉
달마가 서쪽에서 온 특별한 뜻 없으니	西來無別意
마음을 곧바로 가리켜 눈앞에 드러내기를	直指現前心

박 운사가 보낸 시에 차운하다 [2수]
次朴運使來韻 [二]

[1]
삼생 업의 과보가 무르익어	果熟三生業
맑은 마음으로 한 줄기 향불 피우고	心淸一炷香
허현도[19]를 사모하여	相思許玄度
홀로 승방에 누웠구나	獨臥水雲房

[2]
말을 타고 서해로 갔으나	跋馬遵西海
자리에는 여전히 향기가 남았으니	猶餘坐席香
오늘 밤엔 어느 곳에 있을까	今宵何處在
아마 마음 닿는 승방에서 자리라	隨意宿僧房

임경당에서 운대 박태손의 시에 차운하다
臨鏡堂次朴運臺【泰遜】韵

아름다운 달이 마루를 환하게 비추고	好月當軒白
성긴 종소리는 밤들어 더욱 맑구나	踈鐘入夜淸
오늘 밤 함께 나눈 대화가	今宵一榻話
내일이면 서로 멀리서 그립겠지	明日兩鄕情

수재 노황이 보낸 시에 차운하다
次盧秀才【榥】來韻

윤언[20]의 재주를 가졌다고 자부하며   允言才自大
열 마리 소 수레의 책을 모두 읽었구나   讀盡十牛車
한 무제는 사부를 좋아하니   漢帝憐詞賦
먼저 〈자허부〉를 바쳐야 하리[21]   先須獻子虛

연 대사가 성천 상인을 전송한 시에 차운하다
次璉大師送性天上人韻

마주 앉아 예전 일을 이야기하고	對榻論前事
갈림길에서 뒷날의 기약을 묻노라	臨歧問後期
달밤 푸른 산에서 이별한 뒤	別來靑嶂月
부질없이 꿈속에서 그리워하겠지	空費夢相思

안 순천에게 보내다
寄安順天

이별한 뒤 세월은 빨리도 흘러	別後年華促
산꽃들은 다시 봄이 한창이구나	山花又一春
아마 어지럽게 취하여	政應昏醉裡
구름 속에 누운 이 사람을 잊었으리	忘却臥雲人

최 생원의 시에 차운하다
次崔生員韻

절을 둘러싼 수천 봉우리 가파르고	擁閣千峯峻
시내를 따라 난 오솔길은 깊다네	沿溪一逕深
서로 헤어짐에 다만 함께 웃을 뿐[22]	臨分但三笑
마음 아파한들 무슨 소용 있으리	何用更傷心

무령군 모악산에 올라
登武靈母岳山

층층의 바위산 꼭대기에 홀로 서니　　　獨立層岩頂
아득하여 끝이 보이질 않노라　　　　　　茫茫不見邊
구름과 연기 발아래에서 피어나고　　　　雲烟生脚底
머리 위로는 푸른 하늘만이 펼쳐져 있구나　頭上有靑天

또
又

취령 높이 솟아 있고	鷲嶺臨無地
사나운 파도는 먼 하늘에 닿아 있네	鯨濤接遠天
아득한 구름바다 밖으로	微茫雲海外
몇 개의 삼천대천세계가 있는지	世界幾三千

모악산 정상에 올라 지리산을 바라보며
登母岳頂望智異山

아득히 멀리 구름과 이내 밖에	極目雲烟外
푸르고 푸른 지리산이 보이네	蒼茫智異山
서로 바라보며 일찍부터 친분이 있어	相看曾有素
네 덕분에 얼굴 한번 펴는구나	爲爾一開顔

김 석사가 보낸 시에 급히 차운하다 [3수]
走次金碩士來韻 [三]

[1]
누가 다섯 자의 시를 적어	誰將五字詩
멀리 천봉사로 보내왔나	遠寄千峰寺
그대의 곡조 얼마나 높은지 화답할 노래 적으니	寡和曲何高
나에게 다시 일이 많아졌네	敎我還多事

[2]
층층의 암벽엔 오래된 나무 모여 있고	層岩古木攢
그 가운데엔 백운사가 있으니	中有白雲寺
세상일 바삐 돌아가든지 말든지	任他世奔忙
한 해가 가도록 아무 일도 없어라	終年無一事

[3]
일찍부터 유한한 이 몸을 가지고	曾將有限身
구름 속 절간에 높이 누워	高臥雲中寺
세상 사람들에게 묻노라	爲問世間人
어느 때나 일대사를 마치려는지	何時能了事

천 상인의 시에 차운하다
次韻天上人

바닷가엔 봄이 오히려 빠른데	海國春猶早
추운 산속은 금방이라도 눈이 내릴 듯하구나	山寒雪意多
앞서거니 뒤서거니 시냇가를 거닐다	相隨步溪上
때로 마른 나무 등걸에 기대노라	時復倚枯查

시천의 시에 차운하다 [2수]
次詩川韻 [二]

[1]
나이 오십이 벌써 넘었으나	百歲已逾半
덧없는 인생에 많은 나이²³ 아니라네	浮生非大年
반가운 눈동자 기쁘지만	眼靑雖自喜
흰머리는 가련키만 하네	白髮政堪憐

[2]
호남 땅에서 오래전에 헤어진 뒤	湖海別來久
이렇게 만나니 둘 다 늙은이가 되었네	相看各暮年
병이 깊어도 죽지 않으니	病深猶不死
벗의 사랑을 받게 되었네	應荷故人憐

이 시천이 보낸 시 〈제야유당십경〉에 차운하다
次李詩川寄題野幽堂十景韵

소나무 언덕 松塢

짙은 그늘은 혹심한 무더위를 몰아내고 　　　密陰排暑酷
곧은 마디는 차가운 서리를 우습게 여기네 　　勁節傲霜嚴
너의 맑고 소슬함 덕에 　　　　　　　　　　爲爾淸蕭瑟
시를 지을 때 수염을 꼬게 되는구나[24] 　　　尋詩幾撚髥

연못 蓮塘

푸른 소나무 맑은 거울에 비치고 　　　　　　翠盖涵明鏡
붉은 연잎 수면에 일렁이네 　　　　　　　　紅衣映玉奩
주렴 자욱하게 부슬비 내리는데 　　　　　　淫濛一簾雨
부서지는 빗방울에도 젖지 않았네 　　　　　珠碎不曾霑

뾰족한 봉우리 尖峰

해 저물녘 구름이 돌아간 뒤로 　　　　　　落日雲歸後
깎아지른 봉우리 손가락 끝을 드러내네 　　危峰露指尖
창에 기대어 바라봄에 싫증나지 않으니 　　拓窓看不厭
짙은 푸르름이 성긴 발에 뚝뚝 떨어지누나　濃綠滴踈簾

금암 金庵

깎아지른 절벽에 꽃비녀를 얽어 놓은 듯 　　峭壁笄華搆
밤이면 산 구름이 처마에서 잠이 드는 곳 　山雲夜宿簷
성긴 종소리 바람에 울리니 　　　　　　　　踈鐘風作便
잠에서 깨어 책을 보노라 　　　　　　　　　睡起閱牙籤

새로 핀 매화 新梅

가지 하나에서 막 꽃망울이 터지고	一枝纔吐蘂
눈꽃[25]도 소금처럼 쌓였구나	六出又堆鹽
맑디맑음은 비록 짝이 없으나	淸若雖無比
우두머리를 다투는 일은 진실로 마다지 않네	爭魁固不廉

대나무 숲 叢竹

차갑고 가는 것이 대나무[26] 절개라서	冷瘦此君節
예부터 너를 모두 우러러보았네	從來爾具瞻
죽순[27]이 땅 위로 올라오면	籜龍兒迸地
시들어 죽게 하지 말라	遮莫盡夷殲

누런 국화 黃菊

향긋한 향기가 어찌하여 늦게 찾아오는가	郁郁香何晚
진정 싫어하는 것은 부귀의 단맛이라네	眞嫌富貴酣
맑은 절개 지닌 선비와 같이	譬如淸節士
저자가 아닌 곳에서 홀로 숨어 지내네	不市獨幽潛

벽오동 碧梧

천 길 높이의 벽오동	千仞碧梧樹
짙은 그늘로 타는 더위를 가져 주고	濃陰掃瘴炎
단혈[28]에 사는 봉황새가 둥지를 틀어	寄巢丹穴鳳
갈아 놓은 낫처럼 걸려 있는 초승달에 놀라는구나	驚掛月磨鎌

마을의 뿔피리 郡角

시골 마을은 산기슭에 있고	野郡依林麓

외로운 성은 푸른 아지랑이 속에 숨어 있네	孤城隱翠嵐
슬픈 피리 소리 연달아 울리는데	軍[1)]聲悲畫角
백성들 풍속 또한 편안하구나	民俗且安恬

포구의 배 浦帆

바다와 나란한 뭇 봉우리 빼어나고	並海群峰秀
아득히 보이는 바다는 거울인 듯	微茫水鏡涵
주인은 아무 일 없이	主人無箇事
궤안에 기대어 돌아가는 배를 세어 보네	隱几數歸帆

---

1) ㉮ '軍'은 '連'의 오자인 듯하다.

거사에게 주다
贈居士

극락은 어느 곳에 있는가	樂國知何處
해 지는 서쪽 하늘이네	金天日沒西
아미타여래가	如來無量壽
원을 세워 미혹한 중생을 인도하는 곳	留願引群迷

즉흥시
即事

동이 틀 무렵 대나무 문을 열어 보니　　　平明啓竹戶
아침 해가 맑은 빛을 쏟아 내고　　　　　　旭日生淸暉
밤새 휘몰아친 비바람에　　　　　　　　　風雨夜來急
산 가득히 꽃잎 휘날렸구나　　　　　　　　滿山花盡飛

육조 게송의 운을 써서 명 수좌에게 주다
用祖偈韵贈明首座

뿌리 없는 나무를 말해 놓고	謾說無根樹
어찌 경대가 있다고 말하는가	何言有鏡臺
원래 이 도에서 보면	元來此道上
모든 것은 떠다니는 먼지일 뿐	摠是一浮埃

천풍루에서 바다를 바라보며
天風樓望海

들판은 너르고 숲에는 이내가 자욱한데	野濶烟迷樹
구름이 걷히자 바다가 하늘과 맞닿았네	雲收海接天
난간에 기대 멀리 바라보노라니	倚欄遙騁[1]目
시상이 푸른 하늘로 들어가네	詩思入蒼然

---

1) ㉮ '駿'는 '騁'의 오자인 듯하다.

비 온 뒤 누각에 올라 양 수사의 시에 차운하다
雨後登樓次梁秀士韻

보이는 푸른 산 끝없이 펼쳐졌고	碧望山無際
비 갠 놀이의 흥겨움 끝이 없는데	晴遊興不窮
시인이 누 위에 기대	騷人倚樓上
아름다운 시구절로 옮겨 보네	輸入一聯中

산속에서
山中

첩첩한 산봉우리 맑은데 가느다란 구름 피어나고 亂峀晴雲細細
어두운 바위에 떨어지는 물방울은 차디차구나 幽岩滴溜冷冷
손님 떠난 뒤 사립문 반쯤 닫았는데 柴門客去半掩
새 울음소리에 꿈을 막 깨는구나 鳥喚殘夢初醒

봄날 저녁 길에서
途中春暮

지는 꽃잎 천 조각 만 조각	落花千片萬片
늘어진 버들 긴 가지 짧은 가지	垂柳長條短條
서글픈 하늘가의 외로운 나그네	怊悵天涯獨客
이것을 대하는 애타는 마음 어이하리	不堪對此魂消

웅 스님께 드리다
寄雄師

한식날 봄바람 부는 이월이라	寒食東風二月春
아름다운 꽃들 다 피었고 풀도 새로 돋아났네	好花開盡草初新
가련하구나 좋은 계절에 만날 기약 없고	可憐令節無因見
부질없이 아름다운 그대[29] 꿈에 자주 보이는 것을	空有瓊枝入夢頻

합천 가는 길
陜川途中

영남 땅 늦은 봄 삼월	嶺南三月暮春時
여기저기 붉은 꽃은 떨어지고 푸른 잎만 무성한데	處處紅殘綠滿枝
외로운 나그네, 갈 길 멀어도 근심 없어	孤客不愁歸路永
푸른 소나무 정자 아래에서 맑은 물결 희롱하네	碧松亭下弄淸漪

밤에 월성[30] 영재에 앉아 가야금 소리 들으며 돌아갈 것을 생각하다
月城鈴齋夜坐聽琴思歸

봄밤은 달도 없이 깊어 가는데	春天無月夜將深
영각[31]에는 맑은 노래와 아름다운 가야금 소리	鈴閣淸歌帶玉琴
그중에 〈고산곡〉[32] 가락 들으니	箇中只有高山曲
슬며시 방장산으로 돌아가고픈 생각 드네	暗入思歸方丈心

차운하여 선 상인에게 주다
次韻贈善上人

사월 강남엔 보리 벌써 익었는데	四月江南麥已秋
호탕하게 돌아가고픈 생각을 두류산으로 보내노라	浩然歸思寄頭流
한밤중 선방 등불 앞에서 나눈 이야기는	雲窓一夜燈前話
십 년간 서로 그리워하며 쌓인 회포 풀지 못하였네	未寫相思十載愁

가을날 산속에서 임 석사에게 보내다
山中秋日寄林碩士

종일토록 산을 보며 잠시도 한가하지 못하니   終日看山不暫閑
첩첩한 봉우리엔 가을빛이 비단 무늬로 아롱아롱   亂峯秋色錦爛班
산에 오른 뜻도 아득하여 분간하지 못하고   遙知不辦登山意
다만 어리석게 꿈꾸듯 취한 듯하리라   只在昏昏醉夢間

죽림 처사에게 보내다
寄竹林處士

계절은 한 바퀴 돌아 다시 초겨울이 되어	節序回還又上冬
산을 둘러싼 소나무와 대나무에 눈이 쌓였네	繞山松竹雪初封
사립문으로 객이 떠난 찬 집은 조용한데	柴門客去寒齋靜
그대는 아이[33]를 안고 구용[34]을 가르치고 있으리	應抱添丁訓九容

진사 박세혁의 시에 차운하다
次朴進士世赫韻

늙어 가며 젊을 때의 마음 어긋났다고 한탄 말게나 休嗟華髮壯心違
인간 세상의 만사는 시비를 가리지만 萬事人間是與非
오직 불가에서는 나와 남이 없건마는 惟有空門無彼此
이리저리 떠돌며 돌아갈 줄 모름을 어찌하리오 奈何漂泊不知歸

산속의 가을비
山中秋雨

비바람이 빈숲의 수많은 구멍을 울리고   風雨空林萬竅號
저녁 추위에 가을이 깊었음을 깨닫게 되네   晩寒方覺已秋高
문 닫고 중 옷 여미고는 향 사르고 앉았으니   杜門擁衲燒香坐
한 줄기 푸른 연기가 백호를 감도네   一縷靑烟繞白毫

옛 절로 돌아가는 원 스님을 전송하며
送圓老師歸故寺

물병과 지팡이만으로 기개가 양양한데	鋼缾錫杖氣揚揚
추풍령 천 리 길이 멀리 뻗어 있노라	千里秋風嶺路長
돌아가 심천사와 망월사[35]에 이르면	歸到深泉望月寺
한 마음은 서방으로 백호의 빛에 닿으리	一心西繫白毫光

가을날 저녁 산을 나가 우연히 읊다
秋晚出山偶吟

중 옷 떨치고 지팡이 짚고 돌계단 내려가	拂衲挑筇下石梯
대나무 심긴 오솔길 지나 어두운 시내로 들어가네	竹邊微逕入幽溪
단풍나무 푸른 못물에 비춘 것 보고 또 보며	貪看紅樹綠潭暎
느릿느릿 걷다 보니 해 지는 줄도 모르겠구나	緩步不知山日西

묘원 선사가 게를 구하여 입으로 외워 보이다
妙圓禪師求偈口號誦示

호령[36]을 오가며 나이를 먹어	往來湖嶺老侵尋
차마 시류에서 자신을 알아줄 이를 구하랴	忍向時流覓賞音
그대여 번거롭게 게송 구하지 말지니	報爾不煩求偈句
푸른 하늘의 밝은 달이 내 마음이라네	碧天明月是吾心

조 정언에게 주다
寄趙正言

〈유수곡〉과 〈고산곡〉에는 예스러운 뜻이 깊어　　流水高山古意深
종자기 떠나자 지음이 적구나　　　　　　　　　子期云遠少知音
남악의 늙은 거사가　　　　　　　　　　　　　誰言南岳老居士
유독 동림사의 지도림[37]을 기억할 줄 누가 알았으랴　獨記東林支道林

고요할 때 집구[38]하여 서울의 여러 군자에게 재미 삼아 드리다
靜中集句戱呈洛下諸君子

봄풀과 가을바람에 늙어 가는 이 몸을	春草秋風老此身
언덕과 골짜기에서 마음대로 천진에 맡기네	放情丘壑任天眞
도성에는 수레와 말 셀 수 없이 많겠지만	城中車馬應無數
숲속에는 한 사람도 보이지 않네	林下何曾見一人

초겨울 우연히 읊다
初冬偶吟

궁벽한 곳 그윽한 바위산엔 사람의 왕래가 끊어지고	地僻岩幽斷徃還
온 산의 비바람은 벌써 가을이 저물었다 말하는 듯	滿山風雨已秋殘
국화와 단풍잎은 모두 쓸쓸하기만 한데	黃花赤葉俱蕭瑟
푸른 소나무만이 한겨울 추위에도 절개를 지키누나	惟有蒼松守歲寒

태위 김 상서를 알현하러 서울로 가는 사람을 전송하며
送人之京謁太尉金尙書

천 리 길 행장에 활이 하나뿐	千里行裝一角弓
도착하면 먼저 흑두공³⁹에게 인사하리	到時先拜黑頭公
오랑캐 뒤쫓아 변경 땅 쓸어버려 조용하게 만들고	胡蹤掃盡邊沙靜
서쪽을 평정하는 일등공신이 되리라	策得平西第一功

진락대에 올라 송 수재에게 보내다
登眞樂臺寄宋秀才

이별한 뒤로 오늘까지 몇 달이 흘렀는지	別來今換幾蟾蜍
선방에서 처음 만난 때를 잊기 어렵구나	靜裡難忘識面初
높은 진락대는 기억하시는지	却憶高臺眞樂否
녹음 짙은 곳에 좋은 바람 선선히 불어오네	綠陰濃處好風徐

방장산에 들어가는 스님을 전송하며
送僧入方丈山

[1]
가벼운 행색은 나는 구름과 같으니　　　　　飄然行色等雲飛
천 리 길을 풀 옷 입고 몸이 가는 대로　　　　千里隨身只草衣
그대를 상상해 보면 향로봉 정상에 올라　　　想到香爐峯絕頂
좌선하며 하나(마음)가 돌아가는 곳을 관하리니,　坐看歸一一何歸
그 하나는 어디로 돌아가는가

[2]
지팡이 짚고 구름 따라 학이 나는 듯한데　　　錫逐孤雲片鶴飛
첩첩한 봉우리의 맑은 놀이 중 옷에 떨어지노라　亂峯晴靄落禪衣
아마도 창 앞을 에워싼 옛 대나무들은　　　　遙知舊鎖窓前竹
맑은 그늘 고치지 않고 그대 오기만 기다리리　不改淸陰待爾歸

해 상인에게 재미 삼아 보내다
戱寄海上人

호숫가 푸른 산에는 속세의 일 적은데	湖上靑山塵事少
만 그루 소나무 숲에 서까래 몇 개인 띠집 있네	數椽茅屋萬株松
문수보살[40]은 세 곳에서 여름을 보냈으니	曼殊過夏於三處
어찌 그대가 학사에 사는 것 이상하리오	何恠君居學舍中

조 진사에게 주다
贈趙進士

연방⁴¹의 새로운 소식에 도성이 들썩거리니	蓮榜新聲動帝城
일찍부터 문장으로 많은 사람 놀라게 했다네	文章曾使衆人驚
남쪽으로 와서 다시 용문사를 향한다니	南來又向龍門寺
안탑⁴²의 높은 층에 이름을 쓰게 되리라	鴈塔高層爲寫名

정 수사의 시에 차운하다
次鄭秀士韵

내린 눈은 높은 절벽에 쌓여 층층이 옥빛인데	雪壓危崖玉作層
어느 말 탄 시인[43]이 뜻밖에 오시었네	吟鞭誰料遠來登
이 밤 향등 밝힌 연화사엔	香燈此夜蓮華社
자리 가득 도반[44]과 병든 중 하나 있다네	滿座刘雷一病僧

신 대사의 시에 차운하다
次信大師來韵

[1]
몇 통의 편지에서 진중하게 고질병을 물었으나	數書珍重問沉綿
손잡을[45] 인연 없이 먼 곳에 사는구나	把臂無緣地一偏
칭찬과 비난에도 잘잘못 따지지 않고	毀譽不須論得失
반평생 행하고 그침을 푸른 하늘에 맡기네[46]	半生行止付蒼天

[2]
좌선을 할 때는 삼조[47]의 법을 모두 아나	得坐共知三祖法
옷 걸칠 때는 다시 석문[48]의 총명함에 부끄러워하네	披衣還愧石門聰
원래 이 일에는 많은 글자가 필요 없어	從來此事無多字
물이 흘러가다 보면 근원에 이를 뿐이겠는가	不獨行行到水窮

인 스님에게 보내다
寄印師

이십 년 전 그곳에 은거하여	二十年前捿隱地
그대는 누구와 도반이 되어 경행하였는가	故人誰與伴經行
누대 아래의 맑은 시냇물만이	只應樓下淸溪水
졸졸 흐르는 소리 예전과 같구나	依舊潺湲一樣聲

이 석사의 시에 차운하다
次李碩士韻

[1]
최근에 병이 깊어 누워서 신음하며　　　　　　　年來多病臥吟呻
문을 닫아 놓고 한 사람도 만나질 못했네　　　　門掩何曾見一人
누가 절묘한 시를 보내어 나를 흥기시키나[49]　　誰遣起予辭絕妙
〈파곡〉[50]으로 〈양춘곡〉에 화답함이 부끄럽네　愧將巴曲和陽春

[2]
하인과 조랑말[51]로 멀리 승경을 찾고　　　　　奚奴欸段遠尋眞
비단 주머니[52]의 맑은 시는 옛사람보다 뛰어나네　囊錦淸詩邁古人
삼 일간 취하고 깨며 질탕하게 노니는데　　　　三日醉醒遊汗漫
가지마다 신록이 덮여 봄은 벌써 저물었구나　　滿枝新綠已殘春

하 수사의 시에 차운하다
次河秀士韵

[1]
시에 능하다는 소문 오래되었으니 　　　　　何遜能詩久已聞
가슴엔 호수와 바다 삼켰고 기운은 구름을 능멸하도다 　　胸吞湖海氣凌雲
정신적인 교유는 육신에 있지 않으니 　　　　神交不在形骸內
시 한 수 먼저 산승에게 보내 주었네 　　　　一首先將寄惠懃

[2]
어찌 속세의 일을 귀담아 들으리 　　　　　那將塵事耳邊聞
멧부리에서 무심하게 피어오르는 구름 조용히 바라보네 　　靜對無心出岫雲
진중한 편지와 한 수의 절구시 　　　　　珎重尺書幷一絶
얼마나 은근하게 위로되는지 모르겠네 　　　不知何以慰慇懃

하 수재와 이 수재가 유마사에 머문다는 소식 듣고 두 수를 보내다
聞河李兩秀才寓維摩寺寄示二絕

[1]
훌륭한 선비가 속세의 번뇌를 피하여	傳聞佳士避塵煩
함께 유마의 불이문에 들었단 소식 전해 들었네	共入維摩不二門
『시경』과 『서경』의 토론 외에도	應把詩書討論外
부처의 향불과 승려의 밥으로 하루를 보내리라	佛香僧飯過朝昏

[2]
봄비가 처음 개고 봄새 우짖는데	春雨初晴春鳥啼
봄바람이 심술을 부려 저녁에는 서늘하구나	東風作惡暮凄凄
밤이 되어 누대와 전각에 달이 오르내리니	夜來臺殿高低月
두 수재[53]는 학과 함께 잠이 들겠구나	二妙應同一鶴捿

차운하다
次韵

포단에 가부좌하고 가사를 갖추어 입었는데　　團蒲趺坐具袈裟
우연히 시선이 손 모으고 찾아왔구나　　　　　偶有騷仙手入叉
맑고 고요한 시냇가 주방엔 별미가 없어　　　　淸寂溪厨無別味
다만 금방 떠 온 맑은 물로 새 차를 끓이네　　唯將活水煮新茶

해심 대사에게 보내다
寄海深大師

칠월의 초가을 호서 땅	湖外新秋七月時
도림에서 병이 들어 힘도 없고 수척하구나	道林身病力尫羸
그대에게 묻노라 백제성 서쪽 절에	問君百濟城西寺
결사하고 있는 고상한 분들은 누구인지	結社高賓姓是誰

봄날 용문사에서 설암 도인이 방장산에 들어감을 전송하다
春於龍門寺送雪岩道人歸方丈山

따뜻한 봄날 용문에서 용으로 변하여 龍門春暖化爲龍
우레와 비에 푸른 하늘로 높이 날아오르네 雷雨飛騰上碧空
용의 갈기와 수염 벗겨지자 머리의 뿔 솟아오르네 鬐鬣脫來頭角聳
끝내 연못에 살지 않으리란 걸 일찍부터 알았노라 早知終不在池中

범패승 정에게 주다
贈淨魚山

범속함을 벗어난 풍모와 운치 사람을 놀라게 하고	脫凡風韵使人驚
범패[54]의 뛰어난 재주는 이미 노성하였도다	魚梵高才已老成
온 산에 달빛 비춘 가을밤	最好滿山秋月夜
벽운루 위에서 듣는 몇 가락 범패 소리 정말 좋아라	碧雲樓上兩三聲

상 사미에게 주다
贈祥小師

신선산과 이내 낀 강 사이에서 나와	出自方壺烟水間
봄바람에 득의양양하여 한가하게 가고 오네	春風得得揭來閑
솔숲에 내린 비로 가사는 반쯤 젖었는데	袈裟半濕松林雨
돌아가는 길은 첩첩한 산속으로 아득하게 나 있구나	歸路遙將指亂山

길 떠나는 고령의 정 산인에게 주다
贈古靈山人淨行脚

백장 스님에 예참하여 총명함[55]을 얻고	來叅百丈得寧馨
다른 날 고령으로 돌아오리니	異日唯應返古靈
만일 어리석은 스님이 옛 종이만 뚫고 있다면[56]	若見阿師鑽古紙
곧바로 등을 토닥여 문정을 일으켜야 하리	直須拊背擧門庭

호서 청산현으로 돌아가는 김 수재에게 주다
贈送金秀才歸湖西靑山縣

호서는 보이는 게 모두 청산인데	湖外靑山觸目多
그대를 전송하려니 떠나갈 길 갈라져 아득하네	送君歸去路歧賖
청산이 그대가 돌아갈 곳이라면	靑山若是君歸處
어느 곳의 청산인들 집이 아니겠는가	何處靑山不是家

선승에게 조응하여 화답하다
調應和禪子

가을벌레는 어이하여 찬 밤에 괴롭게 울어 대나　　寒蟲何苦咽寒更
두 귀에 들리니 괜스레 편안하지 못하네　　　　　兩耳聞來轉不平
어찌 붉은 꽃 지고 푸른 그늘 짙은 날에　　　　　那似紅殘綠暗日
좋은 앵무새 울음 두세 소리와 같으리오　　　　　好鸚啼送兩三聲

영남으로 가는 순 상인을 전송하며
送淳上人遊嶺南

김해[57]의 산과 강은 예전과 다르니	首露山河異昔時
봄바람아 옛 왕국의 슬픔[58]으로 흔들어 놓지 말아라	春風莫動黍離悲
예부터 명승지에는 유적이 많으니	從來勝地多遺蹟
몇 곳에서 지팡이 멈추고 오래된 비석 읽게 되리라	幾處停筇讀古碑

공 상인에게 재미 삼아 주다
戱贈䆟上人

그날 소림사에서는 앉아서 말을 잊어	少林當日坐忘言
만법은 모두 불이문으로 돌아갔네	萬法皆歸不二門
그대가 침묵을 지킬 수만 있다면	報爾若能緘口角
또한 성인의 법도를 보존하게 되리라	也應先聖典刑存

우연히 읊다
偶吟

원각의 대가람에 편히 살면서   安居圓覺大伽藍
성인도 범인도 뛰어넘었으니 누구와 함께 어울리리오   絕聖離凡孰共叅
홀로 눕고 홀로 가며 다시 홀로 앉았으나   獨臥獨行仍獨坐
밤이 되어 달이 뜨면 셋이 된다네   夜來惟對月成三

잠에서 깨어
夢覺

꿈에 숭고산[59] 소실의 사립문을 두드려
달마를 예참하고 마음의 의심을 풀어 버렸네
잠을 깨니 잠자리의 솔바람 그대로인데
무한한 청량함을 절로 알겠노라

夢扣嵩高少室扉
禮叅初祖決心疑
覺來一榻松風在
無限清凉只自知

욕천 영재에서 맹 사군이 운자를 부르다
浴川鈴齋孟史君呼韵

만나서는 도를 쉬고 떠나서는 관을 쉬었으니 相逢休道去休官
숲속에는 함께 어울릴 사람 없다네 林下無人許共攀
탕휴[60]의 벽운구를 다 읊으면 吟罷湯休碧雲句
짧은 지팡이 다시 들고 석양에 돌아가리라 短筇還帶夕陽還

연 스님에게 주다
贈演師

조사 마당의 천 길 벽오동에	祖庭千仞碧桐梧
어디에서 왔는지 흰 봉황새가 깃들었구나	何處來栖白鳳雛
우리 종파의 진실한 뜻을 알고 싶은가	欲會吾宗眞的意
바다와 하늘은 텅 비어 넓고 달은 홀로 외로워라	海天空濶月輪孤

호 장로에게 보내다
寄浩長老

이 마음이 서로 통한 것이 벌써 여러 번이니　　　此心相照已多時
늙은 고승[61]을 다시 예참할 필요 없도다　　　不必重叅老赤髭
시방세계는 비로자나불의 연화장세계이니　　　十刹毘盧華藏海
어찌 심식을 배워서 알겠는가　　　　　　　　　肎容心識學而知

행각승에게 주다
贈行脚僧

천만 개 강과 산을 득의양양 가노라니	水萬山千得得行
거친 베적삼 무거우나 몸은 가벼워	七升衫重一身輕
선재동자가 그 옛날 오십삼 선지식 예참하듯	善財昔日叅知識
모르는 사이에 남쪽으로 백십 개 성을 지나네[62]	不覺南遊百十城

밤에 범음을 듣고 범패승 채영에게 주다
夜聞梵音贈彩英魚山

고요한 밤 빈산에서 도심이 맑아지고	空山靜夜道心淸
온갖 바람소리 그치고 달빛만 밝구나	萬籟俱沉一月明
세상의 수많은 어리석은 중생들아	無限世間昏睡輩
누가 하늘 밖 보허곡 소리[63]를 들으리오	孰聆天外步虛聲

복천의 이 처사에게 주다
寄福川李處士

복천[64] 땅은 순천과 접해 있으나   地接昇平與福川
운령의 하늘에 닿을 듯한 높은 숲으로 경계가 나누어져   界分雲嶺樹叅天
이렇게 새로 눈이 내려도 흥을 타고 찾아가기 어려워라[65]   便逢新雪難乘興
마음을 시로 써서 낭선[66]에게 보내노라   寫出情詩寄浪仙

묘현 상인이 시로 가르침을 구하자 재미 삼아 차운하다
妙玄上人以詩求敎戲次其韵

대개 사람들의 근심은 스승 되기 좋아하는 데 있으니	人多患在好爲師
남에게서 구하지 말고 스스로를 지키라	遮莫求人只自持
눈 닿는 곳마다 도가 있다는 것 그대는 모르는가	擊目道存君識否
푸른 하늘 찬 달이 바로 마음이라네	碧霄寒月是襟期

고 상사 이재의 은거지에 쓴 시를 보내다
寄題故李上舍【滓】幽居

예전에도 시냇가 집의 흰 판자문을 지났으니	曾過溪堂白板扉
이제 사물은 그대로인데 사람은 아니로다	如今物是已人非
옛 모습 여전히 남아 있는 것은	典刑尙爾依然在
성인이 안아 보낸 기린아[67]가 있기 때문이구나	爲有猉獜抱送兒

산속에서 우연히 쓰다
山中偶題

구름 낀 첩첩의 봉우리 공중에 솟아 있고[68]	萬疊雲岑揷太虛
비가 막 개어 주렴엔 짙은 푸르름이 가득하네	滿簾濃翠雨晴初
돌 침상은 먼지 없이 깨끗한데 향 사르고 앉아서	石牀塵淨燒香坐
한가로이 세상에서 보지 않는 책을 외우노라	閑誦人間不見書

상사일[69]에 시내를 따라 걷다
上巳日溪行

산꽃은 비단을 펼친 듯하고 시내는 쪽물과 같으니	山花如錦水如藍
바로 풍광 좋은 삼월 삼짇날이네	政是風光三月三
그윽한 사람 일 없다고 말하지 말기를	莫道幽人無一事
봄을 감상하느라 시내 북쪽으로 또다시 남쪽으로	賞春溪北又溪南

죽림 거사의 시에 차운하다
次竹林居士韻

어제는 스님이 산을 떠나는 것 전송하였는데	昨日送僧出山去
오늘 아침엔 객이 성시로 돌아감을 전송하노라	今朝送客還城市
호계에서 웃고 한번 돌아보니	虎溪三笑一回頭
비 지나간 푸른 봉우리에 푸른 이내 피어나네	雨過碧峯靑靄起

고금당의 시에 차운하다
次皷琴堂韵

시내 곁 높은 누각은 그림 그리기도 어려우니 　　臨流高閣畫難如
남국의 호방한 시객[70]이 여기에 살았노라 　　南國詩豪此卜居
풍경은 변함이 없는데 사람은 이미 죽어 　　風景不殊人已歿
한 줄기 강 위로 밝은 달빛만이 반창을 비추네 　　一江明月半窓虛

승지 동명 정두경 시에 공경히 차운하다
次敬東溟鄭【斗卿】丞旨韵

가을 관악산엔 흰 구름 피어오르고	冠岳秋山白雲起
남쪽의 두류산까지는 천 리 길이라네	南望頭流路千里
가슴 벅차게 향기 나는 풀을 주신 분은 누구인가	盈懷誰是贈蘭荃
동명자와 임공자라네	東溟子與任公子

부록 원시 附原韵

가을바람 일어나 풀과 나무 누렇게 떨어지는데	草木黃落秋風起
산과 시내 아득한 몇천 리 길을	山川悠悠幾千里
지팡이 짚어 떠나는 이는 방장산의 중이요	飛錫而行方丈僧
시를 지어 보내는 이는 동명자라네	作詩送者東溟子

영주로 돌아가 양산에 들어가는 오 상인을 전송하며
送悟上人歸瀛洲入陽山

지팡이는 인연 따라 옛길로 돌아가는데	杖錫隨緣返舊遊
채색 구름 깊은 곳은 바로 신선산이라네	彩雲深處是瀛洲
산속에서 안기자[71]를 만난다면	山中若遇安期子
상전이 벽해가 된 것을 물어보시게	須問桑田變海流

늦은 봄
暮春

적막한 산 작은 창가의 포단에 앉았으니 　　小窓岑寂坐蒲團
대숲 속 소나무 문은 종일토록 닫혀 있네 　　竹裡松門盡日關
나그네도 이르지 않고 봄은 또 저무는데 　　客又不來春又暮
배꽃은 바람 따라 눈 내리듯 휘날리는구나 　　梨花風起雪漫漫

송광사 수각에 부치다
題松廣寺水閣

호남 천 리 길 나그네의 마음도 지쳤는데　　　　湖山千里倦遊情
　들판의 절에 가을이 찾아와 대숲은 맑구나　　　野寺秋來樹竹淸
　저물녘 높은 누각에 기대어 있노라니 지나가는　高閣晚憑踈雨過
부슬비에
　바위틈의 시냇물이 새로 소리를 내는구나　　　　石溪流水有新聲

어부
漁父

나루터에서 잡은 고기를 술과 바꾸고는　　　穿魚換酒渡頭沙
조각배로 돌아가 누워서는 취한 노래 부르는구나　歸臥扁舟醉放歌
단풍잎과 갈대꽃엔 가을빛이 무르익고　　　楓葉荻花秋色老
한 줄기 강에는 찬비 내려 어부의 도롱이를 적시네　一江寒雨滿漁蓑

삼월 이십구일 죽암의 중이 화려한 종이 네 폭을 보내 주기에 사례하다
三月二十九日竹庵僧送華牋四幅謝之

시내 서쪽에는 향기로운 풀이 푸릇푸릇하고	澗西芳草綠離離
비 그친 교목 숲에는 소쩍새 소리 들리네	雨歇喬林叫子規
내일이면 바로 삼월 삼십일이라	明日正當三十日
봄과 이별하는 시인 것을 알리라	只應知有餞春詩

늦은 봄 우연히 읊다
暮春偶吟

[1]
위에는 푸른 산 아래는 푸른 시내　　　　　　　上是靑山下碧溪
작은 암자에 흰 구름과 함께 깃들어 사네　　　　小庵分與白雲捿
봄철이 다 지나도록 이르는 사람 없어　　　　　一春已過無人到
홀로 숲의 꽃을 캐어 돌계단에 앉았노라　　　　獨採林花坐石梯

[2]
마음 편한 것이 약이요 다른 방법 없어　　　　　安心是藥更無方
가만히 포단에 앉으니 선정의 맛이 좋구나　　　兀坐團蒲之味長
문 닫은 작은 마당엔 봄이 절로 깊어가고　　　　門掩小庭春自老
숲속에 우는 새는 석양을 전송하는 듯　　　　　一林啼鳥送斜陽

한가하게 마음대로 읊다
閑中雜咏

백 년의 종적을 이내와 노을 속에 붙이고	百年蹤迹寄煙霞
풀 자리와 삼베옷으로 세월을 보내네	草座麻衣度歲華
배고프면 송홧가루 주워 먹고 목마르면 물 마시니	飢拾松花渴飮水
푸른 산의 어느 곳이 내 집 아니겠는가	靑山何處不爲家

종성 강백년의 시를 공경히 차운하여, 칠보산으로 돌아가는 근 상인을 전송하다
敬次姜鍾城栢年韵送根上人還七寶山

명천의 칠보산[72]은 명산이라	明川七寶是名山
네가 돌아감을 전송하노라니 변방에 가을바람 불어오누나	塞外秋風送爾還
돌아가 선정에 들면 사람들이 알지 못하리니	歸入定中人不識
바다 구름 깊은 곳에서 허공 세 칸에 처하리라	海雲深處空三間

가을밤 나그네 심정
秋夜旅懷

푸른 등불 가물가물한데 꿈에서 처음 깨어　　　青燈睒睒夢初回
나그네 서글픈 심정 스스로 달래지 못하는데　　客裡愁懷不自裁
마당엔 누런 잎이 한 자나 떨어져　　　　　　　黃葉落庭深一尺
새벽바람에 이리저리 날리네　　　　　　　　　曉風吹去又吹來

벗의 무덤을 지나며
過故人若堂

갑자기 벗들이 하나둘 저 세상으로 가니	無端故友漸凋零
빠른 세월이 잠시도 멈추지 않음을 한탄하노라	却恨流光不暫停
오늘 홀로 무덤 아래로 지나가는데	今日獨歸墳下路
저녁연기와 부슬비에 풀잎은 푸르고 푸르구나	暮烟踈雨草靑靑

황매 처사의 초당에 부치다
題黃梅處士草堂

푸른 복숭아 천 그루엔 모두 꽃이 피었는데	碧桃千樹盡開花
그 가운데 황매 처사의 집이 있다네	中有黃梅處士家
봄잠에서 깨도 찾아오는 나그네 없어	春睡覺來無外客
대나무 침상에 맑게 앉아 『남화경』을 읽노라	竹床淸坐讀南華

장 봉의의 교외에 있는 집에 부치다
題張鳳儀郊居

배꽃 한 그루엔 흰 꽃이 눈부신데	梨花一樹白皚皚
대숲의 가시문은 한낮에도 열리지 않네	竹裡荊扉午未開
잠이 깬 그윽한 마루에는 찾아오는 나그네 없어	睡起幽軒無客到
홀로 소나무 술을 두세 잔 따라 마시네	松醪自酌兩三杯

산의 샘물
山泉

옥이 부서지는 듯한 찬 샘물 소리 돌 누대에 가득하니   碎玉寒聲滿石樓
신령한 샘의 근원[73] 백운산 머리에서 시작한다네   靈源初發白雲頭
누가 알리오 주야로 동쪽 바다로 흘러가는 뜻을   誰知日夜東歸意
푸른 바다는 물줄기를 가리지 않기 때문이라네   只爲滄溟不擇流

수재 박정필의 시에 차운하다
次朴秀才廷弼韵

[1]
흰 구름 사이에 아득히 암자가 있어	禪庵遙在白雲間
길 하나 맑은 시내로 나 있고 삼면은 모두 산이라네	一道澄泉三面山
밤 되자 밝은 달빛에 중은 선정에서 나오고	入夜月明僧出定
기이한 향불 피운 곳에 염불 소리 차구나	異香薰處梵聲寒

[2]
궁벽한 골짜기 깎아지른 바위라 나그네도 찾지 않고	洞僻岩危客不到
햇볕 내리쬐는 조용한 경내엔 중도 무심하구나	日長境靜僧無心
우연히 허현도[74]를 만나	偶然逢着許玄度
달을 보며 나눈 맑은 이야기에 가을밤이 깊어 가네	對月淸談秋夜深

입춘
立春

선방에 홀로 앉았으니 티끌 한 점 없이 맑고	禪房獨坐淨無埃
마음 비우고 가다듬으니 온갖 생각 사라지네	方寸虛凝萬慮灰
섣달이 다 가도 봄이 오는 것 도무지 모르겠는데	春到臘殘渾不識
고개의 매화나무 한 가지가 먼저 꽃을 피웠구나	嶺梅先洩 一枝來

봄을 보내며
送春

복숭아꽃 배꽃의 풍류는 일장춘몽인 것을 　　　桃李風流夢一場
골짜기의 꾀꼬리는 나무를 옮기며 청상[75]을 　　谷鶯迁木弄淸商
연주하네
도인은 봄이 돌아감도 안타까워하지 않고 　　　道人不惜春歸去
선창에 낮이 길어짐을 좋아하노라 　　　　　　只愛禪窓白日長

고향의 승려와 이별하고
留別同鄉僧

평생을 천지간에 한가한 몸으로　　　　百年天地一閑身
가는 곳마다 푸른 산에서 도의 진수를 얻노라　　隨處青山采道眞
이별시를 건네니 그대 이상하게 여기지 말게나　　臨別贈詩君莫恠
타향에서 고향 사람 만나기 어려워서라네　　異鄉難遇故鄉人

동명이 다른 이에게 준 시에 삼가 차운하다
敬次東溟見寄人

속세는 용납하기 힘든 땅이요	塵世難容地
출세는 머물지 못하는 하늘이라네	空門不住天
동림사에 달이 막 떠오르니	東林寺夜月初出
선생이 누룩 베고 잠든 것 아득히 생각하네	遙想先生枕麴眠

부록 동명의 원시 附原韵 東溟

방장산은 남방[76]에서도 웅장하여	方丈雄南紀
수천의 봉우리가 하늘 높이 솟아 있네	千峯上入天
언제쯤 너와 함께 쌍계동에서	何時對爾雙溪洞
바위 앞의 석호[77]를 이야기하며 함께 잠이 들까	共說巖前石虎眠

봄을 보내며
送春

꾀꼬리 소리 물 흐르듯 간간이 들리고 제비는 연못 오르내리는데   流鶯間囀燕差池
한 잔의 맑은 차 마시며 몇 수의 시를 짓노라   一盌淸茶數首詩
나그네 오지 않아도 봄은 절로 가는데   外客不來春自去
주렴 가득한 비바람이 찻잔에 떨어지누나   滿簾風雨落茶蘼

백운산에서 방장산으로 돌아가는 수 상인을 전송하다
寓白雲山送修上人歸方丈

절집이 백운산 마루에 높이 있어	招提高住白雲巓
방장산 수천 봉우리가 눈앞에 보이네	方丈千峯在眼前
내일 그대를 보내고 홀로 문을 닫으면	明日送君門獨掩
가을 숲의 찬 매미 소리 어이 들으리	可堪秋樹聽寒蟬

산속에서
山中

배고프면 뜰의 채소 따 먹고 목마르면 샘물 마시니　飢摘園蔬渴飮泉
이렇게 분수에 따라 여생을 보내리라　此生隨分度殘年
향 사르고 비질하면 남은 일도 없어　焚香掃地無餘事
홀로 남쪽 창 향해 앉아 경을 외고 참선하네　獨向南窓坐誦禪

여름날 절구 한 수
夏日絕句

천 그루 만 그루 푸른 그늘 더해지고	千樹萬樹綠陰合
한 소리 두 소리 누런 꾀꼬리 머무는구나	一聲兩聲黃栗留
선경을 다 읽고 누대 기둥에 기대니	講罷禪經倚樓柱
비 온 뒤의 강바람이 서늘함을 보내오네	水風送涼山雨收

차운하여 건 상인에게 주다
次韻贈健上人

어려서 출가하여 부모 형제와 이별하고	祝髮童年謝父兄
스승 찾아 천 리 길을 홀로 남쪽으로 걸었다네	尋師千里獨南行
우리 종파는 깨달음을 귀하게 여기니	吾宗只貴通方眼
다문제일[78]이란 이름은 허여하지 않노라	不許多聞第一名

병이 들어 읊다
病中吟

열흘이 지나도록 병들어 대나무 침상에 누워　　經旬病臥竹方牀
찌는 듯한 더위와 긴 낮의 괴로움을 견디노라　　辱暑熏蒸苦日長
어떻게 하면 본래 공한 진여의 묘약을 얻어　　安得本空眞妙藥
몸과 병을 일시에 잊을 수 있을까　　將身與病一時忘

저녁에 노봉을 바라보며
晩望爐峯

노봉은 바로 나를 흥기시키는 상이니[79] 爐峯政是起予商
잠에서 깨면 문을 열고 한번 바라보노라 睡罷開門試一望
해 지려 하는데 산비가 그쳐 山日欲沉山雨歇
산허리에 푸른 이내와 석양 노을이 어우러졌네 半腰靑靄半斜陽

거미줄에 걸린 나비를 놓아주며
放觸蛛網蝶

바쁘게 날아가고 또 날아오다가	忙忙飛去又飛回
잘못하여 거미줄에 붙어 날개를 파닥거리네	誤觸蛛絲粉翅摧
너는 이제부터 경박함을 조심하여라	戒爾從今其輕薄
색을 좋아하는 것은 몸을 잃게 만드는 원인이로다	由來好色喪身媒

청개구리
青蛙

풀과 나무 그늘 어둑하고 연기와 안개 일어나니   草樹陰陰烟霧生
청개구리 개굴개굴 동시에 울어 대네   青蛙閣閣一時鳴
비 올 징후를 서로 알리고자 함이니   只將雨候要相報
공적으로 사적으로 이 소리 내는 것 아니라네[80]   不爲官私作此聲

두승산[81] 원통암
斗升山圓通庵

작은 절집은 높은 바위에 의지해 있고	數間精舍倚岩隈
좁은 땅엔 먼지 한 점 없구나	地少全無一點埃
머리 돌려 아득히 구름바다 밖을 바라보니	回首茫茫雲海外
가을 석양빛에 기러기 날아가네	夕陽秋色鴈啣來

비 내리는 밤 고향을 생각하며
雨夜憶故山

가물가물한 등불 비추는 사방 벽으로 귀뚜라미 소리 들리고　　燈殘四壁聽蛩鳴
앉아서 기다리지만 찬 하늘은 밝아 오지 않는구나　　坐待寒霄不肎明
아득히 고향을 생각해 보면 오늘 밤 비로　　遙想故山今夜雨
마당 가득한 누런 잎들이 바스락거리며 가을 소리 내겠지　　滿庭黃葉鬧秋聲

이름을 구하는 승려에게 주다
贈求名僧

어려서 불교를 쫓아 전의[82]를 입었으나	早從西教着田衣
늙어서 공명의 길에 떨어져 꾀하는 것 이미 그릇됐네	晚落名途計已非
푸른 산 속의 흰 구름처럼	爭似白雲青嶂裡
좌선하며 하나(一心)가 돌아가는 것을 관하리니	坐看歸一一何歸

박 장군에게 주다
贈朴將軍

남쪽을 정벌하는 막부에 군웅이 모였으니   征南幕府集群雄
흰 깃발에 붉은 활과 용 같은 말이로다   白羽彤弓馬似龍
눈 온 뒤 평원에서 여우와 토끼 사냥하고   雪後平原獵狐兔
장막으로 돌아가 천종[83]의 술을 마시노라   帳中歸飲酒千鍾

학사 최치옹의 시에 차운하다
奉次崔學士致翁韻

새로운 시를 읊어 보니 더욱 성대하여　　　　新詩傳詠轉紛紛
준일한 맑은 재주는 육운[84]을 쫓는구나　　　俊逸淸才邁陸雲
화답하고자 하나 소순기[85] 많은 것 부끄러우니　欲和多慚蔬筍氣
포고[86]를 가지고 뇌문을 지나지 못하겠네　　休將布皷過雷門

봄날의 흥취
春興

가랑비가 처음 갠 삼월 　　　　　　　　　　細雨初晴三月時
복숭아꽃은 화려한 비단 같고 버드나무는 실과 　　桃花勝錦柳如絲
같도다
봄날의 무한한 좋은 소식은 　　　　　　　　　一春無限好消息
그윽한 새가 말하는 것이 아니고 무엇이랴 　　　不有幽禽說句誰

사군 김지성이 참봉 양종호의 물가 정자에서 잔치한다는 소식을 듣고 보내다
聞金使君之聲宴楊叅奉鐘湖水亭以寄

긴 모래섬에는 향기로운 풀이 푸르고 무성한데	長洲芳草綠離離
사군의 다섯 말이 교만하게 우는 맑게 갠 저녁이라	五馬驕嘶晚霽時
이제 산공이 와서 술에 취하였으니	今爲山公來取醉
종호가 문득 습가지[87]가 되었구나	鍾湖便作習家池

강촌
江村

저녁 바람 불어와 물가의 이내 거두는데	晚風吹起渚煙收
언덕의 단풍잎과 갈대꽃은 가을이로다	楓葉蘆花一岸秋
어부의 피리 소리 몇 가락 어디에서 들려오나	漁笛數聲來底處
강촌은 아득히 강물 서쪽 머리에 있구나	水村遙在水西頭

가을밤 구봉자를 생각하며
秋夜憶龜峯子

깊은 밤에 홀로 찬 등불과 짝이 되어	獨伴寒燈夜已深
서글픔과 처량함이 이 지경에 이르니 어떻게 누를까	悲凉到此若爲禁
한밤중에 오동나무 잎 위로 빗방울 떨어져	梧桐葉上三更雨
그리워하는 마음을 어지럽게 깨뜨리네	攪碎相思幾寸心

그윽한 곳에 살며 마음대로 읊다
幽居雜咏

푸른 나무 푸른 숲은 깊고도 깊어	綠樹靑林深復深
골짜기의 앵무새는 종일토록 맑은 소리를 보내고	谷鶯終日送淸音
사미승이 시냇물 길어 새 차를 달이니	沙彌汲澗煮新茗
한 줄기 가는 연기 대숲에서 피어나네	一縷細烟生竹森

징군 유진석[88]에게 받들어 보내다
奉寄柳徵君【震錫】

가을산은 어젯밤부터 기운이 서늘해졌는데　　　秋山昨夜氣初凉
아득한 곳 고인은 좌망[89]하고 앉아 있으리　　　緬想高人正坐忘
이미 명교[90]의 즐거운 곳에 사노니　　　　　　名敎已能居樂地
창랑수에 발을 씻고[91] 낚시질하는 것과는 아주　懸殊濯足釣滄浪
다르다네

만사
挽人

해는 서쪽으로 기울고 강물은 동쪽으로 흘러가듯	白日西傾逝水東
헛된 인생 저녁연기처럼 사라져 버렸네	浮生之似夕煙空
누가 알리오 커다란 조화가 아득한 곳에서는	誰知大造茫茫內
떠나고 머무는 것도 본래 한바탕 꿈인 것을	去住元來一夢中

백곡의 시에 차운하여 찬 스님에게 보이다
次白谷韵示粲師

누가 부처와 조사의 노파심으로	誰言佛祖老婆心
자손들을 은거하게 할 수 있다고 말하리오	能使兒孫被陸沉
혀를 말아 버리고 한마디 말이 없으니	卷却舌來無一語
푸른 못의 찬 달빛만이 빈 가슴을 비추네	碧潭寒月照虛襟

담허재에 부치다
寄澹虛齋

시냇가에 꽃은 무더기로 피어 있고 버드나무 축축 늘어져	溪花簇簇柳依依
봄날 저물녘의 좋은 풍광이로다	好是風光春暮時
선정 속에서 멀리 있는 담허자를 관하니	定裡遙觀澹虛子
기수에서 목욕하고 읊조리며 돌아오는구나[92]	浴乎沂水咏而歸

침허 장로가 백련사로 옮겨 간 소식을 듣고 보내다
聞枕虛長老移入白蓮社以寄

앉아서 지난 세월을 세어 보니 정처 없는 쑥대[93] 같았네 　　坐算流年若斷蓬
근심으로 어지러운데 처마 아래에 댕댕 물소리 들리네 　　攪愁簷流響丁東
근래에 연화사에 들어갔다는 소식 전해 들었나니 　　傳聞近入蓮華社
마음 한가한 것이 꼭 혜원 같을 필요는 없다네 　　未必心閑似遠公

조 학사의 운에 삼가 화답하다
奉和趙學士來韵

지난번 양양에서 벼슬 그만두고 돌아가며	曩自襄陽解綬歸
아름다운 풍경 새 시에 담았구나	好將風景入新詩
지금은 다만 허공에 지팡이를 날려 보내지 못하니	祗今未得飛空錫
조만간 그대를 쫓아 한번 물어보리라	早晚從君一問之

복천 수령이 돌아감을 듣고 절구를 보내다
聞福川宰解歸以寄絶句

바다 학의 한가로운 자태는 속세에서 빼어난 의표요	海鶴閑姿拔俗標
게다가 문장은 푸른 옥보다 무겁네	更敎文字重靑瑤
최근에 귀전부 지었단 소식 들었으니	傳聞近作歸田賦
도연명은 본래 허리 굽히는 것 싫어했다네[94]	陶令元來懶折腰

승평군재에서 자면서 안 사군에게 드리다
宿昇平郡齋呈安使君

성 가득한 신록은 푸른 장막을 두른 듯　　滿城新綠翠帷圍
바다의 빗방울은 바람 부는 대로 가늘게 날리네　海雨隨風細細飛
무슨 일인지 지도림이 와서 한번 묵으니　　底事道林來一宿
승평군에는 지금 사현휘[95]가 있구나　　郡中今有謝玄暉

낭선군[96]께 받들어 드리다
奉寄朗善君

공자의 풍류는 네 호걸[97]과 다르니　　　　　公子風流異四豪
어찌 헛된 명예를 자랑하며 쓸데없이 포용하겠는가　冐張虛譽謾皐牢
아마도 기쁘게 선을 즐겨 하고　　　　　　　　想應樂善陶陶外
문장으로 준걸들을 이끌고 있으리라　　　　　能以文章引俊髦

선승에게 주다
贈禪者

구씨는 당년에 가사[98]를 받았는데	龜氏當年受屈眴
그는 어떤 사람이고 또 나는 어떤 사람인가	彼何人也我何人
행여 활연대오하여 종문의 눈을 얻게 된다면	儻能豁得宗門眼
의발을 전하는 일도 헛된 일이 되리라	衣鉢相傳亦是塵

시산 조 사군에게 주다
寄詩山趙使君

남쪽 호수에서 봄이 시작되어 새로운 해가 되자	春發南湖歲載新
타향 사람이 타향 사람을 생각하노라	異鄉人憶異鄉人
동각의 관매[99]가 피었을 때	乞應東閣官梅動
몇 번이나 진여에 핍진한 시구를 지었는지	幾度題詩句逼眞

박 교리에게 보이다
呈朴校理

예전에 남쪽 고을 내려가 어사 되었을때　　　曾向南州作史行
잠시 수레 덮개 기울여[100] 평생을 의탁했네　　暫時傾盖托平生
만고의 세월 천지간에 무수한 사람 있었으나　　乾坤萬古人無數
홀로 온 세상에 이름 날렸노라　　　　　　　　獨有彌天四海名

시산현재에서 조 사군을 대하여 임 학사에게 보이다
詩山縣齋對趙使君示林學士

태수의 풍류와 외손[101]의 어짊이여	太守風流宅相賢
한 시대의 문채가 선인들과 나란하도다	一時文彩並先前
지도림이 다행히 용문[102]의 소매를 받들게 되었으나	道林幸捧龍門袂
넓은 바다를 말하자 두렵고 놀라서[103] 부끄럽구나	語海還慙適適然

조 낭중에게 받들어 보내다
奉寄趙郞中

해 아래로는 종남산이 가깝고	日下終南近
하늘 끝으로는 방장산이 높구나	天邊方丈高
길이 천 리나 멀어	道途千里遠
꿈속의 혼 십 년간 수고로웠네	魂夢十年勞
불교는 불도징과 구마라집[104]을 쫓고	芝學追澄什
문장은 사령운과 조식[105]을 업신여기네	文章蔑謝曺
게으르게 읊으니 도리어 맛이 적어	倦吟還小味
애오라지 다시 옹도[106]에게 보내노라	聊復寄雍陶

부록 차운시 附次韵

문을 두드려 중이 찾아오니	剝啄僧來謁
산속 사립문에는 가을이 높도다	山扉秋政高
뜻밖의 서신에 놀랍고	乍驚書信至
꿈속 혼의 수고를 위로해 주네	差慰夢魂勞
현묘한 뜻은 선각자들보다 뛰어나고	玄旨超前覺
맑은 시구는 우리를 부끄럽게 만든다네	淸詩愧我曺
다른 해에 결사[107]를 하게 되면	他年容結社
늙도록 종병과 도연명[108]을 이으리라	投老繼宗陶

또
又

일적의 시구 명성 높아	一笛詩名重
사람들은 조의루의 이름 전하네	人傳趙倚樓
맑은 재주는 접하기 어려우니	淸才難可接
뛰어난 시구에 어찌하면 답할 수 있으리	傑句若爲酬
삼경[109]이 다하도록 병으로 누워 있어	臥病三庚盡
칠월의 가을에야 서신을 보내나니	封書七月秋
옥 같은 가지[110]가 공연히 꿈에 나타나	瓊枝空入夢
이별의 근심을 쏟아 낼 일 없으리라	無計寫離憂

부록 차운시 附次韵

묘한 법으로 높은 경지 오른 것 찬탄하고	妙法嗟登岸
헛된 명성 조의루에 부끄럽네	虛名愧倚樓
빼어난 시어의 민첩함이 놀랍고	雋詞驚捷敏
어려운 시구에 답하느라 괴롭구나	剛韵困投酬
계절의 차서를 서글퍼하는 매미는 이슬 맞아 울고	感序蟬啼露
무리와 떨어진 기러기는 가을날 울부짖는데	離群鴈叫秋
염화의 게송 한 연이	拈花一聯偈
그대를 기다리는 숨은 근심을 흩어 주네	待爾散幽憂

와룡산 연 스님에게 보내다
寄臥龍山演師

예전엔 서봉사에 살았고	昔棲棲鳳寺
지금은 와룡산에 누웠도다	今臥臥龍山
이미 마음에 일이 없어	已得心無事
아마 낮에도 문을 닫았으리	唯應晝掩關
헤어진 뒤 병든 나의 모습 가련한데	別來憐我病
늙어감에 그대의 한가함이 부럽노라	老去羨君閑
안개 낀 숲이 겹겹이 가로막혔으니	烟樹重重隔
어느 때나 만나서 얼굴을 펴리오	何時一解顔

김 집의에게 드리다
寄呈金執義

한강 북쪽에서 얼굴을 뵌 뒤로	漢北承顏後
헤어진 지 십 년 남짓 되었구료	違離十載餘
도림[111]이 자취 감춘 것은 당연한데	道林宜晦迹
반령[112] 또한 한가하게 사는구나	潘令且閑居
푸른 숲은 이른 가을빛이 물들었는데	碧樹秋光早
푸른 산은 이제 막 맑게 개었네	靑山霽色初
끝없이 그리워하는 생각에	相思無限意
천 리 길에 편지 한 통을 보내노라	千里一封書

송광사에서 사군 안후태에게 드리다
松廣寺呈安使君【后泰】

듣자 하니 절 경내에	傳道招提境
풍류 넘치는 수령이 행차한다니	風流謝守遊
지팡이 날려 나뭇가지로 내려가고	飛筇下樹抄
소매 받들어 누대 머리에 기대노라	捧袂倚樓頭
중양절의 이슬 머금은 국화꽃과	露菊重陽節
구월 가을날 서리 맞은 단풍나무여	霜楓九月秋
세 개의 수레[113]에 싣기를 허락하여	三車肯許載
곧바로 자비의 배에 오르기를	直欲上慈舟

청류동
清流洞

맑은 시냇가에 절이 있어	寺在淸溪上
맑은 시냇물이 콸콸 흐르네	淸溪決決流
깊고도 맑아 중은 발을 씻고	泓澄僧洗足
걸러진 듯 맑아 나그네는 근심을 녹여 버리네	淥淨客銷愁
새벽이 됨에 찬기가 뼛속으로 스며들고	向曉寒侵骨
하늘로 통하는 물소리는 누대 가득 울려 퍼지는데	通霄響滿樓
문득 탄식하노라 가는 세월을 앞다투듯	却嗟爭歲月
잠시도 쉬지 않는 것을	無復暫時休

조계산에 있으면서 유방승을 전송하다
寓曹溪山送遊方僧

세상을 노니는 데 뜻이 있음을 아니	遊方知有意
반드시 전삼¹¹⁴을 물을 필요 없으리	不必問前三
백 년 인생도 이제 얼마 남지 않았는데	百歲今無幾
수많은 산들을 오랫동안 다 찾지 못했네	千山久未探
교외의 역에서 바람으로 밥해 먹고	風餐郊外驛
바다 서쪽의 암자에서 비 맞으며 누웠으니	雨臥海西庵
나그네의 근심과 이별의 한스러움을	旅愁兼別恨
이 가을날 내가 어찌 감내하리오	秋日我何堪

박 수재의 시에 차운하다
次朴秀才韵

하루 종일 한가하게 일이 없는데	盡日閑無事
거닐다 보면 땅이 평탄함을 알게 되네	經行覺地平
가사는 구름과 같이 희고	衲將雲共白
산은 눈과 같이 푸르도다	山與眼俱靑
가을은 골짜기 깊어 빨리도 찾아오고	洞邃秋容早
석양은 높은 봉우리를 밝게 비춰 주네	峯高夕照明
종병과 뇌차종이 결사를 바라니	宗雷要結社
생사에 대한 마음을 깊이 허락하노라	深許死生情

양 처사의 초당에 부치다
題楊處士草堂

흰 바위 맑은 시냇가	白石淸溪上
시골 늙은이 집의 사립문이라	柴門野老家
좁은 길은 새로 난 대나무 사이로 나 있고	徑開新粉竹
꽃은 반쯤 마른 등걸에 피어 있도다	花發半枯查
세상을 피하여 교유가 적으나	避世交游少
그윽한 거처엔 즐거운 일 많다네	幽居樂事多
아이에게 자리의 먼지를 털게 하여	敎童掃塵席
맑게 앉아 『남화경』을 보노라	淸坐看南華

협곡 마을
峽村

협곡에 마을 하나 있어	峽裡孤村在
구름 곁으로 위태로운 길이 나 있네	雲邊一逕危
가시나무와 상수리나무가 작은 집을 가렸고	荊芧掩斗室
대나무를 심어 성긴 울타리를 둘렀구나	樹竹擁踈籬
낮에는 누런 밤을 구워 먹고	午餉炊黃粟
봄에는 화전을 경작하네	春耕尙火菑
꽃을 물에 띄우지 말아야 하리	莫敎花泛水
이곳을 세상 사람이 알게 될까 두려우니	還恐世人知

황령사에 부치다
題黃嶺蘭若

옛 절에는 사람 이르지 않아	古寺無人到
빈산인데 낮에도 문이 닫혔고	空山晝掩關
차를 달이는데 봄비 보슬보슬 내리고	茗煎春雨細
숲이 어둑해지니 새들은 자러 돌아가는구나	林暝宿禽還
소나무 삼나무 아래로 길 하나 나 있고	一逕松杉下
천 개 봉우리는 속세와 출세 사이를 가로막고 있노라	千峯凡度間
뜰 앞 푸른 잣나무는	庭前翠栢樹
진실로 조사의 얼굴이로다	眞介祖師顏

유 수재가 제영당에 부친 시에 차운하다
次柳秀才寄題影堂韻

절집은 속세와 멀리 떨어져	招提隔塵世
물과 대숲이 가장 맑고 그윽하도다	水竹最淸幽
새들은 느리게 구름 낀 골짜기로 날아가고	鳥倦歸雲壑
중은 한가하게 바위 누대에 누웠노라	僧閑臥石樓
시냇물 소리는 달밤과 어울리고	溪聲宜月夕
물색은 절로 봄이 되고 가을이 되네	物色自春秋
시를 구하는 나그네에게 말을 보내나니	寄語耽詩客
언제쯤 산 위에 찾아오려나	何時到上頭

김 사군이 서울로 들어감을 받들어 전송하다【2수】
奉送金使君入洛【二】

오늘의 이별을 감당하기 어려워	此日難堪別
이별하는 혼은 바로 녹아 버릴 듯하구나	離魂政欲銷
꾀꼬리는 교태로운 소리로 울어 대고	流鶯嬌百囀
실버들 천 갈래 가지가 춤추는구나	弱柳無¹⁾千條
비단결 강물은 멀리 서쪽으로 흘러가고	錦水西流遠
푸른 산은 북쪽으로 아득히 뻗어 있는데	靑山北去遙
검은 망아지 푸른 풀 먹고 힝힝 대니	驪駒嘶碧草
어느 곳에서 재갈을 풀어놓을까	幾處解行鑣

---

1) ㉠ '無'는 '舞'의 오자인 듯하다.

둘째 수
其二

구름을 가르고 지팡이를 날려	排雲飛錫杖
사군을 전송하러 왔다네	爲錢使君來
이별곡 삼첩[115]을 거문고로 연주하고	別曲琴三疊
헤어지는 슬픔에 술 한잔 마시노라	離愁酒一杯
남쪽 정자엔 이내 낀 버드나무 윤택하고	南亭烟膩柳
동쪽 누각엔 비 내려 매화나무가 살찌네	東閣雨肥梅
떠나가면 공경의 일[116]을 해야 하리니	去矣宜調鼎
원래 작은 마을을 다스릴 인재[117]가 아니라네	元非百里才

돌아가는 제비
歸鷰

두 마리 제비가 어디에서 왔나	雙鷰來何處
봄바람을 타고 이곳에 깃들어 사누나	春風寄此棲
더위와 추위에도 차례를 어김이 없어	炎凉無失序
무년과 기년에도 빠지지 않았다네	戊己不啣泥
제비[118]가 가야 할 만 리 길에	萬里烏衣路
어린 새끼들이 날개를 나란히 하였구나	群雛羽翮齊
내년에 다시 찾아오는 날에도	明年重到日
주인 곁으로 돌아오거라	應傍主人低

북으로 떠나는 승려를 전송하며
送僧歸北

그대를 함관으로 보내는 오늘	送爾咸開日
호산의 푸른 숲은 가을로 접어들었네	湖山碧樹秋
이렇듯 긴 이별을 감당하기 어려우니	難堪此遠別
다시 함께 노닐 기약이 없구나	無計復同遊
산천은 아득하게 가로막혔고	浩渺川原隔
초목만 아득히 무성하네	蒼茫草木稠
헤어지는 마음 더욱 암담한데	離心倍黯黯
고개 돌려 보니 강물은 동쪽으로 흘러가네	回首水東流

북쪽 오봉산으로 돌아가는 현해 스님을 전송하며
送懸解師北歸五峯山

우리의 도는 본래 집착이 없으니	斯道本無着
어느 곳이 나의 집 아니리오	何方不是家
가을엔 남악에서 달구경 하고	秋遊南岳月
여름엔 오봉산의 꽃 감상하겠지	春賞五峯花
나그넷길에는 은빛 시내 곁에 역이 있고	客路銀溪驛
떠나는 배는 비단결 강물의 백사장에 있구나	行舟錦水沙
산에 가서 법석을 열면	到山開法席
꽃비 맞으며 『법화경』의 세 수레를 연설하리라	華雨演三車

둘째 수
其二

쌍성[119] 향한 만 리 길을   萬里雙城路
늦은 봄 기러기와 함께 돌아가고   三春共鴈回
흐르는 세월에 사물은 자주 뒤바뀌어 流年頻換物
이별의 아쉬움에 다시 누대에 오르노라 惜別更登臺
따스한 봄기운[120]은 버드나무로 돌아가고 暖律初歸柳
맑은 햇빛에 매화는 벌써 꽃을 피웠구나 晴光已放梅
이제 소매 떨치고 가 버리면   從今拂袖去
이별의 회포 언제쯤 풀게 될까나   離抱幾時開

관동으로 돌아가는 승려를 전송하며
送僧歸關東

관동으로 가는 만 리 길	萬里關東路
봄바람이 먼 여행길을 전송해 주네	春風送遠行
마음속은 얼마나 한스러우리	心中多少恨
하늘 밖으로 수십 일을 가야 한다네	天外數旬程
해 저무는 견훤의 땅과	日暮甄萱國
구름 차가운 백제의 성이라	雲寒百濟城
이별하는 정자의 끝없는 나무들은	離亭無限樹
하나같이 모두 정리를 품은 듯	一一總含情

폐사가 된 길상사에 묵으면서
宿吉祥廢寺

오솔길은 성긴 대숲으로 통해져 있고	細逕通踈竹
절집은 산 정상에 있구나	仁祠在上頭
중도 없는 선탑은 깨어졌고	無僧禪榻破
부처 있는 화당은 그윽하구나	有佛畫堂幽
누런 구름 덮인 들녘에 저녁이 찾아오고	野色黃雲暮
산 곳곳의 붉은 잎사귀는 가을을 알려 주네	山容赤葉秋
등 매달고 하룻밤을 묵으니	懸燈留一宿
맑은 밤 기이한 향기가 감도는구나	淸夜異香浮

속인에 대한 만시
挽俗人

아득한 천지 사이에	芒忽乾坤內
부질없는 인생이 가장 마음 아프노라	浮生最可傷
인생 백 년은 망아지가 틈을 지나듯 빠르나[121]	百年駒過隙
천 년 만에 학도 고향으로 돌아온다네[122]	千載鶴還鄕
들 밖에 나부끼는 붉은 만장과	野外飛丹旐
바람 부는 대로 춤추는 백양나무[123]	風前舞白楊
푸른 들에서 한 움큼 눈물 흘리는데	靑原一掬淚
가을날이라 해도 쉽게 지는구나	秋日易斜陽

눈 내린 뒤 달밤에 장 수재에게 차운하다
雪後月夜次張秀才

흰 눈 내린 천봉사에는	白雪千峯寺
한밤중에도 향등이 빛나고	香燈半夜明
바람 머금은 삼나무는 찬 바람 소리 내는데	風杉寒有響
석간수는 얼어서 소리가 없구나	石澗凍無聲
달을 바라보노라니 잠도 오지 않아	對月仍排睡
시를 논하며 잠시 심회를 풀어 보노라	論詩暫紓情
용 잡는 재주[124]는 문단의 으뜸이 되니	屠龍爲藝元
한 해가 저물어 감을 한탄하지 말기를	休恨歲崢嶸

산중의 심회를 적어 장 수재에게 보이다
山中書懷示張秀才

한 해를 마치면서 무심히 앉았는데	竟歲忘機坐
차가운 매화는 또 새봄을 알려 오네	寒梅又一春
경영하는 것은 모두 세속의 괴로움이오	有營皆世苦
일 없음이 바로 내가 바라는 진여라네	無事乃吾眞
돌솥에 시내의 쑥을 삶고	石鼎烹溪蘋
사립문은 속세의 저잣거리에서 멀다네	柴門遠市塵
영화와 욕됨으로	肯將榮與辱
백 년 인생 부질없이 저버릴까	虛負百年身

이별하며 학민에게 주다
留別贈學敏

천 봉우리에 내린 비로 날은 어둑어둑하고	暝色千峯雨
숲속에는 찬 매미 소리 들리는데	寒聲萬樹蟬
어느 때나 다시 만날까	幾時重面目
오늘 바람과 연기처럼 흩어지네	今日散風煙
지팡이 짚고 모래 골짜기를 지나고	錫杖飛沙峽
물병으로 바위틈의 샘물을 뜨리라	鋼缾入石泉
아득한 이별의 그리움에	悠然別離思
백운편[125]을 주노라	留贈白雲篇

창주[126]의 찰방 정광연에게 받들어 보내다
奉寄滄洲鄭察訪【光淵】

선생이 은거해 사는 곳	夫子棲遲處
시내가 돌아 흐르고 땅은 절로 그윽하네	溪回地自幽
주렴을 걷으니 제비 새끼가 날아들고	揭簾容乳燕
낚시 드리우니 한가한 갈매기가 짝이 되네	垂釣伴閑鷗
새벽에는 술 마시기를[127] 생각하고	曉想澆書飮
날이 개면 꿀벌처럼 놀기를 도모하네	晴謀蠟屐遊
이별하고 세월만 흘러가니	別離經歲月
동쪽을 바라보며 시름만 더하네	東望有餘愁

둘째 수
其二

행장은 나가고 처함이 다르고	行藏殊出處
세상의 맛은 시고 짠 맛이 다르다네	世味異酸醎
이미 전원의 즐거움을 얻었으니	已得田園樂
어찌 부귀의 달콤함을 원하리오	寧爲富貴酣
문 앞에는 다섯 그루 버드나무를 심고	門前柳種五
대나무 아래에는 세 갈래 길을 내었네	竹下徑開三
아마도 아롱무늬 대나무 지팡이로 산책하며	緬想移班杖
푸른 연못의 고기를 굽어보고 있으리	觀魚俯碧潭

셋째 수
其三

천 권의 책에서 도를 즐기고 樂道書千卷
반병의 술로 시름을 씻네 澆愁酒半缾
문 앞에는 세속의 수레 없고 門前無俗駕
무릎 아래에는 아이[128]가 있구나 膝下有添丁
쪽빛 시냇물에 발을 씻고 濯足藍溪水
정자에서 옷깃을 풀어 더위를 식히리라 披襟滌暑亭
가을바람 불면 지팡이 날려 찾아가 秋風擬飛錫
반가운 모습 대하리라 爲對眼雙靑

넷째 수
其四

산승은 푸른 멧부리에 살고	山人棲碧岫
시인은 맑은 물가에서 늙어 가네	詞客老滄洲
술에 흠뻑 취한 모습은 진실로 도원량[129]이나	縱酒眞元亮
시를 논하는 이는 혜원과 탕휴에게 부끄럽도다	論詩愧惠休
예전에 초당에서 함께 자고	草堂曾共宿
오랫동안 절에서 사귀었는데	蓮社久交遊
혹시 훌륭한 작품[130]이 있으면	倘有窮愁作
가을바람에 바위 누대로 보내 주기를	秋風寄石樓

최규에게 주다
贈崔珪

이십 년 전의 일이	二十年前事
어느덧 한바탕 꿈이로다	居然一夢場
얼굴은 서로 늙었으니	容顔各老大
인간 세상에서 얼마나 부침이 있었으랴	人世幾存亡
날이 저물자 바람에 대나무 소리 울리고	日暮風鳴竹
봄날이 차니 구름은 언덕에 가득하네	春寒雲滿岡
만나자마자 헤어지게 되니	相逢即相送
산 너머로 다시 해가 지는구나	山外轉斜陽

승지 정동명에게 올리다
寄上東溟鄭承旨

귀천은 참으로 다르지만	貴賤一何異
평생의 교분이 깊노라	百年交契深
시로 이름난 것은 북두성처럼 높고	詩名高北斗
명성은 남쪽의 황금[131]보다 값지니	聲價重南金
벼슬길을 향하지 않고	不向靑雲路
끝내 〈백설곡〉[132]을 노래하네	終歌白雪吟
호산에는 한 해가 또 바뀌니	湖山歲又換
근심스런 그리움을 어찌 감당하리	愁思若爲禁

학봉이 순 장로의 선실에 부친 시에 차운하다
次鶴峯寄題順長老禪室韻

장로는 편안한 선실을	長老安禪室
어느 해에 여기에 만들었나	何年此地開
깎아지른 절벽이 좁은 길로 통해 있고	斷崖通細逕
첩첩한 바위에는 층대가 서 있구나	累石起層臺
기이한 새가 불경을 듣고 날아가고	怪鳥聞經去
맑게 갠 봉우리는 문 가까이 보이는데	晴峯入戶來
반드시 지팡이 날려	會將飛錫杖
구름 속 달과 함께 서성이리라	雲月共徘個

둘째 수
其二

반야의 층층 봉우리 아래에	般若層峯下
작은¹³³ 선방을 열었으니	禪房十笏開
금빛 모래 위에 청정세계 열리고	金沙鋪淨地
삼나무와 전나무 향기로운 누대를 에워싸네	杉栝擁香臺
물과 바위는 다니고 앉기에 좋아	水石宜行坐
속세의 가고 옴이 끊어졌도다	風塵絶徃來
다만 아무 일이 없어	只應無箇事
해가 지도록 홀로 서성이리라	終日獨盤徊

과거 보러 가는 강 선사[134] 형제를 전송하며
送姜選士昆季赴擧

이미 〈능운부〉[135]를 지었으니	已作凌雲賦
임금께 바치기를 기약하리라	還期獻紫微
두 형제 모두 오색 빛깔의 봉황이요	毛皆鳳五色
기러기 한 쌍이 날아가는 듯하도다	序又鴈雙飛
이별의 그리움은 풀숲으로 이어지는데	別思連襄草
말채찍은 지는 해를 가리키네	征鞭指落暉
색동옷[136]에 광채가 일렁거리니	光輝動綵服
반드시 계수나무 가지[137] 꺾어 오리라	須折桂枝歸

나그넷길에 비 온 뒤 우연히 읊다
客中雨後偶題

보슬비가 새로 갠 뒤	小雨新晴後
수천 봉우리가 채색한 그림같이 펼쳐 있도다	千峯罨畫開
국화는 금덩이를 반으로 쪼갠 듯	菊花金半破
단풍잎은 비단을 처음 마름질한 듯	楓葉錦初裁
중은 석양을 등지고 떠나가고	僧背夕陽去
새는 가을빛을 뚫고 날아가네	鳥穿秋色來
나그네 심정을 누가 물어보리오	旅懷誰有問
해가 지도록 홀로 서성이노라	終日獨徘個

지헌 사미에게 차운하여 보내다
次寄志軒沙彌

그대의 모습 어떻게 볼 수 있을까	形影何緣接
호수와 산이 겹겹이 막혀 있나니	湖山隔萬重
그대는 화택¹³⁸을 벗어나 있고	爾能離火宅
나 또한 소나무와 구름 사이에 누워 있네	吾亦臥雲松
학문은 젊어서 힘써야 하고	學問年猶少
교제는 나이 들수록 점점 게을러진다네	交游老漸慵
뭇 언덕이 작은 것을 보려거든¹³⁹	求觀衆丘小
묘고봉¹⁴⁰에 올라야 하리	須上妙高峯

앞의 운을 거듭 사용하여 백련암에 부치다
疊用前韵寄題白蓮庵

동림사[141]를 묻노니	爲問東林社
여산[142]의 몇 번째 봉우리에 있는가	匡廬第幾重
연못에는 흰 연꽃 피어 있겠고	池應生白藕
창문으로는 푸른 소나무 마주하였으리	窓亦對靑松
혜원과 참선한 것 오래되었으니	持遠安禪久
유유민과 뇌차종은 술 마시길 게을리하네	刘雷向酒慵
다른 날 지팡이를 들고	他時携杖錫
첩첩의 봉우리 속으로 날아가리라	飛步入層峯

지헌 사미에게 주다
寄志軒沙彌

머리 깎은 것은 어린 나이¹⁴³인데	祝髮齠齓歲
사방으로 다니며 중생을 구제하고	游方救蟻年
경서는 몇 권이나 암송하였는가	經書誦幾卷
지은 시율은 벌써 편을 이루었도다	詩律已成篇
법을 물으러 황벽을 찾아	問法尋黃檗
몸을 백련사에 의탁하였네	將身寄白蓮
그리워도 만날 수 없어	思之不可見
동쪽으로 가로놓인 산과 강을 바라보노라	東望隔山川

매 상인을 대신하여 영 스님이 보내온 시에 차운하다
替梅上人次英師來韵

푸른 숲은 들녘을 덮어 어둡고	碧樹籠郊暗
푸른 구름은 바다에 닿을 듯 낮게 떠 있네	蒼雲接海低
십 년 동안 사람들 만나고 헤어지며	十年人聚散
천 리 길을 동쪽과 서쪽으로 다녔다네	千里路東西
어느 날에 침상을 나란히 두고 자며	幾日同連榻
어느 때에 함께 시냇물 마셔 볼까나	何時共掬溪
서로 그리워하나 조용히 말이 없는데	相思默不語
둥지의 제비가 푸른 진흙을 떨어뜨리네	巢燕落靑泥

둘째 수
其二

벌레 팔뚝[144]을 누가 기억하리오	虫臂人誰記
큰 날개를 드리워 주시네	扶搖羽翼低
옛날에는 관북의 변방을 노닐었고	昔遊關塞北
지금은 영남과 호서 지방에 머무는구나	今住嶺湖西
먼 산은 짙푸른 빛을 드러내고	黛色呈遙岳
작은 시내는 거문고를 연주하나니	琴聲奏小溪
푸른 하늘에 한번 이르고는	碧霄應一到
끝내 진흙탕에 버려지지 않으리라	終不委沙泥

니泥 자 운을 써서 비장루를 읊다
題臂長樓用泥字韻

절집이 나는 새보다 위에 있어	寺臨飛鳥上
하늘 아래로 멀리까지 보이네	極目遠天低
지는 해는 아득한 밖을 비추고	落照蒼茫外
돛단배 한 척 푸른 바다 서편에 떠 있는데	孤帆碧海西
긴 방죽에는 아른아른 풀들이 무성하고	長堤烟膩草
너른 들녘에는 나무숲 사이로 시내가 흐르네	大野樹藏溪
흥이 일어나 새로운 시구를 적으니	興發題新句
벽에 거듭 진흙 칠한 것이 부끄럽구나	先慙壁重泥

안 사군에게 받들어 보내다
奉寄安使君

도성을 떠나 천 리 너머	去國餘千里
관리가 되어 깃발 하나뿐	爲官只一麾
바람에 화기가 수그러들었다는 소식 듣지 못했는데	未聞風滅火
다시 보리 싹 올라오는 것을 보리라	還見麥抽岐
한낮에는 거문고 울리며[145] 누웠고	白日鳴絃臥
푸른 봄날은 저물려 하는데	靑春欲暮時
문옹[146]이 세속을 잘 교화하니	文翁能化俗
그 덕을 송축하며 애써 시를 다듬어 보네	頌德强裁詩

양무중의 만시
挽楊茂仲

지하에서 글 다듬느라[147] 바쁠 것이니	地下修文急
인간 세상에서 벼슬한 것 잘못이었네	人間摺桂非
어찌 옥 같은 당신을 묻을 수 있으리오	可堪埋玉樹
아름다운 문장만 부질없이 남아 있네	空有吐珠璣
저물녘 날이 갠 협곡엔 여울물 졸졸거리고	暮峽晴灘咽
추운 들에 흰 장막을 둘렀는데	寒原素幕圍
중의 두 눈엔 눈물이 흘러내려	道林雙眼淚
목란이 다 젖는구다	霑洒木蘭衣

비에 막혀 약속 장소에 나가지 못하여 시천에게 보내다
阻雨不赴約以寄詩川

새벽에 빽빽한 구름이 협곡을 가리더니	密雲遮曉峽
단비가 동녘 산을 적시는구나	甘雨洒朝陽
누가 함께 기뻐하지 않으리오	孰不同鼇抃
농부들도 제비처럼 바빠지겠네	農應各燕忙
드리운 주렴의 빗물은 옥가루 같은데	懸簾疑碎玉
흙에 들어가 나누어 심은 모를 적시네	入土合分秧
비록 아름다운 약속은 어그러졌으나	縱有佳期誤
기쁨이 넘쳐 미칠 지경이로다	其如喜欲狂

민 상서에게 올리다
寄上閔尙書

예전에는 전라도 관찰사¹⁴⁸였는데	昔作湖連帥
지금은 조정의 대신이 되었네	今爲漢大臣
문장은 봉황을 허여하고	文章歸鸞鷟
훈업은 기린각에 그릴 만하네	勳業畫猉獜
실버들 한창일 때 처음 이별하고선	細柳初分袂
차가운 매화가 몇 번이나 봄을 알렸는지	寒梅報幾春
세상의 한없는 일 중에	世間無限事
누가 구름에 누워 있는 사람만 하리오	誰似臥雲人

정 원외에게 받들어 보내다
奉寄鄭員外

맑은 향기에 인사하지 못한 지 벌써 팔 년이라	未挹淸芬已八年
초산에서 아득하게 진천을 떠올리네[149]	楚山迢遞憶秦川
해 주변의 비와 이슬은 궁문[150]으로 이어졌고	日邊雨露連靑鎖
하늘 바깥의 구름 낀 소나무는 흰 연꽃을 에워쌌네	天外雲松遶白蓮
호접몽[151] 사라지자 봄날도 쓸쓸한데	胡蝶夢殘春寂寂
두견화 피었고 풀잎 우거졌도다	杜鵑花發草芊芊
가을바람 불어오면 봉래산 정상에 올라	秋風䒭踏蓬萊頂
시단을 향해 시 한 편을 구하리라	擬向詩壇乞一篇

비안[152] 현령 김호에게 받들어 보내다
奉寄比安宰金使君【鎬】

청명의 아름다운 절기에 비는 쓸쓸히 내리고　　　　淸明令節雨蕭蕭
위수의 나무와 강가의 구름[153] 아득히 바라보네　　渭樹江雲望正遙
한 통의 편지로 정중한 마음을 보내나니　　　　　　一紙書回心鄭重
멀리 떨어져 있는 십 년간 머리는 세 버렸네　　　　十年離潤鬢衰凋
하양현은 궁벽해도 봄꽃 피었겠지만[154]　　　　　　河陽縣僻花應發
방장산은 높아서 눈도 녹지 않았다네　　　　　　　　方丈山高雪未消
아름다운 그대 사 년간 세 가지 기이한 정치[155]를 하여　四載阿英三異政
관리와 백성들 은혜를 입고 지금까지 노래한다네　　吏民懷惠至今謠

비안 현령의 편지를 받고 나서 정자 조종저에게 드리다
得比安宰書寄呈趙正字【宗著】

예전에 지팡이를 짚고 양주 지나던 일 떠올리니	憶曾飛錫過楊州
길가에 가시나무 깔고¹⁵⁶ 잠시 머물렀다네	路上班荊爲暫留
다하지 못한 고매한 이야기 옥가루 같고	不盡高談如屑屑
잊기 어려운 고아한 시구는 진실로 풍류로구나	難忘雅韵是風流
용문의 우레에 새로 꼬리를 태우고¹⁵⁷	龍門雷震新燒尾
섬계¹⁵⁸의 짙은 향기는 머리에 가득하도다	蟾桂香濃已滿頭
중¹⁵⁹이 천안으로 본다고 말하지 마소	莫道支郞天眼見
그대의 편지가 산중에 도착했기 때문이라오	故人書疏及林丘

부록 차운시 附次韵

오래전 양주 땅에서 조주를 예참하고	夙昔維楊叅趙州
지금껏 십 년간 마음에 간직했다네	至今十載精神留
나는 증려 같은 상객 되지 못해 부끄러운데	我漸曾呂以上客
스님은 지심¹⁶⁰의 아류라네	師是支深之亞流
곱기도 고운 가을 강물에 발을 씻고	秋水娟娟底濯足
아스라한 봄꽃에 하릴없이 머리를 돌리네	春花漠漠空回頭
당년의 혜원이 도연명을 잃고서	當年慧遠失元亮
헛되이 여산의 늙은 비구 되었구나	虛作廬山老比丘

정 상사 형제에게 보내다
寄鄭上舍昆季

이별하는 마음과 봄날의 생각은 끝없이 넓은데	別情春意浩無窮
한식 즈음 강남에는 날마다 바람이 불어오네	寒食江南日日風
그윽한 새는 갠 날을 희롱하며 화창한 기운을 재촉하고	幽鳥弄晴催淑氣
고운 꽃은 비 맞아 선명한데 향긋하게 무더기로 피었구나	好花燃雨綴芳叢
효성스런 그대 형제[161] 삼주수[162]와 나란하며	萊衣想並三珠樹
우애 많은 형제[163]라 일무궁[164]에 함께 살리라	姜被應同一畝宮
새로 읊은 〈자고천〉[165]의 가사가 절묘하니	新詠鷓鴣詞絶妙
늙은 중에게 보내 주기를 바라노라	願言題寄老支公

형조 상서 남용익에게 올리다
寄上讞部南尙書【龍翼】

[1]
복규¹⁶⁶의 남씨 가문 대대로 우리나라에서 일어나 復圭家世起東周
높은 벼슬과 영웅의 자질 대적할 이 적도다 大爵雄材兩寡儔
공업은 이미 위상과 병길¹⁶⁷이 짝이 되고 功業已能侔魏丙
문장은 다시 조식과 유정¹⁶⁸만큼 떨쳤다네 文章還自振曹刘
퇴청하면 연침¹⁶⁹의 향기가 누각에 서려 있고 朝回燕寢香凝閣
봄날 저녁이면 도성 누대에 취하여 기대 있으리 春晚嚴城醉倚樓
다시 생각해 보면 선대에 훌륭한 대신 가득하리니 更想仙臺卿月滿
달빛 아래 찾아뵐 길 없어 한스럽구나 敲門月下恨無由

[2]
방장산은 홀로 선산 중에 으뜸이요 方壺獨擅海中三
빼어난 봉우리는 천하¹⁷⁰ 제일이로다 競秀群峯壯斗南
하늘에는 자색과 비췻빛 그림처럼 펼쳐지고 紫翠自天開罨畫
황금을 땅에 깔아 가람을 세웠다네¹⁷¹ 黃金布地起伽藍
주렴을 치는 꽃비¹⁷²는 경전에 떨어지고 撲簾華雨黏經字
잠을 깨우는 맑은 우렛소리 돌 연못에 은은하구나 鏖枕晴雷殷石潭
예부터 절집은 조정이나 저잣거리와 멀었으니 從古雲林遠朝市
어떻게 나긋나긋한 말¹⁷³로 청담을 나누리오 那將軟語接淸談

부록 차운시 附次韵

[1]

석가는 공자나 주공과 다르기에	自是瞿曇異孔周
내가 그대의 무리가 되지 않음을 아노라	吾知吾不爾爲儔
그러나 시객은 지도림과 혜원을 사랑하고	雖然韵客憐支惠
시승은 또 백거이, 유유민과 벗이 되었도다	又有詩僧結白刘
자비의 뗏목이 깨달음의 바다를 뛰어넘지 않는다면	慈筏若非超覺海
운림에서 어찌 사루에 오르리오	雲林安得陟詞樓
성총 스님의 빼어난 시구는 신선을 놀라게 하여	聰師秀句驚壹老
가서 따르고자 하나 방도가 없음을 한탄하노라	欲徃從之歎末由

[2]

우리나라에 유명한 곳에 산이 셋 있는데	左海名區岳峙三
두류산은 영남의 가장 빼어난 산이라네	頭流最秀嶺之南
구름 사이에 햇살은 도솔천을 비추고	雲間惠日明兜率
비 온 뒤엔 우담발화가 울창한 가람에 날린다네	雨後曇花散蔚藍
두 마리 호랑이는 문을 지키러 먼 골짜기에서 오고	雙虎守扃來遠壑
한 마리 용은 강설을 들으러 깊은 연못에서 일어나네	獨龍聞講起深澤
맑은 시구 불러내어 진정한 흥취를 찾으니	淸詩喚起尋眞興
산과 강을 사이에 두었어도 마주 보고 이야기하는 듯	縱隔山河若面談

월성에서 옛일을 회상하며
月城懷古

보리 이삭은 삐죽삐죽 옛터에 가득한데	麥穗漸漸滿故墟
천 년의 공업은 끝내 어디에 있는가	千年功業竟何居
호랑이 웅크리고 용이 서린[174] 기세 이미 쇠하여	已衰虎踞龍盤勢
노래 불렀던 누대와 춤추던 전각들 분간하지 못하겠노라	不辨歌臺舞殿餘
가는 봄날이라 교목에는 두견새[175] 울고	喬木殘春啼謝豹
파묻힌 연못가엔 절구와 호미가 지는 햇살을 받고 있네	廢池斜日下舂鋤
어찌 지난 일로 마음 아프다 하리오	那須徃事傷心說
예나 지금이나 흥하고 망하는 것 모두 한결같은 것을	今古興亡摠一如

통영으로 원수를 뵈러 가는 중을 보내며
送僧赴統營謁元帥

둥둥둥 수루에는 북을 울리고	騰騰擊鼓戍樓中
펄럭펄럭 새벽바람에 붉은 깃발 나부끼네	獵獵紅旗拂曉風
명령은 군문에 엄숙하니 상장군이 되었고	令肅轅門爲上將
위엄은 대마도에 더해져 동쪽 정벌을 호령하네	威加馬島號征東
진나라 관문이 강물을 누르니 청산이 끊어지고	秦關壓水靑山斷
한나라 달이 진영을 비추니 푸른 바다는 텅 비었도다	漢月臨營碧海空
주랑을 마주하고 계책을 논하듯	似對周郞論計策
자비의 배가 싸움배와 함께하네	慈航還與戰船同

남원 김 사군에게 올리다
上南原金使君

왕께서 우리 백성을 누가 편안하게 하느냐고 묻자	王曰吾民孰敢安
한나라의 어진 수령인 유관[176]을 얻었도다	漢家良牧得刘寬
새롭게 구리 인장과 검은 인끈에 대나무를 가르니[177]	銅章墨綬新分竹
옛날에는 대궐 문에서 난초를 잡았다네[178]	靑鎖金門舊握蘭
방장산에 가을이 저물려 하고	方丈山容秋欲暮
남루의 달빛은 밤이 되니 차가워지는데	南樓月色夜初寒
소식을 전해 듣고 자리에 누우니 한가히 일이 없구나	傳聞臥閤閑無事
그윽한 맹세를 석단 아래에서 맺으리	爲結幽盟下石壇

평양으로 돌아가는 현 상인을 전송하며
送玄上人歸平壤

옛 수도로 유람한다는 소식 들으니	聞說風流是舊邦
눈은 노닐지 못하나 마음은 이미 흐뭇하네	未能遊目已心降
영명사[179]에 머무는 스님은 몇 분이신가	永明寺裡僧留幾
부벽루 앞으로 새는 쌍쌍이 날아가리니	浮碧樓前鳥去雙
기자전[180]의 향불은 그대로 남아 있고	香火只存箕子殿
대동강의 안개 어린 물결도 줄지 않았으리니	烟波不減大同江
언제쯤 나도 지팡이 날려	他時余亦飛筇杖
가을날 달빛 가득한 창에서 함께 이야기할까	共話秋霄月滿窓

김 상국에게 올리다
寄上金相國

[1]
한나라의 어진 재상인 소조[181]라고 불리니	漢家賢相說蕭曹
하늘이 내린 인후[182]요 세상을 덮는 호걸일세[183]	天錫咽喉盖世豪
아름다운 울음은 태묘[184]로 돌아가는 것 마땅하고	美哭端宜歸太廟
훌륭한 재목을 끝내 잡초처럼 버려두지 않았노라	良材終不委蓬蒿
이미 도를 논하며 나라를 경영할 뜻을 행하였으니	已行論道經邦志
어찌 문무의 공적을 자랑하리	肎數褰旗汗馬勞
시를 주어 결사를 기약하니 아쉬워 마시길	莫惜贈詩期結社
옛날 왕연과 사안[185]도 중의 옷을 좋아했나니	向來王謝愛方袍

[2]
곧은 절개와 외로운 충성 역사에 빛나니	直節孤忠史有光
아가위 꽃[186] 이어져 난 곳에 향기가 진동하도다	棣花聯蔓又芬芳
조정에서는 나란히 임금을 뵙고 주청하리니	紫宸並奏瞻龍袞
황각에 함께 오르는 것 기러기 날아가듯 하겠네	黃閣同登接鴈行
지금 재상의 문호 열어 나라의 선비를 맞이하니[187]	開閤即今迎國士
예전부터 초마[188]의 문장을 마음대로 지었지	草麻曾已擅詞章
중은 풍류 있는 그 모습 오랫동안 생각하지만	支林久向風流相
구름 낀 산이 만 리나 뻗어 있는 걸 어찌하리오	其奈雲山萬里長

만휴 임유후 선생에 대한 만시
挽萬休任先生【有後】

회양 땅에 거듭 누워 끝내 먼지가 되었으니[189]	淮陽重臥竟成塵
쌓인 재주와 세상 경륜의 뜻을 다 펴지 못하였네	才蘊綸論志未伸
어찌 주옥 같은 문장만 남았겠는가	豈但文章留照夜
봄 햇살처럼 따스한 은택도 남았네	元來德澤有陽春
속절없는 눈물이 주르륵 가슴을 타고 흘러	無從涕泗交垂臆
선생의 남아 있는 몸에 곡을 하네	爲哭先生現在身
아득히 광릉의 무덤[190]을 떠올리니	遙憶廣陵封馬鬣
누가 한잔 술 올리게 될지 모르겠구나	不知誰是致蒭人

내한 오도일에게 부치다
寄吳內翰【道一】

자리를 숙여 현자를 구하는 성군의 뜻 깊어서	側席求賢聖意深
이 시대의 뛰어난 선비가 숲을 이루었네	一時英彦數如林
그중에 오 선생이 있으니	箇中只有吳夫子
방외에 도잠을 새로 사귀었네	方外新交竺道潛
한묵의 맑은 재주는 북원[191]에 빼어나고	翰墨淸才推北院
문장의 높은 가치는 남금[192]과 같다네	篇章高價直南金
백련사는 속세의 길을 사이에 두고	白蓮社隔紅塵陌
벗[193]과 함께할 인연이 없는 것 슬프구나	怊悵無緣與盍簪

사간 최후상에게 보내다
寄崔司諫【後尙】

옛사람이 장대한 뜻 굽힘을 비웃으며	自笑前人屈壯圖
큰 날개로 날갯짓하며 하늘 높이 날아오르네	搏扶巨翮上天衢
왕씨 집안에는 푸른 상자가 대대로 전해지고[194]	靑箱王氏傳家世
장생은 흰 말을 타고 간언하는 대부라네	白馬張生諫大夫
천 무리의 조정 반열[195]에서 빼어나고	秀出千群鵷鷺序
아름다운 오색 빛의 봉황이로다	離披五色鳳凰雛
나는 용문의 소매를 받들 인연이 없어	無因獲捧龍門袂
이렇게 방장산 한구석에 지내는구나	方丈元來地一隅

수찬 김석주에게 보내다
寄金修撰【錫冑】

붓을 던져 병법[196]을 배우지는 않았어도	不須投筆學龍韜
현재 제일의 호걸이라 불린다네	見說當今第一豪
출세한 몸은 이미 귀하게 되었고	紱冕靑雲身已貴
문장은 〈백설곡〉의 고아한 창 소리보다 높구나	文章白雪唱彌高
황금만큼 값진 명성은 서부[197]로 옮겨지고	南金價重輸書府
동관의 빼어난 사관으로 뽑혔도다	東觀才難拔俊髦
그대 취해 읊조리며 휴가 보낼 일 상상해 보니	遙想醉吟消暇日
이른 봄의 시흥이 진정 유장하구나	早春詩興正滔滔

윤씨의 『삼절유고』[198] 뒤에 부치다
題尹氏三節遺稿後

늠름한 충절은 순수한 진실에서 나왔고	凜然忠節出純誠
여사인 문장 역시 명성이 났구나	餘事文章更有聲
승상의 조상과 손자가 함께 적에게 죽고[199]	丞相祖孫同死敵
태사의 형제가 나란히 목숨을 바쳤네[200]	太師兄弟並捐生
뇌명은 시인의 본색에 부끄럽지 않고	誄銘不愧詞臣色
영화로운 소문에 성군의 정성 매우 깊었도다	榮問偏深聖主情
바다를 밟은 노중련[201]은 천하의 선비로	蹈海魯連天下士
천고의 뒤에도 홀로 이름 드리우리라	肎敎千古獨流名

삼가 집의 조세환과 장성 수령 홍석구, 무장 현령 심담이 송광사에서 노닌 시에 차운하다

謹次趙執義【世煥】長城倅洪【錫龜】茂長宰沈【柟】遊松廣寺韵

[1]

인간 세상의 인생행로는 진실로 기로가 많은데	人間行路信多歧
천 리 길에 서로 만나기는 기약이 있는 듯	千里相逢若有期
벽옥을 이은 듯한 부와 시는 완전히 흥취가 질펀하고	連璧賦詩渾漫興
타향의 이야기와 웃음에도 은혜가 있도다	異鄕談笑亦恩私
지금 고관들과 함께하니	此時共與方軒盖
다른 날에 함께 재상의 자리에 들어가야 하리	他日同應入鼎司
뜻밖에 좋은 경치 함께 감상하니	誰意道林衆勝賞
주렴 밖 보슬비가 기이함을 더욱 보태네	一簾微雨更添奇

[2]

봄날 강남의 옛 절을 노닐다	春日江南古寺遊
시내와 산에 흥이 일어나 저물녘 누대에 오르네	溪山乘興晚登樓
창가에서 바라보면 몇 겹 가파른 산 뾰족하게 모여 있고	臨窓複嶂峻峻簇
난간을 에워싼 맑은 강물이 넘실넘실 흐르네	遶檻澄江決決流
총마를 타고 수의를 입은 새 어사는	驄馬繡衣新御史
검은 인끈과 구리 관인의 옛 태수[202]라네	銅章墨綬舊遨頭
종병과 뇌차종[203]은 연화사의 결사를 기약하는데	宗雷期結蓮華社
산승은 혜원과 함께하지 못함이 부끄럽구나	野衲慚非惠遠儔

김 상국께 올리다 【당시 영암에 유배 중이었다】
上金相國【時謫靈岩】

굴원은 오직 나라를 걱정하는 뜻만 지녔는데	屈子唯存憂國志
초왕은 무슨 일로 상담으로 추방하였나	楚王何事放湘潭
영웅의 재목은 말술에 시 백 편이요	雄材斗酒詩篇百
큰 덕은 당년에 세 번 움켜쥐고 세 번 토했다네[204]	碩德當年吐握三
도성에 계신 그대 얼마나 그리워했나	春樹幾回思渭北
가을바람에 강남에서 마주할 줄 생각지 못했네	秋風誰料對江南
다른 날 역마가 유성처럼 달리는 날에	他時驛馬星流日
노봉의 백석암을 방문해야 하리	須訪爐峯白石庵

부록 문곡의 차운시 附次韵 文谷

나그네의 자취는 바람에 잎이 날리듯 하고	覉人蹤迹風飄葉
늙은 중의 마음은 달이 연못에 찍히듯 하네	老釋心期月印潭
유배지[205]에서 만나는 것도 운수가 있음을 알겠나니	鵩舍相逢知有數
호계에서 하필이면 세 명의 웃음이어야 하리오	虎溪何必笑成三
중흥사 옛 절에서 천 리를 생각하고	重興古寺思千里
방장산의 여러 봉우리는 영·호남에 걸쳐 있네	方丈群峯跨兩南
내게 주신 가는 지팡이 쓸 곳이 없으니	携贈瘦節無處試
꿈에서나 홀로 그대의 암자에 가리라	且容孤夢到禪庵

석사 조근하가 보낸 시에 차운하다
次曹碩士【根夏】來韻

병들어²⁰⁶ 자연에서 세월을 보내나니	林下經年抱積痾
옛 벗들은 모두 산과 강으로 가로막혀 멀리 있구나	故交皆已隔山河
도인은 선정에 머물며 마음의 반연을 끊었는데	道人駐定緣心絶
시인은 가을을 만나 느낌이 많구나	詞客逢秋感慨多
푸른 숲엔 시원한 매미 소리 급하게 울고	碧樹凉生蟬急噪
해 지는 푸른 산에는 새가 날아가는데	蒼巒日落鳥飛過
문을 닫고 시서 읽을 곳 생각해 보니	閉門想讀詩書地
뜰에 찾아오는 이 없어²⁰⁷ 고요하리라	庭際唯應雀可羅

부록 원시 附原韻

삼 년간을 객지에서 고질병을 안고	旅舘三年抱宿痾
때때로 항하에 이르는 맑은 꿈을 꾸었노라	有時淸夢到恒河
가을 되자 푸른 산은 비에 씻겨 또렷이 보이고	靑山雨洗新秋出
푸른 하늘에 구름 걷히자 흰 달빛이 쏟아지도다	碧落雲銷白月多
홀로 누워 조용한 솔바람 소리 듣는 것 좋아하니	孤枕愛聽松籟靜
별천지에 어찌 속인이 지나가리오	別區寧許俗人過
강남은 번화한 곳이니	江南自是繁華地
높은 발자취 사위성²⁰⁸ 가까이하지 마시길	莫遣高蹤近室羅

환선정 시에 차운하다
次喚仙亭韵

[1]

손님 자리엔 쟁반 가득 감과 밤이 붉은 빛을 띠고	賓筵柿栗滿盤紅
다시 근심을 깨는 것은 술 덕분이라네	更破牢愁酒有功
아름다운 기녀는 붉은 인끈의 선비를 머물게 하고	粉黛能留朱紱容
생황 소리는 푸른 수염의 신선을 부르노라	鳳笙兼喚綠毛翁
많은 집의 귤과 유자나무엔 깊은 가을비 내리고	千家橘柚深秋雨
사방으로 뚫린 정자에는 해 질 녘 바람이 불어오네	四豁亭臺落日風
취해서 굽은 난간에 기대어 멀리 찾아보니	醉倚曲欄遙騁目
삼호209가 오색구름 속에서 반쯤 솟아 있구나	三壺半出五雲中

[2]

저물녘 높은 난간에 기대어 빈 처마에 서 있는데	晚依危檻立虛簷
거울 같은 강물에 산빛이 비치니	一鏡川光岳色兼
미풍으로 생긴 비단 물결 위로 살아 있는 그림 펼친 듯	風細縠紋鋪活畫
비 온 뒤 푸른 산빛이 성긴 주렴으로 들어오네	雨餘螺髻漏疎簾
술동이엔 호박 빛210 술이 엉겨 훌륭한 손님 가득한데	樽凝琥珀嘉賓滿
붓으로 옥구슬 같은 글을 토하니 흥겨움이 더해지네	筆吐珠璣逸興添
다시 조각한 난간을 내려가 채색한 배에 오르니	更下雕欄乘彩艇
쟁반엔 둥글고 뾰족한 과일이 뒤섞여 있구나	中盤水菓雜團尖

승평 군수 안후태에게 올리다
寄上昇平安使君【后泰】

다섯 말의 수레[211]가 강남으로 내려가니	蕭蕭五馬下江南
공공[212]에 의해 성인의 덕화가 미치는구나	摺用龔公聖化覃
햇빛 따뜻한데 부엌에는 자줏빛 게[213] 끓이는 연기 나고	日晏厨烟烹紫蟹
깊은 가을 서리 맞은 누런 감이 달려 있네	秋深霜菓摘黃柑
술동이 앞의 기생은 가야금 칠조[214]를 연주하고	樽前蘇少絃調七
누대 위의 환이[215]는 피리를 세 곡 부네[216]	樓上桓伊笛弄三
생각해 보면 신선이 노는 정자의 맑은 밤은 길어	想得仚亭清夜永
달 속에서 휘파람 불고 읊조리며 난새[217]를 기다리노라	月中嘯咏待鸞驂

부록 차운시 附次韵

작은 강남 순천에 수령으로 나가니[218]	一麾來守小江南
재주 졸박하여 어찌 인정을 펼칠 수 있으리	才拙其如政惠覃
잔치 자리에 아름다운 미인 나란히 하였고	綺席厭看羅翠黛
금빛 쟁반엔 누런 귤을 하사받은 것 기억하네	金盤謾憶賜黃柑
타향에서 보는 물색 때는 구월이라	他鄉物色時維九
고향을 떠난 심정 벌써 삼 개월	故國離懷月已三
늙은 선승 만나 반나절을 보내니	逢着老禪消半日
돌아갈 길 잊고 달리는 말을 멈추었네	却忘歸路駐征驂

복천 수령 조경망의 시에 받들어 화답하다
奉和福川宰趙【景望】韻

우리나라 고아한 유학은 기자의 홍범구주에서 시작하니	靑丘儒雅自箕疇
조씨 집안의 명성은 유독 대적할 짝이 없다네	趙氏家聲獨罕儔
성대한 덕은 예부터 전해 오는 청헌[219]처럼 중하여	盛德舊傳淸獻重
높은 재주는 오늘날 조의루이네	高才今見倚樓優
좋은 일을 맞이하여 다시 입을 여니	逢迎好事還開口
영화로운 총애의 헛된 명성에는 고개를 젓는다네	榮寵浮名已掉頭
〈백설곡〉의 새 시편을 먼저 받으니	白雪新篇先辱贈
벽운구를 지은 탕휴[220]에게 부끄럽구나	碧雲佳句媿湯休

감사 유명현에게 올리다
上柳監司【命賢】

복야[221]의 풍류는 모든 이가 우러러   僕射風流衆所推
반드시 세상을 구제할 영특한 자질임을 알겠도다   方知濟世必英姿
공권[222]과 같은 글씨는 묘하여 삼매에 이르렀고   公權墨妙臻三昧
자후[223]와 같은 문장은 웅장하여 한 시대의
으뜸이라네   子厚文雄冠一時
절에 잠깐 들러 옥절[224]이 머무르는데   蓮社暫來留玉節
감당나무 그늘 몇 곳에 아기[225]를 멈추었던가   棠陰幾處駐牙旗
서리 맞은 단풍잎이 붉은 비단보다 고우니   酣霜赤葉欺紅錦
산승이 못 쓴 시를 바쳐도 괴이하게 여기지 말기를   莫怪林僧獻惡詩

조 석사가 서석산에 노닌 시에 차운하다
次趙碩士遊瑞石山韻

[1]
높은 바위에 몇 사람이나 오를 수 있으리오	層岩能有幾人攀
아득하게 너른 들에 우뚝 서 있구나	矗立微茫大野間
원기는 아래로 창해²²⁶의 물결에 이어지고	元氣下連滄海浪
지맥은 백두산으로부터 뻗어 나왔네	一肢傍出白頭山
어두운 절벽의 늙은 나무는 규룡인가 놀라게 하고	陰崖老樹驚虯偃
안개 낀 굴속에는 선승이 학과 친구하며 한가롭구나	霧窟禪僧伴鶴閑
어떻게 하면 호두²²⁷의 신묘한 솜씨로 그려 내어	安得虎頭神妙手
누워 노니는²²⁸ 이들에게 보여 주리오	臥遊之輩爲傳看

[2]
서석산은 푸른 바다 동쪽을 떠받치고	瑞岳高撑碧海東
예전에 올랐을 때 가을바람 불었지	徃時登陟値秋風
성긴 소나무와 파리한 잣나무는 생과 용의 소리²²⁹를 내고	踈松瘦栢笙鏞裡
깎아지른 골짜기와 층층 절벽은 비단 수놓은 숲에 있구나	絕壑層崖錦繡中
땅을 가르는 가을 강물의 푸른빛 멀리 이어지고	裂地遠拖秋水碧
첩첩한 산에는 석양의 붉은빛이 가로 비추네	亂山橫抹夕陽紅
밤에 바위틈 절에 돌아오니 쓸쓸함 더하고	夜歸岩寺添蕭瑟
시내에 시끄럽게 비 내려 단풍잎 우수수 떨어지네	溪雨騷騷葉墜楓

운사 박태손에게 받들어 드리다
奉寄朴運使【泰孫】

보내 주신 맑은 시편은 흐린 눈을 씻어 주고	辱贈淸篇洗眼昏
힘찬 문장의 근원은 거꾸로 흐르는 삼협과 같도다[230]	倒流三峽壯詞源
물자 수송의 책임은 유안[231]을 기대하고	轉輸責任期劉晏
담소하며 조운을 다스림은 허원을 보는 듯	談笑治漕見許元
송광사의 승경을 두루 노닐고 물가 정자에 올라	松寺勝遊登水榭
금성[232]에서 시 읊는 흥겨움을 거문고와 술잔에 부쳐 보네	錦城吟興寄琴尊
경종[233] 소리에 그리워하는 꿈을 깼는데	鯨鐘吼破相思夢
밤에 내린 눈 막 그치고 달이 마루 위로 떠오르는구나	夜雪初晴月上軒

부록 차운시 附次韵

푸른 관복을 입고 어지러운 세상일에 지치고	靑衫憔悴半塵昏
바쁘게 다니면서 도무지 옛 학문의 근원을 잊어버렸네	奔走都忘舊學源
헛된 이름은 평소의 뜻과 어긋나고	謾有虛名違素志
백성들을 살게 할 좋은 방책 없음이 부끄럽구나	愧無長策活黎元
사마상여는 소갈증[234]으로 편안히 눕고 싶었고	文園渴病思高枕
두보는 떠도는 나그네 시름에 술잔 잡을 힘도 없었네	工部羈愁懶把尊
아득하게 신선산에 봄이 약동하는 때를 상상해 보니	遙想海山春欲動
도인의 마루 곁 눈 속에는 매화가 피었을 거요	雪中梅發道人軒

선 수사에게 차운하다
次宣秀士

세상 사람들 하루 종일 바쁘게 다투며 달리니	世人終日競奔馳
누린내 찾는 개미[235]와 불에 달려드는 나방[236]과 같구나	羶蟻燈蛾莫喩斯
요순의 높은 도덕 무너지고	已矣唐虞崇道德
진한에 이르러 떳떳한 인륜이 멸하기에 이르렀도다	逮乎秦漢滅淪[1]彝
하물며 말세의 풍속은 몹시도 시끄러워	況當末俗曉曉甚
감히 백성들이 편안하기를[237] 바라겠는가	敢望先民皞皞爲
자취와 종적을 감추어 처소가 없게 하려면	秘迹藏踪無處所
내가 지금 이곳을 버리고 다시 어디로 가리오	吾今舍此復安之

---

1) 원 '淪'은 '倫'의 오자인 듯하다.

달을 바라보며 옛 친구를 생각하다
對月有懷故人

숲에는 바람도 없이 밤기운 차가운데	草樹無風夜氣寒
물레방아의 연자매가 구름 끝을 비볐는지	水輪輾出抹雲端
하늘엔 황금 떡[238]이 하나 걸려 있고	天心掛一黃金餠
물 위엔 흰 옥쟁반 천 개로 나뉘었네	水面分千白玉盤
밝게 쏟아져 내리는 맑은 달빛[239] 부드럽고	光射露華珠宛轉
향기 날리는 계수나무 북두성이 비껴 있노라[240]	香飄桂子斗闌干
그대를 생각하며 달을 대하니 잠도 오지 않고	懷君對此仍無寐
맑게 읊조리고 거닐면서 석단 주위를 도네	散步淸吟繞石壇

회소 스님을 애도하며
悼繪素上人

서로 알며 애틋하게 지낸 지[241] 십이 년인데	鍼芥投來十二年
어찌 오늘 먼저 떠났는가	如何今日着鞭先
그대 죽음에 나도 모르게 애가 끊어지고	喪予不覺心腸絶
슬픔에 어찌 끊임없는 눈물을 감당하리오	哀爾那堪涕泗連
서가에 꽂힌 경적에는 먼지 앉고 쥐 다닌 자취 있고	揷架塵經行鼠迹
보검[242]의 날카로운 기운도 꺾였구나	發硎芒刃頓龍淵
부디 연화 국토에 이르러	惟應戾止蓮華國
내가 전생의 인연을 마치고 돌아가길 기다리라	待我遷神了宿緣

유회의 시에 차운하다
次韵遺懷

세간에는 풍파가 일지 않는 곳이 없고	世間無地不風波
하물며 긴 세월은 한순간과 같으니	況復光陰一刹那
허깨비 같은 자취를 구름과 안개 굴에 깊이 숨기고	幻迹深藏雲霧窟
자비의 배로 애욕의 강을 건너야 하리	慈舟須行愛恩河
지팡이 곁은 삼천세계의 겁화로 불타는데	節邊世界三千火
인간 세상 밖에는 팔만 바다의 신선 세계[243] 있나니	人外仙山八萬多
이 불문의 청정한 업 말고	除此空門淸淨業
온갖 세속의 일은 다 남가일몽인 것을	百般塵事摠南柯

진양 의곡사로 돌아가는 원 상인을 전송하면서 【서문과 함께】
送圓上人歸晉陽義谷寺詩【幷序】

 벽하 도인 원 스님은 처음 회계에서 책을 지고 배우러 왔다. 내가 전라도 운봉현雲峯縣(雲城)의 바위 암자에서 겨울 한 철을 보내고 나서 갑자기 남원(帶方)에 황암의 청으로 가게 되었는데 또 따라와 머문 것이 만 일 년이 되었다. 올해 초하루에 불현듯 내 앞에 앉아 조용히 말했다. "제가 오늘 떠나고자 합니다." 곧 그 가려는 까닭과 머물 곳을 물으니 스님은 일어나 지팡이를 잡고 대답했다. "이 나무가 상좌[244]입니다. 지곡사[245]를 지나 의곡에서 머물려 합니다." 마침내 붓을 적셔 근체시 한 편을 적어 주었다. 전별할 때는 창표년 정월[246]이었다.

> 碧霞道人圓禪子。初自會稽。負笈訪。余於雲城之臺菴經一冬。而余忽赴帶方黃菴之請。又從而留者。滿一歲。今歲初一日。忽跽于前。雌語語余曰。某今歸矣。即問其道途所由。及與歸宿處。禪子作而手錫以對曰。此木上座。飛過智谷。到于義谷而止矣。遂染翰寫近體一章。以餞之時。蒼豹之王正也。

적막한 불가에서 서로 따르며 고락을 함께한 것이	相從寂寞共辛甘
손가락을 꼽아 보니 올해로 벌써 삼 년째로다	屈指於今歲已三
지곡사를 지나 의곡으로 돌아간다니	智谷過時歸義谷
영남 땅 가는 곳마다 호남 땅이 생각나리	嶺南行處憶湖南
진양 땅은 따뜻하여 숨어 지내기 좋지만	晉陽地暖宜棲隱
방장산은 추워 마음대로 탐승하지 못한다네	方丈山寒未縱探
이별한 뒤 봄 깊어져 뛰어난 풍광 곳곳에 펼쳐지면	別後春深饒勝賞
쪽빛 시내와 울긋불긋한 꽃을 내 어찌 감당할까나	水藍花錦我何堪

산을 나서며 우연히 읊다
出山偶吟

반야봉 앞의 월악산 서쪽	般若峯前月岳西
전나무 삼나무 소나무 상수리가 절집을 가리고	檜杉松櫟掩招提
십여 일 선정에 들며 밥도 먹지 않고	旬餘入定休粮粒
늦은 가을 지팡이를 날려 돌사다리를 내려오네	秋晚飛筇下石梯
푸른 연못에 붉은빛 비추며 단풍이 언덕 물들였는데	紅暎綠潭楓染岸
푸른빛의 운수납자 대숲 사이 길을 걷노라	碧侵雲衲竹分蹊
문득 해 지고 어두워 갈 길 잃을까 근심하는데	却愁歸日迷行逕
온 숲은 쓸쓸하여 낙엽만 시내에 가득하구나	萬木蕭蕭葉滿溪

천왕봉에 올라
登天王峯

혼자 두류산 최정상에 오르니	獨上頭流最上頭
뭇 산들은 개미굴 같고 바다는 물거품 같구나	群山如垤海如漚
동쪽으로는 아득하게 계미국247이 보이고	東臨縹緲雞彌國
북쪽 끝으로 희미하게 말갈의 땅이 있노라	北盡依微靺鞨區
백 갈래 급한 샘물은 흰 비단을 걸쳐 놓은 듯	百道飛泉橫素練
천 그루 오래된 나무는 푸른 교룡이 누워 있는 듯	千章古木偃蒼虬
바위에 기대어 손을 당겨 은하수를 어루만지니	倚岩引手摩霄漢
뗏목 타고 두우를 범할 필요 없다네248	不必乘槎犯斗牛

백운산에 머물며 수 스님을 생각하다
寓白雲山憶修上人

[1]
어젯밤 서풍이 마당의 나무에 불어 대니	西風昨夜入庭樹
깊은 가을 소리 벌써 완연하구나	到底秋聲已十分
풀숲에선 벌레 소리 이슬에 젖는 것 싫어하고	虫語草間嫌浥露
하늘 끝엔 기러기 우는 소리 무리 떠난 듯 애틋해 하네	鴈號天畔惜離群
구화산에서 며칠 동안 반가이[249] 만났는데	九華幾日開靑眼
홀로 병이 들어 십 일 넘게 백운산에 누웠노라	一病經旬臥白雲
쓸쓸한 이 마음을 누구에게 물을까	蕭洒此懷誰有問
첩첩산중 높은 나무에는 다시 석양이 비끼노라	亂山喬木又斜曛

[2]
기러기 보내오는 서늘한 바람 새로 풀 옷으로 들어오는데	鴈送新涼入草衣
십 년간 몸의 병이 괴롭기만 하네	十年身病又支離
나처럼 게으른 이는 사람에게 버림받고	踈慵似我人皆棄
재주와 학문 지닌 그대 모두가 인정하네	才學憐君衆所知
두 곳은 산과 강물 비록 막히고 떨어져 있지만	兩地山河雖阻隔
같은 하늘의 구름과 달을 마음으로 기약하리	一天雲月是襟期
어느 때나 다시 침상을 맞대고	何時復得連床枕
등불 밝혀 선을 논하고 또 시를 이야기하리오	燒燭論禪更說詩

[3]

단잠[250]이 막 깨어 작은 창을 열고	黑甜纔破小窓開
앉아 서안 가득한 선서를 읽네	坐閱禪書滿案堆
몸이 한가한 것이 진정한 즐거움임을 일찍 알았고	早識身閑眞是樂
쓸모없는 나[251] 본래 재목 아님을 많이 부끄러워하였네	多慚樗散本非材
숲속에 사그라지는 더위 재촉하는 매미 소리 들리고	樹間殘暑蟬催盡
호수 바깥은 새로 가을이 되어 기러기 줄지어 날아오노라	湖外新秋鴈帶來
친구는 오늘 눈앞에 없지만	今日親知不在眼
고향의 푸른 산은 우뚝하게 남쪽으로 보이는구나	故山南望碧崔嵬

흘 스님을 보내며
送屹師

누런 꽃과 누런 잎사귀는 구월의 가을이라	黃花黃葉九秋天
여기에 이르니 이별의 마음 몇 배로 암담하구나	到此離心倍黯然
어느 곳의 한 침상에서 다시 보게 될까나	何處一床重面目
이제 천 리 먼 길 바람과 연기처럼 흩어지네	此時千里散風烟
맑게 갠 푸른 강 멀리 찬 갈까마귀 날아가고	晴江碧遠寒鴉外
석양 붉은빛은 기러기 앉은 곁으로 낮게 떨어지네	夕照紅低落鴈邊
이별 후 차마 고개 돌려 바라보니	別後可堪回首望
저녁 하늘에 시든 풀이 산과 강 사이로 보이네	暮天衰草隔山川

윤 진사의 시에 차운하다
次尹進士韵

저문 봄날 흥이 일어 높은 누대에 오르니 暮春乘興上高臺
자라 등[252]의 봉우리들이 자줏빛과 푸른빛으로 펼쳐 鰲背群峯紫翠開
있네
홀연 고향 산이 하늘 끝 멀리에 있는 것 깨닫고 忽覺故山天際遠
좋은 계절에 바쁜 나그네 신세 놀라네 偏驚佳節客中催
누런 꾀꼬리 곁눈질하며 버드나무 사이로 날아가고 黃鸝睍睆穿楊去
제비는 이리저리 날며 물을 스치는구나 玄鳥差池拂水來
눈 가득 들어오는 경치는 다함이 없는데 滿眼風光收不盡
짧은 지팡이로 멀리 석양빛 받으며 돌아오노라 短筇遙帶夕陽廻

삼척 이지온이 석왕사를 유람한 시를 받들어 차운하다
奉次李三陟【之蘊】遊釋王寺韻

인끈을 풀고 돌아와 바로 가을을 맞았으니	解綬歸來政值秋
방외의 중을 좇아 노닐기 위함이라네	爲從方外上人遊
아침이면 바위 동굴에서 단풍잎을 노래하고	朝穿石洞吟紅葉
저녁이면 시내 누대에 기대어 푸른 물 내려다보네	晩倚溪樓俯碧流
향불 올리는 일은 삼세의 훈습으로 하는 것이니	香火已緣三世習
이익과 명예를 누가 한 번에 그만두려 하리오	利名誰肯一時休
비단 주머니에 맑고 새로운 시구를 가득 채웠으나	錦囊滿貯淸新句
재주가 적어 시에 답하지 못함이 부끄럽구나	自愧才踈未有酬

【'有' 자는 '易' 자로 되어 있기도 하다.(有一作易)】

영은암에서 사군 정면에게 올리다
靈隱庵上鄭使君【勔】

임금의 조서를 받고 경주 부사로 나가	承綸五馬出東州
이름난 곳을 사랑하여 명승을 유람하였네	爲愛名區作勝遊
절과의 옛 인연은 왕희지²⁵³를 부르고	蓮社舊緣邀逸少
계수나무 향기의 새로운 시는 탕휴에게 묻노라	桂香新咏問湯休
뒤의 바위엔 눈이 녹지 않아 봄이 오히려 이르고	背岩殘雪春猶早
첩첩산중 맑은 아지랑이는 저녁에도 자욱하네	亂峀晴嵐晩未收
내일 호계에서 헤어진 뒤	明日虎溪分手後
떨어진 꽃잎이 물 위로 흘러가면 그리움 아득하리라	落花流水思悠悠

처사 장죽재가 교외에 살면서 가을날 흥취를 읊은 시에 차운하다
次張處士竹齋郊居秋興韻

부평초는 막 자줏빛을 띠고 귤은 막 누렇게 되었는데　池萍初紫橘初黃
십 리 길 황량한 교외엔 저녁 빛이 서늘하구나　　　　　十里荒郊晚色凉
조용한 거처 사랑하고부터 시끄러운 저자와 점점 멀어지니　自愛幽居誼漸遠
좋은 계절의 흥취 가장 좋은 줄 누가 알리오　　　　　　　誰知佳節興偏長
마당 오동나무의 차가운 잎 비에 젖어 떨어지고　　　　　庭梧帶雨零寒葉
울타리에 심은 국화는 바람 부는 대로 서늘한 향기 보내네　籬菊隨風送冷香
서리 맞은 과일 정원 가득한데 새로 빚은 술 익으니　　　霜菓滿園新釀熟
이웃 늙은이 불러 가을날 함께 맛보리라　　　　　　　　爲招隣叟共秋嘗

정 원외랑이 보내온 시에 공경히 차운하다
【보낸 시에 환속하라고[254] 나를 면려하였기 때문에 시에서 그것을 언급한 것이다.】

敬次鄭員外來韵【來詩有勉余冠巓之語故詩中及之云】

세속 일에는 머리를 흔들고 오랫동안 선정에 들어	掉頭塵世久冥禪
탕휴와 낭선을 부러워하지 않았네	肯羨湯休與浪仙
두보는 마음속으로 부처의 광명을 탐했고	杜老有懷貪佛日
혜원은 일 없이 앉아 세월을 보냈다네	遠公無事坐經年
천 봉우리가 집으로 들어와 맑은 흥취를 받들어 주고	千峯入戶供晴興
오솔길을 가린 구름은 세속의 인연을 끊어 버리네	一逕埋雲斷俗緣
영욕은 예로부터 모두 꿈인 것을	榮悴從來俱是夢
높이 누워서 편안히 자는 것만 못하리	不如高臥且安眠

【(남조 송宋의 승려) 혜휴는 (세조世祖에게) 환속의 명을 받아 환속하였(고, 탕湯 성을 받았)다.(惠休爲王所迫爲俗)】

연운으로 가서 머물려는 송파 대사를 전송하며
送松坡大師赴緣雲住

아름다운 산수에 오랫동안 이름을 감추다가	方壺泉石久韜名
가을날 물병과 지팡이 들고 먼 길을 떠나네	瓶錫乘秋戒遠行
강가의 첩첩한 봉우리에는 석양이 비추고	江上亂峯低落照
역 주변엔 부슬비 내려 갈 길이 어둑어둑하구나	驛邊疏雨暗歸程
땅은 서쪽 변방에 이어져 교외 들판은 아득하고	地連西塞郊原逈
하늘은 남쪽 변방과 닿아 풀 나무 평평하구나	天接南荒草木平
병으로 이별하는 소매 붙잡을 수 없나니	身病未能攀袖別
산 가득 이내 낀 나무들도 모두 슬퍼하는 듯	滿山烟樹摠含情

만휴 임 참의에게 올리다
寄上萬休任叅議

글 쓰는 일[255] 반드시 고헌을 노래할 필요 없으니[256]	操觚不必賦高軒
이미 시로 이름나 사람들 입에 떠들썩 오르내리네	已有詩名衆口喧
시 짓기 빠르기는 유종원의 세 걸음보다 빠르고	敏速優於三步柳
맑고 새롭기는 온정균의 팔음과 보다 뛰어나네	淸新邁却八吟溫
마음을 노래하고 뜻을 읊으니 술은 잔에 가득하고	歌懷嘯志樽盈酒
약을 심고 차나무 옮겨 심으며 낮에는 정원을 다니네[257]	種藥移茶日涉園
아득히 상상해 보면 쓸쓸한 봄날 작은 서재에서	遙想小齋春寂寂
마당 가득 꽃 떨어지는데 가시문 닫혀 있으리	滿庭花落掩荊門

부록 차운시 附次韵

신선의 학은 홀로 울며 위나라 초헌[258]을 마다하는데	仙鶴孤鳴謝衛軒
들새는 무슨 일로 저리 시끄럽게 울어 대는지	野禽何事苦啾喧
부질없는 근심에 시정은 점점 줄어드는데	閑愁漸覺詩情減
다정한 말은 늘 도인의 온화한 풍모를 떠오르게 하네	晤語長思道貌溫
버드나무 빛은 팽택의 마을에 몹시 짙고	柳色偏深彭澤里
우담화는 급고독장자의 정원에 만발하네	曇花應滿給孤園
가을이 오면 지팡이 날리고 오기로 약속하였으니	秋來有約飛空錫
방 청소하고 언제나 달빛 아래 문 열고 기다리리라	掃室恒開月下門

벽암 대장로를 곡하다
哭碧巖大長老

큰 꿈을 꾸듯 팔십 년을 살았으니	大夢中經八十秋
세월은 빛처럼 흘러 물이 동쪽으로 흐르는 듯하네	年光流似水東流
하루아침에 참새는 병의 비단 주름을 뚫고	一朝有雀穿瓶縠
깊은 밤에 어떤 사람이 계곡의 배를 옮겼나	半夜何人負壑舟
그윽한 골짜기는 자욱한 찬 구름에 어둑어둑한데	幽谷宿雲寒淰淰
먼 숲의 배고픈 새는 어지럽게 울어 대노라	隔林飢鳥亂啾啾
떨어진 잎은 뿌리로 돌아가 말이 없으니[259]	歸根葉落來無口
아득히 신주를 바라보며 근심을 이기지 못하네	遙望新州不勝愁

황령
黃嶺

푸른 산 속에 오래된 절집 있고	碧山中有古招提
전각은 들쑥날쑥 첩첩한 산 서쪽에 있구나	臺殿紾差疊巘西
중이 재를 지내자 원숭이는 발우를 닦고	長者施齋猿洗鉢
고승이 선정에 들자 제비가 진흙을 물어 오네	高僧入定鷰啣泥
깎아지른 절벽의 떨어지는 돌멩이에 도깨비 놀라고	懸崖落石驚魑魅
끊어진 시내 빠른 여울물은 북을 울리는 듯하여라[260]	絕澗飛湍振鼙鼛
왕의 옛 궁 지금은 적막하여	王子舊宮今寂寞
빈터 담장에 풀만 무성함을 보노라	但看墟堞草萋萋

묘봉
妙峯

범종 소리와 향불 연기 푸른빛에 감싸여 있고	鐘梵香烟鎖翠微
만 그루 봄 나무는 녹음으로 에워싸였네	萬株春樹綠陰圍
탑에는 두 개의 부처 진신사리가 있고	龕留兩个眞靈骨
소나무에는 세 벌의 낡은 중 옷 걸려 있도다	松掛三條壞衲衣
새벽에 대나무 길 걸으니 푸른 이끼 미끄럽고	竹逕曉行蒼蘚滑
시냇가 누대에서 맑은 하늘에 흰 구름 날리는 것 보노라	溪樓晴望白雲飛
홀로 지팡이 짚고 나도 예전에 두루 노닐었지만	孤笻余亦曾遊遍
물외에 이렇듯 이름난 곳 드물어라	物外名區似此稀

내원
內院

향로봉 아래의 급고독원	香爐峰下給孤園
골짜기 가득한 안개와 노을이 세상과 경계 지어 주네	滿洞烟霞世自分
푸른 절벽은 저물녘 비 갠 뒤에 볼만하고	翠壁晚宜晴後見
맑은 종소리는 달밤에 들려오누나	淸鍾夜向月中聞
동쪽 시냇물이 서쪽 시냇물과 만나고	東溪水合西溪水
남악의 구름은 북악의 구름과 이어져	南岳雲連北岳雲
다시 고승이 좌선하고 경을 암송하자	更有高僧坐禪誦
하늘 꽃이 때때로 어지럽게 떨어지노라	天花時復落繽紛

호서에서 관북으로 떠나는 승려를 전송하며
送僧自湖西徃遊關北

선림의 개사²⁶¹로 빼어남이 특출난데도   芝林開士秀高標
천 리 길 행장에 표주박 하나뿐이네   千里行裝只一瓢
너른 들의 남은 비석은 홍경사²⁶²요   大野殘碑弘慶寺
어지러운 안개에 외로운 주막은 갈천교라네   亂烟孤店葛川橋
하늘과 맞닿은 비단 물결은 서쪽 바다로 흘러가고   連天錦水西歸海
변방을 둘러싼 오랑캐 산은 북쪽의 요동과 만난다네   繞塞胡山北接遼
내일이면 시냇가 길에서 그대를 보내리니   明日送君溪上路
버드나무 긴 가지를 어찌 차마 보리오   忍看晴柳拂長條

봄날 우연히 읊다
春日偶吟

맑게 갠 저녁 풍물은 흥취가 아득하니	晩晴風物興悠哉
들살구 꽃, 산복숭아 꽃이 곳곳에 피었어라	野杏山桃處處開
높고 낮은 첩첩의 봉우리는 눈썹같이 파랗고	高下亂峰靑似黛
얕고 깊은 시냇물은 이끼보다 푸르구나	淺深流水碧於苔
골짜기의 꾀꼬리는 서로 부르며 숲을 뚫고 날아가고	谷鶯相喚穿林去
바다제비는 짝지어 날며 땅을 스치고 돌아가네	海鷰雙飛掠地迴
가장 한스러운 것은 병들어 표현할 길 없어	最恨病餘無譬句
좋은 계절 화답하고자 하나 장난 시가 되었네	欲酬佳節類俳諧

속된 중에게 주다
贈俗僧

일찍부터 세상의 맛을 보아 짠맛 신맛 다 알고   曾甞世味覺醎酸
말 타고 다니며 온갖 물상 보았다네   萬物都將一馬看
천산의 구름은 수묵화를 펼쳐 놓은 듯   千嶂樹雲開水墨
이곳의 자연은 배회하기 알맞아라   一區泉石稱盤桓
곰솔 가득한 골짜기에 비가 개어   海松滿壑晴疑雨
시냇가 정자로 바람 불어와 여름에도 서늘하네   溪榭舍風夏亦寒
수고로운 삶에서 이룬 일 우스워라   堪笑勞生成底事
세간에는 파란 없는 곳이 없는 것을   世間無地不波瀾

다시 수선사에 이르러 벗에게 보이다
重到修禪社示知己

오랫동안 신선이 사는 산굽이에 살다가	久住方壺泉石隈
지팡이 하나 짚고 친구를 찾아갔네	一筇相訪故人來
향기 나는 섬돌의 늙은 나무는 벌써 가을을 맞았고	香階樹老秋容早
판각의 쇠잔한 종소리는 저문 빛을 재촉하는데	板閣鐘殘暝色催
진락대 곁에는 첩첩의 수만 봉우리요	眞樂臺邊峰萬疊
침계루 아래엔 천 굽이의 시내로다	枕溪樓下水千廻
등불 켠 대나무 침상은 맑은 기운에 잠도 오지 않는지	懸燈竹榻淸無寐
이별의 시름에 이야기 나누며 잿불 헤치고 앉았노라	話盡離愁坐撥灰

관서의 산에 돌아가는 눌 상인을 전송하며
送訥上人歸關西住山

관서로 가는 길은 몇 유순인가	關西歸路幾由旬
병과 지팡이로 인연 따라 얽매이지 않고 가는구나	鉼錫隨緣不絆身
멀리 안국사에서 강석을 열고	講席迥開安國寺
금강 나루를 나무 잔²⁶³ 타고 건너가리	木杯孤渡錦江津
차가운 시내의 붉은 잎사귀는 부는 바람에 떨어지고	寒溪赤葉迎風下
오래된 역의 누런 꽃은 이슬에 젖어 새롭구나	古驛黃花浥露新
모이고 흩어짐은 기약할 수 없는 부평초와 같으니	聚散無期似萍水
갈림길에서 어찌 괴롭게 마음 아파하리오	臨歧何用苦傷神

진정국사『호산록』의 시에 차운하여 원인에게 주다
次眞靜國師湖山錄韵贈元忍

운산은 예부터 속세의 시끄러움과 떨어져 있어	雲山從古遠塵喧
하루해가 지도록 사립문은 대나무 뿌리를 가리네	竟日荊門掩竹根
늦가을 흰 봉우리에 숲은 앙상해 가고	秋晚玉峰林欲瘦
향이 다 타들어간 향로엔 온기 아직 남아 있네	香殘金鴨火猶溫
누대 앞 고목은 바람에 윙윙 울리고	臺前樹老風號竅
마당가 높은 소나무엔 학이 새끼를 감싸는데	庭畔松高鶴護孫
눈으로 보는 것이지 자세히 논할 필요 있겠는가	目擊何須論委細
원래 큰 도는 말을 용납지 않는다네	元來大道不容言

수 사미에게 주다
贈修小師

문 앞 조용한 길엔 봄풀이 절로 나고 門徑蕭條草自春
어떤 야인이 즐겨 그윽한 이를 방문하리오 野人誰肯訪幽人
강경을 마치니 꽃 그림자 선탑으로 옮겨 오고 講闌花影纔移榻
선정을 깨니 이끼 흔적 자리의 반을 덮었어라 定起苔痕半沒茵
골짜기 새는 갠 날을 희롱하며 시끄럽게 우짖는데 谷鳥弄晴鳴恰恰
사미는 손을 씻고 진진264을 암송하네 沙彌盥手誦塵塵
어여쁜 그대 또한 도인의 의취를 지녔으니 憐君亦得雲松趣
자연에서 따르며 참된 도를 즐기시라 林下相從樂道眞

폐사가 된 만복사에 부치다
題萬福廢寺

옛 절은 중도 없이 겁화의 재[265]가 되었는데	古寺僧亡自劫灰
나그네 말없이 홀로 서성거리네	客來無語獨徘徊
소와 양이 뿔을 비벼 대 네모진 무덤 이지러지고	牛羊礪角方墳缺
여우와 토끼 서로 쫓아다녀 굽은 섬돌은 무너졌도다	狐兔交蹤曲砌頹
담장 모서리의 녹음 띤 매화나무엔 매실이 맺혔고	墻角綠陰梅結子
들판 푸른 물결의 보리는 낱알이 맺히기 시작하는데	原頭翠浪麥初胎
절집은 완전히 사라져 버려	禪宮亦爾全消歇
세속의 덧없는 생애 오히려 애닯도다	塵世浮生轉可哀

찰방 남계 정광연에게 받들어 보내다
奉寄蘆溪鄭察訪【光淵】

시인이 박복한 것은 예나 지금이나 똑같은데	詞人無命古今同
낮은 관리는 공명으로 몸 굽히느라 수고롭네	侯吏功名困折躬
천상의 붉은 계수나무[266] 잡지 못하여	天上未攀丹桂樹
세속에서 부질없이 백발의 늙은이가 되었도다	塵間虛作白頭翁
밭 갈고 돌아가는 계곡 어귀에는 넉넉한 봄비 내리고	耕歸谷口餘春雨
저울질하고 돌아오는 시내에는 저녁 바람 불어오네	權返溪中趂暮風
묻노라 시단에서 만일 기다린다면	爲問詩壇如有待
다른 날 지팡이 짚고 동쪽으로 남계를 방문하리라	一筇他日訪蘆東

부록 창주의 차운시 附次韵 滄洲

유교와 불교의 차이를 번거롭게 따지지 않나니	儒釋休煩較異同
미천한 몸을 쉬려는 것은 마찬가지라네	一般須是息微躬
스스로 연화사를 결사하지 않음이 안타까우니	自憐未結蓮花社
누구를 보내 먼저 율리[267]의 늙은이를 찾으리	誰遣先尋栗里翁
옥돌 소리[268] 나는 맑은 시는 눈을 씻어 주고	戛玉淸詩劋眼膜
황금을 펼친 듯한 새로운 글은 머리를 상쾌하게 하네	布金新記快頭風
마침 침상을 청소하여 지팡이를 맞이하리니	會將掃榻迎飛錫
어느 날에나 소나무 가지 홀연 동쪽을 향할까나	何日松枝忽向東

행 사미에게 주다
贈行小師

더딘 하루가 개기 시작하자 골짝의 새 시끄러운데	遲日初晴谷鳥喧
손에는 『고승전』을 넘기며 소나무 둥치에 앉았노라	手披僧傳坐松根
부르면 대답하는 사미 있으니	喚膺自有沙彌在
공과 색을 어찌 세속의 선비와 논하리오	空色那容俗士論
한바탕의 사슴 꿈²⁶⁹으로 잘잘못이 생기니	夢鹿一場從得失
누덕누덕 백 번 기운 중 옷에 추위와 더위 맡긴다네	懸鶉百結任寒暄
오직 그대와 내가 서로를 잊은 경지에서	惟君與我相忘地
만사는 모두 불이문으로 돌아가리라	萬事皆歸不二門

환 스님의 시에 차운하다
次還師韻

그윽한 곳에서 쓸쓸하게 맞이할 이도 적어	幽居悄悄寡將迎
하루 종일 소나무 사이를 산보하네	盡日松間散步行
맑은 물은 문 가까이 흘러 정신 절로 상쾌하고	淥水臨門神自爽
맑게 갠 산이 문을 통해 보이니 눈 한결 밝아지노라	晴山入戶眼偏明
공을 관하여 이미 삼천세계 깨뜨렸으니	觀空已破三千界
법을 물으러 어찌 백십 성[270]을 수고롭게 다니리오	問法何勞百十城
배고프면 밥 먹고 피곤하면 잠자며 세월을 보내니	飢飯困眠消歲月
이 마음 한가한 곳이 바로 무생법인이라네	此心閑處是無生

환 스님에게 보내다
寄還師

새로 가사[271]를 걸치고 등나무 침상에 앉았는데	新披磨衲坐藤床
부슬비가 막 개어 옥우가 서늘하네	小雨初晴玉宇凉
붉은 나무 만 그루는 깎아지른 골짜기를 장식하고	紅樹萬株粧絶壑
흰 거품의 세 잔 차는 마른 창자를 씻어 주노라[272]	素濤三椀洗枯腸
그동안 자취가 속세와 멀리 떨어져 있어	從前跡與塵相遠
이로부터 몸과 세상 둘 다 잊어버리네	自此身將世兩忘
묻노니 그대가 조만간 찾아와서	爲問故人來早晚
정원 가득한 도토리와 밤을 맛볼 수 있을까나	滿園芋栗可堪嘗

『화엄경』을 읽고
讀華嚴經

허공 품은 본성의 바다는 광활하지만 나루가 없어	涵虛性海濶無津
따로 비로자나불의 십신이 현전하도다	別有毘盧現十身
이와 사가 모두 녹아들어 헤아리기 어렵고	理事雙融難可測
일과 다가 서로 교섭함은 신비하지 않다네	一多相攝未爲神
산왕[273]에 해가 비추니 근기가 어찌 그리 높으며	山王日照機何峻
인드라망 구슬의 찬 그림자는 저절로 고르구나	帝網珠寒影自均
백 가지 천 가지 방광게를 모두 읽고 나서	看盡百千方廣偈
손으로 담복[274] 향 태우고 앉아 맑은 새벽을 맞노라	手焚薝蔔坐淸晨

판관 유현과 함평 오이익을 모시고 순천 송광사에 노닐다
奉陪柳判官【俔】吳咸平【以翼】遊順天松廣寺

송광사는 순천의 절로 가장 이름이 나 있어	小江南寺最知名
도연명과 사령운이 서로 따르며 길을 나섰네	陶謝相隨作此行
풍모는 범속함을 벗었으니 새로운 판관이요	風韻脫凡新半刺
맑은 시가 괄목할 정도이니 예전의 함평 수령이라네	淸詩刮目舊咸平
지난밤 비로 바위틈의 시냇물 소리 급하고	石溪聲急前宵雨
저물녘 날이 개자 멧부리 안개 속으로 햇살 번지네	烟岾輝添晚日晴
산승이 혜원이 아닌 것 스스로 부끄러우니	自愧林僧非惠遠
절에서 어찌 그윽한 맹세를 맺으리오	社中何以結幽盟

봄날 저녁 산에 거하며
山居春暮

부슬비로 붉은 꽃 거의 지고 녹음은 짙은데	綠暗紅稀小雨餘
가련한 풍경이 나를 서글프게 하노라	可憐風物政愁予
벗은 한번 떠나고 나서 소식 없고	故人一去斷消息
제비는 새로 짝을 지어 띳집으로 날아오노라	新鷰雙飛來草廬
먼지 쌓인 침상엔 쥐 지나간 흔적이 있고	床上集塵看鼠跡
병중에 약이 남아 의서를 읽노라	病中留藥閱方書
바위산의 쓸쓸함도 다시 기쁘다마는	岩居蕭索還堪喜
사미를 시켜 어린 나물을 캐게 하노라	敎得沙彌採嫩蔬

의심 상인이 시를 지어 방장산의 경치를 묻기에 차운하여 화답하다
義諶上人作詩問方丈山景仍次其韻以酬

신선산이 푸른 허공에 멀리 솟아나	方壺逈出碧虛中
비췻빛 봉우리가 천 개 만 개라네	翠色千峯更萬峯
붉은 계수나무 그림자 곁에서 중은 선정에 들고	丹桂影邊僧入定
흰 구름 낀 누대 곁에서 나그네는 지팡이를 쉬노라	白雲臺畔客休筇
졸졸 흐르는 시냇물은 아쟁과 거문고 소리를 내고	溪流決決箏琴響
층층의 바위벽은 조화옹의 작품이로다	岩壁層層造化工
아름다운 곳의 무한한 흥취를 그리려 해도	欲寫名區無限興
글재주 없는 졸박한 솜씨에 게으르기까지 하구나	廢文才拙手還慵

윤 스님이 시를 구하기에 재미 삼아 주다
允上人求詩戱贈

빈산 눈 내린 뒤 사립문 닫혔고	空山雪後掩荊門
향기 그윽한 방장실은 조용히 번거롭지 않구나	丈室香銷靜不煩
하루 종일 홀로 황면[275] 게를 보는데	盡日獨看黃面偈
어느 때나 그대를 만나 토론할까	幾時還接赤髭論
뾰족한 봉우리의 노을빛이 주렴에 차갑게 스며들고	尖峯霽色侵簾冷
배고픈 새의 찬 울음소리 가까이 두 번 울리는데	飢鳥寒聲逼再喧
괴롭게도 가까운 사람에게 시구 빚을 진 것은	苦被傍人詩句債
말을 잊는 도의 경지에 이르지 못했기 때문이네	只緣於道未忘言

오 스님에게 드리다
贈悟上人

단련하여 몸은 학과 같고	鍊得身形如鶴形
십 년을 홀로 바위틈 집에 살아	十年獨自棲岩扃
손에는 대나무 가지만 하나 있지만	手中唯有一枝竹
배 속에는 천 권의 경전을 숨겼노라	腹裡能藏千卷經
산새와 산꽃을 벗 삼았으니	山鳥山花與爲友
사람들의 시비를 어찌 들어 보았겠나	人非人是何由聽
묘향산, 풍악산, 수운동[276]에서	妙香楓岳水雲洞
혹 따르기를 허락한다면 여생을 마치리라	倘許相從終百齡

관 스님에게 드리다
贈寬上人

세속의 먼지 많은 곳에서 일찍 벗어나서	塵埃深處早超然
향봉에 높이 누운 지 이십 년이 되었네	高臥香峰二十年
누가 세월이 흐르는 물과 같음을 깨달아	誰覺光陰流似水
심지를 연꽃처럼 맑게 하기를 기약하리오	自期心地淨如蓮
불법 강단에 꽃비 내리는 아침이면 도를 듣고	講壇華雨朝聞道
종각의 종소리 잦아드는 밤이면 선정에 드노라	板閣鐘殘夜入禪
다만 정문[277]의 활안을 뜨려면	但向頂門開活眼
다시금 중현[278]을 묻지 말아야 하리	不須重與問重玄

계룡산 우 대사에게 드리다
贈鷄龍山牛大師

산은 계룡산이요 물은 금강이라	山是鷄龍水錦江
품성의 순수하고 깨끗함은 둘도 없다네	禀生精粹號無雙
일찍부터 불교를 쫓아 속세의 화택을 사양하고	早從西敎辭焚宅
늙어서는 남종선을 따라 법당을 세웠네	晚向南宗建法幢
가벼운[279] 향불 다 타서 방에 가득한데	燒盡六銖香滿室
천 게송을 모두 외자 달이 창을 비추네	誦闌千偈月臨窓
영남 호남의 수많은 뛰어난 고승들이	嶺湖濟濟多開士
누가 공경히 따르고[280] 우러르지 않겠는가	誰不趨風北面降

가을밤 심정을 적어 명, 순 두 사미[281]에게 보이다
秋夜書懷示冥順二小師

인생은 부질없이 반백의 나이가 되었고	人生虛受二毛侵
다시 가을 하늘의 귀뚜라미 소리 듣노라	又聽秋宵蟋蟀吟
사해의 가사[282] 입은 중 가운데 아는 이 많지만	四海方袍多識面
칠현금의 〈유수곡〉을 아는 진정한 벗은 적구나	七絃流水少知音
술은 본성을 혼미하게 하나 누가 끊을 수 있으리오	酒元迷性誰能斷
시도 선정을 방해하여 내 스스로 금하노라	詩亦妨禪我自禁
명 사미와 순 사미에게 알리나니	爲報小師冥與順
흰 구름 깊은 곳에서 마음을 쉬거라	白雲深處早休心

폐사가 된 회암사
檜岩廢寺

빠른 세월에 백겁이 눈 깜짝할 사이와 같아	光陰百劫一須臾
청정한 땅의 금빛 모래에 잡초만 무성하도다	淨地金沙已草蕪
이끼 듬성듬성 색칠한 회랑은 문도 닫혀 있지 않고	苔雜畫廊門不掩
나뭇잎 떨어져 막힌 우물은 물이 말라 버렸네	葉塡香井水還枯
나옹의 공업은 진실로 고승이며	懶翁功業眞開士[1)
목은의 문장은 속유가 아니라네	牧老文章非俗儒
홀로 석양에 서서 끝없는 생각에 잠기니	獨立斜陽無限思
찬 이내 낀 높은 나무에 까마귀 우노라	冷烟喬木有啼烏

---

1) ㉭ '士'는 '土'의 잘못인 듯하다.

석주의 운을 써서 준 상인에게 주다
用石洲韵贈俊上人

그늘진 벼랑 눈 덮여 저녁 바람 차가운데	雪壓陰崖夕吹寒
돌아가는 새 유유히 날아감을 앉아서 바라본다	坐看棲鳥倦飛還
산속에 사는 몸의 병은 낫질 않고	一身林下支離病
인간 세상의 온갖 일은 헤쳐 나가기 어려워라	萬事人間行路難
짝이 되어 주는 것은 해마나 푸른 산의 달이요	有伴年年靑嶂月
집이 없어도 곳곳에 흰 구름 낀 산이 있다네	無家處處白雲山
가련한 그대 책 이고 찾아왔으니	憐渠負笈來相訪
나를 돌아보면 진나라 도안[283]에게 몹시 부끄럽구나	顧我多慚晋道安

봄날 저녁 만휴와를 생각하다
春暮憶萬休窩

문장은 열 마리 소 수레의 책을 모두 읽었고	文章讀盡十牛車
큰 재주와 훌륭한 시편은 작가라네	大手雄篇自作家
이별한 뒤 소식을 어찌 쉽게 듣겠냐만	別後音容那易接
베갯머리에 꿈꾸는 혼은 먼 거리도 모르는구나	枕邊魂夢不知賖
마당의 홰나무는 지나는 비를 맞아 녹음이 짙어지고	庭槐過雨堆新綠
시냇가 살구나무는 바람 부는 대로 어지럽게 꽃을 떨구네	溪杏臨風亂落花
문 닫힌 신선산에도 봄이 저무는데	門掩海山春又暮
친구 그리며 서울 쪽을 바라보네	樹雲何處望京華

다섯째 표질²⁸⁴ 정시필의 초가집에 부치다
寄題表姪鄭五【時弼】茅亭

그윽한 거처는 특별한 곳을 차지하고	幽棲已用別區占
우애²⁸⁵와 효성²⁸⁶을 겸하여 즐거운 일로 삼았구나	姜被潘輿樂事兼
자형²⁸⁷은 늦게까지 피어 봄이 지난 뒤에 떨어지고	荊萼晩從春後破
원추리²⁸⁸ 싹은 일찍 눈 속에서 뾰족이 나와 있구나	萱芽早向雪中尖
발을 걷으니 산빛에 맑은 놀이 어른거리고	鉤簾岳色晴霞動
밤비로 불은 여울물 소리 문으로 들어오네	入戶灘聲夜雨添
객이 떠난 빈 처마에는 바둑판이 빛나고	客去虛簷棋局爛
너는 윤건²⁸⁹도 잘 쓰지 않고 솔숲²⁹⁰만 바라보리라	綸巾不整對蒼髥

가을날 사군 이봉징과 참의 이옥을 모시고 송광사에서 놀다
秋日奉陪使君李鳳徵參議李沃遊松廣寺

가을비 소리 쓸쓸하게 바위틈 시내를 울리고	秋雨蕭蕭響石溪
푸른 봉우리는 처마 바깥으로 첩첩이 보이네	碧峰簷外亂高低
명승 찾아 귀한 손님 산 북쪽에서 오고	尋眞上客從山北
수령291은 수레를 달려292 부의 서쪽에서 내려왔구나	飛盖遨頭降府西
오래된 절엔 중도 없이 향나무만 늙어 있고	寺古僧殘香樹老
깊은 골짜기 빽빽한 숲에선 기이한 새 울고 간다	洞深林密異禽啼
조각한 난간에 함께 기대니 맑기도 맑아	雕欄共倚淸如許
얕지 않은 시정에 흥취가 어지럽도다	不淺詩情興欲迷

부록 박천의 원시 附原韵 博泉

온종일 시원한 시냇가에서 물소리 들으며 앉았으니	聽流盡日坐寒溪
아름다운 꽃과 나무 물을 스치며 떨어지네	琪樹瑤花拂水低
푸른빛은 맑은 허공으로 들어가는데 산은 북쪽을 향했고	翠入晴空山祖北
검은빛은 신령한 곳으로 통하는데 중은 서방을 향한다네	玄通神境釋宗西
가을 햇빛 사라지며 저녁놀이 점차 거두어지고	埋光暮靄秋將捲
밤이 되자 날개 접은 산새 홀로 우는구나	側趐企禽夜獨啼
인간 세상의 모든 일 한번 웃어 버릴 것들이라	萬事人間還一笑
선탑에 취하여 함께 잊는 것만 못하도다	不如禪榻醉同迷

삼은의 원시 三隱

멜 가마 타고 성곽을 나와 조계로 들어가서	肩輿出郭入曹溪

만 골짜기 지나니 길은 점점 낮아지네	萬壑穿來路漸低
천 년 된 상서로운 나무는 강 북쪽에 서 있고	瑞木千年臨水北
백 일 동안 아름다운 꽃은 누대 서쪽에 화려하네	琪花百日暎樓西
비에 가을빛 깊어가고 샘물은 소리 내며 흐르는데	雨添秋色泉飛響
꿈을 깬 승려의 방으로 새소리 들리노라	夢罷僧堂鳥送啼
신선에게 진 빚을 갚고자 하나 시가 난삽하고	仙債欲酬詩律澁
맑은 술잔 다 기울이니 생각은 다시 혼미해지네	淸尊倒盡意還迷

앞의 운을 거듭 써서 짓다 疊用前韵

맑은 새벽 누대에 올라 푸른 시내 내려다보니	淸曉登樓俯碧溪
누대 앞 나무 그림자가 물결에 비추어 일렁이네	樓頭樹影暎波低
기약한 곳이 있는 듯 구름은 북으로 돌아가고	有期合處雲歸北
무한한 심정 읊을 때 해는 서쪽으로 지려 하는데	無限吟時日欲西
향불은 이미 삼생의 훈습을 인연하였으니	香火已緣三世習
소쩍새293는 무슨 뜻으로 자꾸 울어 대는지	蜀禽何意數聲啼
내일 아침에 산문 앞에서 웃고 헤어지면	也應明發山前笑
붉은 잎사귀와 푸른 소나무가 꿈속에서 어지럽겠네294	赤葉蒼松入夢迷

또 又

남쪽으로 온 원님 우계295와 다르니	南行五馬異愚溪
잠시 날개를 붙잡아 내리게 한 것이라네	暫使扶搖羽翼低
예전 조정296에서 숙직하니 별은 북두에 공수하고	徃直金門星拱北
와서는 소사297에 노니니 강물은 서쪽으로 흐르노라	來遊蕭寺水流西
늦가을 찬비에 벌레 소리도 축축하고	九秋寒雨虫聲濕
맑은 이야기로 여러 밤을 촛불 켜 놓았네	數夜淸談燭淚啼
시 짓기 괴로워 감히 응수하지 못하고	吟苦未能酬辱贈

| 스스로 재주 없음이 부끄러워 다시 처량해지네 | 自慚才短轉棲迷 |

또 又

붉은 해가 고개를 나와 앞 시내를 비추고	紅曦出嶺射前溪
별천지에 둥실둥실 구름 조각 그림자를 드리웠네	別處雲飛片影低
기러기 노닐 듯 백 년 사는 인간들 모였다가 흩어지고	鴻迹百年人聚散
분주한 말발굽은 천 리 길의 동서로 찍혀 있네	馬蹄千里路東西
가을바람에 괜히 소나무 소리 많이 들리고	秋聲謾使松多韵
맑게 갠 빛에 유독 새소리 기쁘게 들리네	霽色偏敎鳥喜啼
맑은 술잔의 술 다 마셨지만 시 짓기 끝나지 않아	酒盡淸尊吟不盡
초강²⁹⁸의 안개 낀 숲을 바라보니 아득하네	楚江烟樹望中迷

삼은 사군, 박천 학사와 밤에 앉아 연구를 짓다
與三隱使君博泉學士夜坐聯句

온 나라가 영취산의 세계라	左海靈山界
가을날의 맑은 경치와 저녁의 샘 소리	中秋霽景宵泉
학사의 나그네 베개 차가우니	學士羈枕冷
고향 정원에 멀리 숨어 있다고 소식 듣네	消息故園遙隱
벽의 등불은 밝았다 사그라졌다 하는데	半壁燈明滅
조용한 가운데 범종 소리 들리네	殘鐘梵寂寥聰
절집[299] 시구를 가지고 가서	行將蕭寺句
머물며 초나라 노래를 짓노라	留作楚邦謠泉

또
又

선방에 모여 술 마시고 글 짓는데	禪房文酒會
가랑비는 저녁 샘물을 가르네	細雨欲分宵泉
오늘 밤엔 호탕한 시 있지만	此夜豪吟在
내일 아침이면 떠나는 길 아득하구나	明朝去路遙聰
온 절집의 경쇠와 종소리 조용하고	磬鐘諸院靜
온 산의 소나무와 잣나무 적막하네	松檜一山寥隱
자사의 맑은 시편 성대하여	刺史淸篇富
아이들 이어서 노래 부르네	兒童繼作謠聰

삼은 사군이 부채 두 자루를 보내 주고 겸하여 시를 보여 주니 차운하다
三隱使君寄扇二柄兼示以詩次韵

어제 시냇가의 이별을 떠올리니	憶昨溪頭別
가마 타고 산에 올랐지	肩輿上翠微
흰 학에 놀랐는데	唯應驚白鶴
소나무 이슬이 여라 옷에 떨어졌지	松露滴蘿衣

부록 원시 附原韵

웃으면서 절문 밖에서 이별하는데	笑別沙門外
돌아가는 구름에 새벽빛 희미하네	歸雲曉色微
총명한 큰스님	聰明今太釋
둥근 부채를 주며 옷을 대신하네[300]	團扇替留衣

삼은 사군과 동박천 학사에게 받들어 주다
奉寄三隱使君兼東博泉學士

구름은 골짝에 자욱하고 숲속엔 숨은 시냇물 소리만	雲埋幽壑樹藏溪
말없이 선방에 앉았으니 창으로 해 지려 하네	嘿坐禪窓日欲低
큰 솜씨로 바닷가 작은 고을 다스리고	大手割雞鵬海上
뛰어난 재주로 압록강 서쪽에서 복조를 노래하네[301]	雄才賦鵬鴨江西
시절을 아파하여 참을 수 없는 눈물 흘리니	傷時儘可堪流涕
도성 떠나는 이별의 눈물은 아니리	去國應非爲送啼
멀리서 두 곳 그리워하는 마음에	一寸之心懸兩處
꿈속을 왕래하며 길 헤맨 적 많다네[302]	夢中來往路多迷

경 스님이 화 수좌에게 준 시에 차운하다
次瓊老師贈和首座韻

어려서부터 삭발하고 스승을 쫓아	薙髮從師自少年
중 옷에 지팡이 짚고 인연 따라 몸을 맡겨	衲衣節杖任隨緣
은산철벽의 곧은 의지는 꺾기가 힘들고	銀山堅志難摧折
옥거울처럼 맑은 마음은 얽매이지 않노라	玉鏡澄心絕累牽
그윽한 새 울 때 숲속을 다니고	幽鳥語時行樹下
찬 원숭이 우는 곳 구름 가에 잠드네	冷猿啼處宿雲邊
송경과 참선 끝나자 포단은 고요한데	誦禪纔罷團蒲靜
홀로 꽃가지 들고 껄껄 한번 웃노라[303]	獨把花枝一輾然

책 읽는 학생들에게 보이다
示讀書諸生

맑게 마음의 먼지 닦아 내고 육근의 창을 닫아걸어　　淨掃心塵閉六窓
끝내 서강의 물 다 마시기[304]를 기약하리라　　終期一口吸西江
참선하는 것은 의심의 그물을 제거하기 위함이요　　安禪只爲除疑網
도를 배우는 데는 먼저 아만의 기를 꺾어야 한다네　　學道先須折慢幢
낮에는 깎아지른 절벽을 마주하며 아름다운 나무 바라보고　　晴對斷崖看好樹
저녁엔 높은 누각을 의지하여 시냇물 소리를 듣노라　　晚憑危閣聽流淙
세간의 기양[305]을 모두 녹여 버렸으나　　世間技癢都消盡
시마만은 항복시키지 못했구나　　唯有詩魔未得降

고부 군수 정 사군의 만일사 유람시에 공경히 차운하다
敬次古阜鄭使君遊萬日寺韻

신선산 높은 곳에 누대가 있으니	海山高處有樓臺
오랜 세월에 기울고 무너져 그림에는 이끼가 듬성듬성	歲久傾摧畫雜苔
저물녘엔 나그네를 위해 소나무 길 청소하고	松逕晚因遊客掃
낮 동안엔 사군을 위해 대나무 창 열어 놓았네	竹窓晴爲使君開
푸른 봉우리 몇 점이 둥둥 떠서 움직이는 듯하고	靑螺幾點浮疑動
흰 새 한 마리 날아갔다 다시 돌아오네	白鳥孤飛去復廻
이곳이 신선산의 가장 뛰어난 곳이니	最是瀛洲形勝地
학을 타고 봉래를 찾을 필요 있겠나	何須駕鶴訪蓬萊

부록 원시 附原韻

숲을 뚫고 시내를 건너 신선대를 찾아가니	穿林渡澗訪禪臺
오래된 절에 중도 없고 푸른 이끼 문 닫혀 있네	古寺僧殘閉碧苔
열두 개 신선산은 구름 밖에 서 있고	十二瀛壺雲外立
삼천대천세계는 눈앞에 펼쳐졌도다	三千世界眼中開
하늘은 아득하게 맑은 바다와 이어져 광활하고	天連滄海茫茫濶
땅은 멀리까지 푸른 산봉우리로 열려서 둘러 있네	地闢靑蠻遠遠廻
한가한 틈을 내어 반나절 노닐며 감상하니	半日偸閑遊賞富
돌아오는 길은 마치 봉래산에 이르는 듯하구나	歸來怳若到蓬萊

붓을 날려 삼십 운을 지어 형 사미에게 주다
走筆三十韵贈泂沙彌

사형[306]은 스무 살에 문부를 지었다지만	士衡二十作文賦
사미는 스무 살에 삼장을 통달하였네	沙彌二十通三藏
비밀스런 뜻을 망라해 관통함이 병을 붓듯이 빠르니	秘義羅穿缾瀉敏
하물며 스승에게도 사양하지 않으리[307]	況復當仁故不讓
지조는 곧은 소나무가 세한에도 절개를 지키듯 하고	志操貞松守歲寒
범행은 밝은 구슬이 먼지를 닦아 빛나는 듯하다네	梵行明珠洗塵坱
피곤하면 자는 곳에서 팔베개하거나	困來眠處或枕肱
배고프면 재 지낼 때 상수리를 주울 뿐	飢則齋時但收橡
봉래산 만이천봉을 육환장[308]으로 다니고	蓬萊萬二杖六環
삼천대천세계를 신발 한 켤레로 걸어서	世界三千鞋一緉
맑은 새벽엔 바위의 시내를 건너고	淸晨漱齒涉岩流
한낮에는 소나무 휘장에 기대 참선하네	白日安禪倚松幌
이내 낀 벽라 계곡으로 깊이 들어가고	烟蘿碧洞宭篠入
돌사다리 부여잡고 푸른 절벽을 오르니	石棧靑壁寅緣上
절집을 정상 가까이에 지어 놓아	精廬結構近絶頂
거주가 자연스러워 기운은 맑고 상쾌하구나	居住自然氣淸爽
험준하게 늘어선 봉우리 마주 보이니	孱顔列峀在平臨
놀란 눈으로 빼어난 경치 마음대로 감상하네	駭矖壞觀恣心賞
이 내 신세 몇 년 동안 병이 낫질 않아	伊余年來病支離
앉아서는 궤안에 기대고 걸을 때 지팡이에 의지하네	坐則隱几行倚杖
조주의 무자 화두 현관[309]을 투철하지 못했는데	玄關未透趙州無
머리는 점점 백발이 되어 부질없이 옛일을 생각하노라	鬢髮漸白空懷曩

푸른 봄은 눈 깜짝할 사이에 더운 여름³¹⁰에게 작별하니	青春瞥眼謝朱明
궁벽한 골짜기와 깊은 숲속을 누가 찾아오리	洞僻林幽誰過訪
돌길에 사람 발자국 소리 바위 빗장을 두드리니	跫音石路叩岩扃
사미가 홀로 왕래할 뿐이네	獨有沙彌能來徍
몸을 숙여 예를 갖추고 부드러운 말로	折節拳跽疑吐雌
함장³¹¹에 나아가 가르침을 청하네	請益柩¹⁾衣於函丈
사람이 스승 되기 좋아함이 병통이지만	雖知人患好爲師
이 마음 지극하여 끝내 물리치기 어려워라	是心而至終難攘
짧은 세월에 어리석음을 물리쳤으니	不多時月與擊蒙
비유하면 뿌리가 있는 나무가 잘 자라는 법	譬如有根木易長
뜻의 하늘 높고 넓으며 뜻의 바다 깊어	義天高濶義海深
별들은 찬란하게 빛나고 파도 크게 넘실거리네	星象粲然波蕩瀁
지금 천제³¹²가 불법을 만나	方今闡提附佛法
삭발하고 휴의 입고 서로 꾸짖고 비방하리니	薙髮睢衣交誚謗
슬프구나! 어리석은 수많은 사람들	哀哉無限蠢蠢徒
헛된 인생 잠깐 사이임을 알지 못하니	未識浮生唯一餉
누가 세속에서 초탈하여 가야 할 곳을 갈 수 있으리	誰能拔俗適所適
욕망에 탐닉하고 명성과 이익 향해 다투어 나아가니	嗜慾聲利爭趍向
그 가운데 다행히 대붕의 뜻³¹³을 가지고 있어	其中幸有志圖南
놀라 달아나는 원숭이의 마음 뛰어올라 헤아리는 듯	馳騖猿心騰似量
오직 너의 심회는 그렇지 않아	惟爾爲懷即不然
헛된 세상의 명성에 의지하지 않으니	浮世賓名非所仗
어린 나이에 불타는 세속을 버리고는	卯年髫齒辭燬宅

---

1) ㉠ '柩'는 '摳'의 오자인 듯하다.

세속으로 내려가지 않고 스스로 뜻을 높이네	不下塵寰自高尙
깊고 깊은 고통의 바다 폭풍 불어 뒤집혀지는데	千尋苦海黑風翻
배를 만들어 높은 파도를 저어가듯	擬作舟航駕高浪
부처의 후예 삼십삼 선지식을	瞿曇之裔三十三
저 어느 사람이 또한 쫓아서 우러르려나	彼何人也追攀仰
문장은 도의 세계에선 높지 않으니	文章於道未爲尊
생각 수고롭게 하여 시문 짓겠나	肎以嘲咏勞懷想
간혹 부처의 덕을 노래하여 찬미하니	間或歌嘆佛之德
한 구 한 게가 모두 격렬하고 장엄하구나	一句一偈皆激壯
법문을 경영하는 대들보가 되어	經營法門作棟樑
승려들의 영수가 되는 고승대덕이 되리라	領袖緇衲爲龍象
삼가 이것으로 만족하지 말기를	眘勿以此即爲足
오히려 초파리³¹⁴가 항아리를 나는 것과	猶是醯雞鼓甕盎
나타태자³¹⁵의 눈이 정수리³¹⁶에서 확 열리게 되면	那吒眼豁頂門前
사바세계를 손바닥 안에서 움직일 수 있으리	沙界惟能可運掌

주

1 이내 낀 등라(烟蘿) : 연라烟蘿는 불교 사원의 별칭으로도 쓰인다.
2 누런 규룡의 알(虯卵) : 귤을 비유한 것이다. 일반적으로 시에서 규란은 홍시紅柹를 비유하여 한유韓愈의 〈영시詩詠柹〉에 "붉은 용의 알을 까마귀가 쪼아 먹네(金烏下啄赬虯卵)"라고 하였는데, 이 시의 누런 규란은 귤을 가리킨다.
3 늘 주인공을 부르네 : 당나라 서암 사언瑞巖師彦이 '주인공主人公'을 화두로 삼았으므로, 이 시에서는 동일한 법호를 가진 서암 노인의 참선하는 모습을 '주인공' 화두와 연관시켜 묘사한 듯하다.
4 황계黃溪 : 제1구의 '유령柳嶺'과 함께 지명인 듯하나 미상이다. 『新增東國輿地勝覽』에는 경상도 합천군 서쪽 30리에 황계폭포黃溪瀑布가 있으며, 그 밑에 깊은 못이 있다고 하였으나 황계는 미상이다.
5 구름과 나무(雲樹) : 멀리 떨어진 곳에서 지우知友를 그리워할 때 쓰는 시어詩語이다. 두보杜甫의 〈춘일억이백春日憶李白〉에 "위수 북쪽엔 봄 하늘의 나무요, 강 동쪽엔 해 저문 구름이로다. 어느 때나 한 동이 술을 두고, 함께 글을 자세히 논해 볼까(渭北春天樹。江東日暮雲。何時一樽酒。重與細論文。)"라고 한 데서 온 말이다.
6 동명東溟 : 정두경鄭斗卿(1597~1673)을 가리킨다. 동명의 본관은 온양溫陽이고 자는 군평君平이다. 이항복李恒福의 문인으로 1629년(인조 7) 별시문과에 장원하여 부수찬, 정언, 직강直講 등을 지냈고, 1650년(효종 1) 교리로서 풍시諷詩 20편을 찬진撰進하여 왕으로부터 호피虎皮를 하사받았다. 시문과 서예에 뛰어났고 대제학에 추증되었다. 문집에 『東溟集』이 있다.
7 손작孫綽 : 진晉나라 손작은 자가 흥공興公으로, 십여 년 동안 산수山水를 유람한 뒤에, 산림山林에 은거하려고 마음먹은 처음의 뜻을 마침내 이루게 되었다는 내용의 〈수초부遂初賦〉를 지었다. 『晉書』 권56 「孫綽傳」.
8 땅에 던져~시험해 보게나 : 진晉나라 손작孫綽이 일찍이 〈유천태산부遊天台山賦〉를 지어 그의 벗 범영기范榮期에게 보이면서 "경은 땅에 던져 보시오. 금석 소리가 날 것이오.(卿試擲地。要作金石聲。)"라고 말하였다. 범영기는 "그대가 말한 금석의 소리라는 것은 악기에서 나는 소리는 아닐 테지."라고 되받았다. 그러나 범영기가 손작의 작품을 읽어 보니 구절마다 아름다운 표현인지라 문득 "글을 지으려면 이렇게 지어야 해."라고 말하며 감탄을 금치 못하였다. 이 고사는 『晉書』의 「孫綽傳」과 『世說新語』의 「文學」편에 실려 있다.
9 절집(初地) : 초지初地는 『華嚴經』 십지十地의 제일지第一地로서 환희지歡喜地를 가리키는데 여기서는 사찰을 뜻한다. 당唐나라 왕유王維의 〈등변각사登辨覺寺〉에 "대숲 길은 초지로부터 뻗었고, 연봉은 화성에서 솟았어라(竹逕從初地。蓮峯出化城。)"라고 하였다.
10 〈양춘곡(陽春)〉 : 전국시대 초楚나라 가곡인 〈양춘곡陽春曲〉을 가리킨다. 〈陽春曲〉은 〈白雪曲〉과 함께 따라 부르기 어렵기로 유명한 고아高雅한 가곡 이름이다. 춘추시대에 초나라에서 어떤 나그네가 하리下里와 파인巴人의 노래를 부르니 수천 명이 따라 불렀고, 양아陽阿와 해로薤露의 노래를 부르니 몇백 명이 따라 불렀는데, 양춘陽春과 백설白雪의 노래를 부르니 몇십 명밖에 따라 부르지 못했다는 고사가 전한다. 『文選』 「宋玉對楚王問」.

11 하늘 연못(天池) : 바다 주변의 산이므로 천지는 바다를 가리킬 수도 있다. 즉『莊子』「逍遙遊」에 "그 새가 가면 장차 남명南溟으로 갈 것인데, 남명은 천지天池이다."라고 했다.
12 나무를 베어~바탕에 쓰리라: 작수백斫樹白이란 나무껍질을 벗겨 내 흰색의 목질을 드러낸 뒤에 글을 쓴다는 말로, 이 말은 본래『史記』「孫子吳起列傳」에 나온다.
13 순천(小江南) : 경치 좋기로 유명한 중국의 양자강揚子江 남쪽 지방을 압축해서 옮겨 놓은 듯하다는 말로, 여기에서는 산수山水가 기이하고 아름답다고 해서 붙여진 순천의 별칭이다.『新增東國輿地勝覽』권40「順天都護府」.
14 훗날 그릇됨을 알리라 :『淮南子』에 50세가 되어 49년간의 잘못을 깨달았다는 말이 있다.
15 천중절天中節 : 음력 5월 5일. 즉 단오절端午節을 달리 이르는 말이다.
16 부모님께 진지 올릴 때(視膳) : 자식이 부모에게 봉양하는 예禮이다.
17 물거품으로 서로~주는 것 : 같은 처지의 사람들끼리 어울려 회포를 푼다는 말이다. "물이 바짝 마르게 되면 물고기들이 서로 입김을 불어 축축하게 해 주고 거품으로 적셔 주곤 한다.(泉涸。魚相與處於陸。相呴以濕。相濡以沫。)"는 말이 있다.『莊子』「大宗師」.
18 은거하는구나(陸沈) : 육침陸沈은 물이 없는데도 육지에 빠졌다는 말로, 은거隱居를 비유한다. 또한 저잣거리에 숨어 사는 대은大隱처럼 세상 사람과 스스럼없이 어울리면서도 자신을 지키는 생활을 가리킨다.
19 허현도許玄度 : 현도는 동진東晉 때의 명사였던 허순許詢의 자이다. 승려 지도림支道林과 교유하면서 청담淸談으로 일세를 풍미하였다.
20 윤언允言 : 노 수재와 같은 성씨인 노륜盧綸을 가리키는 듯하다. 윤언은 노륜의 자로, 하동河東 사람이다. 대력 초에 두어 차례나 진사과의 과거를 보았으나 급제하지 못하였는데, 원재元載가 그 글을 취하고 위에 올려서 문향위閿鄕尉에 보직되었고 여러 번 진급하여 감찰어사監察御史가 되었으나 병을 칭탁하고 돌아갔다. 정원貞元(785~804) 중엽에 윤綸의 외숙인 위거모韋渠牟가 그의 재능을 표로 올리자 임금이 그를 부르고 자신이 지은 글이 있으면 문득 그 글에 화답케 하였다. 그는 혼함渾瑊을 따라 하중역河中驛에 있었는데 조정에서 불렀으나 마침 죽고 난 뒤였다. 그러자 헌종憲宗이 조서를 내려 그가 남긴 문집을 찾게 하였고 문종文宗은 더욱 그의 시를 사랑하게 되었다. 그의 시는 미묘한 이치를 깨달아 들어갔는데 엄우嚴羽가 '투철透徹한 깨달음이다'라고 한 말에 거의 가까웠다. 시집 10권이 있다.
21 〈자허부〉를 바쳐야 하리 : 한 무제가 사마상여司馬相如의 〈子虛賦〉를 읽고 탄복하자 옆에 있던 양득의楊得意가 "그 부는 바로 신의 한 고향 사람 상여가 지었다."고 대답하니 무제가 상여를 불러 보고 다시 〈上林賦〉를 짓도록 하였다.『史記』「司馬相如傳」.
22 서로 헤어짐에~웃을 뿐 : 여산廬山 동림사東林寺에 살던 진晉나라 고승 혜원慧遠이 손님을 전송할 때에도 앞 시내인 호계虎溪를 건너지 않았는데, 도잠陶潛과 육수정陸修靜을 배웅할 때 자신도 모르게 호계를 건너게 되어, 세 사람이 크게 웃으며 헤어졌다는 '호계삼소虎溪三笑'의 고사를 인용한 것이다.
23 많은 나이(大年) : 대년大年은 고년高年이나 장수長壽를 가리킨다.『莊子』「逍遙遊」에 "상고에 큰 춘나무가 있었는데, 8천 년을 봄으로 하고 8천 년을 가을로 한다."고 하였다.

24 시를 지을~꼬게 되는구나 : 당나라 노연양盧延讓의 〈苦吟〉에 "시 읊어 한 글자를 안 배하느라, 두어 가닥 수염을 꼬아 끊었네(吟安一個字。撚斷數莖鬚)"라고 한 데서 온 말로, 시구를 퇴고推敲하면서 괴로이 읊조리는 것을 형용한 말이다.

25 눈꽃(六出) : 다른 꽃은 꽃잎이 다섯인데 눈雪은 모양이 육각六角 형태로 되어 있기 때문에 육출화六出花, 육출공六出公이라고 한다.

26 대나무(此君) : 위진남북조시대 명필가 왕희지王羲之의 아들인 왕휘지王徽之는 평생을 달관된 자세로 고고하게 살면서 대나무를 심으며 "이 친구(此君)가 없으면 어찌 하루라도 살 수 있을까."라고 했다고 한다.

27 죽순(籜龍兒) : 죽순은 껍질이 알록달록하기 때문에 탁룡籜龍 또는 용손龍孫 등으로 일컬어진다.

28 단혈丹穴 : 『山海經』「南山經」에는, 단혈산丹穴山에 마치 닭처럼 생기고 금과 옥이 널려 있듯 오색의 무늬를 가진 봉황새가 산다고 하였다.

29 아름다운 그대(瓊枝) : 경지瓊枝는 옥수玉樹와 같은 말로 재질이 우수한 인재를 비유하는 말이다.

30 월성月城 : 경주도호부를 가리킨다.

31 영각鈴閣 : 영재鈴齋와 같은 뜻으로, 장수나 지방 장관이 집무하는 곳을 말한다.

32 〈고산곡高山曲〉 : 옛날 백아伯牙는 거문고를 잘 탔고, 종자기鍾子期는 거문고 소리를 잘 알아들었는데, 백아가 뜻을 고산高山에 두고 거문고를 타자, 종자기가 "좋다, 험준함이 마치 태산泰山 같도다."라고 하였다는 데에서 유래한 곡조이며, 여기에서는 높은 산의 곡조가 방장산을 연상시켜서 말한 듯하다.

33 아이(添丁) : 첨정添丁은 자식을 가리킨다. 당나라의 시인 노동盧仝이 국가의 부역에 봉사하라는 뜻으로, 자기 아들의 이름을 첨정이라 지은 데서 온 말로, 전하여 철없는 아이를 가리킨다.

34 구용九容 : 신체의 아홉 가지 부분의 태도로서, 즉 발의 태도는 묵중하게, 손의 태도는 공손하게, 눈의 태도는 단정하게, 입의 태도는 얌전하게, 말소리는 조용하게, 머리의 태도는 곧게, 기색은 엄숙하게, 서 있는 태도는 덕스럽게, 낯빛은 씩씩하게 하는 것을 말한다. 『論語』「季氏」『禮記』「玉藻」.

35 심천사深泉寺와 망월사望月寺 : 심천사·망월사는 모두 경상도 경산현 동학산動鶴山에 있는 사찰이다. 『新增東國輿地勝覽』26권.

36 호령湖嶺 : 충청도, 전라도, 경상도를 칭한다.

37 지도림 : 주 19 참조.

38 집구集句 : 자신이 지은 시詩가 아니고 다른 시인의 작품에서 한 구句씩 떼어서 한 편으로 만든 것이다.

39 흑두공黑頭公 : 머리가 검은 장년壯年으로 삼공三公의 지위에 오르는 것을 이른다.

40 문수보살(曼殊) : ⑤ Mañju. 만유滿濡, 만유曼乳. 묘妙의 뜻이며, 만수실리曼殊室利(⑤ Mañjuśri)의 약칭이다. 묘덕妙德, 묘길상妙吉祥의 뜻으로 사대보살의 하나이다.

41 연방蓮榜 : 소과인 생원시生員試나 진사시進士試에 급제한 것을 말한다. 대과大科에 급제한 것은 계방桂榜이라고 한다.

42 안탑鴈塔 : 당나라 때 현장玄奘이 섬서성 장안의 동남쪽 곁에 안탑을 세우고 인도에서 들여온 불경과 불상을 수장하였다. 당 중종中宗 말기부터 진사에 급제한 사람을 황제

가 곡강曲江 가에서 잔치를 베풀어 주고 안탑에 그 이름을 썼다고 한다. 이 시에서도 진사에 급제한 것을 안탑 고사에 빗댄 것이다.

43 말 탄 시인(吟鞭) : 음편吟鞭은 말이나 나귀 등에 탄 시인의 말채찍을 말한다. 대부분은 행음行吟하는 시인을 형용한 것이다.

44 도반(치뢰) : 유뢰치雷는 여산盧山 혜원慧遠 스님 주위에 모였던 백련사白蓮社의 인물 가운데 유유민劉遺民 · 뇌차종雷次宗을 가리킨다.

45 손잡을(把臂) : 뜻이 같은 친구와 은거하겠다는 말. 『世說新語』에 "사안謝安이 예장豫章을 지나면서 만일 칠현七賢을 만나면 반드시 팔을 잡고 숲속으로 들어가겠다."고 하였다.

46 푸른 하늘에 맡기네(付蒼天) : 본래의 의미는 군자가 나라에 나가 일을 하거나 물러나는 것을 하늘에 맡긴다는 것이다. 『孟子』「梁惠王」에 "대도가 행해지게 되면 암암리에 그것을 추진하는 자가 있고 정지하게 되면 그 역시 암암리에 저해하는 자가 있는 것이다. 그러나 그 근본은 천명天命에 있으므로 행해지고 정지하는 일은 인력으로 할 수 있는 것이 아니다."라고 하였다.

47 삼조三祖 : 미상이다. 선종禪宗의 제3조 승찬僧璨을 말하거나 제1조인 달마, 제2조 혜가慧可, 제3조 승찬을 합칭한 듯하다.

48 석문石門 : 석문문자선石門文字禪을 가리킨다. 이는 송宋대 혜홍慧洪(1071~1128)의 말로 문자선文字禪이라고도 한다. 강서江西 균계筠溪 석문사石門寺의 혜홍 각범慧洪覺範의 시문詩文을 집록한 『筠谿集』이 있다. 1597년 명나라 달관達觀은 서문에서 "덕산과 임제의 방할도 문자가 아닌 것이 없고, 청량과 천태의 경론소도 선이 아닌 것이 아니라고 하면서 혜공의 책은 불학지학不學之學과 불립문자지문자不立文字之文字로 선지禪旨를 발휘하고 있고, 책의 선미禪味가 넘쳐흐른다."고 하였다.

49 나를 흥기시키나(起予) : 공자가 복상卜商과 시詩를 말하다가 기뻐하며 "나를 흥기시키는 이는 상商이므로, 같이 시를 말할 만하구나."라고 한 데서 유래하였다.

50 〈파곡巴曲〉 : 파巴 땅의 민간 가곡으로, 자기 시에 대한 겸칭이다.

51 조랑말(款段) : 관단款段은 성질이 본디 느려서 아주 천천히 걷는 말을 가리킨다.

52 비단 주머니(囊錦) : 낭금囊錦은 시 보따리를 뜻한다. 당唐나라 이상은李商隱의 「李長吉小傳」에 의하면, 장길이 제공諸公과 놀러 나갈 때마다, 어린 종복(奚奴)이 오래되고 허름한 금낭(古破錦囊)을 등에 지고 그 뒤를 따라다녔는데, 장길이 새로운 시를 짓고 나면 곧장 그 금낭 속으로 던져 넣었다고 한다.

53 두 수재(二妙) : 이묘二妙는 동시대의 재주가 뛰어난 두 사람을 가리키는 말이다. 진晉나라 때 위관衛瓘이 학문에 조예가 깊고 문장에 능숙하였으며, 상서랑尙書郞 돈황敦煌 삭정索靖은 둘 다 초서草書를 잘 썼으므로 당시 사람들이 일대이묘一臺二妙라 하였다.

54 범패(魚梵) : 목어木魚를 두드리면서 경전을 암송하고 염불하는 소리를 가리킨다.

55 총명함(寧馨) : 진나라 때 왕연王衍이 어려서 매우 총명하고 풍채가 뛰어났는데, 그가 젊어서 일찍이 산도山濤를 방문했을 때 산도가 그를 보고 한참 동안 감탄을 하더니, 그가 떠날 때는 또 그를 눈여겨보면서 "어떤 아낙네가 이러한 아이를 낳았단 말인가?(何物老嫗。生寧馨兒。)"라고 한 데서 유래하였다. 총명하고 영특함을 의미한다. 『晉書』권43 「王衍傳」.

56 옛 종이만 뚫고 있다면(鑽古紙) : 『傳燈錄』에 "신찬선사神贊禪師가 하루는 벌이 창호지를 뚫는 것을 보고서 말하기를 '세계가 저렇게 광활한데 선뜻 나가지 못하고 옛 종이만 뚫는구나.'"라고 한 고사가 있다.

57 김해(首露) : 김해金海의 고호가 가락국駕洛國이고 가락국의 시조가 김수로왕金首露王이므로 김해를 이른다.

58 옛 왕국의 슬픔(黍離) : 본래 『詩經』 「王風」의 첫 편명이다. 동주東周의 대부大夫가 행역行役을 나가는 길에 서주西周 구도舊都인 호경鎬京을 지나다가 서주의 옛 궁전이 폐허가 되어 버린 것을 보고 종주宗周가 멸망한 것을 탄식하여 부른 노래이다. "저 기장이 축 늘어졌거늘, 저 피는 싹이 돋았도다. 힘없이 가는 길 더디기도 해라, 이 마음을 둘 곳이 없도다.(彼黍離離。彼稷之苗。行邁靡靡。中心搖搖。)" 나라 잃은 강개한 마음을 칭하는 말이 되었다.

59 숭고산(嵩高) : 중국 오악五嶽의 하나로 하남성에 있는 명산이다. 숭산, 숭고산嵩高山, 중악中嶽이라고 하며 뾰족한 봉우리 셋이 있어 산세가 매우 수려하다. 여기에서는 초조 달마가 숭산 소림사에서 9년간 면벽 참선하여 오도한 것을 빗댄 것이다.

60 탕휴湯休 : 남조南朝 송宋의 승려 혜휴惠休를 말하며, 시문에 능하여 세조世祖로부터 환속의 명을 받고 탕湯의 성을 하사받았다.

61 고승(赤髭) : 적자赤髭는 천축天竺의 불타야사佛陀耶舍로 수염이 붉었다고 한다. 『毗婆沙』를 잘 해설하였으므로 당시 사람들이 그를 가리켜 '적자비파사赤髭毗婆沙'라고 불렀다. 『高僧傳』 「佛陀耶舍」.

62 남쪽으로 백십~성을 지나네(南遊百十城) : 선재동자善財童子가 53선지식을 참례하고자 복성福城에서 시작하여 차례로 남행南行하며 참방한 선지식의 성이 모두 110개이다. 『八十華嚴經』 권78.

63 보허곡 소리(步虛聲) : 보허는 신선이 허공을 밟고 돌아다닌다는 뜻이며, 보허곡은 보통 도교道敎에서 경을 외우며 찬미하는 노래를 말하므로 범패에 빗대고 있다. 도사道士 오균吳筠이 지은 〈步虛詞〉가 있다.

64 복천福川 : 전라도 동복현同福縣의 군명. 동복현은 승평, 즉 순천도호부와 동서로 붙어 있다. 『新增東國輿地勝覽』 권40.

65 이렇게 새로~찾아가기 어려워라 : 진晉나라 왕휘지王徽之가 눈 덮인 달밤에 산음山陰에서 홀로 술을 마시다가, 불현듯 섬계剡溪에 있는 벗 대규戴逵가 보고 싶어져 밤새도록 배를 몰고 그 집 앞에까지 갔다가 날이 밝자 그냥 돌아오면서, 흥이 일어나서 찾아갔다가 흥이 다해서 돌아왔다고 말한 고사를 빗댄 듯하다. 『世說新語』 「任誕」.

66 낭선浪仙 : 당唐의 시인 가도賈島를 가리킨다. 낭선은 가도의 자字이다.

67 성인이 안아 보낸 기린아(猊猁抱送兒) : 두보杜甫가 서경의 두 아들을 칭찬하여 〈徐卿二子歌〉를 지은 데서 온 말로, "그대는 못 보았나 서경의 두 아들 뛰어나게 잘난 것을, 길한 꿈에 감응하여 연이어 태어났다네. 공자와 석가가 친히 안아다 주었다니, 두 아이는 모두가 천상의 기린아일세.(君不見徐卿二子生絶奇。感應吉夢相追隨。孔子釋氏親抱送。並是天上麒麟兒。)"라고 하였다.

68 공중에 솟아 있고(挿太虛) : 송宋나라 시인 반랑潘閬이 오악五嶽 가운데 하나인 섬서陝西 화산華山의 경치를 몹시 사랑하여 지은 시에 "화산의 삼봉三峯이 공중에 솟은 것을 사랑하여, 머리를 쳐들고 바라보느라고 나귀를 거꾸로 탔네.(高愛三峯挿太虛。昂頭

吟望倒騎驢.)"라고 했다.
69 상사일上巳日 : 음력 3월 상순에서 지지地支의 사巳가 해당하는 날로 삼월 삼짇날을 가리킨다.
70 호방한 시객(詩豪) : 당나라의 백거이白居易가 유우석劉禹錫을 시호詩豪로 추천하고 그의 시를 무척 아꼈다고 한다.
71 안기자安期子 : 진시황秦始皇 때에 동해의 선산仙山에 살았다는 전설상의 신선 안기생安期生을 말한다.
72 칠보산(七寶) : 함경도 명천현의 동쪽 56리에 칠보산이 있다고 한다. 『新增東國輿地勝覽』 권50.
73 신령한 샘의 근원 : 원문은 '영원靈源'. 혹은 신비한 약수가 샘솟는다는 영원산을 뜻하기도 한다.
74 허현도(玄度) : 현도玄度는 동진東晉 허순許詢의 자字이다. 현도는 승려 지도림支道林과 교유하면서 청담으로 일세를 풍미하였다. 유윤劉尹이 그에 대해서 "맑은 바람과 밝은 달을 대하노라면, 문득 현도가 생각난다.(淸風朗月。輒思玄度。)"고 평한 말이 유명하다. 『世說新語』「言語」.
75 청상淸商 : 오음五音 궁宮·상商·각角·치徵·우羽의 하나로, 상의 소리가 특히 맑고 슬픈 음조이다.
76 남방(南紀) : 남국南國의 강기綱紀라는 뜻으로 그 지방의 형승을 말한다. 『詩經』의 "넘실넘실한 강한은 남국의 벼리다.(滔滔江漢。南國之紀。)"에서 나온 말이다.
77 석호石虎 : 범처럼 생긴 돌로, 옛날 초楚나라의 웅거자熊渠子가 밤에 길을 가다가 돌을 엎드려 있는 범으로 착각하여 활을 쏘았는데 화살이 깊이 박혔다. 그 뒤에 돌임을 확인하고 다시 화살을 쏘았으나 촉이 들어가지 않고 흔적조차 나지 않았다. 이것은 처음에는 거자가 범인 줄 알고 정성을 다해 쏘았기 때문에 돌이 쪼개진 것이라 한다. 『韓詩外傳』.
78 다문제일多聞第一 : 아난은 세존의 십대제자 가운데 다문제일의 제자로, 세존이 멸도한 뒤에 마하가섭摩訶迦葉이 불교의 경적經籍인 삼장三藏을 결집할 때에 아난으로 하여금 사자좌에 올라 세존의 설법說法을 부연하도록 했으므로, 여기에서는 불경을 탐구하는 교종을 가리킨다.
79 나를 흥기시키는 상이니 : 주 49 참조.
80 공적으로 사적으로~것 아니라네 : 진晉나라 혜제惠帝가 태자太子로 있을 때 화림원華林園의 개구리 소리를 듣고는 "이 노랫소리가 공적인 것이냐 사적인 것이냐?(此鳴爲官乎爲私乎)"라고 물었다고 한다. 『晉中州記』.
81 두승산斗升山 : 전라도 고부군古阜郡 동쪽 5리에 있다고 한다. 『新增東國輿地勝覽』 권33.
82 전의田衣 : 승려가 입는 가사袈裟의 별칭이다. 그 옷의 도안圖案이 종횡으로 펼쳐진 밭고랑처럼 네모진 모양이기 때문에 붙여진 이름이다. 수전水田처럼 되었으므로 수전의水田衣라고도 한다.
83 천종千鍾 : 종鍾은 부피를 재는 도구의 이름인데, 곡斛 4두斗에 해당한다.
84 육운陸雲 : 진晉의 유명한 문학가인 육기陸機의 동생이다. 그들이 낙양洛陽에 들어가 사공司空으로 있던 장화張華를 찾아가자, 장화가 한번 보고는 기특하게 여겨 명사名

士로 대접하면서 제공諸公에게 천거했던 고사가 있다.『三國志』권58「吳書·陸遜傳」.

85 소순기蔬筍氣 : 승려들은 채소를 주로 먹기 때문에 나물과 죽순은 그들의 본색이지만, 문장을 짓는 데에는 본색을 초월해야 하는데, 그렇지 못하고 불교 냄새가 난다는 말이다.

86 포고布鼓 : 포고布鼓는 베로 만든 북으로 소리가 잘 나지 않는 북이다. "포고를 가지고 뇌문雷門을 지나가지 말라."는 옛말이 있다.

87 습가지習家池 : 정원 이름. 진晉나라 산도山濤의 아들 산간山簡이 정남장군征南將軍으로 양양襄陽을 진수鎭守하면서 나가 놀기를 좋아하여, 양양의 호족豪族 습욱習郁의 화려한 정원 습가지에 배를 띄워 술 마시며 노닐었던 고사에서 유래한다. 호수에 나가 배 위에서 노니는 흥겨운 주연酒宴을 비유할 때 쓰게 되었다.『世說新語』「任誕」.

88 유진석柳震錫 :『藥泉集』에 의하면 유진석은 부제학부제학副提學 유희춘柳希春의 후손으로 곤궁하게 살면서도 책을 읽어 입지立志가 확고하고 과거 공부를 사절하여 영화로운 벼슬에 뜻이 없으니, 도道의 모든 사람들이 모두 훌륭하다고 칭찬하였다고 한다. 또한 약천은 유진석의 나이가 젊지만 재주와 행실이 가상하니, 지금 조정에서 사방으로 현자를 부르는 때에 마땅히 등용해야 한다고 상소하였다. 신독재의 문인이며 참봉으로 담양에 살았다고 한다.

89 좌망坐忘 :『莊子』「大宗師」에 나오는 말로, 주객主客이 분리되지 않은 상태에서 도와 합일된 정신의 경지를 뜻하는데, 불가佛家의 삼매와 비슷한 의미를 지니고 있다.

90 명교名敎 : 사람이 마땅히 지켜야 할 도리인 인륜과 명분을 밝힌 가르침으로, 곧 유교를 뜻한다.

91 창랑수에 발을 씻고 : "창랑의 물이 맑거든 내 갓끈을 씻고, 창랑의 물이 흐리거든 내 발을 씻으리라.(滄浪之水淸兮。可以濯我纓。滄浪之水濁兮。可以濯我足。)"라고 했다는 데서 온 말이다.『孟子』「離婁」.

92 기수에서 목욕하고 읊조리며 돌아오는구나 :『論語』「先進」에 "늦봄에 봄옷이 만들어지면, 기수沂水에서 목욕하고(浴乎沂) 무우舞雩에서 바람 쐰 뒤에 노래하며 돌아오겠다.(詠而歸)"는 증점曾點의 말을 인용한 것이다.

93 정처 없는 쑥대(斷蓬) : 단봉斷蓬은 뿌리 꺾인 쑥대를 뜻하는 말로, 정처가 없다는 뜻이다.

94 도연명은 본래~것 싫어했다네 : 진晉의 도잠陶潛이 팽택현령彭澤縣令으로 있을 때 군郡에서 파견한 독우督郵의 시찰을 받게 되었는데 아전이 도잠에게 의관을 갖추고 독우에게 인사를 해야 한다고 하자, 도잠이 탄식하면서 "내가 쌀 다섯 말 때문에 허리를 꺾어 향리의 어린아이에게 굽실거릴 수 없다.(我不能爲五斗米折腰向鄕里小兒。)"고 하고 고향으로 돌아간 고사가 전한다.『晉書』권94「陶潛列傳」.

95 사현휘謝玄暉 : 현휘玄暉는 육조六朝 남제南齊 때의 시인 사조謝朓의 자인데, 특히 오언시에 뛰어났고, 문 또한 청려淸麗하기로 명성이 높았다. 이 시에서는 안 사군을 선성태수宣城太守였던 사현휘에 빗댄 것이다.

96 낭선군朗善君 : 선조宣祖의 12남 인흥군仁興君 이영李瑛의 아들이다. 이름은 우偀, 호는 관란정觀瀾亭으로 글씨에 뛰어났다.『大東金石錄』과『大東名筆帖』등 많은 책을 편했다.

97 네 호걸(四豪) : 전국시대의 맹상군孟嘗君과 평원군平原君, 신릉군信陵君, 춘신군春申

君 네 사람을 가리킨다.

98 가사(屈眴) : 굴순屈眴은 서역西域에서 생산되는 대세포大細布를 가리키며, 이것으로 가사를 만든다.

99 동각의 관매(東閣官梅) : 남조南朝 양梁나라 하손何遜이 심취했던 양주揚州 관아의 매화꽃을 가리킨다. 하손이 양주에 머물면서 매화 한 그루를 사랑하였는데, 뒤에 이를 못 잊어 다시 양주를 자청해서 부임한 뒤 종일토록 나무 밑에서 서성이며 시를 읊었다는 고사가 있다.

100 수레 덮개 기울여(傾蓋) : 경개여고傾蓋如故의 준말.『史記』권83「鄒陽列傳」에 "흰머리가 되도록 오래 사귀었어도 처음 본 사람처럼 느껴질 때가 있고, 수레 덮개를 기울이고 잠깐 이야기했지만 오랜 벗처럼 느껴지는 경우도 있다.(白頭如新。傾蓋如故。)"는 말이 나온다.

101 외손(宅相) : 택상宅相이란 집터의 풍수상의 모습이다. 진晉나라 위서魏舒는 어려서 고아가 되어 외가外家인 영씨甯氏 집에서 자랐다. 영씨네가 집을 새로 지었는데 집의 풍수를 보는 자가 "귀한 외생外甥이 나올 것이다."라고 하니, 외조모가 내심 위서를 떠올렸다. 이에 위서가 "응당 외가를 위해 택상을 이루겠다."고 하였는데, 과연 마흔 남짓한 나이에 상서랑尙書郎이 되었다.『晉書』권41「魏舒傳」.

102 용문龍門 : 후한의 이응李膺이 훌륭한 선비가 아니면 만나지 않았는데 그를 만나면 용문에 올랐다고 하였다.

103 두렵고 놀라서(適適) : 적적適適은 놀랍고 두려워 실색한 모습이다.『莊子』「秋水」에서 "우물 안의 맹꽁이가 바다 이야기를 듣고는 별별 떨며 놀라서는 아연실색하였다.(於是埳井之鼃聞之。適適然驚。規規然自失也。)"고 하였다.

104 불도징과 구라라집(澄什) : 징집澄什은 진晉의 고승 불도징佛圖澄과 구마라집鳩摩羅什을 병칭한 것이다.

105 사령운과 조식(謝曹) : 사조謝曹는 삼국시대 위魏나라 조식曹植과 남조 송나라 시인 사령운謝靈運을 가리킨 듯하다. 사령운이 "천하의 글재주가 모두 합쳐서 한 섬이라면, 조자건 혼자 여덟 말을 차지하고, 나는 한 말이요, 나머지 한 말을 천하 사람들이 나누어 갖고 있다.(天下才有一石。曹子建獨占八斗。我得一斗。天下共分一斗。)"고 말한 일화가『釋常談』에 실려 있다. 자건子建은 조식의 자이다.

106 옹도雍陶 : 당대의 시인. 자는 국균國鈞, 성도成都 사람이다. 사부에 능하였다. 어려서 가난하여 촉의 난리를 만난 뒤에 월에 파병되어 떠돌았다. 대화大和 8년 진사에 급제하여 일시에 유명인이 되었고 뛰어난 작품을 지었다.『唐志集』이 전해진다.

107 결사結社 : 동진 때 여산의 백련사白蓮社 결성을 염두에 둔 말이다.

108 종병과 도연명(宗陶) : 종도宗陶는 백련결사에 참여한 종병宗炳과 도연명陶淵明을 가리킨다. 여산 동림사 승려 혜원을 중심으로 승속이 함께 염불 수행을 목적으로 백련사를 결성하고 수행하였기 때문에 한 말이다.『梁高僧傳』권6.

109 삼경三庚 : 1년 중 가장 더운 한여름의 세 경일庚日, 즉 삼복三伏을 가리킨다. 책력에 의하면, 하지 후 셋째 경일로부터 이후 열흘간을 초복初伏, 넷째 경일로부터 이후 열흘간을 중복中伏, 입추 후 첫째 경일로부터 이후 열흘간을 말복末伏이라 칭하는 데서 온 말이다.

110 옥 같은 가지(瓊枝) : 경지瓊枝는 옥수경지玉樹瓊枝의 준말로, 귀한 집안의 재질이

111 도림道林 : 진晉의 고승 지둔支遁으로, 자가 도림이다. 지형산支硎山에 은둔하여 수도했으며 세상에서는 지공支公 또는 임공林公이라 하였다.

112 반령潘令 : 하양河陽의 수령을 지낸 진晉나라의 문장가 반악潘岳을 가리키며, 반악은 50세에 모친을 모시고 낙수가에 은거하였다.

113 세 개의 수레(三車) : 『法華經』「譬喩品」에서 말한 양羊·녹록鹿·우牛가 끄는 세 개의 수레를 가리키며, 이는 성문聲聞·연각緣覺·보살菩薩 삼승三乘에 비유한 것이다.

114 전삼前三 : 전삼삼 후삼삼前三三後三三의 약칭인데, 삼삼은 무수량無數量의 뜻을 나타낸 말이고, 전과 후는 피차彼此와 같은 뜻으로, 즉 피차 똑같음을 의미한다. 당나라 때 무착 선사無著禪師가 남방南方인 항주杭州에서 문수보살을 알현하기 위해 북방 오대산에 당도하여 한 노인을 만났는데, 그 노인이 무착에게 "어디서 왔는가?"라고 하자, 무착이 "남방에서 왔습니다."라고 하고, 이어서 묻기를 "북방의 불법佛法은 어떻게 주지住持합니까?"라고 하니, 그 노인이 "용사龍蛇가 혼잡混雜하고 범성凡聖이 동거同居한다."고 하므로, 무착이 "그것이 얼마나 됩니까?"라고 하자, 노인이 "전삼삼 후삼삼이니라."라고 했다는 데서 온 말이다.

115 삼첩三疊 : 옛 이별곡離別曲인 '양관삼첩陽關三疊'의 약칭, 〈陽關曲〉이라고도 한다. 왕유王維의 시〈送元二使安西〉에 "위성의 아침 비가 가벼운 먼지를 적시니, 객사는 푸르고 푸르러 버들 빛이 새롭구나. 한 잔 술 더 기울여라 그대에게 권한 까닭은 서쪽으로 양관 나가면 친구가 없기 때문일세.(渭城朝雨浥輕塵。客舍靑靑柳色新。勸君更進一杯酒。西出陽關無故人。)"라고 하였는데, 악부樂府에 편입되어 송별할 때 부르는 노래가 되었다.

116 공경의 일(調鼎) : 조정調鼎은 솥에서 끓는 국물의 간을 맞추듯 국사國事를 요리하는 재상을 말한다. 은나라 고종高宗이 일찍이 재상 부열傅說에게 이르기를 "내가 만일 국을 조리하려 하거든 그대가 소금과 매실이 되어 달라.(若作和羹。爾惟鹽梅。)"고 한 데서 온 말로, 전하여 어진 재상이 임금을 보좌하여 나라를 잘 다스리게 하는 것을 의미한다. 『書經』「說命」.

117 작은 마을을 다스릴 인재(百里才) : 백리재百里才는 한 고을을 맡아 다스리기에 적당한 자질의 소유자를 말한다.

118 제비(烏衣) : 오의烏衣는 제비의 검은 모습을 가리킨다.

119 쌍성雙城 : 함경남도 영흥군을 가리키며, 오봉산은 영흥군에 있다.

120 따스한 봄기운(暖律) : 난율暖律은 추율鄒律이라고도 한다. 추연鄒衍은 제齊의 임치인臨淄人인데 연燕의 소왕昭王이 갈석궁碣石宮을 짓고 모셔와 사사하였다. 일찍이 북방에 있는 땅은 아름다우나 추워서 오곡五穀이 나지 않았지만 추연이 율률을 불어 따뜻하게 하자, 화서禾黍가 자라났다고 하는 고사가 있다. 『列子』「湯問」.

121 망아지 틈을 지나듯 빠르나(駒過隙) : 『莊子』「知北遊」에 "사람이 천지간에 사는 동안은 마치 흰 망아지가 벽의 틈을 지나는 것과 같아서 잠깐일 뿐이다.(人生天地之間。若白駒之過隙。忽然而已。)"라고 한 데서 온 말로, 세월의 빠름을 비유한다.

122 천 년~고향으로 돌아온다네 : 요동 사람 정령위丁令威가 신선이 된 지 천 년 만에 학이 되어 다시 고향을 찾아 요동 성문의 화표주에 내려앉았다는 고사가 있다.

123 백양나무 : 버드나무와 비슷한 교목喬木으로, 옛날 무덤가에 이 나무를 심었다.

124 용 잡는 재주(屠龍) : 세상에 발휘하지 못한 채 혼자서 지니고만 있는 특출한 기예를 뜻하는 말이다. 『莊子』「列御寇」에 "주평만이 지리익에게서 용 잡는 기술을 배웠는데, 천금의 가산을 다 쏟으면서 삼 년 만에 그 기예를 완전히 익혔지만, 그 기교를 발휘해 볼 곳이 없었다.(朱泙漫學屠龍於支離益。單千金之家。三年技成。而無所用其巧。)"는 말이 나온다.

125 백운편白雲篇 : 도잠陶潛의 시 〈和郭主簿〉 가운데 "아득히 흰 구름을 바라본다.(遙遙望白雲。)"는 구절이 있는데, 이것으로 인하여 후세에 '백운편'을 은사隱士의 시로 일컬은 데서 온 말이다.

126 창주滄洲 : 삼국시대 위魏나라 완적阮籍이 지은 시 〈爲鄭沖勸晉王箋〉의 "창주를 굽어보며 지백에게 사례하고, 기산에 올라가 허유에게 읍을 한다.(臨滄洲而謝支伯。登箕山而揖許由。)"는 말에서 나온 것으로, 경치 좋은 은자의 거처로 흔히 쓰인다. 『文選』 권20.

127 술 마시기를(澆書) : 육유陸游의 시 〈春晚村居雜賦〉에 "요서하여라, 거품 뜬 술잔을 가득 마시고, 탄반하여라, 꿈 나비 침상에 가로누워 자네.(澆書滿揺浮蛆瓷。攤飯橫眠夢蝶牀。)"라고 한 구절의 자주自注에 "동파 선생은 새벽 술 마시는 것을 요서라 하였고, 이황문은 낮잠 자는 것을 탄반이라고 했다.(東坡先生謂晨飮爲澆書。李黃門謂午睡爲攤飯。)"고 하였다.

128 아이(添丁) : 주 33 참조.

129 도원량(元亮) : '원량元亮'은 도연명陶淵明의 자字이다.

130 훌륭한 작품(窮愁作) : 감당 못할 고통과 시름 속에서 나온 훌륭한 글을 말한다. 『史記』「平原君虞卿列傳論」에 "우경이 만약 고통과 시름의 나날을 보내지 않았더라면 후세에 길이 전해질 저서를 남기지 못했을 것이다.(虞卿非窮愁。亦不能著書以自見於後世。)"라고 한 고사에서 나왔다.

131 남쪽의 황금(南金) : '쌍남금雙南金'의 준말이며, 남쪽 지방에 나는 금으로, 보통 금의 두 배 가치가 있다.

132 〈백설곡白雪曲〉 : 옛날 초楚나라의 고상한 두 가곡인 〈陽春曲〉과 〈白雪曲〉에서 온 말로, 전하여 아주 고상한 시가를 의미한다.

133 작은(十笏) : 홀笏은 척尺과 같은 뜻으로, 즉 사방일장四方一丈의 조그마한 방을 말한다.

134 선사選士 : 삼대三代에 향鄕에서 수사秀士로 뽑아 사도司徒에게 올린 자를 선사라 하였다.

135 〈능운부凌雲賦〉 : 한 무제武帝가 신선을 좋아한다는 것을 알고 사마상여司馬相如가 지어 올린 〈大人賦〉를 가리킨다. 즉 "사마상여가 대인지송을 지어 천자에게 아뢰자, 천자가 크게 기뻐하여 표표히 구름 위에 치솟는 의기가 있었다.(相如旣奏大人之頌。天子大說。飄飄有凌雲之氣。)"고 한 데서 온 말이다. 『史記』 권117 「司馬相如傳」.

136 색동옷(綵服) : 노래자老萊子가 칠십에도 색동옷을 입고 부모를 즐겁게 하였다.

137 계수나무 가지(桂枝) : 과거 급제를 뜻하는 말로, 진晉나라 극선郤詵이 과거에 우수한 성적으로 급제하고 나서 '계림桂林의 일지一枝'로 자신을 비유한 고사가 있다. 『晉書』 권52 「郤詵列傳」.

138 화택火宅 : 『法華經』「譬喩品」에 "편안치 못한 이 삼계, 불타는 집과 같도다.(三界無

安。猶如火宅。)"라고 하였다.

139 뭇 언덕이~것을 보려거든(求觀衆丘小) : 한퇴지韓退之의 시에서 "뭇 산들이 작은 것을 보려면 반드시 태산 정상에 올라야 하리.(求觀衆丘小。必上泰山岑。)"를 원용하였다.

140 묘고봉妙高峯 : 수미산須彌山의 별칭이다.

141 동림사東林社 : 동진東晉의 고승 혜원惠遠이 여산廬山의 동림사에서 유유민劉遺民·뇌차종雷次宗 등 명유名儒를 비롯하여 승속의 18현과 함께 염불결사를 맺었는데, 그 사찰의 연못에 백련이 있기 때문에 백련사白蓮社라고 일컬었다는 고사가 있다.『蓮社高賢傳』「慧遠法師」.

142 여산(匡廬) : 광려산匡廬山은 중국 강서성江西省 구강현九江縣에 있는 산으로 여산廬山을 가리킨다. 은殷·주周 때에 광유匡裕라는 사람의 형제 일곱 명이 여산에 초막을 짓고 은둔하였기 때문에 광려라 하였다.『後漢書』「郡國志」.

143 어린 나이(驅烏) : 구오驅烏는 삼사미三沙彌의 하나인 구오사미를 가리킨다. 축승사미逐蠅沙彌라고도 하는데 7세에서 13세 사이의 나이로 까마귀나 새, 파리 등을 몰고 쫓아서 비구들의 음식을 빼앗지 못하게 하는 어린 사미를 가리킨다.『摩訶僧祇律』 권29.

144 벌레 팔뚝(虫臂) : 세간의 하찮은 사물을 비유한다.『莊子』「大宗師」에 "위대한 조물주께서 그대를 변화시켜 벌레 팔뚝으로 만들려고 하는지도 모를 일이다.(偉哉造化以汝爲蟲臂乎。)"라고 하였다.

145 거문고 울리며(鳴絃) : 고을의 수령이 수고롭게 정사를 보지 않더라도 덕에 감화되어 백성들이 잘 다스려지는 것을 말한다. 명금鳴琴은 거문고를 뜯으면서 지낸다는 뜻으로, 공자孔子의 제자 복자천宓子賤이 단보單父의 수령이 되어 다스릴 때 거문고를 뜯고 지내며 당 아래로 내려가지 않아도 단보가 잘 다스려졌다는 말에서 나왔다.『呂氏春秋』「察賢」.

146 문옹文翁 : 한漢나라 여강廬江 사람이다. 경제景帝 말에 촉군 태수蜀郡太守로 있으면서 성도成都에 관학官學을 설치하고 소속 고을의 자제들을 불러들여 배우게 하고 그들의 요역徭役을 면제해 주었으며 성적이 우수한 자는 고을 관리로 보임하였는데, 무제武帝 때 전국의 고을에 관학을 설치하게 된 요인이 되었다.『漢書』 권89「文翁傳」.

147 지하에서 글 다듬느라(地下修文) : 살아서는 인정을 받지 못해 높은 관직에 오르지 못하고 죽고 나서야 염라대왕의 신임을 얻어 문예 실력을 발휘할 것이라는 뜻이다. 진晉나라 소소蘇韶가 죽어서 지하에 가 보니, 안연顔淵과 복상卜商이 귀신의 성자로 대접받으면서 수문랑修文郎으로 있었다고 하는 전설이 있다.『太平廣記』 권319.

148 관찰사(連帥) : 연수連帥는 십국 제후들의 수장을 가리켰고, 지방의 고급장관을 범칭한다.

149 초산에서 아득하게 진천을 떠올리네 : 초산은 중국 초나라의 산이면서 정읍의 별칭이고, 진천은 섬서성陝西省과 감숙성甘肅省의 진령秦嶺 이북에 있는 평원 지대로 옛날에 진나라가 있던 서북쪽을 가리킨다. 이 시에서는 남북의 먼 거리감을 표현한 듯하다.

150 궁문(靑鎖) : 청쇄靑鎖는 한대漢代의 궁문宮門 이름으로 궁문에 쇠사슬 같은 모양을

새기고 푸른 칠을 했다. 이 시에서는 정 원외가 도성에 출입함을 비유하고 있다.

151 호접몽胡蝶夢 : 전국시대 장주莊周가 꿈에 나비가 되어 물아物我의 분별을 잊고 즐겁게 놀았다는 고사에서 온 말이다. 즉 『莊子』「齊物論」에 "옛날 장주가 꿈에 나비가 되었다. 훨훨 나는 나비인지라 스스로 즐거워하며 유쾌할 뿐 자신이 장주인 줄 몰랐다. 갑자기 꿈을 깨고 보니, 자신이 분명 장주였다. 장주의 꿈속에서 나비가 된 것인지, 나비의 꿈속에 장주가 된 것인지 알지 못하였다.(昔者莊周夢爲蝴蝶。栩栩然蝴蝶也。自喩適志與。不知周也。俄然覺。則蘧蘧然周也。不知周之夢爲胡蝶與。胡蝶之夢爲周與。)"라고 하였다.

152 비안比安 : 경상도 비안현을 가리킨다. 『新增東國輿地勝覽』 권25.

153 위수의 나무와 강가의 구름(渭樹江雲) : 멀리 떨어진 곳에서 지우知友를 그리워할 때 쓰는 시어詩語이다. 참고로 두보杜甫의 시 〈春日懷李白〉에 "위수 북쪽 봄날의 나무 한 그루, 장강 동쪽 해질녘 구름이로다.(渭北春天樹。江東日暮雲。)"라는 유명한 구절이 있다.

154 하양현은 궁벽해도 봄꽃 피었겠지만 : 진晉나라 때 반악潘岳이 하양 현령河陽縣令이 되었을 때 하양현 안에 도리桃李를 많이 심었으므로, 그때 사람들이 "하양은 온 고을이 꽃이다."라고 하였다.

155 세 가지 기이한 정치(三異政) : 후한後漢 때 중모령中牟令 노공魯恭이 덕정德政을 베푼 결과 그 고을에 세 가지 기적이 나타났던 것을 이른다. 노공이 일찍이 중모령이 되어 형벌을 쓰지 않고 덕정으로 다스리니, 얼마 후 인근의 다른 고을에는 명충螟蟲이 득실거려 곡식을 해쳤으나 중모에는 명충이 들어가지도 않았다. 당시 하남윤河南尹 원안袁安이 그 소문을 듣고는 인서연仁恕掾 비친肥親으로 하여금 가서 그 사실을 염탐하게 하였다. 비친이 가서 노공과 밭둑길을 걷다가 함께 뽕나무 밑에 앉았는데, 그때 마침 꿩이 지나가다가 바로 그 곁에 머물렀고 또 그 곁에는 어린아이가 있었다. 비친이 "아이야, 꿩을 왜 잡지 않느냐?"라고 하니, 그 아이가 "꿩이 바야흐로 새끼를 기르기 때문입니다."라고 하였다. 비친이 깜짝 놀라 일어나서 노공에게 작별을 고하며 "내가 여기에 온 까닭은 그대의 정치를 살피기 위해서였는데, 지금 해충이 이 고을을 범하지 않은 것이 한 가지 기이한 일이요, 덕화가 조수에까지 미친 것이 두 가지 기이한 일이요, 어린애에게 인한 마음이 있는 것이 세 가지 기이한 일이다.(所以來者。欲察君之政耳。今蟲不犯境。此一異也。化及鳥獸。此二異也。豎子有仁心。此三異也。)"라고 했다는 데서 온 말이다. 『後漢書』 권25 「魯恭列傳」.

156 가시나무 깔고(班荊) : 반형班荊은 옛 친구를 만난 기쁨을 표현할 때 쓰는 말이다. 춘추시대 초楚나라 오거伍擧가 채蔡나라 성자聲子와 세교世交를 맺었는데, 오거가 정鄭나라로 도망쳤다가 다시 진晉나라로 망명하려 할 때 두 사람이 우연히 정나라 교외에서 만나 형초荊草를 자리에 깔고 앉아 옛 이야기를 주고받았다는 고사에서 유래하였다. 『春秋左傳』 襄公 26년.

157 용문의 우레는~꼬리를 태우고 : 용문龍門에서 잉어가 뛰어오르는데, 그곳을 넘으면 용이 되고 용이 될 때에는 우레가 고기의 꼬리를 불태워 없앤다고 한다.

158 섬계蟾桂 : 월궁月宮을 두꺼비 궁이라 하고 계수나무가 있다고 한다. 과거 합격에 비유한 것이다.

159 중(支郞) : 지랑支郞은 중의 별칭이다. 혹은 동진東晉 때의 중인 지둔으로, 지둔은 섬

刹 땅의 앙산·석성산에서 수도하면서 『卽心遊玄論』·『聖不辨知論』 등 많은 저서를 남겼다. 『梁高僧傳』 권4. 이 시에서는 화자인 백암 성총 자신을 가리킨다.

160 지심支深 : 미상이다. 지支는 지도림支道林을 가리키는 듯하나 심深은 알 수 없다.
161 효성스런 그대 형제(萊衣) : 내의萊衣는 춘추시대 초나라의 은사隱士인 노래자老萊子의 옷을 뜻한다. 노래자 칠십의 나이에도 부모님을 기쁘게 해 드리기 위하여 색동옷을 입고 재롱을 떨었다는 고사가 있다.
162 삼주수三珠樹 : 측백나무 비슷한 잎이 모두 옥구슬로 되어 있다는 전설 속의 나무로, 당唐나라 때 왕거王勮·왕면王勔·왕발王勃 3형제가 모두 재사才士로 이름이 높아 당시에 이들을 삼주수라 일컬었다. 훌륭한 형제를 지칭한다. 『山海經』「海外南經」.
163 우애 많은 형제(姜被) : 강피姜被는 형제가 화목하게 사는 것을 말한다. 강굉姜肱은 후한後漢 사람으로 자가 백회伯淮인데, 두 아우인 중해仲海·계강季江과 함께 우애가 지극하여 나이 젊은 계모繼母를 섬기면서, 내실內室에는 들어가지 않고 항상 한 이불을 덮고 함께 잤으므로 강굉공피姜肱共被라는 고사가 생기게 되었다. 『後漢書』 권53 「姜肱傳」.
164 일무궁一畝宮 : 청빈한 선비의 검소한 거처를 뜻한다. 『禮記』 「儒行」의 "선비는 가로 세로 각각 10보步 이내의 담장 안에서 거주한다. 좁은 방은 사방에 벽만 서 있을 뿐이다. 대를 쪼개어 엮은 사립문을 매달고, 문 옆으로 규圭 모양의 쪽문을 낸다. 쑥대를 엮은 문을 통해서 방을 출입하고, 깨진 옹기 구멍의 들창을 통해서 밖을 내다본다.(儒有一畝之宮。環堵之室。篳門圭窬。蓬戶甕牖。)"라는 말에서 유래한 것이다.
165 〈자고천鷓鴣天〉 : 당나라의 교방곡敎坊曲 이름인데, 역대 시인들이 많이 노래하여 유행했던 가곡이다. 혹은 중국 남방에 서식하는 자고새는 항상 '길이 험난해서 갈 수 없다'는 뜻으로 "행부득야가가行不得也哥哥"라고 울어 고향을 그리워하는 심정을 표현하기도 한다.
166 복규復圭 : '백규를 세 번 되풀이하여 외다(三復白圭)'의 준말. 『詩經』 「大雅」 〈抑〉에 "흰 옥(白圭)에 흠이 있는 것은 갈면 없어지지만 말에 흠이 있는 것은 어쩔 수 없다."고 하였다. 이 시는 말을 조심하라는 뜻인데, 공자의 제자 남용南容이 이 시를 하루 세 차례씩 되풀이하여 외웠다고 한다.
167 위상과 병길(魏丙) : 한 선제宣帝 때의 두 명상인 위상魏相과 병길丙吉. 그들은 모두 대체를 알고 정사를 공평하게 하여 당시에 명성이 가장 높았다.
168 조식과 유정(曹刘) : 삼국시대 위魏나라의 문장가인 조식曹植과 유정劉楨.
169 연침燕寢 : 왕의 처소에 육침六寢이 있는데, 하나는 정침正寢이고 나머지 다섯은 모두 뒤에 있다. 이를 통틀어 연침이라고 한다. 『周禮』.
170 천하(斗南) : 북두성北斗星은 하늘의 북쪽에 있으므로, 북두의 남쪽이란 천하를 말하는 것이다.
171 황금을 땅에~가람을 세웠다네 : 인도 사위성舍衛城의 수달 장자須達長者가 석가의 설법을 듣고 매우 경모한 나머지 정사精舍를 세워 주려고 기타태자祇陀太子의 원림園林을 구매하려고 하자, 태자가 장난 삼아 "황금을 이 땅에 가득 깔면 팔겠다."고 하였다. 이에 수달 장자가 집에 있는 황금을 코끼리에 싣고 와서 그 땅에 가득 깔자, 태자가 감동하여 그 땅을 매도賣渡하는 한편 자기도 원중園中의 임목林木을 희사하여 마침내 기원정사祇園精舍를 건립하였다. 수달 장자는 급고독 장자給孤獨長者로

일컬어지기도 하였는데, 이 정사가 기타태자와 그의 후원으로 이루어졌기 때문에 기수급고독원祇樹給孤獨園으로 부르기도 한다. 왕사성王舍城의 죽림정사竹林精舍와 함께 불교 최초의 양대 정사로 꼽힌다.

172 꽃비(華雨) : 부처가 설법할 때는 하늘에서 분타리화芬陀利花 등 네 가지 꽃이 비 오듯 한다고 하였다.

173 나긋나긋한 말(軟語) : 연어軟語는 말소리가 가볍고 맑으며 부드럽고 아름다운 것으로, 나긋나긋한 대화를 가리킨다.

174 호랑이 웅크리고 용이 서린(虎踞龍盤) : 험고한 지세를 말한다. 당나라 옹도雍陶의 시 〈河陰新城〉에 "높은 성을 새로 쌓아 긴 하천을 진압하니, 범이 웅크리고 용이 서린 기색이 온전하네.(高城新築壓長川。虎踞龍盤氣色全。)"라고 하였다.

175 두견새(謝豹) : 사표謝豹는 자규子規, 두우杜宇, 두견杜鵑새를 가리킨다.

176 유관劉寬 : 후한 때 남양태수南陽太守로 있으면서 관리와 백성이 과실을 범하더라도 형벌 대신 부들 채찍을 썼던 것과, 그가 화를 내는지 시험해 보려고 시비를 시켜 일부러 뜨거운 국물을 그의 조의朝衣에 엎지르게 하였을 때 안색을 바꾸지 않고 "혹시 손을 데지 않았느냐.(羹爛汝手。)"고 한 일화가 유명하다. 지방 장관이 관후하게 백성을 사랑하며 심복시킬 때의 비유로 흔히 쓰인다. 『後漢書』 권25 「劉寬列傳」.

177 대나무를 가르니(分竹) : 지방 고을의 수령이 되었다는 뜻으로, 대나무 부절은 한나라 때 지방관이 차던 신부信符이다. 즉 대나무로 신부를 만들어 오른쪽은 경사京師에 두고 왼쪽은 군국郡國에 주었다. 군사를 출동하는 데에는 동호부銅虎符를 쓰고, 그 나머지 일에는 죽사부를 썼다. 『漢書』 제4권 「文帝紀」.

178 난초를 잡았다네(握蘭) : 옛날에 상서랑尙書郎이 손에는 난초를 쥐고 입에는 향香을 머금고서 대궐 뜰을 추주趨走하며 일을 아뢰었던 데서 온 말로, 즉 임금의 좌우에서 일을 보는 측근의 신하를 가리킨다.

179 영명사永明寺 : 평양에 있는 절로, 동편에 부벽루가 있다.

180 기자전箕子殿 : 숭인전崇仁殿이라고도 한다. 고려 숙종 10년(1105)에 서경 정당문학政堂文學 정구鄭久를 보내어 사祠를 세우기를 건의하였다. 세종 12년(1430)에 대제학 변계량卞季良에게 명하여 기자묘비箕子廟碑를 지은 뒤에 기자전箕子殿이라고 하고, 전감殿監을 두었다. 『新增東國輿地勝覽』 권51.

181 소조蕭曹 : 소하蕭何와 조참曹參의 병칭이다. 두 사람 모두 유방劉邦을 보좌하여 칭제稱帝하게 한 개국 공신으로서, 입국立國 후에 서로 연달아 상국相國이 되었다.

182 인후咽喉 : 요충지, 요체인데, 여기서는 중요한 인재를 뜻한다.

183 세상을 덮는 호걸일세(蓋世豪) : 항우項羽가 일찍이 서초패왕西楚覇王이 되어 천하를 호령했으나 뒤에 해하垓下에서 한군漢軍에게 겹겹으로 포위되어 곤경에 처하자, 밤중에 일어나 장중帳中에서 우미인虞美人과 함께 술을 마시며 "힘은 산을 뽑을 만하고 기개는 세상을 덮었는데, 때가 이롭지 못하여 오추마가 가지 않는구나. 오추마가 가지 않으니 어떻게 하겠는가. 우여, 우여, 너를 어찌하면 좋단 말이냐.(力拔山兮氣蓋世。時不利兮騅不逝。騅不逝兮可奈何。虞兮虞兮奈若何。)"라고 노래하였다. 『史記』 권7 「項羽本紀」.

184 태묘太廟 : 종묘를 말한다.

185 왕연과 사안(王謝) : 육조六朝 진晉나라 명문거족인데, 여기서는 노장老莊 사상에 조

예가 깊어 청담을 즐겼던 그 당시의 왕연王衍과 산천의 유람을 즐겼던 사안謝安을 가리킨다.
186 아가위 꽃 : 미상이나 아가위 꽃은 형제간의 우애가 돈독한 사람이란 뜻을 지닌다. 『詩經』「小雅」〈常棣〉에 "아가위 꽃송이 활짝 피어 울긋불긋, 지금 어떤 사람들도 형제만 한 이는 없지.(常棣之華。鄂不韡韡。凡今之人。莫如兄弟。)"라는 말이 나온다.
187 재상의 문호~선비를 맞이하니 : 한나라 공손홍이 승상이 되자 문을 열어 선비를 맞이하였다.
188 초마草麻 : 초조草詔와 같다. 당송 시기에 황백黃白의 마지麻紙를 사용하여 조서를 썼기 때문에 그렇게 칭한 것이다.
189 회양 땅에~먼지가 되었으니 : 한나라의 명신 급암汲黯이 조정에서 뜻을 펴지 못하고 지방관인 회양태수로 있다가 죽었다. 임유후는 반란을 음모하던 아우와 숙부가 죽음을 당하자 벼슬을 그만두고 울진으로 내려간 적이 있는데 이를 비유한 듯하다.
190 무덤(馬鬣) : 마렵馬鬣은 말갈기처럼 된 분묘墳墓 형태의 하나이다.
191 북원北院 : 당 현종이 음률을 잘 아는데다가 법곡法曲을 무척 좋아했기 때문에, 좌부기坐部伎의 자제 300인을 선발하여 이원에서 가르치면서 성조聲調가 틀리면 황제가 바로잡곤 하였는데, 이를 황제의 이원제자라고 하였다. 또한 궁녀 수백 명도 이원제자로 만들어서 의춘宜春 북원에 머물게 하였다고 한다. 북원은 궁궐의 별원을 뜻한다.
192 남금南金 : 중국의 남방 형주荊州와 양주揚州에서 나는 질이 좋은 금을 말한다. 보통 금의 두 배의 가치가 있어서 쌍남금雙南金이라고 한다.
193 벗(盍簪) : 합잠盍簪은 회합이 빠름을 말한 것이다. 『周易』 「豫卦」에, "붕합잠朋盍簪이라."라고 하였고, 그 주석에 "합盍은 회합의 뜻이요, 잠簪은 빠르다는 뜻이니, 여러 친구들이 빨리 와서 회합하는 것을 이른다 하였다."고 하였다. 그래서 뜻 맞는 이들이 달려와 회동하는 것을 말한다.
194 왕씨 집안에는~대대로 전해지고(靑箱王氏傳家世) : 『宋書』의 「王准之傳」에, 증조 표지彪之 때부터 박학한 지식과 사실史實 등을 푸른 궤에 넣어 대대로 전수하였으므로, 사람들이 '왕씨청상학王氏靑箱學'이라고 불렀다고 한다.
195 조정 반열(鵷班) : 원반鵷班은 조정 백관百官들의 행렬을 가리키는 말로, 원행鵷行·원로鵷鷺 등으로 쓰기도 한다.
196 병법(龍韜) : 용도龍韜는 주周나라 강태공姜太公이 지은 병법으로, 육도六韜 중의 한 편이다.
197 서부書府 : 궁중의 서고를 뜻하는데 이 시에서는 명예로운 대접을 받는 것을 비유한다. 즉 당 태종唐太宗이 문학관文學館을 짓고 방현령房玄齡 등 18학사學士를 초빙하였다. 빈을 나누어 각하閣下에서 숙직하게 하고 극진히 대우하였으며, 아울러 그들의 초상을 그리고 이름을 써서 서부에 간직하였다고 한다. 『唐書』 「褚亮傳」.
198 『삼절유고三節遺稿』 : 임진왜란 때 순절殉節한 문신 윤섬尹暹과 병자호란 때 순절한 윤계尹棨 및 삼학사三學士의 한 사람인 윤집尹集 등 3절신의 시문집. 『三節稿』라고도 한다. 목판본, 10권 3책이다. 1672년(현종 13)에 윤계의 아들 이명以明이 편집·간행하였다. 내용은 권1에 윤섬의 시詩·책策, 권2~8은 윤계의 시·교서敎書·소疏·차箚·계啓·사辭·책策·설說, 권9~10은 윤집의 시·소·차·사·책·설 등을 수록하였

다. 책머리에 송시열宋時烈과 정두경鄭斗卿의 서문이 있고, 책 끝에 송준길宋浚吉의 발문이 있다.
199 승상의 조상과~적에게 죽고 : 제갈공명의 아들 손자가 모두 촉을 위해 죽었다.
200 태사의 형제가~목숨을 바쳤네 : 춘추시대 제나라 최저崔杼가 임금을 시해하자 제나라의 형제 사관이 직필하다 죽임을 당했다. 『左傳』.
201 노중련(魯連) : 노련魯連은 전국戰國시대의 고사高士로 노중련魯中連을 말한다. 위魏와 조趙가 진秦을 제帝로 추대하려 한다는 말을 듣고서, 위나라의 사자使者 신원연新垣衍을 찾아보고, "만일 진秦을 제帝로 추대한다면, 나는 동해東海에 빠져 죽을지언정 진나라 백성 되기를 원하지 않는다."고 하였다.
202 태수(遨頭) : 오두遨頭는 송대宋代 태수太守의 별칭이다.
203 종병과 뇌차종(宗雷) : 남조南朝 송宋 때에 조정의 부름에 응하지 않고 각각 형산衡山과 여산廬山에 은거하였던 은사 종병宗炳과 뇌차종雷次宗을 말한다.
204 세 번~토했다네(吐握三) : "주공周公이 천하의 현사賢士들을 만나기에 급급하여 머리를 한 번 감는 동안에 세 번이나 젖은 머리를 움켜쥐고 나가고 밥 한 끼를 먹는 동안에 입 안의 음식을 세 번이나 뱉어냈다.(一沐三握髮。一飯三吐哺。)"는 고사에서 온 말이다.
205 유배지(鵩舍) : 붕사鵩舍는 굴원屈原이 장사로 좌천되고 나서 지은 〈鵩鳥賦〉에 나온다.
206 병들어(積痾) : 적하積痾는 고질병을 말한다. 혹은 숙질宿疾, 구병舊病이라고 한다.
207 찾아오는 이 없어(雀可羅) : 한나라의 적공翟公이 정위廷尉가 되자 손님들이 많았지만 직책을 그만두자 찾는 이가 없어 문 앞에 새그물을 칠 만했다.
208 사위성(室羅) : 실라室羅는 실라벌室羅筏을 지칭하는 듯하다. 즉 사위성舍衛城으로 실저悉底, 시라바리尸羅婆提라고도 음역한다. 중인도中印度 교살라국敎薩羅國의 도성이며 부처 재세 시 바사닉왕, 유리왕이 살았고 성 남쪽에 기원정사가 있었다.
209 삼호三壺 : 『拾遺記』「高辛」에 "삼호三壺는 바로 바닷속에 있는 세 산으로, 첫 번째는 방호方壺인데 이는 방장산方丈山이고, 두 번째는 봉호蓬壺인데 이는 봉래산蓬萊山이고, 세 번째는 영호瀛壺인데 이는 영주산瀛洲山으로, 모양이 마치 술병과 같이 생겼다."고 하였다. 전설 속에 나오는 삼신산三神山으로, 봉래산, 방장산, 영주산을 말한다. 이 산들은 발해渤海 바다 가운데 있는데, 신선들이 살고 불사약不死藥이 있으며, 새와 짐승이 모두 희고 궁궐이 황금으로 지어졌다고 한다.
210 호박 빛 : 술의 빛깔이나 술잔의 빛깔을 의미한다. 이하李賀의 시 〈將進酒〉에 "유리 술잔에 호박 빛 짙기도 해라. 통에서 흐르는 술방울이 진주처럼 붉구나(琉璃鍾琥珀濃。小槽酒滴眞珠紅)"라고 한 데서 온 말이다. 호박은 노란빛이 나며 투명한 보석이다.
211 다섯 말의 수레(五馬) : 지방 장관의 수레를 말한다. 한漢나라 때 태수太守가 다섯 필의 말이 끄는 수레를 탔던 데에서 유래한 것이다.
212 공공龔公 : 한나라 때 지방 장관으로 선정을 베풀어 치민治民이 으뜸으로 꼽혔던 발해태수渤海太守 공수龔遂를 가리킨다. 한 선제宣帝 때 발해渤海에서 농민의 반란이 일어나 황제가 걱정을 하자, 공수가 "백성들이 배고픔과 추위에 고통을 받고 있는데도 관원들이 제대로 보살펴 주지 않아 폐하의 적자들이 황지 사이에서 폐하의 무기

를 몰래 훔쳐 들고 한번 장난을 친 것뿐입니다.(陛下赤子盜弄陛下之兵於潢池中耳.)"라고 말했고, 백성들이 허리에 차고 있는 칼을 팔아서 밭 가는 소를 사게 한 뒤에 열심히 경작하게 하여 풍요로운 마을이 되었다는 고사가 있다. 『漢書』 권89 「龔遂傳」.

213 자줏빛 게(紫蟹) : 가을 정취를 말한다. 송宋나라 마존馬存의 시 〈燕思亭〉에 "자줏빛 게가 살진 때에 늦벼는 향기롭고, 누런 닭이 모이 쪼는 곳에 가을바람 벌써 이네.(紫蟹肥時晚稻香.黃鷄啄處秋風早.)"라고 하였다.

214 칠조七調 : 고대 악률樂律의 높고 낮은 음역을 말한다. 황종黃鍾에서 중려中呂까지를 칠조七調라고 부른다. 뒤에 와서는 궁宮, 상商, 각角, 우羽의 각각에 칠조가 있어서 4성 28조라고 하였다. 『宋史』 「樂志」 17. 또한 처량조凄涼調・범자조凡字調・폐공조閉工調・정궁조正宮調・을자조乙字調・매화조梅花調・정조頂調를 말하기도 한다.

215 환이桓伊 : 진晉나라 초국譙國 질현銍縣 사람으로, 젓대를 잘 불어 당시에 강좌江左에서 으뜸이었다 한다.

216 세 곡 부네(弄三) : 삼롱三弄은 매화삼롱梅花三弄의 약칭으로, 진晉나라 때 환이桓伊는 상설霜雪에도 굴하지 않는 매화梅花의 기상을 담은 적곡笛曲,〈落梅花曲〉을 작곡하고 연주했다. 환이는 본디 젓대를 잘 불었는데, 일찍이 청계淸溪를 지날 적에 서로 전혀 알지 못하던 왕휘지王徽之가 사람을 시켜 그에게 젓대 한 곡곡을 불어 달라고 하자, 그는 문득 수레에서 내려 호상胡牀에 걸터앉아 세 곡을 연달아 불고 갔다는 데서 온 말이다.

217 난새(鸞驂) : 난참鸞驂은 신선이 타는 수레를 가리킨다.

218 수령으로 나가니(一麾來守) : 일휘래수一麾來守는 지방 관원으로 나가는 것을 말한다. 남조 송나라의 안연지顏延之가 〈五君詠〉을 지으면서, 완함阮咸에 대해 "몇 번 추천받아도 벼슬자리 못 얻다가, 순욱荀勗이 손 한 번 내저으매 수령으로 나갔도다.(屢薦不入官.一麾乃出手.)"라고 읊은 데에서 유래한 것이다. 『文選』 권21.

219 청헌淸獻 : 살림을 늘리지 않고 청빈하게 살아가는 것을 말한다. 청헌은 송宋 조변趙抃의 시호. 조변이 두 번에 걸쳐 촉의 수령으로 있으면서 행검을 청렴하게 하여 모범을 보이자 풍속이 바뀌었다고 한다. 『宋史』 권316 「趙抃傳」.

220 탕휴湯休 : 남조 송宋의 승려 혜휴惠休로, 시에 능했으며 벽운구로 알려져 있다.

221 복야僕射 : 관직 이름. 진秦에서 처음 실치하였다. 한漢 성제成帝 건시建始 4년에 처음 상서尙書 5인을 두었는데, 제일인이 복야僕射이고 지위는 상서령尙書令의 다음이다. 직책의 권한이 점차 중해져 한漢 헌제獻帝 건안建安 4년, 좌우복야左右僕射를 두었다. 당송唐宋의 좌우복야는 재상의 직책이었다. 송 이후에 폐지되었다가 태평천국太平天國 때 복야의 직책을 증설하였다.

222 공권公權 : 유공권柳公權(1132~1196)을 이른다. 당나라 때의 관리이자 서법가書法家이다. 원화元和 3년(808)의 진사進士 출신으로, 특히 해서楷書에 조예가 깊었다. 안진경顏眞卿과 명성을 나란히 하여 사람들이 '안유顏柳'라고 일컬었다.

223 자후子厚 : 유종원柳宗元(773~819)의 자. 당나라 문인으로 당송 팔대가의 한 사람. 고문古文 부흥 운동을 한유韓愈와 더불어 제창하였다. 전원시에 뛰어나 왕유・맹호연・위응물과 나란히 칭송된다. 작품에 「封建論」, 「永州八記」 따위가 있으며, 시문집 『柳河東集』이 있다.

224 옥절玉節 : 천자의 사신이 지니는 절부節符를 말하며, 여기서는 왕이 파견하는 관찰

사를 지칭한다.
225 아기牙旗 : 상아로 장식한 큰 깃발로, 왕이 거둥할 때 호위대장이 지니는 것이다. 진영의 문에 아기를 꽂으므로 관가를 뜻한다. 곧 유명현의 관찰사로서의 임무를 뜻한다.
226 창해滄海 : 여기서는 동해東海 혹은 발해渤海를 가리킨다.
227 호두虎頭 : 동진東晉의 화가畫家 고개지顧愷之의 소자小字이다. 그가 일찍이 금릉金陵 와관사瓦棺寺의 벽에 유마힐維摩詰의 초상화를 그렸는데, 눈동자를 그려 넣을 즈음에 관중에게 3일 동안 백만 전錢을 얻어 절에 보시했다는 기록이 전해 온다.『宋書』권81,『南史』권35.
228 누워 노니는(臥遊) : 와유臥遊는 여행기旅行記나 산천 화도山川畵圖를 보면서 실제로 여행하는 기분을 느끼는 것을 이른다. 남조南朝 송宋 때에 종병宗炳이 산수山水를 매우 좋아하여 원유遠遊하기를 좋아했는데, 뒤에 병으로 다니지 못하게 되자 탄식하고, "명산을 두루 관람하기 어려우니, 누워서 구경을 해야겠다."고 하면서, 전에 구경했던 모든 명산대천을 방 안에 그려 붙였다는 데서 온 말이다.
229 생笙과 용鏞의 소리 : 생은 피리의 일종인 생황笙簧이고, 용은 큰 종鐘을 말하는데, 순舜임금 때의 악관樂官인 기夔의 말에 "생과 용을 번갈아 울리자 새와 짐승들이 서로 춤을 추고, 소소를 아홉 번 연주하자 봉황이 와서 춤을 추었습니다.(笙鏞以間。鳥獸蹌蹌。簫韶九成。鳳凰來儀。)"라고 한 데서 온 말로, 임금을 잘 보좌하는 것을 의미한다.『書經』「益稷」.
230 거꾸로 흐르는 삼협과 같도다(倒流三峽) : 두보杜甫의 〈醉歌行〉에 "문장의 근원은 삼협의 물을 기울인 듯하고, 필력의 전진은 천군을 쓸어낼 기세로다.(詞源倒流三峽水。筆陣獨掃千人軍。)"라고 한 데서 온 말로, 전하여 문장이 아주 힘차고 웅장한 것을 의미한다.
231 유안劉晏 : 자는 사안士安이고, 조주曹州 남화南化 사람이다. 당나라의 유명한 경제 개혁과 재무이론가. 어려서부터 천성이 영민하여 7세때 신동神童으로 불렸다. 당 현종이 불러 본 뒤 크게 칭찬하고 비서성 정자正字의 직책을 내렸다. 신동 유안은 일시에 경사에 이름이 알려졌다. 그는 직무에서 이롭기 위해 열심히 준비하고 책을 읽었는데, 두루 여러 책을 읽고 사방으로 배움을 구하여 뒤에 8년간 안사安史의 난으로 왕조의 재정이 곤란해지자 정치적인 개혁을 할 수 있었다.
232 금성錦城 : 나주羅州의 옛 이름.
233 경종鯨鐘 : 경종鯨鍾이라고 하며 고대의 큰 종이다. 종뉴鍾紐는 포뢰蒲牢의 모양이다. 종의 방망이 채가 고래의 모양이므로 이렇게 이름을 붙였다.
234 사마상여는 소갈증으로(文園渴病) : 갈병渴病은 소갈병消渴病을 말한다. 문원文園은 한漢의 사마상여司馬相如이다. 그는 일찍이 효문원孝文園 영令에 임명되었으므로 이렇게 불렸는데, 소갈병에 시달렸다.
235 누린내 찾는 개미(羶蟻) : 양고기를 구하려다 결국 구하지 못하고 그리기만 한다는 뜻.『莊子』「徐無鬼」에 "양고기가 개미를 사모하도록 하지 않았는데도 개미가 양고기를 사모하는 것은 양고기에서 노린내가 나기 때문이다."라고 하였다.
236 불에 달려드는 나방(燈蛾) : 등촉燈燭을 보면 서로 불을 뺏으려고 빙빙 돌다가 등유燈油에 빠지거나 불에 타서 죽는 불나방. 색욕과 탐욕에 어두워 신명身命을 망치는

우인愚人을 비유한다.
237 편안하기를(皞皞) : 호호皞皞는 하夏나라와 상商나라 때처럼 천하가 잘 다스려지면 백성들이 스스로 만족하게 될 것이라는 말이다. 맹자가 말하기를, "패자의 백성은 매우 즐거워하고 왕자의 백성은 환하게 스스로 만족한다.(霸者之民。驩虞如也。王者之民。皞皞如也。)"고 하였다.『孟子』「盡心」.
238 황금 떡(黃金餅) : 달의 이칭이다.
239 달빛(露華) : 이슬의 물이나 맑고 차가운 달빛을 가리킨다. 이 시에서는 달빛으로 봐야 한다.
240 북두성이 비껴 있노라(斗闌干) : 난간闌干은 가로 비낀 모양이다. 삼국시대 위魏나라 조식曹植의〈善哉行〉에 "달은 지고 삼성은 기울었고 북두성은 비껴 있다.(月沒參橫。北斗闌干。)"라고 하였다. 혹은 가차하여 북두北斗를 가리킨다.
241 서로 알며~지낸 지(鍼芥投來) : 침개鍼芥는 자석이 바늘을 끌듯이 사람의 정성情性이 서로 끌리는 것을 이른다.
242 보검(龍淵) : 용연龍淵은 명검名劍의 이름이다.
243 팔만 바다의 신선 세계(仙山八萬) : 도가道家에서 말하는 팔만의 바다 가운데 있는, 신선들이 사는 10개의 산을 말하는데, 일반적으로 선경仙境을 가리킨다.『海內十洲記』에 "한 무제漢武帝가 이미 서왕모가 말한 팔만八萬의 큰 바다 가운데에 조주祖洲·영주瀛洲·현주玄洲·염주炎洲·장주長洲·원주元洲·유주流洲·생주生洲·봉린주鳳麟洲·취굴주聚窟洲 등이 있다고 한 말을 들었는데, 이 10개의 주는 인적이 아주 드문 곳이다."라고 하였다.
244 이 나무가 상좌(木上座) : 지팡이를 의인화한 말로, 노스님을 모시는 상좌승上座僧에 비긴 것이다. 당唐나라 말엽의 불일본공 선사佛日本空禪師가 외출하다가 협산夾山을 만났는데 협산이 "누구와 동행하십니까?"라고 묻자, 불일 선사가 주장拄杖을 들어 보이면서 "오직 목상좌가 있을 뿐이다."라고 한 데서 유래한다.
245 지곡사智谷寺 : 경상도 산음현山陰縣, 지금의 산청군 지리산에 있었다.
246 정월(王正) :『春秋』은공隱公 원년元年의 '춘 왕정월春王正月'을『公羊傳』에서 해석하면서 "왜 왕정월이라고 하였는가. 제후들은 주 문왕周文王의 제도를 따르면서 모두 여기에 귀일되어야 하기 때문이다.(何言乎王正月。大一統也。)"라고 하였다.『春秋』첫머리에 나오는 '은공隱公 원년 봄, 천자가 쓰는 역曆으로 정월'이라는 말을 가리킨다.
247 계미국雞彌國 : 일본. 왜왕 아배계미阿輩雞彌가 사신을 보냈다는 기록이『隋書』권81「倭國列傳」에 나온다.
248 뗏목 타고~필요 없다네 : 한 무제漢武帝 때 박망후博望侯에 봉해진 장건張騫이 황제의 명을 받고 대하大夏에 사신으로 나가 황하黃河의 근원을 찾았는데, 이때 배를 타고(乘槎) 은하수로 올라가 견우牽牛와 직녀織女를 만났다는 전설이 있다.
249 반가이 만났는데(開靑眼) : 삼국시대 위魏나라 완적阮籍이 속된 사람을 만나면 흰 눈(白眼)을 치켜뜨다가 반가운 인사를 만나면 푸른 눈(靑眼), 즉 검은 눈동자를 보였다는 고사가 있다.『世說新語』「簡傲」.
250 단잠(黑甛) : 흑첨黑甛은 곤히 잠자는 것을 칭한다. 소식蘇軾의 시〈發廣州〉에, "술 석 잔을 연포輭飽(요기療飢의 뜻)한 뒤에, 베개 위에 잠이 곤히 들었네.(三杯輭飽後。一枕黑甛餘。)"라고 하였다. 캄캄하고도 맛이 달다는 뜻이다.

251 쓸모없는 나(樗散) : 저산樗散은 자기 자신을 겸칭하는 말로, 아무 데도 쓸모가 없다는 뜻이다.
252 자라 등 : 발해渤海 동쪽의 다섯 산이 파도에 떠밀리자 상제가 다섯 마리의 큰 자라로 하여금 이를 떠받치게 했다는 전설이 전해 온다. 『列子』「湯問」.
253 왕희지(逸少) : 일소逸少는 진나라 명필가인 왕희지王羲之의 자이다.
254 환속(冠顛)하라고 : 관전冠顛은 승려가 유가儒家로 환속한다는 표현이다. 한유韓愈가 승려를 전송한 시 가운데 "지금 그대를 우리 도로 끌어들여, 삭발한 머리에 유자儒者의 관을 씌워 주고 싶구려.(方將斂之道。且欲冠其顚。)"라는 말이 나온다. 『韓昌黎集』권2〈送靈師〉.
255 글 쓰는 일(操觚) : 고觚는 네모진 나무패로 중국 고대에는 여기에 글자를 적었다. 전하여 붓을 잡아 글을 쓰고 문필文筆에 종사從事하는 것을 가리킨다.
256 고헌을 노래할 필요 없으니 : 이하李賀가 어릴 때 시문에 뛰어났다. 당대의 거장 한유韓愈와 황보식皇甫湜이 방문하자 〈高軒過〉라는 시를 지어 칭찬을 받았다. 여기에서는 높은 벼슬아치에게 굳이 인정받을 필요가 없다는 뜻이다.
257 낮에는 정원을 다니네 : 도연명陶淵明의 〈歸去來辭〉에 "정원을 날로 거닐어 즐거운 정취 이루고, 문은 달려 있으나 항상 닫아 놓았도다.(園日涉以成趣。門雖設而常關。)"라고 했다.
258 위나라 초헌 : 위衛의 의공懿公이 학을 좋아했는데 초헌軺軒에 태우고 다니던 학이 있었다. 전쟁이 나자 군인들은 모두 말하기를 "하더러 싸우라 하라. 학은 실제로 녹위祿位가 있지만 우리는 아무것도 없으니 싸울 수 없다."고 하였다. 『左傳』「閔公」.
259 뿌리로 돌아가 말이 없으니 : 노자老子의 『道德經』에 "만물이 무성하다가도 각자 그 뿌리에 복귀하나니, 그것을 일러 고요함이라 한다.(夫物芸芸。各復歸其根。歸根曰靜。)"고 하였다.
260 북을 울리는 듯하여라 : 원문 '고비鼓鼙'는 적이 쳐들어올 때 신호로 치는 북. 전하여 전쟁 또는 군사軍事를 뜻한다.
261 개사開士 : 성불成佛할 수 있는 정도를 열고 중생을 인도하는 사부라는 뜻으로 보살 또는 고승을 일컫는 말이다.
262 홍경사弘慶寺 : 고려 현종顯宗이 직산稷山 북쪽 15리 소사평素沙坪에 승려 형긍逈兢에게 명하여 사찰을 건립하게 하고, 병부 상서 강민첨姜民瞻 등에게 감독을 명하여 2백여 칸의 거찰巨刹을 세우게 한 뒤 봉선홍경사奉先弘慶寺의 이름을 내렸는데, 그 뒤 절은 없어지고 한림학사翰林學士 최충崔冲이 글을 지은 비석만 남아 있게 되었다. 『新增東國輿地勝覽』권16「稷山縣」. 최충崔冲의「奉先弘慶寺記」는『東文選』에 실려 있다.
263 나무 잔(木杯) : 남조南朝 송宋 때의 성명을 모르는 중이 항상 나무 술잔(木杯)을 타고 물을 건넜으므로 세상 사람들이 배도화상杯度和尙이라 불렀다는 데에서 유래한다. 『高僧傳』제11권.
264 진진塵塵 : 티끌 같은 세계를 말한다. 『華嚴經』「盧遮物品」에 "이 지구는 청정한 땅 보장이 장엄하여, 일체의 불찰 남김없이 들었도다. 그곳 하나하나의 먼지 속에도, 일체의 불찰이 다 들었도다.(此地淸淨地寶藏嚴。一切佛刹悉來入。其地一一微塵中。一切佛刹亦悉入。)"라고 했다. 진진찰찰塵塵刹刹이라고도 한다. 여기에서는 이러한『華嚴經』

의 의미를 갖는 게송을 암송하는 것으로 추측된다.
265 겁화의 재(劫灰) : 우주가 한 번 생성해서 존속하는 기간을 1겁劫이라 하고, 겁이 다 하여 우주가 괴멸하는 시기를 괴겁壞劫이라 하는데, 이때 세찬 불길이 하늘과 땅을 태운다 한다. 겁회劫灰는 이 세계가 괴멸壞滅할 때에 일어난다는 큰 불, 즉 겁화劫火의 타고 남은 재를 말한다.
266 붉은 계수나무 : 이 시에서는 과거에 급제하여 높은 벼슬에 오른 것을 비유한다. 진 무제晉武帝 때 극선郤詵이 현량 대책賢良對策에서 장원壯元을 하였는데, 소감을 묻는 무제의 질문에 "계수나무 숲의 가지 하나요, 곤륜산의 옥돌 한 조각입니다.(桂林之一枝. 崑山之片玉.)"라고 답변한 고사가 전한다.『晉書』권52「郤詵列傳」.
267 율리栗里 : 강서성江西省 성자현星子縣에 있으며 도연명이 살던 곳이다.『南史』권75「陶潛列傳」.
268 옥돌 소리 : 옥돌이 서로 부딪쳐 쟁그랑 소리를 낸다는 뜻으로, 문장의 표현이 비범한 것을 말한다.
269 사슴 꿈 :『列子』「周穆王」에 실려 있는 이야기로, 정鄭나라 사람이 사슴을 잡고 그가 두는 곳에 남겨 놓았는데 마침내 깨어 보니 꿈이었다. 뒤에 사람들이 이것을 가지고 세상일이 꿈과 같이 허깨비임을 표현할 때 많이 인용하게 되었다.
270 백십 성 : 주 62 참조.
271 가사(磨衲) : 마납磨衲은 법복法服의 한 가지로, 고려의 특산품特産品이었다. 마磨는 자마紫磨로 비단을 말하는데, 승들이 걸치는 비단으로 된 법복을 말한다.『東坡全集』「磨衲贊序」에 "장로長老 불인대사佛印大師 요원了元이 경사京師에 가자, 천자天子가 그의 이름을 듣고 고려에서 공물로 바친 마납을 하사하였다."고 하였다.
272 흰 거품의~씻어 주노라 : 차 세 잔을 마시고 마른 창자를 씻어 준다는 것은 노동盧소의 시 〈茶歌〉를 인용한 것이다. 즉 "첫째 잔은 목과 입술을 적셔 주고, 둘째 잔은 외로운 시름을 떨쳐 주고, 셋째 잔은 메마른 창자를 헤쳐 주어 뱃속엔 문자 오천 권만 남았을 뿐이요, 넷째 잔은 가벼운 땀을 흐르게 하여 평생에 불평스러운 일을 모두 털구멍으로 흩어져 나가게 하네. 다섯째 잔은 기골을 맑게 해 주고, 여섯째 잔은 선령을 통하게 해 주고, 일곱째 잔은 다 마시기도 전에 또한 두 겨드랑이에 맑은 바람이 이는 걸 깨닫겠네.(一椀喉吻潤。二椀破孤悶。三椀搜枯腸。惟有文字五千卷。四椀發輕汗。平生不平事。盡向毛孔散。五椀肌骨清。六椀通仙靈。七椀喫不得。也唯覺兩腋習習清風生。)"라고 하였다.
273 산왕山王 :『華嚴經』에서는 십산十山이 바다를 의지해 머물면서 일체의 작은 산들보다 높이 솟아 있기 때문에 십산왕이라고 칭한다. 십지보살이 수행하여 함께 여래의 지혜 바다로 들어가 일체 이승의 모든 행동에서 높이 뛰어남을 비유한 것이다.『華嚴大疏』권44에서 열 개의 산왕을 열거하고 보산으로 비유하였는데, 곧 가장 높은 산을 말한다.
274 담복薝蔔 : 본디 인도에 자생하는 꽃나무로, 우리나라의 치자梔子와 같은 종류이다. 이 꽃은 특히 육판六瓣으로 형성되었기 때문에 육화六花 또는 육출화六出花라고도 한다. 향기가 뛰어나 인도에서는 부처의 수승한 도력에 비유하기도 한다. 또한『維摩經』에 "마치 담복의 숲속에 들어갈 경우엔 담복의 향내만을 맡을 뿐 다른 향기는 맡을 수 없듯이, 이 방에 들어오는 이도 오직 여러 부처님의 공덕의 향내만을 맡을 뿐

이다.(如入舊萄林中。唯嗅舊萄。不嗅餘香。入此室者。唯聞諸佛功德之香。)"라고 하였다.
275 황면黃面 : 석가모니를 지칭한다. 혹은 황면구담黃面瞿曇, 황면로黃面老, 황두대사黃頭大士 등으로 부르는데 여래가 금색의 몸을 하고 있기 때문이다. 혹은 석가가 출생한 가비라위성迦毘羅衛城의 가비라(⑤ Kapila)의 뜻이 황색, 황적색이기 때문에 황면노자黃面老子라고도 한다. 선종에서는 부처를 매도하는 기법에서 황면노자라는 표현을 많이 쓰는데 이 시에서도 황면이 들어간 선종의 게를 지칭하는 듯하다.
276 수운동水雲洞 : 황해도 평산平山의 수운동을 가리키거나 비유적으로 시내가 흐르고 구름 낀 골짜기를 말한다.
277 정문頂門 : 불교에서 대자재천大自在天은 보통 사람과 같이 두 눈 외에 정수리에 일체의 사리를 꿰뚫어 보는 외눈을 가지고 있다고 하며 이를 정문안頂門眼이라 한다.
278 중현重玄 : 도道의 차원을 말한다. 『道德經』 1장에 "도는 현묘한 중에서도 더욱 현묘하여 만물이 모두 여기에서 나온다.(玄之又玄。衆妙之門。)"라고 하였다.
279 가벼운(六銖) : 육수六銖는 여섯 점의 저울눈으로, 가장 가벼운 것을 비유한 말이다. 일반적으로는 육수의六銖衣를 가리키며 매우 가벼운 옷을 일컫는 말로 도리천의忉利天衣의 무게가 육수라고 한다. 『長阿含經』.
280 공경히 따르고(趨風) : 추풍趨風은 빨리 걸음으로써 하풍下風, 즉 상대방의 아래에 가서 공경을 표하는 것이다. 『春秋左氏傳』 成公 16년 조에 "극지郤至가 세 번 초왕楚王의 군졸을 만났는데 초왕을 보면 반드시 수레에서 내려 투구를 벗고 추풍했다."고 하였다. 여기서는 상대방을 공경하여 따른다는 뜻을 담고 있다.
281 사미沙彌 : 원문은 '소사小師'. 불가佛家에서 가르침을 받은 지 10년이 되지 않은 스님을 이르는 말이다.
282 가사(方袍) : 방포方袍는 비구比丘가 입는 세 종류의 가사袈裟. 모두 네모진 옷이므로 이렇게 칭한다.
283 도안道安 : 진晉나라 승려로 불도징佛圖澄의 제자. 영강寧康 초에 석륵의 난을 피하여 양양襄陽에 이르러 단계사檀溪寺를 세웠다. 태원太元 연간 진왕秦王 부견苻堅이 양양을 취한 뒤에 안安을 얻고 기뻐하며 "내가 10만 군사로 양양을 취하여 한 사람 반을 얻었으니, 안 공安公이 한 사람이요, 습착치習鑿齒가 반 사람이다."라고 하였다. 석가釋迦보다 존귀한 자가 없다 하여 석釋으로써 씨氏를 삼았는데, 후세의 불도佛徒들이 석씨釋氏라고 칭호한 것이 도안으로부터 시작되었다. 『梁高僧傳』 권5.
284 표질表姪 : 어머니 형제의 손자를 가리킨다.
285 우애(姜被) : 주 163 참조.
286 효성(潘輿) : 반악潘岳의 〈閑居賦〉에 "태부인太夫人 어머니를 판여版輿에 모시고 구경하러 다닌다."는 구절이 있는데, 여기서는 모친을 태운 판여가 편안하여 길에 먼지도 나지 않게 간다는 뜻이다.
287 자형紫荊 : 『詩經』 「小雅」 〈常棣〉는 형제들의 우애友愛를 노래한 시인데, 상체꽃은 다닥다닥 붙어 피는 것이 형제의 우애와 유사하다. 자형화紫荊花도 역시 같은 꽃이다. 옛날에 전진田眞 형제 세 사람이 분가分家하려고 재산을 나눈 뒤에 정원의 자형나무 한 그루까지도 삼등분할 목적으로 쪼개려고 하였는데, 그 이튿날 자형나무가 도끼를 대기도 전에 말라 죽어 있었다. 형제들이 크게 뉘우치고 분가하기로 한 결정을 철회하자 자형나무가 다시 살아났다는 이야기가 남조 양나라 오균吳均의 『續齊諧記』에

나온다.
288 원추리 : 『詩經』「衛風」〈伯兮〉에 "어떡하면 원추리를 얻어서 북쪽 뒤꼍에 심어 볼까. 떠난 사람 생각에 내 마음만 병드누나.(焉得萱草。言樹之背。願言思伯。使我心痗。)"라 는 구절이 나온다.
289 윤건綸巾 : 푸른 실로 엮어 만든 두건으로, 촉한蜀漢의 승상丞相 제갈량이 만들어 항상 진중陣中에서 썼다고 하는 제갈건이다.
290 솔숲(蒼髯) : 창염蒼髯은 소나무의 별칭이다.
291 수령(遨頭) : 오두遨頭는 수령의 별칭이다. 촉蜀 땅 성도成都에서 매년 1월 10일부터 4월 19일까지 두보杜甫의 초당이 있는 완화계浣花溪에서 잔치를 열어 즐기곤 하였는데, 여기에 참석하기 위해 나오는 태수를 고을 백성들이 오두라고 불렀다는 기록이 송나라 육유陸游의 『老學菴筆記』권8에 나온다. 『成都記』에는 "태수가 두자미杜子美의 초당草堂에 나와서 놀고 잔치할 때면 사녀士女들이 너른 뜰에 의자를 늘어놓고 앉는데, 이 의자를 오상遨牀이라 하고 태수는 놀이의 우두머리라는 뜻에서 오두라고 하였다."고 하였다.
292 수레를 달려(飛蓋) : 삼국시대 위魏나라 조식曹植의 시 〈公宴〉에서 "청명한 밤에 서원에서 노니노라니, 달리는 수레가 서로 따르는구나.(淸夜遊西園。飛蓋相追隨。)"라고 한 데서 온 말이다.
293 소쩍새(蜀禽) : 촉금蜀禽은 두견새를 말하며, 꽃은 진달래꽃을 말한다. 전설에 의하면 촉蜀나라 망제望帝가 그의 신하인 별령鱉靈의 아내를 간음하고서 왕위를 내놓고 도망갔다가 죽어 두견새로 변했는데, 항상 한밤중에 피를 토하면서 불여귀거不如歸去라는 소리처럼 운다고 하며, 두견새가 토한 피가 묻어 진달래꽃이 붉다고 한다.
294 꿈속에서 어지럽겠네(夢迷) : 전국시대에 장민張敏과 고혜高惠라는 두 친구가 있었다. 장민은 고혜가 보고 싶으면 꿈속에서 찾아 갔는데 도중에 길을 잃고 돌아오기를 반복했다고 한다. 소나무도 꿈속에서 길을 헷갈리리라는 뜻.
295 우계愚溪 : 당唐나라 유종원柳宗元이 영주 사마永州司馬로 폄척貶斥되었을 때 그곳의 염계冉溪라는 시내를 우계로 개명改名하여 자신의 불우한 처지를 묘사한 데서 온 말로 적거謫居한 곳을 가리킨다.
296 조정(金門) : 한나라 무제漢武帝가 대완大宛의 말을 얻고 그 기념으로 동상을 만들어 노반문魯班門 밖에 세우고 그 문을 금마문金馬門이라 불렀다 하며, 금문金門은 금마문의 약칭으로 보통 대궐이나 조정을 가리킨다.
297 소사蕭寺 : 남북조시대 양梁나라 때에 절을 많이 이룩하였으므로, 양나라 황제의 성姓인 소蕭를 붙여서 소사蕭寺라고 하게 되었다.
298 초강楚江 : 초楚나라 굴원屈原이 시를 읊조리던 곳이다.
299 절집(蕭寺) : 주 297 참조.
300 옷을 대신하네 : 당나라 한유가 조주潮州로 좌천되었을 때 태전太顚 스님과 친분을 맺고 이임할 때에 의복을 주고 이별하였다.
301 복조를 노래하네 : 한나라 때 가의賈誼가 시기를 받아 좌천되자 〈鵩鳥賦〉를 지었던 일을 빗댄 것이다.
302 꿈속을 왕래하며~적 많다네 : 전국시대 장민과 고혜의 고사. 주 294 참조.
303 껄껄 한번 웃노라(一囅然) : 전연囅然은 웃는 모양을 뜻한다.

304 서강의 물 다 마시기 : 방 거사龐居士가 정원貞元 초에 마조馬祖를 찾아가 "만법과 더불어 짝이 되지 않는 사람이 바로 어떤 사람입니까?(不與萬法爲侶者是什麼人。)"라고 하자, 마조가 "네가 한입에 서강의 물을 다 마시고 나면 그때에 너에게 일러 주겠노라.(待汝一口吸盡西江水。卽向汝道。)"라고 했다는 데서 온 말로, 이 시에서는 화두 참구 수행을 가리킨다.『傳燈錄』「龐居士傳」.

305 기양技癢 : 자신의 기예技藝를 발휘하고 싶어서 몹시 안달하는 것을 이른다.

306 사형士衡 : 진晉나라 때 오군 사람 육기陸機의 자인데, 육기는 자기 아우 육운陸雲과 함께 문장이 당시 천하에 으뜸으로 일컬어졌다.

307 스승에게도 사양하지 않으리 :『論語』「衛靈公」에 "인을 행해야 할 때에는 스승에게도 양보하지 않는 법이다.(當仁。不讓於師。)"라고 한 공자의 말에서 나온 것인데, 여기서는 법에 있어서 스승에게도 양보하지 않음을 뜻하는 말로 쓰였다.

308 육환장 : 막대에 육환六環의 금석金錫이 달려 있어 석장錫杖이라 한다.

309 현관玄關 : 현묘玄妙한 도道의 문을 말하고, 도를 닦는 집의 문을 지칭하기도 한다.『寶燈錄』에 "현관을 크게 열고 바른 눈을 유통케 한다.(玄關大啓。正眼流通。)"고 하였다.

310 더운 여름(朱明) : 주명朱明은 하절기를 말한다. 한漢나라 황제가 입하일立夏日에 남교南郊에서 여름 귀신을 맞이하면서 〈朱明歌〉를 불렀던 데에서 유래한 것이다.

311 함장函丈 : 스승의 자리.

312 천제闡提 : 불성이 없어서 끝없이 윤회輪廻할 수밖에 없는 중생을 가리킨다.

313 대붕의 뜻(志圖南) : 도남圖南은 대붕大鵬이 북해에서 남해로 멀리 날아가는 것을 말하는데, 보통 포부가 원대하여 앞길이 창창한 것을 비유한다.『莊子』「逍遙遊」에 "붕새가 남쪽 바다에 옮겨 갈 때에는 물결을 치는 것이 삼천 리요, 회오리바람을 타고 구만 리를 올라가 여섯 달을 가서야 쉰다.(鵬之徙於南冥也。水擊三千里。搏扶搖而上者九萬里。去以六月息者也。)"고 하였다.

314 초파리(醯鷄) : 혜계醯鷄는 술 단지에 생기는 초파리 종류의 하루살이 벌레로, 주색酒色 등 향락에 빠져 패가망신하는 자들의 비유로 흔히 쓰인다.

315 나타태자 : ⓢ Nalakūvara 혹은 Nalakūbala. 불법을 호지하고 국계와 국왕을 수호하는 선신이다. 나타천왕那咤天王, 나나천那拏天, 나라구바那羅鳩婆, 나타구소경那咤矩所經, 나라구발라那羅鳩鉢羅로도 쓴다. 비사문천왕毘沙門天王의 다섯 태자 중의 하나이다. 나타태자는 손에 창을 집고 두 눈으로 사방을 관찰하여 주야로 국왕대신과 백관료속을 수호한다. 또한 비구, 비구니, 우바새, 우바이 가운데 남에게 나쁜 마음이나 살해하려는 마음이 있는 자가 있으면 나타가 금강 방망이로 머리나 마음을 찌르고 때린다고 한다.『最上祕密那拏天經』권상「最上成就儀軌分」.

316 정수리(頂門) : 정문頂門은 정문안頂門眼을 의미하는 듯하다. 마혜수라천摩醯首羅天(ⓢ Maheśvara)의 삼안三眼 중 하나로 지혜로 일체 사리를 투철하여 비추는 특수한 힘이 있다고 하는데, 뒤에 와서 탁월한 견해를 비유할 때 쓰인다.

백암집 하권
|栢庵集 下|

신영당기 新影堂記

능허凌虛 대사가 입적한 이듬해 문인 덕린德璘이 귀정사歸正寺[1]의 동쪽에 부도를 세웠고 그 이듬해에 제자 덕휘德輝가 사찰 정전正殿의 서편에 영당을 세워 식영息影과 서로 마주 보게 되었으며 마침내 옛것과 새것을 구별하게 되었다. 대사의 진영을 모사하고 보존하여 추앙하는 정성을 지극하게 하였는데 또한 구당舊堂이 낮고 좁았으므로 좋은 날을 골라서 그 구당에 걸려 있던 부용芙蓉・청허淸虛・뇌묵雷默・중관中觀・지백知白 다섯 대사 진영을 옮겨서 소昭와 목穆을 정하고 그 가운데 걸어 놓으니 위의와 형상이 완연히 살아 있는 듯하였다. 이른바 '법상法像이 찬연하다'고 할 만하였다. 또한 월사月沙 이정구李廷龜[2]가 찬한 청허당의 탑명 한 편과 대승戴嵩이 그린 선문禪門의 〈십우도〉 한 폭이 좌우에 걸려 있으니 월사 문장의 공교함과 대승 그림의 신묘함은 각각의 극치를 다하였다.

하루는 덕휘 스님이 나를 찾아와서 기문을 청했다. 내가 생각하기에 진영은 거짓이요 참된 것이 아니지만 거짓이면서 참이 아닌 것은 있지 않다. 장자가 "평상시의 행동거지는 특별하게 잡을 것이 없다."고 한 것은 기대하는 바가 있어서 그러한 것이겠는가? 진실한 것으로 거짓을 잡아내고 거짓을 좇아서 진실한 것을 구한다면 또한 족한 것이다. 비유하자면 하나의 달이 하늘에 떠서 천 개 강에 나누어 고루 비추는데 강에 나뉘어 비친 그림자만을 가리켜 달이라고 말하는 것은 어리석은 일이다. 이미 하늘에 달이 있고 난 뒤에야 강에 나누어진 그림자가 있는 것인데, 오히려 그것이 달이 아니라고 말한다면 또한 어떤 이치겠는가. 나뉘어 비치는 가운데에서 그 나누어지지 않는 본체를 구하는 것이니 참된 달은 곧 나누어져 있는 달에 있는 것이요, 둘이 아닌 것이다. 나뉘어 비치는 그림자를 떠나서는 참으로 진정한 달을 얻을 수 없음이 분명하다. 그렇다면 어찌 그 사이에서 진실과 거짓을 분별하겠는가.

또한 우리 부처님의 말씀을 곰곰이 생각해 보면, 보살과 나한이 상계像季[3] 중에 응화應化할 때에는 사문沙門과 백의白衣[4]로부터 갖가지 몸으로 나타나서 어두운 곳에 나아가 등불을 밝히고, 메마른 곳에는 단비를 내려 주며, 역병이 들었을 때는 약초가 되어 주고, 큰 기근에 곡식이 되어, 나타나지 않는 곳이 없다. 그렇다면 어찌 한 비구의 몸에 그치겠는가. 육통六通[5]과 사벽四闢[6]이 있지 않은 곳이 없으니, 위로는 해와 달과 별들이 찬란하게 빛나고, 아래로는 강하와 산악이 윤기 있게 무젖어 있으며, 곁으로는 푸나무와 금석, 재물과 곡식과 같이 편리하게 써서 중생을 이롭게 하는 것 가운데 한 가지 물건도 보살과 나한이 제도하여 교화하는 방편으로 베풀지 않은 것이 없으니, 참으로 그 모습은 다른 것에 빗대거나 의론할 수 없는 것이다. 혹시라도 그 진짜 모습을 모사하려고 한다면 어리석지 않으면 의혹하게 될 것이니, 이것은 아마도 한자韓子가 "하늘과 땅의 모습과 해와 달의 밝음은 그림으로 그릴 수 없는 것이로다."[7]라고 말한 경우이다. 비록 그렇지만 진실과 거짓의 상은 본래 동일한 것이 아니다. 그런데도 사람으로 하여금 믿음을 일으키고 우러러 바라보며 공경하도록 만드는 것은 이것을 버리고서는 실로 어렵기 때문이로다. 이것이 영당을 세우지 않더라도 초상을 설치하지 않을 수 없는 까닭이다.

상인이 일어나 절하고 "네, 네. 그렇습니다."라고 하였다. 이에 글을 적고 신영당기라고 하였다.

新影堂記

凌虛大師旣就寂之明年。門人德璘樹石鐘于歸正寺之東。又明年弟子德輝建影堂于寺正殿之西。與息影相接。遂以新舊別之。寫留大師之影。以致追仰之誠。而且以舊堂庫且狹矣。涓吉而移其舊堂所垂芙蓉淸虛雷默中觀知白五大士之眞。之昭穆。垂其中。儀形宛爾如在。可謂法像粲然者哉。又將月沙所撰淸虛塔銘一道。戴嵩所畫禪門十牛圖一幅。懸諸左右。文工畫妙。各臻其極矣。一日輝上人踵門而徵余記。余惟影者假也。非其眞也。然未有有其假而無其眞者也。莊周曰。行止起坐。其無特操者。有所待而然者耶。以眞卜假。從假求眞。斯亦足矣。譬如一月在天。而分照千江。獨指其分江之影。而謂之月。則是惑矣。旣有在天者而後。乃有分江之影。則抑謂之非月也。亦豈理也哉。就分照之中。求其不分之體。則眞月卽在於分之中。非有二也。離分照之影。固不得眞月也明矣。然則奚以眞假之辨於其間哉。且稽乎我大雄氏之說。則菩薩羅漢之應化於像季中者。自沙門白衣及現種種身。以至暗而明燈。旱而甘澍。癘世之於藥草。大侵之於稻樑。無所不現。然則與一比丘身而止哉。卽六通四闢。無乎不在。仰而日月星象之燦然。頫而江河山岳之潛潤。旁及草木金石。財穀之利用厚生者。無一物非菩薩羅漢之施設化度之方便。則固不可以擬議形容矣。倘欲摹寫其眞。非愚則惑。此豈韓子所謂乾坤之容。日月之明。不可以繪畫者耶。雖然眞假之像。本非一矣。而使人起信仰瞻敬者。捨此誠難乎哉。此其所以堂之不構。而與夫肖像之不得不設也。上人作而拜手曰。唯唯。於是書以爲新影堂記。

순창 영축산靈鷲山 축암사鷲岩寺 불전 중수기

호남 옥천군의 동북쪽에 영축산이 있고 그 산에 축암사란 절이 있으니 오래된 총림이다. 산의 늙은 승려는 임진왜란 전에는 불당과 전각들이 장대하고 승려들이 번성하였다고 말하나, 그 처음 지어진 연대와 역대의 일에 대하여 살펴볼 글이 없어 현재로서는 상세하지 않다.

흥하고 폐함은 예로부터 후지猴池[8]의 세월과 같이 깊지 않음이 없고 안자鴈字 당우堂宇[9]들은 오래되지 않을 수 없다. 비바람에 씻기고 깎여서 기와는 손상되고 기둥은 기울어졌으며, 먼지와 이끼가 엉겨 금벽金碧은 빛이 바래서 흐릿하다. 담장을 뚫는 쥐들은 이곳에 의탁하고 큰 처마를 고마워하는 제비들은 이곳을 떠나 버렸다. 나무는 늙고 승려는 죽었으며, 북은 망가지고 종은 침몰하여 절 문이 쓸쓸하여 버티기 어려웠다.

비야毘耶 거사[10] 김정명金淨名이란 이가 있었으니 유마힐維摩詰이나 방도현龐道玄[11] 거사와 비슷한 분이었다. 절터가 폐허가 된 것을 슬퍼했는데 보리의 수승한 원을 일으키고 여러 시주자들에게 모금을 하여 불당을 다시 세웠다. 나무를 깎아서 썩은 것과 바꾸고 진흙을 이겨서 무너진 곳을 메웠으니, 널리 사람을 모아 일을 성취함[12]에 그 형세는 새가 날아오르는 듯하였다. 또한 명부전으로부터 사왕문四王門에 이르기까지 썩고 꺾인 서까래와 평고대, 부서지고 깨진 기와들을 모두 수리하였던 것이다. 아! 수십 년간 황폐하게 무너져 내린 절이 하루아침에 새롭게 바뀌게 되었으니 어찌 일을 주관하는 능력이 있어서 이렇게 된 것이 아니겠는가?

예전에 월주越州 용흥사龍興寺 대전의 흙이 무너졌을 때 대중이 담언曇彦 선사에게 경영해 줄 것을 청하였다. 담언이 말하길, "이것은 내가 능히 할 수 있는 일이 아니고, 뒤에 비의非衣[13] 공덕주가 할 것이다."라고 하니, 절의 중들이 돌에 그 일을 새겨서 기록하였다. 당나라 대중大中 연간에 상국 배휴裵休가 관찰사로 나가서 자신의 봉급을 희사하여 절을 세웠으니,

담언 스님의 현묘하게 기미를 아는 것이 부절을 맞춘 듯 딱 들어맞은 것이다. 이는 일대사인연에 반드시 공덕주가 할 것이고 아니면 또한 시기가 더딜 것임을 알았던 것이다.

다만 거사가 아직 일을 일으키기 전에 거슬러 볼 수 있는 담언과 같은 선견지명이 없는 것이 한스러울 뿐이다. 이미 공교롭게 되자 직접 편지를 보내어 나에게 기문을 청하였다. 내가 거사의 뜻을 생각하니 어찌 기꺼이 이것으로써 자신을 자랑하여 타인이 알아줌을 바라서이겠는가. 다만 이 당우가 썩지 않기만을 바랄 뿐이다. 그 때문에 글을 잘 쓰지 못한다고 사양하지 않고 무너진 것을 복원하는 경위를 대략 기록하여 후에 이 사찰에 머무를 사람에게 알리는 것이다.

淳昌靈鷲山鷲岩寺重修佛殿記

湖南玉川郡之東北。有山曰靈鷲。有寺曰鷲岩。盖古叢林也。山之老釋。或稱其島夷兵燹之前。殿宇之壯。緇髡之盛。而但其經始之代祀。則於文無所稽。玆未詳焉。粤自興廢。復古以來。猴池歲月。不爲不深。鴈字堂宇。不得不古。風磨雨洗。瓦解棟搖。埃蘚凝駁。金碧漫漶。穿墉之鼠是托。賀廈之鷰斯去。樹老僧亡。皷死鐘沉。院門蕭然。難可枝梧。有毘耶居士金淨名者。盖維摩詰龐道玄之流亞也。悲淨域之爲墟。發菩提之勝願。募諸檀越。重葺佛宇。斲木以易其朽。調泥而補其壞。功由鳩僝。勢若翬飛。又自冥府殿。伯諸四王門。椽榱之腐者折者。陶瓦之敗者缺者。悉皆治之則已。噫。數十年廢壞之餘。一朝靡不易之以新。豈非有幹事之能而然耶。昔越州有龍興大殿隳圮。衆請。曇彦禪師。欲將營之。彦曰此非某之所能爲也。却後自有非衣功德主爲之。寺僧刻石以記之。至唐大中時。裴相國休。出爲觀察使。捨己俸以建之。而彦師之懸記。若合符契。則是知大事因緣。必有功德主爲之。而抑亦遲時者也。第恨未能有先見之明。而逆覩居士之未然。如彦師者。已工旣斷。手走書而請余筆之。余惟居士之志。豈肯以是爲自伐。以要人之知哉。只期斯宇之不朽而已。故不以不文爲解。畧識其起廢復古之由。以告後之居於玆寺者。

금산金山 비장암臂長菴 독의루기獨倚樓記

누각을 짓게 된 것은 오래전부터요 그것을 기억하도록 적어 두는 일 또한 오래전부터 있었으니, 지금 비장암의 새 누각에 관한 기 또한 짓지 않을 수 없는 것이다. 이 절은 산의 위쪽에 위치하여 상쾌하게 높이 올라간 곳으로 자리가 매우 좋다. 하물며 누각을 세워 놓고 그 위에 올라서니 괴이한 형상이 많고 기이한 형세는 번갈아 나타나서 눈이 어지럽고 산란한 것이 그 모양이 천만 가지를 헤아리는데, 푸른 바다는 하늘을 머금고 어지러운 산은 사방에 닿아 있다. 구름과 놀과 안개와 이내가 맑고 선명하며, 크고 작은 섬들과 나루와 맑은 물결이 휘돌아 감싸고, 교외 바깥 들에는 나무가 무성하게 아득하고, 옹기종기 모인 마을 집들에는 산뽕나무가 울창하게 심겨 있다. 아침저녁이 바뀌고 네 계절이 변화하는 데 이르러 삼연森然하게 섞이고 합치되지 않음이 없다. 처마 바깥에서 재주를 부리는 광대를 본뜬 듯하니, 이것은 모두 새로 지은 누각이 뛰어난 경개가 되는 까닭이다.

시인과 문인으로부터 동서를 다니는 여행객에 이르기까지 이곳에 이르러서는 날이 가도록 돌아가기를 잊어버리니 어찌 이 누각이 뛰어난 곳이 아니겠는가. 그렇지만 본색은 선승의 활안活眼 경계로 실제 피안에 있고 차안에 있지 않은 것이다. 색이 바로 공이니 비록 수미산이 바다를 가로질러 있더라도 성난 눈으로는 그 형상을 볼 수 없고, 공이 바로 색이니 비록 온 우주(十虛)가 모든 것을 싸안고 있으나 어리석은 마음은 그 형상을 피할 수 없는 것이다. 공은 색 외에 색이 없는 것이 아니니 색은 공이 아니요, 색은 공 외에 공이 없는 것이 아니니 공은 색이 아닌 것이니, 그렇다면 공이면서 색인 것인가. 색이면서 공인 것인가. 색에 있어서는 공이 아니면서 공은 저절로 공이고, 색 또한 공이며, 색에 있어서는 유有가 아니면서 색은 저절로 색이고 공 또한 색이니, 이것을 미루어 보면, 대천세계는 진실로 아득한 곳이 아니요 눈앞의 세상 또한 가까운 곳은 아닌 것이다. 어찌 이 한 누각에서 풍요롭게 조망할 뿐이겠는가.

　예전에 석가모니는 새벽별을 보고 깨달음을 원만하게 이루셨고 영운靈雲14 스님은 복숭아꽃을 보고 눈이 열리셨는데, 별과 꽃은 어느 해나 없지 않고 또한 어느 날이나 나타나지 않는 때가 없지만 반드시 육 년, 십 년의 긴 시간을 기다린 연후에 각을 원만히 성취하고 눈이 열리는 것이니, 아마도 오랜 기간이 쌓여서 그때를 기다리는 것인가?

　지금 이곳에 사는 자는 난간에 기대 맑은 기운을 감상하는 것이 하루로는 부족하다. 색은 공이고 공은 색이라는 관법에 육 년, 십 년 진실로 오래 노력한 공이 없고 그저 자연 풍물의 아름다움을 참례한다면 누가 "본분을 지키는 승려"라고 말하겠는가? 다만 이 장張 상좌뿐이니 어찌 독려하지 않을 수 있겠는가. 독려하지 않을 수 있겠는가.

　내가 방호方壺로부터 이 암자에 와서 머문 것이 일 년 반이 되었는데 올 여름에 홀연히 강송講誦하는 여가에 누각 위에서 배회하고 홀로 기둥에 의지하여 붓을 들고 여러 벽에 기록을 남겨 이 누각에 오르는 자에게 규범이 되도록 하였다. 이에 그 편액을 "독의루"라고 한다.

　누각은 을사년(1665) 모월 모일에 완성하였으니, 상운祥雲과 경환敬還이 좌우에서 누각의 공사를 일으킨 이들이다.

金山臂長菴獨倚樓記

樓居之作尙矣。而記而志之者。亦自古有之。則今於臂長菴新樓記。且不可不作也。是菴也。在山之上方。而爽塏居最。況架樓而臨之。詭形蔟縮。奇勢迭出。眩目而紛披者。萬千其狀。碧海吞天。亂山周遭。雲霞嵐靄之澄鮮。島嶼浦淑之縈廻。郊原綠蕪之迢迢。聚落桑柘之翕霫。以至明昏之貿。四序之變。森然雜遝。無不合形。効伎於簷廡之外。此皆新樓之所以爲勝也。自騷人墨客以至于行旅之東西者。莫不畢至而竟日忘歸。豈非以斯樓之勝歟。然而本色。禪衲之活眼境界。實在彼而不在斯焉。色即是空。雖彌盧橫海。而瞪目不能視其形。空即是色。雖十虛包括。而冥心。不能追其像。空非色外無色。色不是空。色非空外無空。空不是色。然則空而色耶。色而空耶。不空於色。而空自空。色亦空。不有於色。而色自色。空亦色。推此而觀之。則大千實非遠。而目前亦非邇矣。豈止此一樓眺望之富哉。昔大雄覺滿於晨星。靈雲眼豁於桃花。惟星與花。無歲無之。而亦無日不現。必待其六年十年之久而後。覺得滿眼得豁。豈積累而俟其時耶。今夫居此者。靠欄淸賞。日唯不足。旣無六年十年眞積力久之功。而且不於色空色空之觀。止參其湖山風物之美。則其誰曰本色衲僧云乎哉。只是箇張上座耳。可不勉乎。可不勉乎。余自方壺。來駐是庵。一年有半。而今夏忽因講誦之暇。徘徊於樓上。而獨倚楯檻。濡筆而誌諸壁。用規于登斯樓者。仍以扁之曰獨倚樓。樓成於乙巳某月某日。祥雲若敬還左右斯役以起者也。

『애련집愛蓮集』서

　시는 『시경』의 풍아風雅에서부터 도가 시작되어, 오언시와 칠언시를 짓는 것은 당唐에 이르러 정밀하고 깊고 뛰어나고 묘하게 되었고 극도로 흥치가 훌륭하고 기이하고 빼어나며 아려하게 되었다. 당나라 때는 시詩를 가지고 선비를 모았기 때문에 선비로서 세상에 태어났다면 어찌 시를 지어 울리지 않을 수 있었겠는가. 때때로 이름난 선비와 재주 있는 이들은 선림의 개사開士[15]와 서로 왕래하였다. 예컨대 이부시랑 한유韓愈와 한림학사 오융吳融과 도관都官[16] 정곡鄭谷, 처사 방간方干은 모두 당시의 수재들인데 그들과 함께 노닌 자로는 교연皎然과 무가無可, 관휴貫休, 제기齊己, 가명可明 같은 이들이다. 이러한 승려들은 선송禪誦 이외에 정을 따른 풍아風雅(시)가 속세의 것보다 뛰어나게 훌륭하다. 비록 시를 짓는 자보다 노성하나 모두가 그러한 풍치를 허여하였다. 그 뒤로는 비록 대대로 이르는 자가 없어서 그 정묘한 절창은 사라진 듯하였다. 한편 근세의 시인들 가운데 혹은 당시에 뜻을 두는 자가 있으나 표절하고 몰래 베끼기에 힘쓰는 것을 공교하다고 여길 뿐이니, 아울러 기운과 품격으로 주장함이 없다면 어찌 취할 것이 있겠는가.

　석가씨 애련愛蓮 스님의 이름은 신현信玄으로 행실을 잘 닦았고 도가 매우 밝아서 한가롭게 지내고 외물과 뒤섞이지 않았으며 부처를 섬기는 여가에는 성정을 음영하여 오언·칠언시를 잘 지었으나 깊이 감춰 두고 남에게 보이지 않았으므로 그 사실을 아는 이가 드물었다.

　아. 우리의 삶은 후세에 입으로 회자되지 않으나 성대한 덕과 심성은 숙세에 실컷 듣게 되는 바이다. 일전에 신현 스님의 덕행을 잘 듣고 기록하였는데 또 그가 남보다 뛰어남이 현저하다는 사실을 알겠다. 그의 제자 유색惟蹟이 그의 시 약간 편을 베껴서 묶어 가지고 찾아와 말하기를 "스승께서 평소에 말씀하시기를 지은 노래와 시는 매우 많으나 나무나 암벽

에 쓰셨다고 하셨습니다. 저희들이 손보고 고쳐서 기록할 겨를이 없어서 흩어지고 없어졌고 그 나머지 원고 약간 편이 오래된 상자 속에 있었는데 이것들이 전부입니다. 장차 책으로 묶으려 하니 서언 한마디를 부탁드립니다."라고 하였다.

내가 받아서 세 번을 반복해 읽으니, 대개 '지류를 거슬러 근원을 탐토하는' 격이었다. 뜻은 원만하고 격조가 높아서 과연 이전에 이른바 정심하고 단아한 자라고 할 만하였다. 모아서 편집하니 오언·칠언시가 겨우 오십팔 수였다. 이것으로 선사의 평석을 논한다면 어찌 태산의 한 터럭 까끄라기가 아니겠는가. 그러나 그 율조가 맑고 높아서 하나의 글이 비단이며 하나의 터럭이 봉황의 발임을 알 수 있으니 어찌 많다고 해서 귀하다고 하겠는가? 스님이 출가하여 도를 행한 사적은 이미 행장에 갖추어 있으므로 여기에서는 다시 쓰지 않고 다만 시집의 서문을 적는다.

愛蓮集序

詩自風雅道。息爲五七言詩者。至唐而精深妙絶。窮極興致。而奇偉雅麗。蓋唐之世。以詩取士。士生斯世也。孰不以詩鳴。徃徃名公茂才。好與禪林開士交相徃返。如吏部韓愈。翰林吳融。都官鄭谷。處士方干。皆時之秀。其所與者。則有皎然無可貫休齊已可明之流。由是釋子禪誦之外。緣情風雅。超邁絶塵。雖老於爲詩者。皆許其風致。厥後雖代不之人。於其精絶則蔑如也。且近世操觚之士。或有意於唐。而剽盜潛窃務爲工耳。兼無氣格而主之。何所取哉。釋迦氏愛蓮師諱。信玄行甚。修道甚明閑居偃仰。不與物雜。事佛之餘。則吟咏性情。長於五七言詩。深藏而不市。罕有知者。噫。吾之生也。後未及親炙。而盛德心聲。宿所飽聽。向因紀師之德行。又知其出於人也遠矣。其弟子惟贖衷其詩若干編。緘而致之曰。先師平日所著歌若詩甚夥。而或題樹葉。或書岩壁。不肯輩未暇繕錄。散逸遺葉之餘在陳篋中者止此。將欲繡梓。賜一言以弁之。余受而三復。盖沂流討源。意圓格高。

果向所謂精深雅麗者也。彙而編之。五七言僅五十八首。以此論禪師之平昔。則何趐泰山之一毫芒也。然其調律之淸高。一文知錦。一毛知鳳足矣。奚賢多焉。出家行道之事蹟。已具狀文。此不復書。止爲詩序。

명천明川 칠보산七寶山으로 돌아가는 지즙智楫 상인을 전송하는 서

우리나라 지역은 동서의 거리가 매우 좁고 남북의 거리는 아주 길며, 삼면은 모두 바다와 닿아 있다. 오직 북쪽으로 변방지방은 대륙과 이어져 있어 백두산과 거진巨鎭이 국경을 구별하여 북쪽은 오랑캐 땅이 되고 남쪽은 동국東國이 된다. 곤륜산과 총령蔥嶺[17]으로 오랑캐와 중하를 경계 짓는다면 백두산의 한 줄기가 구불구불 사막(瀚海)과 함께 동남으로 달려가니 울타리(藩蔽) 같다. 그러나 그 안에 고을이 스물세 개가 있어서 한 개의 도道를 이룬다. 서울로부터 회양淮陽에 이르러 철령鐵嶺을 넘은 뒤에 비로소 그 도에 이르니 풍속이 달라 풀로 옷도 지어 입고 집도 짓는다. 그곳의 산은 험하고 물줄기도 굽이쳐 돌아 백성의 재물이 조화되기 어렵다. 명천明川은 스물세 고을 가운데 하나이며 칠보산은 그곳에 있다.

나는 예전에 칠보산에 대하여 들었다. 그다지 험준하지 않고 그다지 넓고 광활하지 않으면서 아미산蛾眉山의 신기함과 무당산武當山의 아름다움과 무이산武夷山의 공교로움과 형악衡岳의 빼어남을 칠보산이 모두 갖추었다고 하였다. 또한 그윽한 시내는 겨울에 따뜻하고 물보라 날리는 샘물은 여름에 차디차서 칠보산의 승경이 된다고 한다. 입으로 전해진 것과 귀로 시끄럽게 들리는 것은 그 험하고 굽이친 것 가운데 유독 그렇지 않는 것이 있으니 모두 그 아름다움이 있기 때문이다.

승려 지즙智楫은 관외關外의 이름난 산수를 유람한 지 오래되었다. 홀로 이 산에서 그윽하고 깊은 것을 좋아하여 띳집을 엮어 기거한 지 팔구년이 넘었다. 작년 늦여름에서 초가을 무렵 지팡이를 날려 남쪽으로 가서 그 먼 경치를 모두 다 보고 와서는 이듬해 봄에 돌아가는 기러기가 짝을 지어 떠나가는 것을 보고 나그네 마음이 일어났다. 지금 그의 생각을 보니 고향에 있어서도 오히려 부족하여 만족하지 못하는 것 같으니, 내가 붙잡아서 머물러 있게 하고 싶지만 어찌 가능하겠는가. 나도 칠보산은 평소에 노닐기를 원하던 곳이나 아직 과감히 행하지 못했으니 그가 떠남에 대략 들은 바를 적어서 준다.

送智楫上人還明川七寶山序
東國地方。西距東則甚狹。南北之步最長而三面皆際海。唯朔北爲連陸。白頭巨鎭。界別區域。陰爲獠轇。陽爲東國。若崑崙慈嶺之限夷夏也。白頭一支蜿蜒並瀚海。走東南若藩蔽。然其內之爲州者。二十有三。而爲一道。自京師抵淮陽。踰鐵嶺然後。始達其道。風氣殊。卉服居。盖其山。厲其水。刻屈民物難諧矣。明川在卄三之一。而七寶山有之。余嘗聞七寶之爲山矣。不甚峭峻不甚廣蕩。而蛾眉之神奇。武當之偉麗。武夷之工巧。衡岳之挺秀。唯七寶摠而有之。而且幽潤冬溫。飛泉夏冷。七寶之勝。播乎口。喧乎耳者。以其厲且刻屈之中。獨能不然。而兼有其美故也。空門子智楫。雲遊關外之名山水者久矣。獨於此山。愛其幽邃鍾粹。縛芧而居者。餘八九載矣。昨年秋夏之交。飛錫南遊。極其遐觀遠視。翌歲春中。起旅思於歸鴻翩翩然猶逝。今觀其意。乃於故山。猶若不足不厭。余雖欲挽而留之。胡可得乎。余亦於七寶。素所願遊而尙未副焉。於其行也。畧叙其所聞者以畀之。

백련사白蓮社로 가는 칠봉七峰 인 공印公을 전송하는 시詩의 서

옛날에 명교明教 대사 계숭契嵩[18]이 혜원공慧遠公의 영당影堂에 제題하기를 "큰 우주의 희기噫氣[19]와 육합의 맑은 바람은 혜원공의 명문이요, 사해의 가을빛과 신산의 중용은 혜원공의 맑고 고매함이며, 흰 구름과 붉은 골짜기, 옥 같은 수초들은 혜원공이 깃든 곳이다."[20]라고 하였다.

내가 유람할 적에 일찍이 금錦의 여산廬山 백련사에 이르렀는데 지팡이를 끌며 배회하고 굽어보고 바라보기를 오래 하니 대웅전(像殿)의 경감經龕은 은은히 빛나서 불국토(瓊林)[21]가 되고 흰 구름은 문을 가리고 금빛 모래가 땅을 씻어 길상吉祥이 기름지고, 푸른 싹의 풀이 무성하여 멀리까지 향긋한 향기를 보낸다. 붉은 절벽의 바위 골짜기는 활짝 열려 깊고 널찍하며 위태롭고 가파른 절벽에 삼나무와 노송나무와 느릅나무와 녹나무들이 서로 가지와 줄기를 얽고 있다. 신령한 바람(靈籟) 스산하게 불고 하늘의 청명한 기운과 맑은 그늘은 사람을 차고 떨게 만든다. 향봉香峰에 이르니 문과 마주한 호계虎溪와 문에 맞닿은 천신天紳은 푸른 산빛의 상쾌함을 깨뜨릴 뿐이다. 맑고 찬 소리가 있고 만물의 빛은 어슴푸레하여 혜원공이 깃들어 머물던 그곳으로 구강九江[22]의 여산 또한 황홀하게 여기에 옮겨 놓은 것 같다. 혜원공이 머문 곳 같은 것을 보지 못한 것을 한스럽게 여겼는데 지금 칠봉 인 공이 수많은 성의 참례와 행각을 마치고 백련사로 돌아가 은거한다고 하니 내가 그가 떠남을 기뻐하여 글을 지어 전별하고자 한다.

"옛날 혜원공은 동림사 백련사에 있었는데 그림자도 산 밖에 나가지 않고 발길이 속세에 이르지 않은 것이 삼십 년이 되었다. 객을 보냄에 항상 호계까지를 한계로 삼았으며 연꽃 시계를 새겨 두고서 예념禮念하기에 때를 놓치지 않아서 정토에 태어날 것을 기약하였다. 그런데 팽성彭城의 유유민劉遺民과 예장預章 뇌차종雷次宗과 안문鴈門 주속지周續之와 신채

新蔡 필영지畢穎之와 남양南陽 종소문宗少文 등이 모두 세상의 영화를 버리고서 결사에 참여하였다. 또한 도연명은 부르고 영운靈運은 거절하며, 환현桓玄[23]은 꺾고 진주晉主는 사절하였으니 이는 모두 혜원공이 사람을 멀리한 높은 의취로 고금에 특히 뛰어난 일이다. 그대가 귀일하여 혜원공의 행적을 따라서 행하여 그것을 두면, 후세에 반드시 그 결사에 제題하기를 '대지가 내쉬는 기운과 육합六合(천지사방)의 맑은 바람은 인 공의 명문이요, 사해의 가을빛과 신산神山의 우뚝함은 인 공의 맑고 고매함이며, 흰 구름과 붉은 골짜기, 옥 같은 수초들은 인 공이 깃드는 곳이라.'라고 하리니, 인 공이여 힘쓰시라, 힘쓰시라."

送七峰印公徃住廬白蓮社詩序

昔崇明敎。題遠公影堂曰。大塊噫氣六合淸風。遠公之名聞也。四海秋色神山中聳。遠公之淸高也。白雲丹壑玉樹瑤草。遠公之棲處也。余遊方時。嘗到錦之廬山白蓮社。曳錫徜徉。顧眄頃久。則像殿經龕。隱暎瓊林之表。而白雲在戶。金沙淨地。吉祥肥膩。抽綠苯蓴。遠播馨香。丹崖石洞。闤闠序豁。懸危峭絶。杉栝梗楠。交錯枝柯。而靈籟蕭蕭。灝氣淸陰。逼人寒栗。以至香峰。對戶虎溪。臨門天紳。破靑山之色爽耳。有淸泠之韵。物色依俙。遠公棲遲之所。而九江廬岳。亦怳惚移於斯矣。恨未覿如遠公者駐之。今有七峰印公罷百城之叅遊。歸隱白蓮社。余喜其行。贈以言而餞之曰。昔遠公在東林白蓮社。影不出山。迹不入俗者三十年。送客常以虎溪爲限。刻置蓮華漏。俾禮念不失時。以期生淨土。若彭城劉遺民。預章雷次宗。鴈門周續之。新蔡畢穎之。南陽宗少文等。並棄世遺榮。爲結社之賓。且招淵明拒靈運。抗桓玄辭晋主。此皆遠公遠人高致。獨出於今古者也。公之歸一。襲遠公之行。而行而有之。則後世必有題其社曰。大塊噫氣。六合淸風。印公之名聞也。四海秋色。神山中聳。印公之淸高也。白雲丹壑。玉樹瑤草。印公之棲處也。印公勗之哉勗之哉。

백아산白鵝山 금선대金仙臺 상량문

세계는 오직 삼천세계인데 마한은 수미산(蘇彌)의 남쪽 경계의 복된 땅에 위치하며, 팔십한 개의 신선산은 푸른 바다의 동쪽 경계에 위치하여 이에 절(紺園)을 비로소 창건한다. 선업(白業)을 닦는 선대仙臺의 상인은 산수(岳濱)의 빼어남을 간직하여, 눈이나 얼음과 같은 맑은 자질로 고통스런 바다를 은혜로운 강물로 만들고, 나루를 얻어 곧바로 구제해 주노라. 선림의 도수道樹는 고상한 걸음을 흩어 넉넉히 노닐고, 마음에는 때가 없고 계율의 구슬은 찬란히 빛나서 이렇게 삼보에 귀의하는 공경스러운 일을 일으켜 이에 불이不二의 문을 열었다.

동림사 혜원 법사의 고매한 정신은 이미 백련선사를 결사하였고, 서악西岳의 휴休 상인의 맑은 의치는 일찍이 벽운정거碧雲淨居를 열어서 하늘을 가리는 구름과 안개를 헤치고, 상계上界에 해와 달을 돌게 하였으니 예전에 한 것을 지금은 어찌 그렇게 하지 않겠는가. 노반魯般[24]이 재목을 골라 좋은 것을 벌목하고, 백성들은 힘을 다하여 해가 뜨면 일을 하였다. 주춧돌을 뚫고 기반을 다져서 굳건함은 너럭바위와 같고, 층층의 기둥으로 통桶을 새기고 위태로운 산굴과 높이를 다투네. 숲은 푸른 삼나무로 빽빽하니 흡사 장춘원長春苑[25]에 들어간 듯하고, 처마에는 옥토끼가 매달려 있어 불야성으로 이어지는 듯하다. 푸른 원앙에게 신묘한 법규를 취하고 흰 말과 신령한 자취를 아울러, 산구山九의 공이 이미 성취되니 들보를 드는 상량의 노래가 의당 일어나리라.

동쪽 자라 등의 푸른 산봉우리(靑螺)[26] 점점이 먼 하늘에 떠 있고 해가 처음 창을 비추자 승려가 선정에서 나오는데, 대숲 부는 바람에 붉은 꽃잎 떨어지노라.

서쪽 은빛 바다의 놀란 파도에 극락을 바라보며 삼가 절을 올리자 한 바퀴의 붉은 해가 대나무 반쯤 내려 비추노라.

남쪽의 선재동자는 오십삼 선지식을 따르고 한 번 묘한 빛을 보고는 코끼리 수레를 돌려 걷는데 문득 동참하는구나.

북쪽으로는 천 개의 푸른 봉우리가 북두에 닿을 듯하고 구불구불 향불 연기 사그라지는데 『묘법연화경』을 외우니 만다라 꽃비가 느릿느릿 떨어지도다.

상제는 진여 자리에서 만상을 머금으니 오색의 광명이 안팎으로 통하노라. 팔부신중과 용신이 모두 회향하니 금수金水를 내린 풍륜風輪[27]이 변화(幻化)를 가지노라. 푸른 바다의 여의보주가 야광을 비추니 파도의 신은 매우 귀함을 알도다.

엎드려 원하나니 상량한 뒤에 제천諸天이 모두 호위하고 사부대중이 함께 임하여, 지혜 등불의 광명이 높이 내리쬐는 해와 함께 나란히 비추고 법수法水와 단비의 윤택함이 때에 맞는 좋은 비처럼 두루 촉촉하게 적시게 되기를 바랍니다.

白鵝山金仙臺上樑文

世界單三千。馬韓居蘇彌南畔福地。八十一仙山。在碧海東邊。載創紺園。要修白業。仙臺上人。岳瀆孕秀。氷雪清姿。苦海恩河。得要津而直濟。禪林道樹。散高步而優遊。心鏡無塵。戒珠有耀。抑起歸三之敬。爰開不二之門。東林遠法師之高情。已結白蓮禪社。西岳休上人之淸致。曾啓碧雲淨居。豁雲霧於中天。回日月於上界。古所作矣。今胡不然。魯般掄材時。伐其美者、齊民獻力。日出而作焉。鑿礎鐫基。共磐岩。而等固。層楹刻桷。與危峀而爭高。林雜蒼杉。似入長春之苑。檐懸玉兔。疑連不夜之城。取神規於青鴐。駢靈蹤於白馬。爲山九之功已就。擧修梁之頌宜興。東鰲背青螺點遠空。初日照窓僧出之。竹風吹起落花紅。西銀海驚濤雪嶺齊。樂國在瞻勤禮足。一輪紅日半竿低。南善友從來五十三。一覩妙光回象駕。不勞攑步便同叅。北積翠千峰干斗極。香篆銷殘誦妙蓮。曼陀華雨氃氋落。上帝座眞珠含萬像。五色光明表裡通。龍神八部皆回向。下金水風輪持幻化。滄海驪珠照夜光。波神知貴不如價。伏願上梁之後。諸天咸衛。四部同臨。慧燈智炬之光。與杲日而齊映。法水甘霆之閏。將時雨而普滋。

징광사澄光寺 수진실垂眞室 상량문

금화산金華山에 연꽃이 솟아오르니 천지간이 신선 세계[28]로다. 여래의 옥호玉毫[29]에서 빛이 퍼져 부처와 조사의 의표儀表를 물들이고 같은 감실에 서까래 두어 개로 불성을 좇는[30] 구역을 삼아 수만 대중이 마음을 의지하는 곳을 만들었다. 상인上人이 어산의 범패를 크게 진작하고 두루 부처의 법문을 들으니 감히 몸을 굽혀[31] 맑은 박달나무를 범하고 새롭게 하기를 기약하여 그것을 신축하였도다. 걸어갈 때면 용 같은 들보[32]가 구름과 이내에서 빛을 가린 것이 보이고 단청과 도금이 바위 골짜기에서 반짝반짝 비추리라 생각된다. 이러한 대장大壯[33]을 얻으니 곱구나 거듭 밝음이여.[34] 그것을 바랄 때에는 하늘을 오르듯 어려웠는데 그것을 이루니 손바닥 뒤집기처럼 쉽게 하였도다.

오늘 법석을 다시금 새롭게 열어 일시에 저승과 이승의 중생들을 모두 도와주네. 종승宗乘[35]을 여니 팔현금을 연주하는 운수납자들은 달리는 물과 같고, 신비한 계책(睿筭)을 축원하니 만백성의 산호 소리(山呼)[36]가 우레처럼 진동하도다.

澄光寺垂眞室上梁文

金華擢芙蓉。乾坤是壺中別界。玉毫動光。彩佛祖之儀表。同龕數椽。爲息影之區。萬衆作歸心之所。上人大振魚山之梵。普聞海潮之音。敢磬折而干于淨檀。期鼎新而爲之營繕。虹樑虬棟。行看掩映於雲烟。抹綠塗金。想見照耀於岩壑。取玆大壯。麗乎重明。雖望之。若登天之難。則成之。如反掌之易。今日重新法席。一時咸贊幽明。演敭宗乘。川奔八絃之雲衲。祝延睿筭。雷動萬口之山呼。

침굉헌枕肱軒에게 답하여 올리는 계啓

　키 큰 교목(梗楠)이 그윽한 골짜기에 솟아 있으니, 저력樗櫟[37]의 쓸모없는 재목과는 전혀 다르고, 막야鏌鋣[38]가 풍성豊城[39]에서 빛을 감추고 있으나 어찌 연도鉛刀[40]의 둔한 근기에 빗댈 수 있겠습니까. 그러므로 노반魯班[41]의 훌륭한 솜씨로 먹줄로 큰 기둥을 자르고 오사吳土[42]의 넓은 지혜를 만나 원망하는 기운은 우·두성牛斗星에서 녹습니다. 이물異物을 헛되이 버리지 않으니 위대한 사람 또한 이와 같습니다.

　대사의 도행은 홀로 높으니 솔바람과 물에 비친 달은 그대의 청화清華에 빗대기에 부족하고, 정신은 상쾌하니 신선의 이슬과 밝은 구슬로 어찌 그대의 밝고 윤택함을 본뜨겠습니까. 어려서 추정趨庭[43]의 가르침을 받들어 삼전오경三傳五經을 열람하고, 일찍부터 세간을 뛰어넘는 재주를 가지고 백세천고를 함께하였습니다. 큰 기러기가 날개를 이루지 못하였으나 일찍 구름을 능멸하는 포부를 가졌고, 호랑이가 털이 마르지도 않았으나 벌써 소를 잡아먹을 기운[44]이 있었습니다.

　이에 금원金園[45]의 도를 사모하여 검은 머리를 잘라서 흰옷을 검게 물들이고, 옥거울과 같은 맑은 마음으로 법의 칼날을 담금질하여 지혜와 진리의 횃불을 태웠습니다. 도덕의 그릇에 흠이 없으니 인천人天의 공경에 어찌 부끄럽겠습니까. 천 년을 높이 솟아 마룡馬龍[46]을 쫓아 뒤가 끊어졌고, 외로이 일세의 의표가 되어 징집澄什[47]을 몰아 앞길을 밝혔습니다.

　다만 지금은 부박한 세상[48]으로 성인의 길이 없어져서 크게 열리지 못하고, 순박한 기풍은 옛것이 바뀌어 어두운 밤이 지속되고 새벽이 오지 않고 있습니다. 하물며 다시 현묘하게 텅 빈 도는 푸른 은하수처럼 높아서 헤아리기 어렵고, 맑은 진여의 근원은 푸른 바다처럼 광활하여 나루가 없습니다. 이에 꾸물꾸물하게 어리석은 범부가 작은 꾀[49]를 써서 이로운 말을 다투고, 구차하고 용렬하며 비루한 이가 대음大音의 희유한 소리를 비웃는다면 어찌 산비둘기(鷽鳩)⁵⁰가 느릅나무와 박달나무에 이르러 장대한 구만리의 포부를 책망하고, 거미가 가시나무 덤불에 늘어서서 천 길 높이의 부상扶桑⁵¹을 짐작하려는 것과 다르겠습니까. 하지만 강물의 흐름은 흙덩이 하나의 힘으로 막을 수 있는 것이 아니고 등림鄧林⁵²의 나무를 어찌 여러 칼로 제거할 수 있겠습니까. 고인이 절실하게 법을 위하는 마음을 살펴볼 때마다 몸이 사라지는 듯하고 후생으로 두려워할 만한 행위가 없음⁵³이 부끄러우니 얼굴이 반드시 두꺼운 것입니다. 강좌江左에 관이오管夷吾⁵⁴가 있어서 저는 이미 친견하고, 제나라가 악정자樂正子⁵⁵를 등용하니 백성들이 듣기를 기뻐합니다. 향나무 제단에서 주맹主盟을 받들어 원근에서 소생하기를⁵⁶ 바라고 저궁渚宮⁵⁷의 허선백許禪伯은 승속이 귀의하는 정성을 약속하였습니다. 이에 보배 뗏목이 나루에 닿아서 고통 바다에 빠진 것을 벗어나게 하고, 대도大道의 세계로 인도하여⁵⁸ 묘하게 장엄한 큰 길⁵⁹을 보여 줌에, 빛남이 매우 밝습니다. 유풍은 오히려 남아 있는 것이 있어 널리 칼 놀림(游刃)⁶⁰을 섭렵하여 미천彌天⁶¹께 부끄럽지 않고, 날렵한 언변과 넓은 근기이니 어찌 밝게 깨달은 이에게 부끄럽겠습니까. 게다가 사림詞林(문장)의 옥수玉樹⁶²로써 놀라 혀를 내두르게 하니, 필봉의 용천龍泉⁶³검을 새로 숫돌에 간 것과 같습니다. 회소懷素⁶⁴와 같은 독보적인 인걸로써 다른 이와 비견할 수 없으며 총명한 절세의 재주로써 오히려 수레를 받들 정도입니다.

저는 천성이 매우 어리석어 현인을 보고 가지런할 것을 생각하고 깊이 뜻만 크고 이루지 못할 것을⁶⁵ 몹시 걱정하였고 거북이 자신을 감추어⁶⁶ 쓰지 않는 지혜를 간절히 사모하였습니다. 이 때문에 산행 육칠 리를 오직 대나무 지팡이와 짚신으로 다니고 초가집 여덟·아홉 채에 한갓 배고프면 먹고 피곤하면 잠이 들었으니, 나와 남을 모두 없애 버리고 바위의 원숭이와 함께하고 소나무의 학과 무리 지었으며, 영화로움과 욕됨을 모두 잊어 푸른 산과 번화한 도시의 길을 나란히 여겼습니다. 이미 물길이 나뉘어 맑고 탁함이 분명하니⁶⁷ 사람을 따라 질곡에 빠지는 것을 어찌 즐기겠습니까. 맛은 시고 짠 것이 다르니 세상과 모순되는 것⁶⁸을 보았습니다.

그런데도 십 년을 청하여 수레를 내어 스스로 가기를 도모하고, 한 구절로 사람을 흥기하여 감히 선각을 흉내 냈습니다. 사대육신을 유통하여 비록 인을 당해서는 스승에게도 사양하지 않는다고 하나⁶⁹ 미력으로 일을 맡아 요의를 깨닫기 어려울까 두려워했으나 다행히 푸른 눈과 반면半面으로 화엄에 수레 덮개를 기울이고⁷⁰ 경서를 상에 두고 송사松社에서 여름철에 결사하여 홰나무가 그늘지기에 이르렀습니다. 온 땅을 산보하여 달빛(月華)에 정신을 맑게 하고 창가에서 진리를 이야기하며 잠자기를 잊어버렸습니다. 하윤河閏 아홉 리에 어찌 목욕하는 은혜가 없겠습니까. 넓은 집 천 간을 안식처(帡幪)⁷¹로 얻었습니다. 애오라지 나물을 캐서 경거瓊琚⁷²에 보답하듯 〈백설곡白雪曲〉과 〈양춘곡陽春曲〉을 지어 벗을 위하여 노래를 바치나니 야광명월을 어찌 어둡다고 타인에게 주겠습니까.

答枕肱軒啓

梗楠聳幽壑。絕殊樗櫟之散材。鏌鋣晦豊城。豈比鉛刀之鈍器。故以入魯班之大手。繩削任其棟樑。遇吳士之博知。宛氣銷於牛斗。異物不虛弃。偉人亦如斯。大師道行孤高。松風水月。未足比其清華。神資爽拔。仙露明珠。詎能方其朗潤。幼奉趍庭之訓。閱三傳五經。夙負超世之才。等百世千古。是知鴻鵠未成羽。早抱凌雲之心。於菟未燥毛。先有食牛之氣。乃者金園慕道。剪黑髮而染素衣。玉鏡澄心。淬法刄而燃慧炬。道德之哭無缺。人天之敬何慚。迥秀千年。追馬龍而絕後。孤標一世。駕澄什而光前。但以澆俗移今。聖路堙而未闢。淳風替古。長夜昏而不晨。況復妙道虛玄。碧漢高而莫測。眞源淨淥。滄海濶而無津。是用蠢蠢凡愚。爭小點之利口區區庸鄙。笑大音之稀聲。則何異鷽鳩槍楡枋。誚壯圖之九萬。蜘蛛羅枳棘。擬扶桑之千尋。然而河漢之流。非一塊之能塞。鄧林之木。豈集刄之可除。每自觀古人。切爲法之心。軀或亡也。愧後生無可畏之行。顏必厚焉。屬以江左管夷吾之存。余旣親見。齊國樂正子之用。民所喜聞。香壇推主盟。遠近有來蕪之望。渚宮許禪伯。道俗約歸投之誠。於是寶筏橫津。極苦海之沉溺。金錍刮膜。示妙嚴之康莊。光耀不已多乎。遺風猶有存者爾。其博涉游刃。無愧彌天。捷辯洪機。何慚明覺。加以詞林玉樹。驚互礧舌。筆鋒龍泉。新若發硎。懷素獨步之傑。未可比肩。皎然絶世之才。猶堪捧駕。若余者賦性甚魯。見賢思齊。深虞畫虎之未成。切慕藏龜之無用。是以山行六七里。惟存竹杖芒鞋。芋芰八九椽。徒自飢飯困眠。物我霎遣。岩猿共松鶴同群。榮辱俱忘。青山與紫陌齊致。旣而派分涇渭。肯隨人而桎梏。味殊酸醎。見與世而枘鑿。然而十年請益。圖發軔而自行。一句興人。敢倣噸於先覺。流通事大。雖不讓乎當仁。荷擔力微。恐難決乎了義。幸以青眸半面。傾盖華嚴。黃卷連床。結夏松社。以至槐陰。滿地散步。怡神月華。臨窓談理。忘寢所幸。河閏九里。豈無沐浴之恩。廈廣千間。可得骿蠔之庇。聊採蔬笋。以報瓊琚。白雪陽春。爲知音而獻曲。夜光明月。豈以暗而投人。

전라감사가 보낸 쌀과 필묵에 감사하며 받들어 올리는 계 啓

도는 목격目擊에 있으니⁷³ 어찌 귀하고 천한 것에 다름이 있으며, 뜻이 부합하여 형체를 잊는 것⁷⁴에 어찌 도성의 저잣거리와 산속의 절이 다르다고 말하겠습니까.

문득 부족한 시를 드려서 외람되게 맑은 눈을 더럽혔는데, 특별히 칭찬을 받고 은혜로운 선물을 보내 주셨습니다. 안연의 도시락밥(簞食)⁷⁵으로 자주 굶었는데⁷⁶ 흰쌀을 보내 주시고 붓(尖頭奴)⁷⁷의 형제가 함께 이르고 또 현향玄香⁷⁸을 더해 주시니, 기쁨이 눈썹에 모이고 바라지도 않은 은혜가 드리워졌습니다. 생각해 보면 지푸라기 같은 미천한 자질과 부평초 같은 헛된 인생으로, 하나의 발우와 옷 세 벌로 영원히 세간의 명성과 이로움을 멀리하고 천산과 만 강으로 오랫동안 물상 밖의 안개와 놀 속에 숨었습니다. 관성자管城子⁷⁹와 송자후松滋侯⁸⁰가 어찌 벗이 되며 장안미長安米⁸¹와 앙산반仰山飯⁸²으로 창자를 지탱하기 어려웠습니다. 사슴들과 무리를 함께하니 홀로 창촉菖歜⁸³을 즐깁니다. 상공을 만나서 기름진 밥을 배불리 먹게 되고 붓과 먹은 빛이 납니다. 자줏빛 술의 금빛 휘장은 지위가 우임금의 솥과 같이 무겁고, 상아 깃발과 옥 부절은 은혜가 소백召伯의 감당나무처럼 도탑습니다. 넉넉한 파도에서 무젖어 헤엄치고, 휘황찬란한 빛이 어두운 방을 비추는 듯, 알아줌이 여기에 이르니 갚을 길이 아득합니다. 감격의 눈물이 수저에 떨어져, 스스로 모기 같은 소찬素餐을 부끄러워하며 붓(毛錐)⁸⁴이 탈영脫穎⁸⁵하듯 뛰어난 당신의 수명이 항상 터럭과 같기를 바라나이다.

奉謝湖伯賚米及筆墨啓

道存目擊。豈有榮貴下賤之殊。志合形忘。孰云城市雲林之遠。輒貢惡詩。

猥塵淸覽。特蒙獎許。俯賜沾濡。顏氏子之簞食屢空。見及白粲。尖頭奴之弟兄俱至。加以玄香。喜集眉端。恩垂望外念。草芥微質。萍梗浮蹤。一鉢三衣。永謝世間聲利。千山萬水。久韜象外烟霞。管城子松滋侯。詎堪爲友。長安米仰山飯。難以撐膓。與麋鹿同群。獨菖歜爲嗜。遇相公閣下。膏粱飽德。翰墨生光。紫綬金章。位重神禹之鼎。牙旋玉節。恩偏召伯之棠。涵泳餘波。輝光暗室。受知至此。圖報茫然。感涕垂匙。自愧素餐之如蟻。毛錐脫穎。恒願壽箑之齊毫。

수월암水月庵 주인에게 보내는 통계通啓

　수레를 기울여 이야기 나눈[86] 오래된 벗으로 반생 동안 교분을 맺은 것이 이미 오래되었고, 서로 만나[87] 의심 없이 이웃 절에 주석하기를 맹세한 것이 얼마 안 되었는데, 감히 현사玄沙의 흰 종이를 써서 공손하게 열 줄 편지[88]를 씁니다.
　오직 암주께서는 각해覺海의 배이며 종문宗門의 주춧돌로, 무심한 구름이 골짜기에서 나오듯 가는 곳마다 집을 삼고 흡사 물이 도랑을 이루듯 문득 도량을 만나면 기뻐하는군요. 쪽보다 푸르고 꼭두서니보다 붉어서 스님은 이미 마음이 차갑고, 모래가 금이 되고 돌이 옥이 되어 사람들이 모두 눈을 비비고 바라봅니다. 맑은 바람이 새벽에 일렁이자 일만 골짜기에 피리와 생황 소리 성대하고, 고요한 물은 저녁에 맑디맑아 파도에 하늘의 별과 달이 찍혀 있듯이, 말하고 침묵하고 나아가고 물러남이 다시 시절인연임을 알았습니다.
　저는 학문은 깊은 연구로 이치를 파헤치지 않았고 지식은 묘함을 다하지 않았으니, 꿀로 만든 개가 도둑을 막는 것과 같아 위태롭기가 바둑돌을 쌓아 올린 듯하고 나무로 만든 닭이 새벽을 알리는 것과 같아 두렵기가 꼬리를 밟는 것처럼 심합니다. 봄의 난초와 가을의 국화가 비록 각자의 향기를 내듯이 이웃이 부자이고 집이 가난하여도 어찌 촛불 밝히기를 바라지 않겠습니까.

通水月庵主啓
　傾盖如故。半世投交之分旣深。盍簪勿疑。隣寺主席之盟在邇。敢用玄沙之白紙。恭修一札之十行。惟庵主。覺海舟航。宗門柱石。無心雲出岫。不妨到處爲家。有似水成渠。便是逢場作喜。靑於藍絳於茜。師旣寒心。沙之金石之玉。人皆刮目。淸風動曉。韵酬萬谷之簫笙。止水澄夜。波印一天之星月。旣會語默。進退。更是時節因緣。如某者。學匪鉤深。識不臻妙。類葯狗之防盜。危如累某。責木鷄之司晨。懼甚蹈尾。春蘭秋菊。雖各自馨香。隣富家貧。豈無望照燭。

서석산 한閒 대사에게 회신하는 계

　십 년 동안 이별한 뒤로 나이 먹고 노쇠하여 감을 깊이 탄식하였는데 한 통의 편지가 이르니 이는 바로 푸른 나무가 새로워지는 때이로다. 자네가 보낸 편지 봉투를 열어 남용南容이 규圭 시를 읽듯 여러 번 읽고[89] 귀신도 울릴[90] 좋은 시를 같은 날에 함께 보았으나 오히려 스스로 답장(陳箋)이 늦어진 것이 부끄러운데 어찌 송구하게도 먼저 안부를 물으셨는가.
　대사의 뜻은 잘 자란 소나무와 같고 행동은 향기로운 난초와 같구려. 늦게 취미翠微 장로께 예참하여 이내 바닷물의 일미一味[91] 가운데 손가락을 담가 보게 되어[92] 멀리 석옥石屋 선사로 거슬러 올라가 십 세世 아래의 내손來孫이 되었으니 어찌 홀로 염화미소의 현묘한 뜻을 진작하지 않겠으며 또한 불경의 신령한 글을 뒤적이지 않겠는가. 그러므로 이내 구리화로를 손으로 드니, 멀리 치자꽃 핀 절[93]에서 향기가 전해 오고 구슬 거울같이 마음이 맑아져 이미 파초[94]를 새벽녘에 깨닫노라. 뜻은 마명馬鳴·용수龍樹와 나란하여 삿됨을 꺾어서 바름을 드러낼 것을 맹세하고 기량은 도안道安·혜원慧遠과 같아서 가르침을 널리 펴는 것을 마음으로 삼고자 발원하였도다.
　또한 욕망의 바다 일렁이는 파도에 육도六度[95]의 보배로운 배를 띄우고 어두운 하늘이 무명으로 깜깜한 곳을 아홉 가닥의 밝은 등불[96]로 비추노라. 삼마지三摩地[97] 가운데로 비록 헤아림 없이 다 들어가고 팔성도 위를 움직임 없이 두루 행하리라. 저 안자顔子의 도시락과는 달리 항상 하나의 오지 발우(瓦鉢)를 가지고, 동중서董仲舒[98]의 기운 옷과 달리 오직 일곱 근의 적삼을 입노라. 일불一佛의 수레를 몰아 동야東野[99]의 선善을 비웃고 저 사안락四安樂에 머무니 남곽자기南郭子綦의 망연한 모습[100]이 아니라네. 더욱이 문단의 가지와 잎은 번성한 모습이 견림堅林[101]과 무성함을 다투고 학문의 바다의 파도와 물결은 드넓어 법의 바다와 깊이를 함께하노라.

회소懷素¹⁰²는 독보적인 재주로 이름나서 붓으로 천군을 쓸어버리고 찬녕贊寧¹⁰³은 구첨具瞻(재상)의 자리에 거처하며 가슴속에 구류九流를 관통했다네. 하물며 다시 기억하고 널리 듣는 것은 도안道安의 변정辨鼎¹⁰⁴과 같고, 신통하고 기이함을 드러내는 것은 구마라집의 바늘 삼킴(食針)을 사모하노라. 삼지三智의 물줄기를 뚫어 연초蕪草의 억지 학문을 멸하고 사변四辯의 구름을 펴고 맺어서 기름 바른 입술로 웅장한 말을 펴노라. 붓을 뽑고 글을 지어 대략 선을 면려하고 악을 누르며, 책을 펴고 눈을 움직여 반드시 파도를 따라서 근원을 탐토하노라. 그것으로 가슴에는 여덟아홉 개의 운몽雲夢¹⁰⁵을 머금고서야 비로소 설두雪竇의 큰 근기가 되고 입으로는 백천 개의 게송을 외워서 달다達多¹⁰⁶의 총명한 깨달음을 얻게 되나니 얼마나 위대한가. 그 경지에 미치기가 드물도다.

나와 같은 이는 선정은 지수止水¹⁰⁷에 부끄럽고 도는 등을 전하기를 사양하노라. 옥을 아직 깎고 다듬지 못하였으니 어찌 연성連城¹⁰⁸의 높은 가격을 받을 수 있으리오. 저樗나무는 다만 버려졌으니¹⁰⁹ 누가 길이 아름드리 좋은 재목을 말하리오. 장대한 바다에서 신선이 되지 못하여 부질없이 구천의 적막한 저승을 바라보고 기야冀野¹¹⁰에서 발을 펴지 못하고 한낱 팔준마가 달리는 것을 부끄러워하노라. 푸른 바다의 깊이를 헤아리지 못하는 데 이르러 그릇은 소라 술잔과 같고, 푸른 은하수의 넓이를 궁구하기 어려워 식견은 관규管窺¹¹¹와 같도다. 성상性相의 종지를 이해하지 못했으니 진실로 서로 맞지 않아 들어가기 어렵고, 이미 부처가 되는 이치에 어두워 스스로 창과 방패를 가지고 서로 공격하였노라. 일찍이 도가 아닌 책은 읽지 않았으니 어찌 겨울 석 달에 읽은 문사文史로 쓰임이 족하겠는가.¹¹² 일찍이 남의 이목에 인정을 받지 못하고 오히려 한평생을 한가하게 보내며 걸리는 것 없이 지냈노라. 도는 아직 삼명三明¹¹³도 증득하지 못했으니 어찌 해탈을 말하겠는가. 개사開士는 키가 칠 척이 되지 못하여 사람들이 '작은 장부'(眇小丈夫)라고 부르는데도 숙세의 좋은 인연을 이어서 다행히 명明 스님의 제접과 가르침을 만나서 미래에 극락의 과를 이루리라. 또한 선우의 가르침에 도움을 받아 외람되게 선종의 자리에서 스승과 빈객이 되어 거듭 조사의 달빛이 빛나며 외람되게 조계의 적통을 잇고, 어려서 종풍을 익혀 날마다 십이시에 마음은 오직 부처와 불법과 승려의 삼보에 있으며 백천 겁을 태어나도록 도를 행함은 선지식의 한마디 말씀에서 시작하였도다. 장차 다시 굶주리면 솔잎을 먹고 목마르면 샘물을 마시며 평생의 표일한 의취로 유유자적하여 낮에는 구름을 보고 밤에는 달을 읊조렸으니 모두 헛된 세상의 헛된 이름을 잊게 하는 것이고 순임금의 음악 〈소소簫韶〉[114] 아홉 곡(九成)을 대신하였노라.

고요히 숲의 새소리를 듣고 호강 다리(濠梁)[115]의 장자와 혜시를 추모하고 한가하게 연못의 물고기를 세면서 가진 것 없이 삼베옷을 입고 풀자리에서 지냈도다. 들판에 있는 것을 병으로 여기지 않고 붉은 수레와 자줏빛 술을 단 벼슬아치의 귀함은 나에게 있어 뜬구름과 같고 등나무에 쥐들이 먼저 달려드는 것을 탄식하노라. 안월眼月(心月)이 어둠을 향하고 나무의 원숭이는 고요하기 어려우니 귀밑머리는 더욱 많이 세어 이에 양쪽에서 서로를 그리워하여 형체와 그림자는 산과 강이 가로막혀 있구나. 흰 구름과 붉은 나무로 가을빛이 이별의 근심을 보태고 있었으니 어찌 붉은 기러기[116]가 날아올 것을 생각했으리오. 갑자기 소자경蘇子卿[117]의 편지(尺素)[118]가 전해졌도다. 누렁이[119]가 달려와 육사형陸士衡[120]의 맑은 시를 함께 가져와 편지의 글자[121]에서 광채가 일렁이니 필체(八法)는 스님의 것이라. 색정索靖[122]의 주련으로 한가한 이야기를 본받고 오언五言이 오가니 소주蘇州와 흡사하도다. 그러나 〈백설곡〉과 〈양춘곡〉은 영郢 땅에서 진실로 화답할 이 적고 〈고산곡高山曲〉과 〈유수곡流水曲〉은 부질없이 백아伯牙의 거문고에서 손가락을 튕기네. 흡사 황금을 허빈虛牝[123]에 던짐과 다름이 없고[124] 밝은 달을 어두운 곳에 던짐과 다르지 않도다. 다만 보잘것없는 시[125]로 시와 노래를 엮어 좋은 지초와 난초로 여기니 비유를 늘어

놓은 것이 오래될수록 더욱 향기롭구나. 비록 어린 아녀자(幼婦)[126]의 말은 없고 억지로 얼굴에 땀을 흘리고 손가락에 피가 나지만,[127] 이미 가난한 여인의 추한 얼굴을 잊어버렸으니 어찌 가슴을 치며 얼굴 찡그리는 것을 본받지 않겠는가.[128] 붓을 날려 한마디 말을 하고 사운시를 지었도다.

回瑞石閑大師啓

十年別來。深嗟白首衰暮。一封書到。正是碧樹新秋。坏緘圭復之多時。泣鬼瓊章之同日。猶自愧陳箋之不速。奈何辱垂問之相先。大師志茂松筠。行芳蘭蕙。晚叅翠微長老。仍染指於一味之中。遠溯石屋禪師。作來孫於十世以下。豈獨振拈花之玄旨。抑亦翻貝葉之靈文。故乃擎掌鋼爐。遠播馨於簷蔔。澄心玉鏡。已曉喩於芭蕉。志並馬龍。誓摧邪而顯正。器均安遠。願弘敎而爲心。又其慾海波濤。浮六度之寶艦。幽霄昏黑。懸九枝之明燈。三摩地中。雖無量而盡入。八聖道上。能不動而周行。且夫異顔子之單瓢。恒持一口瓦鉢。殊董生之百結。唯着七斤布衫。駕玆一佛乘。嗤東野之善矣。住彼四安樂。匪南郭之嗒然。加以詞林枝葉。繁與堅林而爭茂。學海波瀾。瀾將法海而俱深。懷素稱獨步之才。掃千軍於筆陣。贊寧處具瞻之地。貫九流於胸襟。況復强記博聞。類道安之辨鼎。通神現異。慕羅什之食針。三智泉流。滅蕪草之强學。四辯雲布。結膏唇之雄談。抽毫綴文。率動善而懲惡。披卷游目。必沿波而討源。以其胸呑八九雲夢。乃雪竇之洪機。口誦百千偈言。是達多之聰悟。何其偉歟。鮮或及矣。若余者。它慚止水。道謝傳燈。玉未琢磨。豈能重連城之高價。樗唯弃散。誰言長合抱之良材。乏化羽於莊滆。空望九天之寥廓。休展足於冀野。徒慚八駿之驕焉。至於勿量滄海之淺深。哭同蠡酌。難窮碧漢之寬廣。識譬管窺。未會性相之宗。實謂鑿枘而難入。旣昧心佛之理。自將矛盾而相攻。不曾讀非道之書。豈文史三冬之足用。未嘗被可人之目。猶偃仰一世而不羈。道未證三明。孰謂之解脫。開士長不滿七尺。人稱曰眇小丈夫。然而承宿世良因。幸偶明師之提誨。成後來極果。亦籍善友之指歸。濫爲禪席之師賓。重輝祖月。忝作曹溪之嫡嗣。早襲宗風。日日十二時留心。惟在佛法僧三寶。生生百千劫行道。始自善知識一言。且復飢餐松兮渴飲泉。自適平生之逸趣。晝看雲而夜吟月。都忘浮世之虛名。代簫韶之九成。靜聽林鳥。追濠梁之二子。閑數潭魚。麻衣草座之貧。在原非病。朱輪紫綬之貴。於我如雲。所嗟藤鼠先侵。眼月向晦。樹猿難靜。鬢雪益深。玆以兩地相思。形影有山河之屬。白雲紅樹。秋光添別離之愁。豈意朱鴈飛來。忽傳蘇子卿之尺素。黃耳馳走。兼帶陸士衡之淸詩。銀鉤動光輝。八法從來師。索靖珠聯法閑談。五言還復擬蘇州。然而白雪陽春。誠寡和於郢路。高山流水。空下指於牙絃。有似黃金擲之虛牝。無異明月投之以昏。但木李編詩永以爲好芝蘭。設喩久而彌芳。雖乏幼婦之詞。強汗顏而血指。旣忘貧女之醜。盡捧心而効響。筆走一言。詩步四韵。

영남으로 유람하는 욱旭 상인을 전송하는 서序

상인이여, 부귀는 뜬구름 같나니 어찌 질곡에 갇히고 매이겠는가. 연꽃은 물이 달라붙지 않으니 어찌 진흙에 더럽혀지겠는가. 병 속의 해와 달을 누가 오래 사는 방도라고 말하리오. 물상 밖의 아내와 놀이 바로 정신이 깃드는 집이라네. 연잎 옷에 승검초 띠를 두르고 스스로 삼사三事[129]의 옷을 빌리지 않고 골짜기 물을 마시고 솔잎을 먹으며 또한 보리밥 한 그릇도 구함이 없구나. 계율 숲의 가지와 잎들이 울창하여 칠취七聚와 오편五篇을 궁구하고 바다 같은 대장경의 물결을 몰아 천 상자 만 축의 책을 읽노라. 마음으로 복응하여 도를 물으니 여름날 참선(坐夏)[130]하는 한계가 이미 원만하고, 지팡이를 떨치고 잔을 띄우니 세상을 노니는 마음이 자유롭도다. 밝은 태양(离明)[131]이 인사하려 하니 금의 기운이 엎드려 더운 여름의 붉은 구름이 솟아오르고, 가랑비가 막 그치니 흰 안개가 걷히고 푸른 산이 축축하도다. 구름을 지나 물을 건너 웅장한 방장산을 돌아다니고, 비 맞으며 자고 바람을 먹으며 경치 좋고 높은 악양루岳陽樓에 오르노라. 천 년 남짓 보장保障한 진주성을 가서 보고, 한 변방의 장대한 경계선은 길이 험한 삼천三川에서 나온다네. 곁에서 함께 지내며 지도림支道林과 혜원慧遠의 풍류를 다하였고, 간담을 털어놓는 것은 안安·광光의 정신적인 교유와 같았다네. 둘 다 떠나감을 아파하고 헤어짐을 안타까워하니 즐거움이 다하면 슬픔이 생기노라. 각자 시를 써서(言志)[132] 감정을 펼쳐 내니 구슬을 꿰고 조개를 묶듯이 하노라. 흰 종이에 글을 쓰니 유종원柳宗元이 반숙班肅[133]의 여행에 서문을 쓴 것과 같고 말로써 그대를 전송하니 노담老聃이 인자仁者의 칭호를 훔친 것 같도다. 사람은 복숭아꽃, 오얏꽃과 아주 다르니 어찌 내 마음을 말하지 않으리오. 그대는 문사를 좋아하여 서언(首簡)에 서사叙事를 구하였도다.

送旭上人遊嶺南序

上人富貴若浮雲。寧羈鎖於桎梏。蓮華不着水。豈染涴於游泥。壺中日月。誰言久視之方。象外烟霞。乃是棲神之宅。荷裳薜帶。自不假三事之衣。飲谷飡松。亦無求一麥之食。蔚戒林之柯葉。窮七聚五篇。駈藏海之波濤。讀千函萬軸。服膺詢道。坐夏之限旣圓。振錫浮杯。遊方之心無碍。离明欲謝。金氣伏而火雲騰。微雨初收。白霧罷而靑山濕。雲行水涉山縱。探方丈之雄。雨臥風飡。樓高陟岳陽之勝。千年餘保障。行看晉陽之城。一邊壯方隅。路出三川之險。連襟促膝。盡支惠之風流。吐膽抽肝。類安光之神契。咸傷離而惜別。樂極哀生。各言志而申情。貫珠編貝。濡翰于素。子厚序班肅之行。送人以言。老聃窃仁者之號。人殊非桃李。豈不言者余心。子能喜文辭。求叙事於首簡。

〈야유당십경野幽堂十景〉을 차운한 시의 인引

　천원川原은 옛 경전을 살펴보면, 지리가 한나라 사신의 선로䍽路에 접해 있으며 초가집은 넓은 집(廣廈)¹³⁴ 같고 전원은 반령潘令의 한거閑居¹³⁵와 같았다. 거닐며 성품을 얻는 마당이 되어 흉금을 터놓아 세속을 벗어나려 하고, 밭 갈고 우물 파는 것은 일민의 생업이니 세상에 자취를 깃들게 하노라. 이 겸제兼濟¹³⁶의 도를 널리 펴지 않고서 독선獨善¹³⁷의 풍모가 있다네. 주인은 그윽하게 숨어 있으면서 일이 적고 야인의 성품으로 한가롭게 물가에 앉고 산에 오르는 일이 많으며 안석安石¹³⁸의 아름다운 생각을 사모하여 맑은 바람과 밝은 달을 보며 현도玄度¹³⁹의 높은 의표를 생각하노라. 배에 가득한 정신을 토로하니 곽상郭象의 강물 같은 언변¹⁴⁰이 되고 귀영貴永은 친밀한 관계(膠漆)¹⁴¹를 좋아하여 포숙아鮑叔牙가 나를 알아주는 마음에 감격하노라. 천하의 지극한 즐거움에는 세 주인이 있으니 군자들이고, 당상堂上의 아름다운 정경이라 또한 열 명의 시인들이 있으니 호인(可人)이 아님이 없네. 푸른 잎 우거지고 꽃향기가 십 보의 먼 거리에서도 전해지고, 소나무(蒼官)는 늘어져서 맑은 소리가 사방 창의 빈 곳을 가득 채우노라.

　곧은 절개와 빈 마음은 한 번에 태부太傅의 젖은 붓을 들어 올리고 그윽한 향기와 성긴 그림자는 천 년 동안 처사의 전신傳神을 얻었도다. 뾰족한 봉우리가 은하수에 솟아올라 외로이 지탱하여 맑은 빛이 검푸르게 번지고, 절은 낭떠러지 바위에서 반쯤 튀어나와 경쇠 소리가 구름을 뚫고 퍼져 나가네. 백의白衣를 시켜 보낸 술을 받고 중양절에 흠뻑 취하고 찬 하늘의 가랑비 내려 나뭇잎을 적시니 오색의 메추라기가 날개를 퍼덕거리며 놀래는구나. 끊어진 다리로 돌아가는 배는 저물녘 비 내리는 물가로 들어가고, 외로운 성의 뿔피리 소리는 새벽녘에 슬프고 원망스러운 소리를 내는구나. 쇠밧줄과 은갈고리로 장전張顚¹⁴²이 취해 쓴 글씨를 쓸어버리고 놀라서 울부짖는 귀신은 귀양 온 신선[143]의 웅장한 시구를 몰아가네. 복숭아나무와 오얏나무 아래에 절로 길이 생기는[144] 것과 다르니 어찌 말하지 않고 입을 다물겠는가. 비록 〈양춘곡陽春曲〉에 화답할 사람 적더라도 감히 붓을 가지고 문장을 이으리라.

次野幽堂十景詩韵引

川原按舊經。地理接漢使之介路。茅茨同廣廈。田園賦潘令之閑居。逍遙爲得性之場。縱襟期於俗表。耕鑿是逸民之業。寄蹤迹於人間。兼濟之道未弘。獨善之風在卽。主人幽居寡事。野性多閑。臨水登山。慕安石之雅意。淸風朗月。想玄度之高標。吐滿腹精神。縱郭象懸河之辯。貴永好膠漆。感叔牙知我之情。天下之至樂。有三主人。自是君子堂上之美景。且十詞客。無非可人。綠葉田田紅香。傳十步之遠。蒼官落落淸籟。滿四窓之虛。貞節空心。一時推太傅之染翰。暗香踈影。千載得處士之傳神。尖峯揷漢而孤撐。晴光潑黛。梵宇限岩而半出。磬響穿雲。白衣送酒來手。摘爛重陽之醉。寒霄踈雨滴葉。翻驚五色之雛。斷橋歸帆。暮入汀洲之雨。孤城畫角。曉聞哀怨之聲。鐵索銀鈎。掃張顚之醉墨。驚神泣鬼。騁謫仙之雄詞。異桃李成蹊。豈無言而緘口。雖陽春寡和。敢綴筆而聯章。

석교石橋 권화소勸化疏

도로가 험하고 길어 주나라 관리는 보수하는 법을 만들었고 시내와 도랑을 건너기 힘들기 때문에 『맹자』에 큰 교량(輿梁)의 공을 적었도다.[145] 이미 전형典刑에 모두 남아 있으니 인로仁路를 크게 열 수 있을 것이다. 아무개 다리는 수레와 말들이 편하게 다니는 길로 강과 육지의 중요한 나루가 되었는데 한 번 내린 폭우로 물이 넘쳐흘러서 평지가 우레가 치듯이 떠들썩하게 요동쳐서 시월이 되어도 맨발로 건널 다리가 없고, 여행객들은 게려揭厲[146]의 탄식을 일으키며, 은하수에서 까마귀와 까치는 부질없이 쳐다보며 구름 거리(雲衢)[147]에 무지개(螮蝀) 멍에를 메우지 않았다.[148]

이에 청신사 아무개가 복전에 뜻이 있어서 좋은 일에 성의를 표하였다. 수승한 일을 이루어 썩지 않고, 여러 사람들이 오가지 못하다가 건널 수 있게 되었다. 그러나 큰 길을 허공에 걸치게 하려면 영인郢人과 장석匠石의 재주[149]를 빌려야 하고 다른 산의 돌[150]은 진나라 채찍[151]을 휘둘러야 하나 빌리기 어렵도다. 반드시 여러 현인들에 의지해야 하며 진실로 홀로 거행하기 어렵도다. 아득한 상하 사방의 구름도 처음에는 한 손가락의 넓이(膚寸)에서 시작하고,[152] 천 사람을 에워싸는 장막도 진실로 몇 가닥의 털에서 시작되는 것이다. 한 자의 베와 한 말의 곡식은 물론이거니와 다만 스스로 기뻐하며 보시하여 공을 이루게 된다면 오고 가는 말과 소가 얼음판 위를 밟고 몸이 젖는 근심을 면할 수 있게 될 것이다. 시인과 의로운 선비들은 반드시 장차 사람을 기다려 여기 기둥에 글을 써서 붙이리라. 동해의 우공于公이 사마駟馬가 드나드는 높은 대문[153]의 경사를 어찌 홀로 용납하겠는가. 남쪽의 고상한 선비들 또한 학을 타고 양주로 오리라.[154]

石橋勸化疏

道路阻且脩。周官著修除之法。川瀆險難涉。軻書載輿梁之功。旣已存乎典刑。可以闢於仁路。某橋輪蹄便道。水陸要津。一雨暴漲溢。平地動轟豗之雷。十月無徒杠。行旅興揭厲之歎。空瞻烏鵲於銀漢。未駕蟛蜞於雲衢。爰有信士某存意福田。投誠善道。要成勝事而不朽。以濟衆人之不通。然而大道橫空。須藉郢匠之手。他山有石。難假秦鞭之馳。必仗諸賢。誠難獨擧。彌六合之雲。初起於膚寸。擁千人之帳。實出於衆毛。無論尺布與斗粟。但自喜捨而功成。則去馬來牛。使免履氷帶濕之患。詞容義士。必將待人題柱於斯。東海于公。豈獨容駟馬高門之慶。南州高士。亦當有騎鶴上楊之行。

조계산 송광사 보조국사비 중수重豎 경참소慶懺疏

　이미 전생의 숙원을 갚고 이미 청구에서 자취를 감추셨습니다. 꽃다운 자취를 돌이켜 생각하며 감히 푸른 빗돌에 성대한 덕을 적습니다. 남기신 기풍이 오히려 남아 있으니 후손(來雲)들이 숭상하지 않을 수 있으리오. 엎드려 생각해 보면 제자는 외람되게 중옷(三衣)을 입고 외람되이 사부대중에 참여하였습니다. 목우자여 목우자여, 어린 시절부터 당신을 되뇌었고, 조계산이여 조계산이여 머문 날이 오래되었습니다.

　공경히 생각건대, 국사께서는 조사의 인장을 차고, 법왕의 법륜을 굴리며, 풀어지려는 밧줄을 잡아매고, 문란해진 기강을 바로잡았습니다. 자비의 구름을 펴서 그늘을 드리우니 번뇌가 청량함으로 변하고, 지혜의 해를 들어서 빛을 퍼뜨리니 어리석고 두려운 마음이 환하게 빛나게 되었습니다. 말은 반드시 근기에 맞추어 던지면 사람들은 모두 풀이 눕듯이 하고 파도에 휩쓸리듯 하여 우러러볼수록 더욱 높게 보이니,[155] 저는 무릎으로 걸어서[156] 팔꿈치로 나아갔습니다. 만일 금모래의 옛 절터에 선사를 새로 세우는 것은 저절로 신령한 공이지 어찌 사람의 노력으로 수고롭게 할 수 있겠습니까. 수천 개 문의 큰 집을 돌아보면 진실로 사부대중의 보배로운 사찰입니다. 부처를 모신 정전은 우뚝하여 마치 신령한 자라[157]가 손을 치는 듯하고 긴 회랑은 향기가 은은하고 위엄스러운 봉황이 날개를 펼친 듯합니다. 세상을 떠난 뒤로 공을 이룬 이가 떠나니, 천 길의 높고 아스라함을 우러러 갑자기 산이 무너진 것[158]을 탄식하고, 만 이랑의 파도를 끌어당기니 시냇물처럼 흘러감에 놀랐습니다. 향기로운 나무는 말라 죽어 그 색은 학수鶴樹[159]의 숲과 같고, 바위 골짜기는 슬프게 부르짖어 그 소리가 호계虎溪의 물처럼 오열합니다.

　상족上足이 그 업적을 기록하고 무봉탑에 그 정신이 깃들어 있습니다. 육수六銖[160] 정도의 가벼운 옷은 겁갈이(劫碣) 쉽게 갈 수 있는 것이 아니고 네 교외의 많은 보루는 옥과 돌이 모두 타 버리는 지경[161]에 이르렀습니다. 너른 바다가 뽕나무 밭으로 변하는 것을 생각하고 크나큰 공이 끊어질까 두렵습니다. 다시 좋은 옥돌(琬琰)[162]을 깎아서 거듭 게송을 서술하니 진실로 이것을 갖추어 잊지 않고 끝내 전하여 썩지 않을 것입니다. 이무기가 서려 있고 신령한 거북이 지고 나오듯[163] 하늘을 깁는 오색 옥돌[164]을 단련하고 봉새가 날갯짓하고 난새가 날아오르는 듯 필력이 강하여 나무에 칠푼을 뚫고 들어갑니다.[165]

형상 밖에 도가 있는 것을 표하여 대략 부끄러운 말이 없고[166] 인간세상에서 자비를 남긴 것을 빗대니 진실로 눈물이 떨어지는 것이 마땅합니다. 이어 경참慶懺 법회를 열어 우러러 영축산의 두 세존께 청하나니 입은 다르지만 법음은 같으니 일승의 묘한 수레를 굴리시고, 사람은 많으나 마음은 하나이니 오체를 던져서 정성을 드리나이다. 금우의 밥과 조주의 차로 맛을 평가할 수 없는 진귀한 공양을 올리고 치자숲과 전단나무의 가격을 매길 수 없는 진귀한 향을 태웁니다. 이러한 깊은 마음이 저 원만한 지혜에 이르러 원하옵건대 우리 국사께서 오탁악세에 거듭 태어나서 널리 사생을 구제하시기를 바라옵니다. 또한 여러 시주자(단월)들은 장수하여 긴 수명이 소나무와 같이 늙지 않고 재앙의 탯줄이 소멸하여 더운물 속의 얼음처럼 녹아 버리기를 바라나이다.

曹溪山松廣寺重竪普照國師碑慶懺疏

旣酹彛願。已秘化迹於靑丘。追念芳蹤。敢載盛德於翠碣。遺風猶有存者。來雲可不尙歟。伏念弟子。濫服三衣。叨叅四衆。牧牛子牧牛子。自髫年而誦之。曹溪山曹溪山。住爲日者久矣。恭惟國師。佩祖師印。轉法王輪。維絶紖於將弛。正頹綱於已紊。布慈雲而垂蔭。熱惱變爲清涼。揭智日而揚光。昏衢以之煥爀。言必投器。人皆草偃而波奔。仰之彌高。余乃膝行而肘步。若乃金沙舊址。禪社新成。自是神功。豈勞人力。顧千門之大廈。實四衆之寶坊。正殿嵬嵬。屹若靈鰲之扑。長廊闆闆。翩如威鳳之翔。世喪以還。功成者去。仰千仞之崇峻。奄歎山頹。挹萬頃之波瀾。俄驚川逝。香株枯死。色俸鶴樹之林。岩洞悲呼。聲咽虎溪之水。有上足兮紀其績。無縫塔兮栖其神。六銖輕衣。非劫碣之易磨。四郊多壘。致玉石之俱焚。思鯨海之變桑。怕鴻功之絶緒。再鑴琬琰。重述偈言。實以備此無忘。終乃傳之不朽。螭蟠龜負。鍊補天五色之珉。鳳翥鸞翔。揮入木七分之翰。表有道於象外。眇無愧辭。比遺愛於人間。誠當墮淚。仍開慶懺一法席。仰請靈山二世尊。口異而音同。轉一乘之妙軌。人衆而心一。投五體而輸誠。金牛飰趙州茶。獻無味之珍饌。薝蔔林栴檀樹。炳沒價之眞香。將此深心。格彼圓智。願我國師。重來五濁。普濟四生。次願諸檀越。壽骨靈長。等松喬而不老。禍胎殄滅。類湯氷而潛消。

다시 짓다

사바세계에 몸을 나타내셨으니 크나큰 인연 없는 힘으로 빗돌에 기야송祇夜頌[167] 새겨 길이 썩지 않는 공적을 밝히고자 합니다. 나무를 베면서 그대를 생각하고[168] 공자가 소악韶樂을 듣고 맛을 잊어버린 것[169]과 같습니다.

엎드려 생각해 보면 제자는 토목의 미흡한 자질과 부평초와 같이 떠다니는 자취로, 생사의 강물 속에서 스스로 미혹하여 나루로 나오지 못하였고 안개와 놀의 물상 밖 정신이 깃드는 집에 살지 못하였습니다. 이미 국사의 덕에 취하여 여러 동지들과 시주자들을 모집하였고 또한 국사의 이름을 외우며 타산의 곧은 돌을 깎아 새기고 다시 보새蒲塞의 여섯 가지 맛[170]을 진설하고 사이사이에는 화개花盖와 향등香燈을 놓고, 시방에서 선서善逝(부처)를 공경히 청하니 수월水月의 장소에 같이 임하소서. 이 작은 인연을 가지고 향하나니 거울(菱鑑)을 만회하여 자세히 비추십시오.

엎드려 원하오니, 시주자들은 허리에 십만 관을 차고 학을 타며 양주에 오르고[171] 단박에 오복을 얻어 큰 수레에 소를 멍에하여 바른 도로 돌아와 함께 사생四生[172]을 해탈한 뒤에 두루 삼도三道[173]를 구제하여 함께 십지에 오르게 되기를 바라나이다.

又

現身閻浮提。最大無緣之力。勒銘祇夜頌。永彰不朽之功。爲伐木而思人。類聞韶而忘味。伏念弟子。土木微質。萍梗浮踪。生死河中。自迷出要之津。烟霞象外。未占棲神之宅。旣醉國師之德。募諸同志檀那。又誦國師之名。用刊他山貞石。復設蒲塞之六味。間錯花盖香燈。恭請善逝於十方。同臨水月場地。持此芥緣以傾向。挽回菱鑑之照詳。伏願檀那。腰纏騎鶴上楊州。頓獲五福。大車駕牛歸正道。俱脫四生。然後願普濟三。咸登十地。

식混 상인이 죽은 스승을 천도하는 소

법신法身은 중생을 이롭게 하여 형상으로 나타나는데 마치 거울 속의 모습과 같고, 허깨비 같은 육신은 인연을 따라 생멸이 있는데 마치 물 위의 거품과 같습니다. 마땅히 사사로움이 없는 깨달음의 거울을 빌려서 감히 끝없는 스승의 은혜에 보답하고자 합니다. 시냇물을 마시고 푸성귀를 먹는 것 모두 우리 임금이 물과 토지를 내린 것이 아님이 없듯이, 이마에서 발끝까지 이르기까지 진실로 모두 우리 스승이 어루만지고 길러 준 은혜입니다. 장차 곁에서 모시고 생을 마치기를 서원했는데 어찌 오늘 갑자기 돌아가십니까. 보답하는 덕을 베풀고자 하나 비록 보잘것없는 것에 부끄럽고, 그 혼을 천도하기 위해 제사를 올리나니, 진실로 진심 어린 정성에서 나왔습니다. 한 가닥 침단향沉檀香을 사르자마자 시방세계의 삼보가 함께 임하기를 원하옵니다.

엎드려 비나니 영가는 망령됨을 버리고 진여로 돌아가고 속됨을 바꾸어 성인을 이루어서 연꽃이 물에 붙지 않으니 해탈의 깊은 은혜를 열고, 명경明鏡은 또한 대臺가 아니니 자성自性의 지극한 과보를 원만하게 하시길 바라옵니다.

湜上人薦亡師疏

法身利物而現相現形。如鏡中像。幻質隨緣而有生有滅。若水上漚。宜借覺鑑之無私。敢報師恩之罔極。飮澗茹蔬。何莫非我王水土之賜。摩頂至踵。實皆是吾師撫毓之恩。誓將執侍而終年。何其奄忽於今日。欲報之德施作。雖愧於么麼。願薦其魂獻亨。實出於誠悃。沉檀一瓣之纔焫。利塵三寶之同臨。伏願靈駕。捨妄歸眞。轉凡成聖。蓮花不着水。開解脫之深恩。明鏡亦非臺。圓自性之極果。

영 상인이 죽은 아비를 천도하는 소

대지는 끝이 없으나 모두 부처님이 가피하신 덕을 입고, 넓은 하늘은 끝이 없으나 아비가 가르치신 은혜에 보답하기 어려워 비로소 자비로운 문을 두드려 저승길을 인도하노라.

엎드려 생각해 보면 망부의 일생은 노고가 많아 온갖 어려움과 괴로움을 겪었고, 어린 나이에 군대를 좇았으니 몇 번이나 창을 베고 잤고 창을 메고 다녔으며, 만년에는 늙은 농사꾼이 되어 때때로 강론하고 김을 깊이 맸는데[174] 또 어찌 고질병 하나로 곧 천추의 생을 영원히 떠나가게 되었습니까. 칠칠재가 이미 다 되어 계절의 차서가 따뜻한 봄이 되었으니 비록 수많은 아픔이 밀려오나 어찌하겠습니까. 공양을 베풀고 보새蒲塞합니다. 밝은 꽃과 푸른 버드나무의 한 빛깔과 한 향내도 청정한 진신이 아님이 없고, 제비의 말과 꾀꼬리 소리의 서로 부르짖고 서로 부르는 것도 모두 부처의 묘한 장광설입니다. 비록 공이 터럭만큼 가늘더라도 어찌 털끝만큼의 차이를 보겠습니까.

엎드려 바라나니 번뇌의 강을 벗어나 열반의 언덕에 오르고, 비야성 안에 있는 유마 거사의 불이문不二門으로 들어가 언우鰋䲀[175]의 기미 앞에서 성제聖諦 제일의第一義를 요달하소서.

英上人薦亡父疏

大地無邊。咸蒙佛也加被之德。昊天罔極。難報父兮敎誨之恩。肆叩慈門。用指冥路。伏念亡父。一生勞苦。萬狀艱辛。從軍旅於弱齡。幾度枕戈荷戟。作老農於晚歲。時講易耨深耕。夫何一病支離。乃爾千秋永逝。俄七齋之已屆。序屬陽春。雖百痛其奈何。供設蒲塞。花明柳綠。一色一香。無非淸淨眞身。燕語鶯歌。相呼相喚。摠是廣長妙舌。雖功毛細。豈鑑毫差。伏願出煩惱河。登涅槃岸。毘耶城內。入居士不二之門。鰋䲀機前。了聖諦第一之義。

성변 의준性卞義俊을 대신하여 스승을 천도한 소

여러 부처님의 법우法雨는 본래 사사로움이 없어 초목과 곡식들을 두루 잘 자라게 하지만, 중생의 오온의 육신은 반드시 죽음이 있어서 바다와 산과 허공과 저자에서도 피하기 어려우니, 정성을 다하여 부처님께 귀의하여 자비롭게 이끌어 줌을 빌게 하는 것이 마땅하도다.

엎드려 생각해 보면, 입적하신 스님은 어린 나이에 출가하여 판각에 재주가 있었다. 전생에 다행히 인연이 두터워서 금생에 불법 문하에 들어와 화려한 전각의 사찰에서 비록 오래도록 맑고 한가한 복을 누렸으나, 중의 옷을 입고 머리를 깎았어도 실로 남취濫吹[176]의 조소를 면하기 어려웠도다. 하늘의 재물을 창고에 들였으니 어찌 범려范蠡[177]의 부유함을 부러워하며, 정토에 정신을 깃들게 되었으니 법도를 따르는 무리들을 많이 부끄러워했도다.

질병(二竪)[178]에 걸려 여생을 침상에 힘없이 쓰러졌고, 불(八人)[179]이 집을 태워 깨끗하지 못한 물이 방과 회랑에 넘쳐흘렀네. 오히려 아침에 도를 듣지 못했는데 갑자기 저녁에 죽게 되었으니 땅을 치고 하늘에 호소하나 미치지 못하고, 창자가 끊어지고 간담이 쪼개지는 아픔을 감당하기 어려워라. 그러므로 정성(虔誠)을 다하여 금산金山 같은 승가의 계율에 의지하고, 특별히 향기로운 법석을 펼쳐 도량에서 수륙재水陸齋[180]를 열었으니 바다 진주와 같은 승려들[181]은 영축산에 모인 불법 도반들이요, 부처가 말한 글자들은 불경(蚪藏)[182]을 알리고 드러내는 웅장한 진리라네. 옥주玉麈[183]로 바람을 빗질하여 의천義天[184]의 높고 광활함을 이야기하고, 얼음병 속에 달을 담아 지혜 거울의 원만한 밝음을 통하였으니, 바라건대 수승한 인연을 의지하여 우러러 밝은 복을 비노라.

원하건대 미혹한 나루의 보배 뗏목을 얻고 깨달음의 길에서 금줄[185]을 밟게 되어, 용화수 회상에서 아미타여래의 기별을 얻고 보리수 아래에서 보살과 노니시기를 바라나이다.

代性卞義俊薦師䟽

諸佛一法雨。本自無私而卉木草穀之普滋。衆生五蘊身。必然有死而海山空市之難避。宜輸歸佛之懇。俾倩提獎之慈。伏念亡師。韜亂出家。剼劂長技。夙世幸因緣之厚。今生入佛法之門。華閣金園。雖久亨淸閑之福。方袍圓頂。實難免濫吹之嗤。入庫天財。豈羨陶朱之富。棲神淨域。多慚遵式之儔。二竪嬰身。殘年委頓於床枕。八人燒宅。不淨流溢於房廊。猶未朝聞。俄然夕死。叩地叫天而靡及。摧腸破膽而難堪。故殫霞誠。依金山之梵律。特張薰席。開水陸之道場。海珠人人。蒐集鷲峯之法侶。金言字字。諷敦虯藏之雄詮。玉麈[1]梳風。談義天之高廓。氷壺貯月。通智鏡之圓明。庶仗殊因。仰勾景祐。願得迷津之寶筏。踐覺路之金繩。龍華會中。獲如來之記莂。菩提樹下。與菩薩而遨遊。

---

1) ㉘ '麈'는 '麈'의 오자이다.

섣달그믐날 밤 소

유령庾嶺[186]의 매화는 일찍 남쪽 가지에서 필 시기요, 요임금 섬돌의 명협蓂莢[187]이 새로 한 잎을 솟아오를 때로다. 매서운 추위를 보내고 느릿느릿한 양률陽律[188]을 맞이하여 이에 사해의 용상을 모아 시방의 부처님께 공양합니다.

전단栴檀[189]향과 침수沈水[190]향, 우두牛頭향과 계설鷄舌[191]향이 자욱하게 진동하여 마치 아름다운 빛과 상서로운 기운이 은하수에 채색을 띠고 있는 듯하고, 밀랍 연기와 마당의 횃불, 백화등百華燈과 구지등九枝燈[192]이 반짝반짝 화려하게 빛나서 마치 합벽合璧과 연주連珠[193]가 구름 낀 하늘을 밝게 비추는 듯하도다. 맛있는 과일과 향기로운 차는 암라菴羅[194]와 소타蘇陀[195]를 지녀 모두 아름답고, 경종鯨鐘[196]과 범패 소리는 거문고 같은 시내 소리와 비파 같은 솔바람 소리와 더불어 모두 맑으니, 위로는 시방세계의 삼보와 겹겹의 인드라망을 공양할 수 있고 아래로는 삼도三道[197]의 백령百靈들이 질퍽하게 빠져서 윤회하는 것을 천도할 만하도다. 그런 뒤에 재난과 화의 싹을 모두 남김없이 휩쓸어 녹여 버리고, 수명과 복의 기틀이 새해와 더불어 새롭게 다가오기를 비나이다.

除夜䟽

庾嶺梅花。早發南枝之侯。堯階蓂莢。新抽一葉之辰。送烈烈之陰寒。導遲遲之陽律。于時集龍象於四海。供佛陁於十方。栴檀沉水。牛頭雞舌之郁郁氳氳。若休光瑞氣。結彩於河漢。蠟烟庭燎。百華九枝之煥煥爛爛。若合璧連珠。耿耀於雲霄。珎菓香茶。將菴羅蘇陀而共美。鯨鐘魚梵。與澗琴松瑟而俱清。上可供於十方三寶之帝網重重。下可薦於三途百靈之沉輪漠漠。然後願災萌禍蘖。共殘臘而消除。命位福基。與首歲而新進。

남을 대신하여 모친을 천도한 소

북당의 자비로운 어머니(聖善)¹⁹⁸께서 저승으로 가신 것을 탄식하나니, 서방의 아미타부처님께서 저승을 모두 구제하기를 서원하셨나이다. 끝없이 넓은 은혜를 갚아야 하니 모름지기 무연無緣¹⁹⁹의 묘한 힘에 의지하고자 합니다.

엎드려 생각하건대, 죽은 어미는 오직 가업에 근면하셨으니 어찌 잠깐 사이에 돌아오지 못할 줄을 알았으며, 좋은 인연이 오래가지 못하고 갑자기 천추의 인생을 영원히 이별하게 되었습니다. 하늘을 소리쳐 부르고 땅을 두드려 한갓 심장과 간담이 찢어지고 잘려 나가는 듯 아프고, 하루가 가고 한 달이 지나도 평소의 얼굴을 보지 못하게 되었습니다. 공경히 여러 승려들을 맞이하여『묘법연화경』의 글을 외우고 두루 여러 부처님께 공양하여 향적반香積飯과 이보새 찬饌을 베푸나니, 이 작은 정성으로 인하여 저 원만하고 밝은 세계에 이르기를 바라나이다.

엎드려 바라건대, 영가께서는 새로운 선업을 바탕으로 삼고 과거의 인연이 몰록 발동하여 구품연화대 위를 단박에 큰 걸음으로 뛰어오르시어 일곱 겹의 인드라망²⁰⁰이 있는 제석천에서 여러 성인들과 함께 즐기시기를 바라나이다.

代人薦母疏

北堂慈聖善。嗟爲逝魄而杳冥。西方大導師。誓作幽途之極濟。要酬罔極之洪恩。須仗無緣之妙力。伏念亡母。惟勤家業。那期一息不廻。未閑善緣。煥作千生永訣。呼天叩地。徒極摧折於心肝。日徂月來。莫覩平生之顏面。恭邀衆道侶。誦蓮華貝葉之文。普供諸佛陀。設香積伊蒲之饌。用玆微悃。格彼圓明。伏願靈駕。新善兼資。夙因頓發。九品蓮臺上。濶一步而徑登。七重羅網中。與衆聖而同戲。

나한재 소羅漢齋疏를 대신 짓다

감응이 있으면 반드시 통함이 있으니[201] 진실로 응진應眞(아라한)의 높은 덕이요 재를 열어 죄를 참회하는 것은 석자釋子(승려)의 초인初因입니다. 그러므로 한 치의 붉은 마음을 다하고 우러러 육통六通[202]의 현묘한 거울을 바랍니다. 공경하나니 오직 십육존자는 부처님을 이어 세상에 머물면서 법을 베풀어 중생을 이롭게 하였고 팔해八解[203]를 원만하게 밝히고 사과四果[204]를 성취하였습니다. 이른 봄 여래의 기별이 영원히 복전을 짓게 하시고 어느 때나 응공의 자비가 널리 함식含識(중생)을 이롭게 하기를 바랍니다.

이에 비구 계정戒定이 본디 마음을 기울여 끝없는 덕을 향하나니 대략 변변찮은 재물로 제수를 마련하여 감히 열성列聖의 향안을 결정하였습니다. 모습이 완연하여 있는 듯이 나타나는데 휑하니 일정한 방향이 없습니다. 황홀한 가운데 은혜를 베푸시고 아득한 가운데 복을 드리우십시오. 진여와 자비로 덮어 주시니[205] 호념하는 마음을 잊지 않고 착한 행위를 원만히 이루어 아뇩다라삼먁삼보리의 과보를 얻게 되기를 바랍니다.

羅漢齋疏【代人】

有感必通。實應眞之上德。修齋懺罪。乃釋子之初因。故罄一寸丹心。仰蘄六通玄鑑。恭惟十六尊者。續佛住世。設法利生。八解圓明。四果成就。早春如來之記莂。永作福田。恒懷應供之慈悲。普利含識。玆者比丘戒芝。傾心有素。向德無垠。畧將菲薄之齋羞。敢斷列聖之香案。儀形宛爾。如在示現。廓然無方。施恩於怳惚之間。垂祐於杳冥之際。眞慈覆燾。不忘護念之心。善行圓成。自獲阿耨之果。

『화엄경회편소초華嚴經會編疏鈔』를 다시 간행한 낙성식 경찬소

여러 중생들에게 나아가는 무연자비無緣慈悲의 힘으로 법신·보신·화신이 비록 세 가지로 나누어졌으나 중생들의 사바세계에 원만한 법음을 드날리는 데는 화엄이 제일이니, 비로자나불이 설한 법계의 진실한 경전이라네.

엎드려 생각해 보면 제가 외람되게 부족한 자질을 가졌으나 다행히 위 없는 보배 경전을 만나게 되니 저녁에 죽어도 좋은 하나의 착한 일을 드리워 기이한 재난을 씻을 만하고 아침에 한 자를 듣지 못한 것을 안타까워했으나 바닷물로 먹을 갈아도 쓰기 어려운지라. 사바세계가 상섭相攝하는 것은 오히려 제석의 인드라망이 서로 포함하는 것 같고 심불心佛이 서로 차등이 없는 것은 마치 진경秦鏡²⁰⁶이 서로 비추는 듯하도다. 십신十身이 고르게 드러나서 무방無方의 진모塵毛로 들어가고 삼재팔난을 단박에 뛰어넘어 원만하게 곧바로 공을 이루네. 경전의 의문義門은 중첩하여 마치 구름이 하늘에서 일어나는 듯하고 대행大行이 나누어 흩어짐은 꽃이 촉蜀의 비단²⁰⁷ 위에 더해지는 것 같도다. 지금 다행히 당나라 판본을 얻었는데 바로 청량 징관 스님의 회소초會疏鈔가 함께 들어 있는 것이라. 청량淸凉 국사의 손때가 아직도 생생한 채 평림平林 거사가 편집하고 유포하였도다. 만일 자기의 사사로움만을 생각하여 대중들과 함께하지 못했으면 어찌 남과 착한 일을 함께하였겠는가. 상자 속에 보관하고 널리 전하지 못했다면 중생들에게 널리 퍼지지 못하였으리라.

그러므로 다시금 목판으로 새겨서 오랫동안 전하려고 하니 문득 초학의 후손들을 위함이라. 아울러 『대명법수大明法數』²⁰⁸를 간행하고 또한 서까래 머리가 몇 자 되는 건물을 일으켜 목판 팔십 권을 보호하게 하노라. 이미 천중절天中節(단오)에 낙성식을 하고 또한 넉넉한 재물을 가지고 의

표를 그렸으니 능사能事를 완성하였고²⁰⁹ 처음의 뜻을 갚았도다. 양회兩會에서 불보살의 새로운 그림이 완성되어 높이 불전의 회랑에 걸고, 일진의 향기로운 화촉 공양 사이사이에 만다라(曼拏)²¹⁰를 늘어 놓았네. 능감菱鑑이 밝게 비추듯 작은 성의를 밝히노라. 여러 시주님들은 천생千生의 썩지 않는 씨앗을 심어 해인삼매의 문으로 들어가리니 세세생생 비로자나불과 짝이 되어 주반이 되고, 있는 곳마다 선재동자와 함께 재미있게 다니리라.

바라옵건대 연화비구緣化比丘 등은 현생에서 복의 바다와 수명의 산이 증가하고 내생에 종지種智²¹¹로 극과極果(佛果)가 원만하리라.

重刊華嚴經會編疏鈔落成慶懺疏

赴群機之無緣慈力。法報化雖分三。暢圓音於有流利塵。佛華嚴爲第一。毘盧所說法界眞經。伏念弟子。隈以可下之資。幸遇無上之寶。垂將夕死一善。可禳乎奇災。憐未朝聞一字。難書於海墨。利塵相攝。猶帝網之交舍。心佛無差。若秦鏡之互照。十身齊現。入無方之塵毛。八難頓超。圓至功於俄頃。義門重疊。若雲興大虛之中。大行分披。比華添蜀錦之上。今者幸獲唐本。乃是兼會疏鈔。淸凉國老之手澤尙新。平林居士之輯編流布。若乃專己私而不兼乎衆豈善與人同。藏篋笥而未廣其傳。非普被生類。故以重鑴於梓。欲壽其傳爲便初學後昆。兼刊大明法數。又起橡題數尺之棟宇。以度方板八十之區分。既已落成於節天中。且將羡財而繪儀表。畢能事矣。償初志焉。兩會佛菩薩之新畫成。高掛殿廡。一陣香花燭之普供養。間列曼拏。菱鑑孔明。芥誠是燭。諸檀越等。植千生不朽之種。入海印三昧之門。世世生生。陪毘盧爲主伴。在在處處。與善財同戲遊。抑願緣化比丘等。現生增福海壽山。當來圓種智極果。

희경 상인을 대신하여 스승을 천도하는 소

여러 부처님이 사사로운 지혜 없이 중생들의 성실한 감응에 나아가는 것은 마치 구름이 사라진 너른 하늘에 외로운 달빛이 수만 그릇에 나뉘어 비치는 것과 같으며, 중생들이 유루업有漏業으로 억겁의 괴로운 윤회를 불러들이는 것은 흡사 큰 골짜기에 사나운 바람이 부는데 떠 있는 한 조각 작은 배가 수천 파도 속에서 출몰하는 것과 같습니다. 즐길 만한(宜遊) 복을 돕고자 하니 어찌 감응이 뚜렷하게 드러나는 인연에 의지하지 않겠습니까.

엎드려 생각해 보면 제자의 몸은 비록 출가하였으나 마음이 도에 물들지 못하여, 모친이 있어도 목주睦州가 부들신을 짠 것을 본받지 못하였으니 발을 씻는 것을 어찌 말하겠으며, 스승을 섬김에 백장百丈 스님의 참된 기풍에 회합하지 못하였으니 본받고 등지는 것을 가늠하기 어렵습니다. 한갓 수족이 되는 줄만 알아서 곁에서 받들어 섬겼고, 다만 탕약만을 가지고 병석을 오랫동안 보살펴 드렸는데 어찌 한 번 질병을 앓고 낫지 않아 갑자기 천추를 영결하게 되었습니까. 자비스러운 성품으로 오직 불국토의 장엄함을 수행하시고, 예불과 염불을 몸에 지니시고 극락정토에 태어나기를 서원하셨으니, 일생의 사업을 도와 응당 구품연화대를 높이 뛰어오르실 것이나 저의 마음은 찢어질 듯 아프고 감당할 수가 없어서 세속의 정을 따라 닦고 숭배함에 힘썼는데 세월은 물 흐르듯 하여 오늘 백일이 되었고 꽃소식(花信風)²¹²을 재촉하여 90일 봄(九春)의 가운데가 되었습니다. 이름난 승려로서 동남쪽의 아름다움²¹³인 오덕五德²¹⁴과 육화六和²¹⁵를 갖추었고, 청하는 부처님은 시방세계의 일체삼보를 다하였습니다. 사람은 여럿이나 마음은 하나로 영산의 세존께 공경히 귀의함을 일으키고, 입은 다르지만 소리는 한가지로 『묘법연화경』을 암송합니다. 쟁쟁 보배 목탁을 울리니 소리가 비 갠 뒤의 서늘한 바람과 밝은 달²¹⁶을 전하는 듯하고, 모락모락 청동 화로의 향불은 기운이 소나무 가지 끝에 옅게 어리었습니다. 선의禪儀가 새벽에 빛나니 계룡산(雞岀) 거처와 흡사하고, 범원梵員(승려)이 새벽에 읊으니 범패 소리와 비슷합니다. 좋은 쌀(長腰)[217]이 희게 빛나 향적香積의 밥[218]과 다르지 않고 오비烏椑[219]의 누런 감이 어찌 암원菴園[220]의 과일과 다르겠습니까. 일체 마니보주가 꽃으로 장엄한 향기로운 구름에 흩어지고 팔대 만다라가 불단의 감로甘露를 씻어 줍니다. 큰 법고를 치고 큰 법라法螺[221]를 불며 큰 법의 비를 내리고 큰 법의 뜻을 연설합니다. 부처님의 일음一音[222]은 통하지 않는 곳이 없으니 여래의 방에 들어가 여래의 법상에 앉고 여래의 옷을 입고 여래의 말씀을 외우니 오탁五濁[223]이 어찌 나를 더럽히리오. 삼천세계가 무차법회에 참석하고 지혜의 횃불을 밝혀 어리석은 집을 비추고 길을 잃고 갈팡질팡하는[224] 중생을 가리켜 주니, 십이류十二類[225] 중생들이 깨달음의 언덕에 오르는 것이 멀지 않았고 깨달음의 칼을 휘둘러 삿된 산을 깨뜨리며 갖가지 깊은 염원을 발합니다. 공덕과 인연이 매우 묘하여 다시 한 줌 흙으로 산을 북돋는 것과 같고, 감응이 교차되는 것은 하늘을 지탱하는[226] 돌을 다듬는 것(鍊石)에 비길 만합니다.

엎드려 바라옵건대 제일의제第一義諦를 요달하여 불이不二의 법문으로 들어가시고, 업장業障·보장報障·번뇌장煩惱障[227]을 소멸하여 나지도 멸하지도 않으며, 마음과 경계가 모두 공한 필경공畢竟空의 청정함을 얻어 나와 남이 없게 되십시오. 또한 바라옵건대 상전이 벽해로 변하도록 영원히 만수무강을 누리시고 대지가 대추씨만큼 되도록 끝없는 상서로움을 받으시며 다시 일문一門을 도와서 함께 온갖 복을 누리시기를 바랍니다.

代希敬上人薦師疏

諸佛無私智。赴群機之誠感。若雲斷長空孤光壁月。分照燭於萬器之中。衆生有漏業。招憶劫之苦輪。似風饕巨壑一葉扁舟。互出沒於千波之際。欲助

宜遊之福。盡憑昭應之緣。伏念弟子。身雖出家。心不染道。有母而未效睦
州之織屨。洗足何言。奉師而不會百丈之眞風。楷背難擬。徒知手足。承事
於左右。只將湯藥。久勤於沉綿。豈期一疾之未瘳。遽作千秋之永訣。以慈
悲成性。惟修佛土之莊嚴。俾禮念持身。即生淨邦之誓願。相一生之事業。
應九品之超昇。然余心之痛悼難堪。順世情而修崇是勉。時光水逝。屆百日
於今晨。花信風催。繁九春之將半。名僧盡東南之美。五德六和。請佛罄塵
剎之方。一體三寶。人衆而心一。起歸敬於靈山世尊。口異而音同。乃諷誦
乎蓮花妙典。鏗鏘寶鐸。聲傳霽後之光風。陸續鋼爐。氣結松梢之細靄。禪
儀曉暎。依俙雞峀之居。梵員晨吟。彷彿魚山之曲。長腰白晢。不殊香積之
饙。烏椑黃柑。何異菴園之菓。一切摩尼寶。散華藏之香雲。八大曼挐羅。
灑淨壇之甘露。擊大法皷。吹大法螺。雨大法雨。演大法義。一音無處不通。
入如來室。座如來牀。衣如來衣。誦如來言。五濁於我何浼。三千世界。赴
法會之無遮。敩智炬而燭昏宅。指悢悢而迷路。十二類生。登覺岸而非遠。
揮覺刄而破邪山。發種種之深願。功緣甚尠。還同抔土以培山。感應若交。
可比補天之鍊石。伏願了第一義諦。入不二法門。業障報障煩惱障而消除。
不生不滅。心空境空畢竟空之淸淨。無我無人。次願田滄海變桑。永亨無強
之壽考。丸大地如棗。更受不盡之祺祥。次祐一門。共迎百福。

보조국사의 사리를 봉안하는 소

내손來孫[228] 아무개 등은 이번 달 십칠 일에 국사의 사리를 받들어 모시고 돌아와 송광사에 안치하고 문득 향기로운 차를 갖추어 공양하며 애오라지 저희 마음을 아룁니다.

엎드려 생각건대 넓은 발원심과 깊은 자비력으로 곧 극락정토로부터 자취를 드리웠다가 근원으로 돌아가시고 그저 사리의 신령한 자취를 남기셨습니다. 비록 생하고 멸함이 다르나 그 화연化緣은 하나입니다.

보조국사를 추모해 생각해 보면 사해 승려가 우러러보고 온 나라가 스승으로 대접하는 분이라, 어린 나이로 출가하여 높은 벼슬의 영화로운 명예를 버리고 장대한 뜻으로 도를 행하여 법문의 기둥이 되셨고, 수선修禪 결사로 천 칸의 큰 집을 세우시고 송광산에 조계선의 물줄기를 흐르게 하셨습니다. 지경은 사람과 함께 한 시대의 높은 선승이 머무는 곳이요, 도는 태평 시절로 사방 산의 학자들이 귀의하는 바가 되었습니다. 은혜로운 태양을 첩첩의 어둠 속에 걸어 두니 긴 밤이 그로써 곧 새벽이 되고, 미친 파도를 이미 넘어진 곳에서 되돌리니 상교像敎(불교)가 여기에서 발흥합니다. 예전 부처님의 전형이 그대로이니 말세의 규모가 흥성합니다. 덕은 높은 하늘과 같아 헤아리지 못하고 도는 너른 바다와 같아 끝을 알 수 없습니다. 그런데도 공을 이루었으나 머물지 않고 보배 깃대(寶扛)를 꺾고 꿈으로 들어가시고 육신은 죽어도 썩지 않아 금빛이 머물며 사람을 이롭게 합니다. 비록 모습을 볼 수는 없으나 어찌 열 겹으로 싸서 진중하게 보호함에 삼가지 않겠습니까. 비상한 상서로움과 응험을 드러내니 팔사八邪[229]와 이도異道가 몰래 훔쳐 갔습니다. 돌아가신 때를 헤아려 보면 거의 삼십여 년이 되어 갑니다. 육조 대사가 근본으로 돌아가니[230] 어찌 오는 때에 할 말이 없겠으며 모습은 완벽完璧[231]과 같으니 연성벽連城璧[232]을 주지 않은 것과는 다릅니다. 지성을 다하니 멀지 않아서 진여를 회복하고 상법 말법 시대의 법보法寶

로 최상의 복전이 되십시오. 옥급玉笈²³³에는 광채가 어른거리고 금단金壇²³⁴에는 채색 빛이 일렁거립니다. 순환함이 정해지지 않아 마치 네 계절이 돌아오는 것 같고 투명하게 비추고 흠이 없으니 마치 오성五星이 밝은 빛을 모으는 듯합니다. 제천이 둘러서 보호하시니 기쁜 기운이 하늘에 떠 있고 초지初地가 장엄하니 즐거운 소리가 땅을 둘러싸고 있습니다.

엎드려 바라나니 다시 학수鶴樹의 자비로운 그늘을 드리우시고 용왕의 단비를 널리 베푸십시오. 도량에 겹겹의 빛이 쏟아져 영원히 마구니의 장애로 어둡게 막힌 것을 제거하고 법의 바퀴를 항상 굴려서 오직 종과 북이 둥둥 울리기를 바라나이다.

奉安普照國師舍利疏

來孫某等。以今月十七日。奉還國師設利。安于松廣本寺。輒備香茶之供。聊伸下情者。伏以弘願深悲。即從淨界而垂迹。還源返本。空留骨相之靈蹤。雖生滅之異焉。其化緣則一也。追惟普照國師。四海僧望。一國師賓。童眞出家。捨榮名之軒冕。壯志行道。爲法門之棟樑。社結修禪。起千間之大廈。山名松廣。流一派之曹溪。境與人俱。是一代高禪之所駐。道將時泰。乃四山學者之攸歸。懸惠日於重昏。長夜以之頓曉。廻狂瀾於旣倒。像教於焉勃興。先佛之典刑依然。末葉之規模盛矣。德高穹而莫測。道大海而無涯。然而功成不居。摧寶扛¹⁾而入夢。身沒不朽。留金光而利人。雖莫覿乎儀形。豈十襲珎護之不謹。現非常之瑞應。爲八邪異道之潛偸。計隆失之時。幾三十餘載。盧老歸根。豈來時之無口。相如完璧。異連城之不償。至誠所加。不遠而復眞。像季之法寶爲無上之福田。玉笈光浮。金壇彩溢。循環不乏。若四序之回旋。瑩澈無瑕。猶五星之聚暎。諸天擁衛。喜氣浮天。初地莊嚴。歡聲匝地。伏願再垂鶴樹之慈陰。大施龍王之甘雨。道場重輝。永除魔障之幽滯。法輪常轉。惟祈鐘皷之籠銅。

---

1) ㉮ '扛'은 '杠'의 오기인 듯하다.

취미 대사翠微大師 천도소

　부처의 덕스러운 우주는 어찌 팔준마의 말발굽을 재촉하더라도 두루 미칠 수 있으며 스님의 은혜로운 산은 비록 여섯 자라가 머리를 나란히 하더라도 머리에 이기 어려우나니, 마땅히 백법白法에 의지하여 붉은 정성을 드러내리라.
　엎드려 생각하건대 제자는 일찍 불법에 의지하여 머리를 깎고 물든 옷을 입었습니다. 약관의 나이에 시라尸羅(계)를 받고 깊이 진승眞乘을 사모하여 참선을 하고 도를 물어 자비스러운 보살핌의 가피를 입었습니다. 사자좌가 한 번 어긋나자 북쪽 땅과 남쪽의 호수처럼 멀리 천 리나 떨어지게 되었고 용성龍星[235]이 세 번 바뀌니 극락정토와 사바세계가 갑자기 두 길로 갈라지고 어두운 밤에 깊이 빠져 가고는 돌아오지 못하는구나. 영을 모신 감실은 참담하니 나는 장차 누구를 의지하리오.
　생각해 보면 평소의 공훈은 응당 극락정토로 높이 올랐을 것이나 이에 풍속을 따라 천도재를 올리지 않을 수 없습니다. 아름다운 횃불과 붉은 등불이 변하여 광명대光明臺[236]가 되어 두루 법계에 가득하고 기름병과 흰 쌀이 향적찬香積饌으로 바뀌어 성공性空[237]에 충만하기를 바라나이다. 북을 울리고 종을 치니 법의 우레가 잉잉거리며 귓가에 가득하도다. 구름이 걷히고 안개가 사라지니 부처의 광명이 환하게 머리를 비춥니다. 이러한 작은 공적이나마 원감圓鑑에 이르리라.
　엎드려 바라옵건대 정토로 돌아가 속히 진여법신을 증득하고 거듭 조사문으로 들어가 한 중생도 제도하지 않음이 없으며 먼저 깨달음의 언덕에 올라 사홍서원이 이루어져 어긋남이 없기를 바라며, 다음으로 바라는 것은 괴로운 중생들이 모두 은혜를 입기를 바랍니다.

薦翠徵大師疏
佛之德宇。豈八駿促蹄而能周。師也恩山。雖六鰲齊頂而難戴。宜憑白法。用表丹誠。伏念弟子。早依釋教。薙髮染衣。受尸羅於弱冠。深慕眞乘。安禪問道。賴加被於慈庥。猊座一違。北陸南湖。遠隔千里。龍星三易。樂邦堪忍。遽成二途。太夜沉冥。徃而不返。靈龕慘惔。予將疇依。念平日之薰功。應樂土以高步。玆將順俗。不廢修齋。寶燭紅燈。變作光明臺。周遍法界。油餅玉粒。化爲香積饌。充滿性空。伐皷撞鍾。法雷洋洋乎盈耳。雲收霧卷。佛日朗朗然臨頭。仍此涓功格于圓鑑。伏願遄歸淨域。速證眞身。重入祖門。無一衆生而不度。先登覺岸。發四弘願而無違。次願苦倫。咸蒙波沐。

다시 짓다

　부처님[238]의 지혜 달빛이 빛나는 것은 마치 네모 거울을 가지고 간담을 비추어 보는 것과 같고, 취미 스승의 법의 젖줄이 끼치는 은택은 마치 감로수를 기울여 마음을 적시는 것과 같습니다. 저분께 비는 일은 사사로움이 없고 쓰임의 과보가 끝이 없습니다.

　엎드려 생각해 보면 제자는 아득한 세월로부터 유루의 몸을 받아 항상 나쁜 율의律儀를 짓고 선지식을 만나지 못하여 윤회의 괴로움을 골고루 받았으니 머리를 고치고 얼굴을 바꾼 것이 그 몇 번이었겠습니까. 항상 참회하고 자책하는 마음이 일어나 마음이 아프고 머리가 아픈 것이 진실로 많았습니다. 바람과 구름이 만나듯(風雲際會)[239] 당신의 위의와 모습을 방장산에서 받들었으나 감응이 멀어질 때에는 삼장사三藏寺에서 자비로운 가르침을 받들었습니다. 옷자락을 걷고[240] 수건과 주전자를 잡고 시봉한 것이 겨우 팔구 년이지만, 인연을 맺어 섭수攝受를 받은 은혜는 한두 겁의 일이 아닐 것인데 어찌 땔나무 다하듯 갑자기 진여법신으로 돌아가십니까. 총림이 삭막하니 새와 짐승들은 어디에 의지하며 우주가 텅 비었으니 우리들은 누구를 모방하겠습니까. 슬픔이 복받쳐 땅을 치니 젖을 잃은 아이와 같고, 길을 잃어 어리석게 헤매는 것[241]은 소경과 어찌 다르겠습니까. 비로소 길일을 택하였는데 다행히 좋은 때를 만나서 수륙재의 자리를 높이고 널리 육범사성六凡四聖께 보시하고 금산金山의 범률梵律에 의지하여 초지初地의 제천신을 장엄하였습니다. 떡과 차와 과일과 채소를 진설하고 꽃 일산과 향등香燈을 섞어 놓았으니, 공은 미세한 터럭처럼 작지는 않으나 비추어 보심은 털끝만큼의 차이도 나지 않을 것입니다.

　엎드려 바라나니 스승님의 각령覺靈께서는 구품연화대에 태어나시고 삼계의 바다를 뛰어넘어 진진찰찰마다 두루 인연 있는 중생들을 제도하시어 세세생생 항상 선우善友를 청하지 않기를 바랍니다. 다음으로는 친

속들도 모두 괴로움과 아픔에서 해탈하기를 바랍니다.

又

黃面老子智月之輝。若將方鏡而照膽。翠微先師法乳之澤。如傾甘露而沃心。勻彼無私。用報罔極。伏念弟子。從無始劫。受有漏身。恒造惡律儀。不逢善知識。備受輪廻之苦。改頭換面者。其乃幾何。常勤悔責之情。痛心疾首也。實爲多矣。風雲際會。奉儀形於方丈山中。感應睽乖。輟慈誨於三藏寺裡。摳衣鉢執巾匜之侍。纔八九年。結因緣蒙攝受之恩。非一二劫。何其薪盡。忽以眞歸。叢林索寞。而鳥獸奚依。宇宙空虛。而吾徒安倣。哀哀叩地。有同失乳之兒。侲侲迷途。何異無相之瞽。肆涓吉日。幸値良辰。崇水陸之齋筵。普施六凡四聖。依金山之梵律。莊嚴初地諸天。餠茶菓蔬以交陳。花盖香燈之間錯。功非毛細。鑑不毫差。伏願先大師覺靈。生九品蓮。越三界海。塵塵利利。普度有緣凡情。世世生生。常爲不請善友。次祈親屬。俱脫苦酸。

죽은 스님의 천도소를 대신 짓다

　법신과 보신과 화신불이시여. 만물에 응하여 모습을 드러내니 마치 물속의 달이요, 꿈과 우레와 물거품과 허깨비와 같은 바탕이라서 생함이 있으면 따라서 멸하는 것이니 마치 허공 속의 꽃과 같다네. 자비의 문을 두드리는 것이 마땅하니 저승길을 닦아야 하리라.

　생각해 보면 비록 말세에 태어났으나 다행히 좋은 인연을 만나서 인간 세상에서 멍에와 고삐를 벗어던지고 구름과 소나무 속에서 지금 주인이 되었고, 세상 밖에서 안개와 놀과 함께 사니 해와 달은 본래 바쁘지 않은 법이라네. 지혜의 달이 높이 걸려 성품(性宇)의 미혹한 구름을 모두 쓸어버리고 도의 싹이 점점 자라고 무성해져서 마음 밭에 단 이슬을 적셔 주노라. 맑은 새벽에 세수하고 양치하고는 관화(貫華)의 묘한 게송을 읊고 하루 종일 우유(優遊)하며 극락정토의 금산(金山)을 생각하노라. 아아 한 병이 지루하게 낫질 않았으니 어찌 천년의 인생을 길이 이별하고 일어나지 못하게 되었는가. 이에 상자에 쌓아 놓은 재산을 다하여 불승들의 공양물을 늘어 놓았노라. 베푼 것이 비록 티끌처럼 매우 미천하나 감응은 곧 조금도 간특함이 없으리라.

　바라옵건대 삼계의 고통 바다를 뛰어넘어 사덕의 진신을 증득하시어 큰 자비를 긴 실을 풀어놓은 듯 내리시니 어찌 배에 가득 허공의 밝은 달을 싣기를 기다리겠습니까. 업혹(業惑)과 삼독(三毒)의 괴로운 불을 꺼뜨려 번뇌를 맑은 바람으로 씻어 버려 주십시오.

薦亡師疏【代人作】

　法報化佛身。應物而現形。如水中月。夢雷泡幻質。有生而隨滅。若空裡花。宜叩慈門。可修冥路。念雖生季世。幸遇良緣。脫鞿羈於人間。雲松今有主。占烟霞於物外。日月本無忙。智月高懸。掃迷雲於性宇。道芽增茂。沃甘露於心田。盥漱淸晨。吟貫華之妙偈。優遊竟日。想樂土之金山。嗟哉一病。支離而未瘳。奈何千秋。永訣而難作。玆罄囊箱之蓄。用陳佛僧之供。施作雖塵芥之甚微。感應即毫氂之靡忒。願超三界苦海。證四德眞身。垂大悲千尺絲綸。何須滿船空載明月。滅業惑三毒苦火。宣令執熱堪濯淸風。

순順 스님이 어머니를 천도하는 칠칠재 소를 대신 짓다

 귀의할 부처님(南無佛陀耶)께서는 저승의 괴로움을 구제할 것을 맹세하셨으니, 북당北堂의 어머니(聖善氏)²⁴²께서 문득 저승길 혼백이 되셨습니다. 베푸신 망극한 큰 은혜를 갚고자 하니, 반드시 무연無緣의 자비력을 베풀어 주십시오.

 엎드려 생각해 보면 죽은 어머니는 소나무와 잣나무의 절개와 지조, 난초와 혜초의 향기로운 덕으로 가정을 화목하게 하고 공경히 대하였으니 엄군嚴君께서 무엇이 부끄럽겠습니까. 덕요德耀²⁴³처럼 자식을 기르고 진실로 현명한 어머니로서 목강穆康에게 부끄러움이 없으셨습니다. 그런데 어찌 학질과 창질을 계속 앓고 구천으로 돌아가 영원히 헤어지게 되었습니까. 원추리꽃을 보면 어머니 생각에 마음이 아프나 해와 달이 머물지 못하고, 국과 담장(羹墻)²⁴⁴에서 눈을 떼지 못하나 소리와 용모를 볼 수가 없습니다. 천도재는 칠칠재를 시작하여 마치는 데서 이르니, 승려들을 전삼삼 후삼삼前三三後三三²⁴⁵으로 맞이하였습니다. 이 미천한 정성에 의지하여 저 연감蓮鑑에 하소연합니다.

 엎드려 원하나니 영가靈駕께서는 유루업을 해탈하고 무생인無生忍²⁴⁶을 얻어, 용녀龍女가 남자로 변한 것²⁴⁷과 같이 속히 암마라과菴摩羅果²⁴⁸를 얻으시고, 청제靑提²⁴⁹가 고통에서 벗어난 것과 같이 도솔천에 오르시길 바랍니다.

代順師薦母七七疏

 南無佛陀耶。誓救幽途之苦。北堂聖善氏。奄爲冥路之魂。要酬罔極之鴻恩。必假無緣之慈力。伏念先妣。貞松栢之節操。德蘭蕙之馨香。宜家敬待。嚴君何慙。德耀字幼。允爲賢母。無愧穆康。夫何瘧癘之沉綿。即返泉臺而永隔。傷心萱草。日月不居。注目羹墻。音容莫覩。齋辰已屆於始終七七。僧寶擬邀於前後三三。憑此芹誠。控彼蓮鑑。伏願靈駕。業脫有漏。忍得無生。同龍女之變男。速得菴摩羅果。似青提之脫苦。便登覩史多天。

김 집의에게 보내는 편지

고결한 법도에 인사드립니다. 시원하게 높은 의론을 얻었으나 마음 깊숙이 두지 못한 지가 벌써 십여 년이 되었습니다. 매번 그리워하며 다시 함께 만나기를 생각하나 북쪽으로 구름 낀 하늘을 바라보면 만 겹의 산과 강이 막혀 있으니 뒤에 만나기를 기약하기 어렵고 예전만 못함을 어찌 알겠습니까. 이에 산 게송(山偈) 한 편을 가지고 우러러 보내 드리며 간절히 바라는 심회를 실었습니다. 엎드려 축원하나니 맑은 가을에 한가로이 더욱더 잘 지내시기를 바랍니다.

寄金執義書

一拜淸範。獲聆洒然高論。而不置心曲。間者已十有餘年矣。每思重與邂逅。而北望雲天。阻以萬重山河。後會難期。安知不如前日也哉。玆將山偈一篇。仰呈左右。以寓懸望之懷。伏祝秋淸閑履。倍加珎毖。

조 진사에게 주다

진사(蓮榜)[250]의 고상한 이름은 어린 나이부터 진동하여, 숨어 지내는 사람으로 하여금 또한 우러러 사모함이 적지 않았습니다. 그러므로 몇 년 전부터 한번 댁(軒屏)으로 찾아뵙고 먼저 대단공臺端公 합하께 절하고 다음에 현랑군賢郎君을 대하여 수년간 사모한 심회를 토로하고자 하였으나 산림에 고질병이 날로 심해져서 아직 소원을 이루지 못하고 그저 안타까움만 더하고, 공경히 편지를 적어 급히 보내 드리오니 조금 살펴보시길 바랍니다.

與趙進士

蓮榜高名。動自妙齡。坐令幽人。亦景仰不少。故自年前。準擬一晋軒屏下。先拜臺端公閣下。而次對賢郎君。以吐積歲慕用之懷。而林泉痼疾。日以增劇。迨未遂願。徒增悒悒。謹裁尺牘。馳貢左右。惟少垂詧焉。

조 지평에게 회신하는 편지

첩첩 봉우리에 새로 눈이 내려 문 닫고 조용히 앉았는데 천 리 길 멀리서 회신이 왔습니다. 기거가 편안하심을 자세하게 알게 되니 정말 안심이 됩니다. 임금(宸駕)께서 돌아가신 것에 대한 아픔이 조정과 재야가 어찌 다르겠습니까.

산중(山人)은 늙은 스승이 늙고 병들어 하루하루를 탕약을 달여 시봉하느라 멀리 떠날 겨를이 없습니다. 비록 구름 같은 자취라고 말하지만 자유롭지 못한 것을 어찌하겠습니까. 혹시라도 선생께서 봄이 되어 호남과 영남 가운데 한 군을 다스리게 되시면 절집과 관아(鈴齋)를 서로 왕래하는 편리가 생길 것이니 오직 이것을 바랄 뿐입니다.

단석端石(벼루)을 한 번 보고는 하루 종일 도홍陶泓[251]의 바람을 기다리더니, 서문을 받아 드니 깊이 감사드립니다. 이제 문득 지어서 보내오나, 병으로 손이 떨려 글씨가 무례한 듯합니다.

回趙持平書

亂峯新雪。杜門凝坐。千里書回。細認起居安穩。深慰深慰。宸駕長往之痛。朝野何殊。山人以老師老病。日綡一日侍湯藥。無隙遠遊。雖曰雲蹤。奈未得自由何。倘先生開春間。乞得湖嶺中一郡。則庶有蓮社鈴齋。適相往來之便矣。唯是之望也。一面端石。適然終日。待陶泓之望。拜領深感序文。今便製送。懸佇。病餘手戰。書不如禮。

조 양양襄陽에게 올리는 편지

전에 듣기에 합하閣下께서 양양에 수령으로 나가셨다고 하니, 자주 드는 생각은 습가지習家池²⁵²에서 술에 취하여 두건(接䍦)을 거꾸로 쓴 채 돌아오시겠지요. 동해의 신선산이 귀하의 지역에서 가까울 터이니, 합하와 더불어 정상에 올라 아득한 바다를 굽어보면 가슴이 확 트이고 고질병이 나을 듯한데, 얽매인 몸이라 마음대로 하지 못하는 슬픔을 어떻게 비유하겠습니까? 여러 해를 지나면서 문안을 드리지 못해 죄송하고 두려운 마음이 가득합니다. 제 스승의 유고집 한 책을 엎드려 궤안 아래에 바치나 다만 판각과 장정과 인쇄가 정밀하지도 않고 지극하지도 못하여 황공하고 부끄럽습니다. 나머지는 어여삐 봐 주시기를 바랍니다.

上趙襄陽書
曾聞閣下。出宰襄陽。暗想頻取。醉於習家池沼。倒接䍦。酩酊而歸也。東海仙山。近於貴府。擬與閣下。攀躋冡頂。俯視渺溟。以豁胸次。而疾病之痼。有甚羈纍。有懷未副。悵怏何喩。累經歲時。亦闕侯問。豈勝愧恐。先師遺稿一冊。伏呈几案下。但欷剞劂粧印之未精未至。皇媿皇媿。餘祈加愛。

유 방백方伯에게 답하다

양월陽月(10월) 중에 어린 사미가 올라가는 편에 의지해 한 통의 서찰을 받들어 보냈으나 문지기가 물리쳐서 도달하지 못하고 헛되이 되돌아와 깊이 애석했습니다. 그런데 뜻하지 않게 이제 먼저 손수 편지를 쓰셔서 초췌한 저의 안부를 물으시니 은택을 입은 부끄러운 심정을 이루 말하지 못할 듯합니다. 요즘 섣달그믐(窮陰) 추위가 매서운데 순선旬宣[253]의 안부가 평안하다고 하시니 삼가 위로가 됩니다. 지난번에 절집에서 만나 뵙게 됨은 실로 산에 묻혀 지낸 평생의 행운이었습니다. 지금 홍련紅蓮 막하幕下[254]에서 뵙고 미진한 여론을 거듭 듣고 싶으나, 저는 오래된 병이 깊이 들어 빈산에 엎드려 있으면서 눈바람을 범할 수 없어, 수백 리 여행길은 관산을 넘기 어려운 것과 같습니다. 밤낮으로 이는 마음은 스스로 애련할 따름입니다. 혹시 봄날 기운이 아름답고 화평하면 찾아가서 달 아래 문을 두드려 볼까 합니다.

산승의 게송 몇 수가 당돌하나 받들어 올리니 맑게 읽어 주시기 바랍니다. 엎드려 황공하고 부끄러우나 이것이 아니면 마음을 드러낼 길이 없어서 멀리 바칩니다. 어찌 이른바 왕개미가 큰 나무를 흔드는 격이니 가소롭게 생각되지 않겠습니까. 엎드려 백성(蒼生)을 위해 보중하시길 빕니다. 갖추지 못합니다.

答柳方伯

陽月中憑小沙彌上去便。奉修一札。乃爲閽者所擯。未達空還。深用慨然。不料今者。先枉手敎。以問枯稿。慚荷之懷。殆不可勝言。即此窮陰作沴。恭審旬宣。氣候萬福。伏慰無任。頃日禪社中。忝獲捧袂。實是山野平生之幸。即欲晉謁於紅蓮幕下。重聽所未盡底餘論。而山人沉綿宿痾。跧伏空山。不可以犯風雪。行李數百里之程。有若關山之難越。夙夜興懷。切伏自憐而已。倘開春日氣姸和。則大計徃敲月下門矣。山偈數聯。唐突呈上。仰坒淸覽。伏增惶愧。然而非此則無以吐露心肝。以貢遠忱。豈所謂蚍蜉撼大樹。可笑不自量歟。伏乞爲蒼生珍毖。不具。

박 운사運使에게 보내다

한강과 조계산은 수천 리나 떨어져 있는데 마침 합하께서 남쪽으로 사행을 와서 갑자기 산에서 만나게 되어 웃고 이야기하며 속내를 풀어 마치 예전부터 서로 친한 듯하였으니 어찌 하늘이 빌려 준 것이겠습니까. 진실로 썩은 풀에서 빛이 나는 것 같아 매우 다행스럽습니다. 다만 흡족하지 않아 아쉬웠는데 호계삼소를 이루고는 지금까지 잊지 못하여 마치 고기에 박힌 낚시 바늘 같습니다. 성초星軺[255]를 살펴보면 생각건대 금성錦城(나주)에 머무실 듯하여 졸렬한 시 한 수를 행대行臺[256]에 받들어 드리니 도리어 사백詞伯[257]의 고상한 눈을 더럽힐까 부끄러울 뿐입니다. 말을 다 갖추지 못합니다.

寄朴運使

漢水曺山。相距數千里。適閤下奉使南行。忽邂逅於山中。談笑披襟。有若舊相親。豈天假之以便耶。實爲腐草生光。甚幸甚幸。但慊然未洽。便成三笑。祇今耿結。若魚中鉤。按部星軺。想留錦城。拙詩一律。寄呈行臺下。却愧塵浼詞伯高眼耳。不具。

조 수찬修撰에게 보내다

영英이 오면서 그대(賢徹)의 편지를 가져와, 병에 조금 차도가 있으나 아직 완쾌되지는 않았음을 알게 되니 기쁘고 놀라움을 어찌 말하겠습니까. 산중은 또한 지루하게 고질병이 들어 다만 죽지 못하고 지낼 뿐입니다. 귀함과 천함이 비록 다르고 나이가 들어 병이 드는 것은 마찬가지이나 이 뒤에 다시 만나기는 실로 기약할 수 없으니 말하여 어찌하겠습니까. 그저 되는 대로 맡길 뿐입니다. 나머지는 더욱더 병 조리 잘하시어 저희들의 걱정을 풀어 주시기를 축원하며 이만 줄입니다.

寄趙修撰

英也揭來。得賢徹書。恭審病候。少得間差。尙未頓快。忻駭何諭。山人亦支離一病。只不死耳。貴與賤雖異。歲將病則同。此後重握。實不可期。言之奈何。任彼所賦耳。餘祝倍加調練。以解瞻係。不悉。

낭선군朗善君에게 올리다

나이가 들면서 음려陰沴(나쁜 기운)가 일어나기 시작하는데 공경스럽게 오직 합하께서는 행동거지가 좋으심을 생각하노니 위로됨이 지극합니다. 산중은 일찍부터 몸이 좋지 않아 산림에 칩거해 지내고 구만리 구름 하늘에 목을 빼고 기다릴 때 많지만 끝내 문관門舘 곁에 몸을 두지는 못했습니다. 가르침을 받들 기약이 없이 그저 울울함을 쌓아 갑니다.

깨끗하게 베껴 쓴 비문의 지본紙本은 붓끝이 삼엄하고 고금에 묘하게 빼어나서 손과 팔의 수고로움을 사양하지 않고 성대한 기예를 베푸시니 매우 기쁘고 흔쾌합니다. 깊이 감사드림을 감당하지 못합니다.

上朗善君

歲將老矣。陰沴方作。恭惟閤下。動止神衛。伏慰勤至。山人早嬰痾瘵。蟄藏林薄。九萬雲霄。雖引領多時。而終未能一致身於門舘之側。承誨無期。徒增䟽邑。淨寫碑文紙本。筆鋒森嚴。妙絶今古。不辭手腕之勞倦。捨施盛藝。爲幸甚大忻抃之至。無任鳴賀。

낭원군朗原君[258]에게 올리다

귀공자께서 할미새[259]가 잇달아 날아가듯 유성維城[260]의 견고함을 짓고 반석과 같이 막중함을 익히 듣고서 공경히 우러러 사모한 것이 이미 수년이 되었습니다. 그러나 뵐 수 있는 방법이 없어서 항상 우울했는데 오늘 뜻밖에도 붓으로 글씨를 베풀어 전서 큰 글씨를 보내시니, 훌륭한 글씨[261]가 반짝거리며 가늘면서도 강하여 신령함에 통해 있어 비석에 새겨 놓으면 산문山門에 빛이 날 것입니다. 공경히 감복하니 이 은혜를 어찌 말로 표현하겠습니까. 감사한 나머지는 송구스러워 갖추지 못합니다.

上朗原君

飽聞貴公子鶺鴒聯翩。作維城之固。爲磐石之重。欽艷慕仰。積有歲年。而末由奉承德音。常以爲憪。今者不蘄。筆陣捨施。篆籒大字。金薤琳琅。瘦硬通神。被石雕鐫。熺耀山門。敬服感荷。豈容喙謝。餘悚慴不具。

남 상서(尙書)에게 올리다

 한 해가 저물어가고 날이 추워지는데 공경히 생각해 보면 덕스러운 발자취는 매우 아름다우니 어찌 사사로운 위로를 이기리오. 강과 들이 아스라이 떨어져 있고 구름과 산마루가 첩첩이 가로막혀 눈으로 안개 낀 하늘 끝까지 바라다보지만 한갓 부지런한 메아리만이 되돌아올 뿐입니다. 억지로 이러한 마음을 가지고 기듭 게를 지어 "천 리 길 아득한 북쪽을 바라보고 남쪽의 하늘 한구석에 깃들어 사노라. 만남은 아득히 끝이 없으니 말해봐야 울적한 심정만 더해지네."라고 하였습니다. 엎드려 축원하나니 나라를 위해 자중하십시오. 나머지 말은 송구스러워 모두 갖추지 못합니다.

上南尙書

歲寒慘慄。恭惟德履甚休。曷勝私慰。川原浩屬。雲嶺重遮。目極烟霄。徒勤嚮徃而已。强以此意。重說偈曰。北望路千里。南棲天一隅。會合杳無際。言之增欝紆。伏祝爲國自重。餘屛悚不具。

홍 해주자사에게 보내다

혹독한 추위가 너무도 매서워²⁶² 삼가 정리政履²⁶³가 만복하다고 생각되니 우러러 바라봄이 끝이 없습니다. 돌에 새길 글씨는 작자에게 청한 지 이미 오래되었는데 지금까지 지체되고 있습니다. 거사가 더디다고 생각되는 데다가 올해는 흉년까지 들어서 다만 대사를 성취할 수 없을까 두려울 뿐입니다. 합하께 엎드려 바라나니 붓을 드는 수고를 꺼리지 마시고 깎고 새기는 작업을 속히 하도록 시키시어 절집 문하에 길이 빛나도록 해 주신다면 그 값어치가 어찌 백 배에 그칠 뿐이겠습니까. 삼가 거듭 절하여 아룁니다.

寄洪海州

寒威折綿。恭惟政履景福。企仰無已。入石文字。請於作者旣久。延遷至今。舉事稽遲。逗至歲歉。第以不得成就大事爲懼耳。伏願閣下。勿憚揮灑之勞。使其速竣雕鐫之役。永耀松門。則光價豈止百倍而已哉。謹申拜稟。

김 수찬에게 보내다

저는 예전에 취미翠微 선사를 따라 종남산 사제에서 선친이신 태위공 太尉公께 인사 올렸는데 곁에서 시봉하는 걸출한 이가 있었습니다. 마음으로 봉황의 깃털과 보배로운 나무임을 알았지만 만날 겨를이 없어서 물러나서는 흉중에 두고 하루도 잊을 수가 없었는데 벌써 십육 년이 지났습니다. 또한 합하의 문장은 크게 이름이 나서 근래에 우레에 비할 정도입니다. 비록 한번 앞으로 나아가 비단 주머니에 아름다운 시들을 성대하게 완상하고자 하나 지체되어 그러지 못했습니다. 지금 산승의 게송(蔬偈)을 좌우에 우러러 바치나니 대아大雅에 비추어 바로잡아 주시고 결사結社의 시를 보기를 바랄 뿐입니다. 나머지 말은 다하지 못합니다.

寄金修撰
山人曩隨翠微先師。獲拜先太尉公於終南私第。有侍其側而兒傑魁者。心知其鳳毛寶樹。而未暇接一。辭退而藏諸胸中。不能一日置者。今十有六年矣。且閤下之文章。大名近甚雷耳。雖欲一前進。盛玩錦囊佳什。而因循不可得。今以蔬偈。仰呈左右。欲就正於大雅。而且睹結社之詩耳。餘不究。

최 응교에게 보내다

제가 비록 합하의 얼굴을 뵙지는 못하였으나 또한 합하의 빛나는 명성을 들은 지 이미 여러 해가 되었습니다. 몇 년 전 조 원외趙員外의 편지 한 통을 받아 보니 당시의 천신薦紳 선생[264]을 성대하게 칭송하였는데 그 가운데 한 분이 바로 우리 합하였습니다. 완연히 바다 학의 한가로운 자태를 만난 듯하여 새가 뛰놀듯 기쁨이 넘칩니다. 그러므로 이에 감히 무례를 무릅쓰고 거친 시 한 편을 바치나니 혹시라도 만난 적도 없는 사람이라고 내치지 마시고 은혜롭게 답시를 주신다면 그보다 더 큰 행운은 없을 것입니다. 이만 줄입니다.

寄崔應敎

山人雖未奉閣下顏色。而且聆閣下赫赫名聲。已有年矣。年前獲趙員外書一通。盛稱當時薦紳先生。而其一即我閣下也。宛接海鶴閑姿。喜至雀躍之甚也。故以玆敢犯分。借獻惡詩一篇。倘不以素昧見却。而惠以瓊報。則幸莫大焉。不具。

김 상국에게 올리다

산야에 수십 년 전부터 합하의 태산북두같이 높은 이름을 잘 들었습니다. 사사로이 마음으로 공경하고 흠모하여 날로 새롭고 또 일로 새로웠는데 다행히 고찰 중흥사重興寺에서 만나 뵙게 되었으나 조용한 틈을 얻지 못한 것이 특히나 한이 됩니다. 이후에 산림과 도시(朝市)가 아득하게 떨어져 있음은 약수弱水에 막혀서 봉래에 이르지 못하는 상황뿐이 아니요, 이름과 분수와 귀하고 천함이 현격하게 다름은 고니와 땅벌레의 관계[265]와 같을 뿐만이 아닙니다. 그러므로 다시 뵐 인연이 없이 지금에 이르렀습니다. 팔을 떨치고 애석해 함에 진실로 그만둘 수 없어서 중의 게송 한 수를 지어 문득 저의 마음을 펼쳐, 감히 재상의 감식안(鈞鑑)을 더럽히게 되니, 어찌 그리 자신을 헤아리지 않는 것입니까. 그러나 끝내 스스로 그만둘 수 없는 것은 어찌 다른 까닭이 있겠습니까. 훌륭한 시문(銀鉤)[266]을 볼 수 있게 되면 신선산 한 쪽을 빛나게 꾸미려고 할 뿐입니다. 혹시라도 졸렬하고 서투른 글을 버리지 않으시고 정사를 베푸시는(吐握)[267] 여가에 한번 펴 보아 읊으시고 웃음거리로 삼으신다면 영화로움과 다행스러움이 몹시 클 것입니다.

上金相國

山野自數十年前。窃聆閤下山斗高名。而私心歆慕。日新又日新。幸於重興古寺。奉接淸塵。未得從頌。殊以爲恨。迺後雲林朝市之綿邈。不翅若限弱水蓬萊矣。名分貴賤之懸殊。不翅若黃鵠之壤虫矣。故以無緣再奉。以迄于今。振腕嗟咄。誠不可已。山頌一首。輒伸愚悃。冒凂鈞鑑。何其不自量耶。然而終不能自止者。豈有他哉。睹得寶唾銀鉤。以賁仙山一面之光耳。倘不以蕪拙爲弃。而吐握之暇。一披吟捧腹。則榮幸甚大矣。

유 관찰사에게 보내다

해가 새로 이르고 봄기운이 발양하는데[268] 삼가 생각해 보니 합하께서는 많은 복을 누리고 잘 계신지요. 은근한 정성에 엎드려 위로가 됩니다. 산승은 병이 해마다 깊어지는데도 선송禪誦을 그만두지 못하여 우러러 합하께서 외호하는 도움을 받을 뿐입니다. 더욱더 감사의 인사를 드립니다.

필요로 하신 철쭉 지팡이는 우선 두 개 보내 드리는데 절묘한 것(黃絹外孫)[269]은 아닙니다. 혹시라도 절벽에 눈이 녹는다면 산속 가득한 봄빛을 덜어서 보내 드리겠습니다. 나머지 말은 송구스럽게도 다하지 못합니다.

與柳巡相

獻歲發春。恭惟閤下興居蔓福。伏慰殷摯。山人病裡加年。而不廢禪誦。仰賴閤下外護之賜耳。尤爲拜感。所要躑躅節杖。姑進兩莖。不是黃絹外孫者。倘雪解岩崖。則減却山中春一色以呈矣。餘屛悚不究。

취암 장로에게 보내다

성총(性聰) 저는 스승님(취미 선사)의 상을 치른 뒤에 와서 갑자기 다시 터전을 잡게 되었습니다. 매번 스승님의 성대한 덕을 떠올리면 느꺼워 눈물이 쏟아집니다. 오직 우리 노형께서도 아마 같지 않겠습니까.[270] 최후의 밝은 덕(耿光)[271]이 이와 같은 지경에 이르니 어찌 문하의 제자들에게 큰 행운이 아니겠습니까. 스승님의 유고를 혹시 북쪽의 여러 사형들이 미처 책으로 간행하지 못하였다면 영(英) 스님을 종용하여 유고를 모아 내려보내도록 하는 것이 좋겠습니다. 나머지 마음속 이야기는 다만 말없이도 아시기를 바랄 뿐입니다.

與翠巖長老

聰自哭先師而來。倏至再朞。每念盛德。感涕雙垂。惟我老兄。將無同耶。先師末後耿光。至於如此。豈不爲門弟子之大幸歟。先師遺稿。倘北方諸兄。未能繡梓。縱叟英禪哀襲。下送爲妙。自餘縷懷。只蘄默會耳。

회계 도인檜磎道人에게 보내는 편지

　요사이 한 선행禪行이 출발하면서 돌아간다고 알리기에, 갑자기 급작스러워 미처 편지를 보내어 돌아간다는 말을 못했습니다. 편지 내용에 병이 없다는 소식을 듣고 기뻤습니다. 그러나 일 자一字 공부는 몇 개 과정의 절차에 이르렀습니까? 만일 앉았을 때 많이 산란하다면 남쪽의 영郢 땅으로 가서 북쪽의 명산冥山을 찾는 격일 뿐272 떨어진 곳의 거리가 매우 멀어집니다. 이 공부는 다른 기량이 필요하지 않습니다. 다만 선과 악의 모든 인연을 한 순간에 놓아 버려 마음에 다른 반연이 없어지는 것입니다. 마치 해동청海東靑(송골매의 일종)이 고니를 잡으려고 할 때처럼 마음의 눈이 훤하게 밝아지고 혼침하지도 말고 들뜨지도 않은 뒤에라야 비로소 고향으로 돌아감이 분명해질 것입니다. 다만 이와 같은 공부는 심기의 혼미하고 근심스러움에 이르는 것이 바로 득력처입니다. 결정코 본래면목을 볼 수 있는 것에 조금도 의심이 없어 마치 서두르는 계책을 내는 것은 마치 달걀을 보고 밤을 알리기를 구하는 것273과 같습니다. 장차 꼬리를 펴고 암컷처럼 엎드려서 오히려 꿈틀꿈틀 어리석은 듯 놀라서 힘쓰지 않는다면 또한 그 두 가지는 공부 가운데 고치기 어려운 병입니다. 반드시 긴장과 이완(弦韋)274을 서로 조절하여 좌선하며 이 도로 나아가야 합니다. 비유하면 순성문順成門 바깥에서 들어가서 함원전含元殿 위에 이르러 직접 용안을 보아야만 바야흐로 집에 이르렀다고 말할 수 있는 것입니다. 혹시라도 그렇지 못한 것은 순성문 밖의 사람이 그 겉모습도 볼 날이 정녕 없는 것과 같습니다. 천만 번 삼가십시오. 나머지는 참선 중에 마구니가 없기를 바랄 뿐입니다. 갖추지 못합니다.

與檜磎道人書
　間者一禪行。臨發告歸。忽卒未及折簡回錫。傳語報不病。消息喜喜。然一字工夫。未知做到幾箇程節也。若乃坐多散亂。則是適郢而求冥山耳。去地甚遠。此箇工夫。無他伎倆。但善惡諸緣。一時放却。心無異緣。如海東靑。取天鵝時。心目昭昭然。不得沉不得浮。然後才有趣向分爾。只如此做得。到心機迷悶地。乃是得力處也。決之見得本來面目。少無疑矣。若生太早計。如見卵而求時夜。且舒尾雌伏。猶蠢蠢而駭不懸則這兩種。亦是用工中難醫之病也。須是弦韋相資。坐進此道。譬如從順成門外入。得到含元殿上。親覩龍顔。方可謂之到家。倘未然者。猶是順成門外人。獲覰這介面皮。之無日矣。千萬旮之。餘蘄之中無魔。不悉。

구봉龜峯에게 보내다

작년 겨울 영英·수修 상인이 함께 북쪽에서 돌아와서 우리 사형이 전후로 보낸 두 편지를 받아 보았습니다.

아름다운 생각을 잘 알겠습니다. 스승님을 위하여 풍석豊石(비석)을 세워 덕을 밝히는 데 정성을 보이니 이는 불후의 성대한 일입니다. 다만 스승님의 본래 생각은 아니지만 또한 열반하실 때 남긴 훈계가 있었으니 무엇입니까. 그러나 문중 제자들의 정성은 어찌할 수 없는 것이 있고 사형의 뜻 또한 칭찬할 만합니다.

행장을 지으라고 부탁했는데 제가 비록 일찍 당오堂奧[275]에 올라 오랫동안 수건과 불자 시중을 들었으나, 어찌 스승님의 밝고 덕스러운 행장을 곧바로 쓸 수 있겠습니까. 그런데도 형께서 제가 반드시 그 좋아하는 것에 아부하지 않을 것이라 여기고 만에 하나라도 기록하게 하십니다. 그래서 눈물을 닦고 거칠게 대강을 얽어서 만일 빠지고 어긋난 곳이 있으면 취암翠岩 노인과 하나하나 자세하게 교감하여 첨가하고 산삭하였습니다. 다시 깨끗하게 한 통을 베껴 썼으니, 여러 벼슬하는 선생 가운데 문장이 뛰어난 분을 구하는 것이 옳을 것입니다.

그러나 글자를 새기기 전에 명문銘文과 행장을 곧바로 내려보내니 다시금 참고하시고 다른 사람들로 하여금 입에 오르내리는 것이 없도록 함이 좋겠습니다. 이만 줄입니다.

與龜峯

去冬英修兩上人。俱自北回。得吾兄所寄前後兩書。具悉雅意。爲先師樹豊石。旋德之示誠。是不朽盛事。殊非先師本意。而且有大去時遺誡何。然門弟子之誠意。有不得不爲。兄之志又在是可嘉。行狀之囑。聰雖早升堂奧。久侍巾拂。何以盡先師景行德狀。而直書之耶。然兄以聰必不阿其所好。俾之紀萬一也。遂抆涕。粗綴其梗槩。如有脫漏差謬處。與岩老一一細勘而添刪之。更爲淨寫一通。求諸搢紳先生之最有文者可矣。然字未入石。前銘及狀文。趁即下送。更加參考。使他人不容喙爲善。只此。

양 참봉에게 보내다

　최근에 하늘의 흠(天釁)이 혹독하여 갑자기 영애令愛를 여의었다는 소식을 듣고 놀라 몹시도 아프고 애도하는 마음을 이기지 못하겠습니다. 한갓 평소에 서로 가깝고 알고 지낸 사이뿐만 아니라 길에서 소문을 들은 자들마저도 모두 마음 아프지 않음이 없을 것입니다. 하물며 백겁 동안 천 번을 태어나면서 은혜와 사랑이 흘러 모인 것으로 부자의 정을 이루게 된 경우는 어떠하겠습니까. 옛날 공자가 살아계실 때 아들 백어伯魚가 죽었고 양웅揚雄이 살아 있는데도 아들 동오童烏[276]가 죽었으니 장수하고 요절하고 길고 짧은 것은 모두 이미 정해진 것입니다. 떠나가면 그만인 것이니, 헛되이 다시 돌이켜 생각하여 괴로워하는 것이 무슨 이익이 있겠습니까. 다만 손해만 있을 뿐입니다. 간절히 바라건대 밝은 식견으로 관조하여 비록 한 순간 생각을 안 할 수는 없으나 생각이 일어나는 대로 생각을 떨쳐 내어 오랫동안 가슴속에 머물지 않게 하는 것이 좋을 것 같습니다. 그러나 저 하늘도 무심하시어 백도伯道[277]처럼 끝내 대 이를 후사가 없게 하셨으니 어찌 슬프지 않겠습니까.

與楊參奉書

比者驚聞天釁之酷。遽奪令愛。不勝痛悼之至。非徒平日相親相識者。而至於道路之聞者。罔不盡傷。況乎百劫千生。恩愛之所流注。而爲父子之情者乎。昔仲尼存而伯魚歿。子雲在而童烏亡。壽夭修短。皆以前之也。逝者已矣。空復追念痛苦。何所益焉。但有所損耳。切望以明識照之。縱不能一時無念。隨念隨拂。勿使久留胸次中可矣。但彼蒼無知。使伯道終無嗣續。豈不哀哉。

구봉九峰 보현사普賢寺 승려에게 보내다

　지난해 귀사貴寺를 지나가면서 여러 분을 만났으니 감사와 행운이 많았습니다. 다만 생각해 보면 나는 동쪽의 궁벽한 곳 바다 바깥에 있어서 비록 변방이라고 말하나 예부터 불법이 성하여 중국에 비견되는 곳으로 암송하는 소리가 양양洋洋하고 법고 소리와 범종 소리가 서로 울려 퍼졌습니다. 최근까지 수백 년이 지나면서 날로 침체되어 회복할 수 없는 지경에 이르렀습니다. 비록 마음이 아프고 머리가 아파도 어찌할 수 있겠습니다.

　지난해 장삿배가 갑자기 폭풍에 휩쓸려 난파되어 싣고 있던 불경이 바닷속으로 흘러 들어갔으나 몇 편의 불경이 남아 있었습니다. 혹은 뱃사공과 도둑(捎子)들이 가져가고 태반은 조정으로 옮겨진 뒤 바다 가까이의 여러 사찰에서 때때로 얻어서 보관하였는데 아마도 제천諸天과 용귀龍鬼가 몰래 그렇게 만들어서 단절된 지역에서 중국을 알 수 있게 하고 부처의 지혜와 법의 비와 선풍禪風과 조월祖月이 지금까지 추락하지 않아서 귀가 있는 자는 듣고 눈이 있는 자는 보아 모두 흥기할 수 있게 된 것입니까. 이치가 귀결되고 사물이 궁극에 가서는 돌아온다는 사실을 따라서 알 수 있습니다.

　저는 세 번 능가산에 들어가고 다시 소요산과 선운산에 이르고 그 나머지는 모두 바다의 여러 산들을 다니지 않은 곳이 없이 여러 경전들을 찾아 모아서 이미 사백여 권을 얻었습니다. 모아서 보관한 곳 가운데 명찰 중에서 장래의 불세출의 영웅이 나와서 그것을 강송하게 하고 다시 부처와 조사의 진리의 가르침을 잇게 하며 이것으로 하여금 기자의 나라 억만 중생들이 모두 법의 이로움을 입어 나란히 깨달음의 언덕에 오르게 되는 것이 이 아무개의 뜻이고 서원입니다.

　『잡화엄경소초』팔십 권은 이제야 태반을 얻었으나 아직은 완전한 부가 아니라서 이것은 제가 아침저녁으로 매달리는 바입니다. 귀사貴寺에서 가지고 계신 1갑匣 8권을 흔쾌하게 허락해 주셔서 모자라는 것을 조금 채울 수 있게 된다면 이 또한 법보시의 큰 인연일 것입니다. 여러 스님들께서 어떻게 여기실지 모르겠지만 제 마음은 책자를 탐하는 자와 천만 번 다릅니다. 제 괴로운 마음을 헤아려 주셨으면 좋겠습니다. 갖추지 못합니다.

與九峰普賢寺僧

客歲經過貴寺。獲對僉儀。感幸多矣。第念吾東僻處海外。雖曰邊壤。自古佛法之盛。比肩於中州。誦聲洋洋。鼓鐘交響。近自數百年來。日以寢衰。至於不可復。雖痛心疾首。而蔑可奈何。頃年商舶。忽被黑風所駞。漂落強場浦淑。所載葉經。流入龍宮。而斷編敗册。或爲篙師捎子之所獲。太半輸入朝家。然後瀕澥諸刹。徃徃有得而藏之者。豈諸天龍鬼陰使之然。俾有截之區。得知其中州。佛日法雨。禪風祖月。迄今不墜。而有耳者聞。有目者覩。咸得以興起者耶。理數斯歸。物極則返。從可知矣。某三入楞伽。再到逍遙禪雲。其餘並海諸山。無不投蹤。搜采衆經。已得四百餘卷。哀庋域中名利中。使將來間世英傑者。出而講通之。再續佛祖慧命。令此箕封億萬人。咸蒙法利。齊躋覺岸。此某之志願也。雜華疏鈔八十卷。才得太半。而未由完部。此余朝夕懸係者也。貴寺中所留一匣八卷。快然見許。少補其缺。則此亦法施之一大緣也。未知僉德以爲如何。在余之心。殊以泛泛貪册子者。比千萬。諒此苦心可也。不具。

오 석사碩士에게 답신하다

이곳으로 온 뒤로 익히 대아大雅에 대해 들었고 집이 청산에 가까워 서로의 거리가 단지 고개 하나를 사이에 둘 만큼 가까운 거리(一牛鳴)[278]여서 얼굴을 맞대고 논의가 오갈 수단이 있을 것 같은데도 산승은 천성이 게으를 뿐 아니라 게다가 고질병이 깊어서 바위가 첩첩한 곳에 칩거하느라 속세의 거리에는 한 걸음도 떼어 놓지 않은 지가 몇 년이 되었습니다. 이 때문에 장후蔣詡의 오솔길을 찾아가 양중羊仲·구중裘仲과 함께 노니는 일[279]을 하지 못했습니다.

지난번의 억지로 지은(斐然) 작품은 채록할 수 없는데도 누가 말재주로 떠들썩하게 하고 고상한 귀를 어지럽혀 지극히 욕되게 할지 몰랐습니다. 안부를 물으며 먼저 〈파유가巴歈歌〉[280]를 화답하여 보내 주셨습니까. 부들 자리와 종이 휘장에 번쩍번쩍한 빛이 퍼지고 아름다운 시에 시간이 금방 지나가고 잇속에서 향긋한 향내를 풍기게 되는 행운을 얻었습니다. 어떻게 감사드려야 할지 모르겠습니다. 시는 상자에 보관하여 길이 좋아할 것으로 삼겠습니다. 이에 앞의 운자를 거듭 사용하여 거칠게 율시 두 수를 지어 보냅니다. 진실로 천한 이의 비리卑俚한 시가 청묘淸廟[281]의 주현朱絃과 짝이 되기에 부족함을 알지만 스스로 그칠 줄을 모르고 양반楊蟠[282]과 중령仲靈[283]이 한때 수창했던 아름다운 일에 함부로 비기고자 합니다. 이 뒤로 혹시라도 인연이 다하여 다시 만날 기약을 얻지 못하더라도 천 리 떨어진 정신적인 교유는 옛날에도 그러한 사람이 있었으니 우리들도 오늘날 어찌 용렬한 마음을 가지겠습니까. 나머지는 따스한 볕이 비추고 봄 기운이 이미 이루었으니 기수에서 목욕하고 바람 맞으며 읊조리게 되기를 바랍니다. 종이가 다하여 많이 번거롭게 쓰지 못합니다.

復吳碩士

自到此來。稔聞大雅。宅近靑山。相距只隔一嶺。未容一牛鳴。似有承顏接論之便。而山野非徒性懶。加以夙痾沉痼。蟄藏岩叢間。不以步武涉塵寰者。有年所矣。爲此未能一詣蔣逕與羊仲裘仲遊耳。向來斐然之作。蔑有可採。而不知誰何饒舌聒撓。高聽以至辱。垂問以相先。和巴歈而寄示耶。蒲薦紙幌。爛生輝光。圭吟移晷。牙頰馨芬外之幸。罔知攸謝。藏之巾箱。永以爲好。玆焉疊用前韵。荒搆二律。載瀆淸覽。固知傖父俚音。不足以媲淸庙朱絃。而不自知止者。僭擬楊蟠仲靈。一時唱酬之勝事云爾。迺後倘或緣闕。未獲晤期。千里神交。古有其人。吾曹今日。奚用悵懷。餘幾向暄。春服旣成。浴沂風咏。楮盡不多葛藤。

삼은 사군三隱使君에게 편지 보내다

한 번 떨치는 행색으로 세 번 산에 들어가 연화결사에서 기쁘게 함께 결사하여 향불을 올린 인연이었는데, 어찌 인사드리는 데 게을러지고 훌륭한 시 보내는 것을 기약하겠습니까. 절집과 저잣거리는 예와 같이 아득하게 떨어져 있어 아쉬운 심회를 이기지 못하겠습니다. 졸렬하게 거친 글을 엮어서 멀리 행차하시는 데로 보냅니다.

束三隱使君

一摩行色。三度入山。蓮華社中喜。共結香火因緣。何期懶於折腰。介爾投章。雲林朝市。依舊懸邈。不勝缺然之懷。拙搆荒辭。遠送行旋。

이 대사간大司諫에게 보내다

　봄 사이에 장사長沙에 한 번 방문하여, 통곡하고 눈물 흘린 논의를 듣기를 바랐습니다만 병마가 매섭게 되어 마침내 아름다운 약속이 잘못되었으니 엎드려 아득하게 탄식하오나 어찌하겠습니까. 안개를 헤치고[284] 기쁘게 만나려면 가을을 기약해야 할 것 같습니다. 다만 지난번처럼 부질없는 일로 떨어지게 될까 모르겠습니다. 그런데도 도道로 계합하는 정신적인 교유는 몸 바깥에 깃들어 있으므로 반드시 소리와 의논의 도움으로 얻을 수 있는 것이 아닙니다.

　외람되이 두 수의 절구시를 지어서 받드나니 한번 웃음거리에 보태십시오. 두 주장자는 특히 등라 지팡이(赤藤)[285]와 대나무 지팡이(方竹)[286]에 비견되지는 않으나 혹시 취하여 다리를 건너거나 연못가에서 다니며 읊조릴 때 쓸 만합니다.

寄李大司諫

春中準擬一訪長沙。欲聆痛哭流涕之論。病魔作楚。遂誤佳期。伏枕浩歎。奈如之何。披霧軒眉。庶期秋以爲期。第未知如向來落空乎否也。然而道契神交。寄在形骸外。未必籍聲論爲得也。借以二絶。仰資一哂。雙拄杖。殊未比赤藤方竹。或可扶醉過橋行吟澤畔焉。

호남 영광군 구봉산 보현사 연기기

　함지咸池에 산이 있으니 갈라지고 막혔다가 우뚝 솟아나서 아득하게 오백여 리 뻗어 가면 구봉산인데 높은 봉우리가 되고 가파른 봉우리와 험한 산이 되어 손가락으로 꼽아 이루 셀 수가 없다. 그런데 걸출하게 빼어나고 가파르게 높이 솟아 깎은 듯하고 뾰족하게 생긴 것은 그 수가 아홉 개에서 그치니 이것이 바로 '구봉산'이란 이름을 얻은 까닭이다. 영광군의 성에서 1유순由旬 떨어져 있고 북으로는 좁고 동쪽을 향해 있어서 깊은 골짜기와 평평하게 넓고 높은 곳이 있는데, 산줄기가 모여 있고 시내는 굽이굽이 흐르고 기수祇樹 무성하여 매우 그윽한 승지이다. 그러므로 풍수장이가 이곳에 가람을 세울 것을 점쳐서 예전에 문수사라는 절이 있었으나 세월이 벌써 용궁보다 깊고 겁회는 후지猴池[287]보다 자주 변하여 또한 비석과 당간지주의 기록도 마모되어 처음 개창할 때가 어느 대 몇 년이었는지를 알 수가 없다.

　크게 개창한 자가 있으니 법명은 행정行靖이고 속씨는 왕王씨로 진양晉陽 사람이었다. 두류산에서 출가하여 법징法澄 대사에게 예를 드리고 머리 깎고 승복을 입은 얼마 후에 어깨에 현순懸鶉(해진 옷)을 걸치고 손에는 호랑이를 제압하는 죽장을 짚고서 강장講場과 선굴禪窟을 출입하며, 큰스님들을 참례하여 의천義天의 성상을 빛내고 절(幽宮)에 지혜의 등불을 태웠다. 공자(尼父)가 천명을 안 나이(50)에 종적을 감추고 보양하기를 절실히 생각하다가 홀연히 이곳에 발길이 미쳐서 옛 절 뒤에 앉을 자리를 마련하여 띳집을 얽어서 살았다. 솔잎을 먹고 시냇물을 떠 마시며 구백九白[288]이 지났는데 하루는 호랑이가 나타나서는 마당께로 뛰어 들어와 무릎을 꿇고 엎드리고는 입을 벌리고 꼬리를 흔들어 마치 자비를 구걸하고 있는 듯한 모습이었다. 스님이 곧 계단을 내려가 나아가 보니 목구멍 가운데 뼈가 옆으로 걸려 있었다. 손을 입에 넣고 빼내어 주자 다리를 굽히고 이

마를 조아리는 모습이 차마 떠나지 못하는 것처럼 보였다. 곧 주문을 외고 돌려보냈다. 어느 날 저녁에는 이빨로 노루를 물어 가져왔다. 스님이 말하였다. "네가 은혜를 알고서 보답하고자 했으니 기특하구나. 머리털을 갖고 이빨을 가진 사람 중에는 짐승만도 못한 이가 많다. 그런데 감사의 물건이 떳떳하지 못하니 너는 죽이고 해치려는 마음을 바꾸어서 네 천성을 온전히 하라." 그러고 나서 다시 주문을 외고 보냈다.

며칠이 지나서 이지러진 달빛이 은은하게 비출 때 경행하며 길을 나섰는데, 무언가 슬그머니 이르러 한 물건을 앞에 던지고는 조금 물러나서 웅크리고 앉았는데 지난번의 호랑이였다. 스님이 꾸짖으며 말하였다. "호랑이(虦)야, 호랑이야. 네가 어찌 사람을 어금니로 물어다가 여기에 가져왔느냐. 율령대로 급급하게 하고 다시는 이런 짓을 하지 말라." 호랑이는 그것을 두고 순순히 가 버렸다. 그런 뒤에 그것을 자세히 보니 젊은 아가씨였다. 거의 비녀를 올릴 나이였다. 스님은 모발을 깨끗이 씻고 가여워하며 흔들어 깨워 보았으나 축 늘어진 채 일어날 기미가 없었다. 놀란 나머지 혼백이 떠나서 거의 죽은 듯했다. 한참 후에 생기를 회복하여 처음엔 아궁이에 몸을 녹이게 하고 이어서 온돌에 누이고 갈포를 덮어 주었다. 다음날 저녁 이고二皷(밤 10시경)가 되자 비로소 숨을 쉬고 턱을 움직였다. 그녀에게 사는 곳을 물으니 영암군 천호장千戶長 이李 아무개의 작은 딸이었다. 십수 일이 지나서야 겨우 걸음을 떼 놓게 되어 마침내 길을 나서 비틀거리며 천천히 기듯이 하여 며칠 만에 경계에 다다랐다.

그녀의 집에서는 딸이 호랑이에게 해침을 당하여 막 악신樂神을 베풀고 있었는데 모친이 딸이 온 것을 보고는 말을 잊고 부르짖으며 끌어안고 땅에 뒹굴었다. 한참 후에 눈물을 닦고 어떻게 된 일인지를 묻자 사실대로 이야기하였다. 감정이 복받쳐 올라 떨며 오열하고는 말을 잇지 못하다가 날은 이미 저녁이 되었다. 스님이 머물게 되자, 이 씨가 은근한 뜻을 빗대어 말하였다. "스님이 비록 삭발 출가하셨지만 이미 딸자식과는 오백세의 인연이 있는 듯합니다. 머리에 관을 올리고 우리 집에 머무시는 것이 어떻겠습니까." 스님이 허허롭게 웃으며 말하였다. "늙은 중은 어려서 불도에 들어가 세상의 번뇌에 물들지 않은 지가 오십 년이 넘습니다. 마음이 차가운 재와 같이 된 것이 벌써 오래되었는데 어찌 어리석은 애연을 맺겠습니까. 나를 질곡으로 가두지 않기를 바랍니다." 그러고 나서 바로 옷을 떨치고는 휙 나가서는 멀리 가 버렸다. 이 씨도 선남자로서 스님의 말을 듣고 부끄러운 마음을 이길 수가 없어서 소리쳐 부르면서 쫓아가서 겨우 멈추게 하고는 장황하게 애걸하였다. "제가 비록 급고독장자에게 부끄럽지만 기원祇園을 보시하여 스님의 덕에 작게나마 보답하고 싶습니다." 또 허락하지 않자 그가 말했다. "불씨의 도는 자비로 구제하는 것을 급선무로 한다고 들었는데 스님은 어찌 부처를 배우면서 도리어 가두고 막으려고만 하십니까. 원컨대 허락해 주십시오." 스님이 말했다. "그렇다면 뜻하는 대로 맡겨 두겠소." 그러고는 처소로 돌아왔다.

한 달이 되지 않아 이 씨는 집의 재산을 정리하여 만금을 마련하고는 배에 싣고 바다를 건너 북쪽으로 올라가 법성포法聖浦에 배를 정박하고 널리 노는 일손을 모아 땅을 다지고 증수하였다. 이에 도끼질할 자와 칼과 톱을 다루는 자에게 각각 일을 맡기고 몇 년 되지 않아 엄연하게 절을 완성하였다. 흡사 도사覩史[289] 사갈娑竭(용왕)의 궁이 승금주勝金洲[290] 가에 다시 나타난 것 같았다. 대웅전(紺殿)이 중앙에 우뚝하고 나란히 늘어선 방들이 날개를 편 듯하였으며, 봉방蜂房과 안당雁堂과 곳간과 향주香廚에 이르러 모두 갖추지 않은 것이 없었다. 단청(綠疏靑鎖)은 혼돈을 뚫고, 날아갈 듯한 지붕 기와와 채색한 기둥은 와봉瓦縫(기와 이음새)과 맞으며, 층층의 우뚝한 누각은 구름과 안개를 확 쓸어버릴 듯하며 빈방과 너른 대청은 바람과 달을 삼키고 뱉을 듯하니 이것은 『주역』의 대장괘大壯卦를 취함이니 호남 천 리 밖의 여러 사찰 가운데 최고였다. 진실로 모든 것이 스님의 드러내지 않는 계덕戒德과 선정의 힘이 감응을 받아 이루어진 일이었다.

시험 삼아 논해 보겠다. 지금 하나의 털을 뽑아 남을 이롭게 하는 일은 오히려 하지 않고 한 마디의 실을 가져다 남에게 보시하는 것도 어려워한다. 만일 스님이 조금이라도 애욕의 그물과 욕망의 불길에 연연하여 예쁜 얼굴에 눈길을 주었다면 사람과 귀신이 모두 그를 드러내어 음해하고 죽이려고 생각했을 것이니 어찌 속인으로 하여금 선량한 마음으로 좋은 인연을 맺어 재산을 내놓아 여러 사람이 편안하게 노닐 수 있는 도량을 이처럼 크고 아름답게 할 수 있었겠는가. 예전에 화림華林에 두 마리의 호랑이가 있어 항상 유마 방장을 모신 일이나 경화천녀敬花天女의 도행道行이 준엄했던 법이 이와 같았으므로 이상하다고 의심하기에는 부족하다.

절이 이루어지자 그 딸의 이름인 보현을 따라서 절의 편액을 고쳤다. 대개 기이함을 나타내고 후대에 밝게 알리고자 함이었다. 때는 천순天順 기묘년(1459)이다. 먼저 스님은 풀 옷을 입고 열매를 먹어 여생을 보이고는 다니고 머묾에 걸림이 없어서 한번 가서는 돌아오지 않았다. 애초에 풍형豊亨[291]에 뜻이 있지 않았고 이에 이르러 향기로운 안개가 장막을 이루고 가을 물이 대자리가 되었으며 종을 울리고 북을 쳐서 법석을 크게 여니 줄줄이 오리들이 종종걸음으로 따라오듯 모이고 화평하게 물고기가 꿰는 듯이 모여서 합장하여 둘러앉으니 거의 책상이 무너질 정도에 이르렀다. 그래서 나아감이 그치지 않았다.

성화成化 연간에 다비식을 하였는데 상서로운 징조가 매우 많았다. 이것은 도가 있는 자들의 일상사이기 때문에 빼놓고 쓰지 않는다. 아아. 삼계가 무상하여 융성함과 쇠퇴함은 때가 있고 성공과 실패는 서로 반복하여 옛날 소씨昭氏가 거문고를 타는 것[292]과 같다. 스님이 입적한 뒤 백여 년이 흘러 일본 오랑캐의 난리를 만나서 절은 불에 타 궁색하게 되고 풀이 무성하게 되었다. 절의 승려 아무개와 아무개가 개연한 마음에 중창하였다. 그런데도 규모가 조잡하고 비루하여 장엄함을 갖추지 못하고는 겨우 비바람을 막을 정도였다. 지금에 와서 예전 일을 생각해 보니 다만 무너지지 않는 지경에 이르렀다. 절의 옛 장부는 오래되어 대부분이 부식되고 글자가 빠져서 읽을 수가 없었는데, 백화白華 도인과 혜우慧雨 대사가 나의 객으로 가을에 경전을 구하여 상방에서 하루를 묵었는데 절에 숙연이 없을 수 없다고 그 빠진 곳을 보충하기를 청하였던 것이다.

湖南靈光郡九峯山普賢寺緣起記

竝咸池有山。離迦簪峙。綿亘半百餘里者。曰九峯。峞峩喦巁。爲岑爲巚爲嶂爲巒。指不勝屈。而傑特峻竦雕鏠削成者。數至九而止此。所以得名也。去郡城一由旬。少北而面東。有邃壑平衍曠敞。脉絡聚湊。溪流詰屈。祇樹葱籠。最爲幽勝。故爲形家所占。起一伽藍。舊號曰文殊。歲月旣深於龍宮。劫灰累變於猴池。且闕碑幢之記。未知刱始於何代禩也。有大開士。法字行靖。俗氏王晋陽人也。出家于頭流山。禮法澄大師。圓顱方服。居無何。肩懸鵲手解虎。入出講場禪窟。飽參大尊宿。煥義天之星象。燃慧燈於幽宮。邁尼父知命之歲。切思韜晦保養。忽屨及于此。於古寺後。得一坐具地。縛茅而居。湌松掬澗。即經九白。一日有贙。跳入庭際。跪伏而呀唇搖尾。似有乞憐之狀。師即下階而前見。其喉中有骨橫鯁。以手內其口。抉以出之。拊足頓顙。似不忍去。乃呪而遣之。一夕嚙麞致之。師曰爾其知恩而圖報。可謂奇矣。夫戴髮含齒。不如獸者多矣。然而謝物不庸。爾但革其殺害之心。以全其天。又呪遣之。經數昔缺月微明。經行行道。有耽耽而至。抛一物於前。少退而蹲者。即向之大虫。師數之曰。贙乎贙乎。爾何能牙人攫物。一至於斯。急急如律令。毋用再爲。遂置之。循循而去。乃諦視之。則少女娘。年幾及笄。師毛髮灑淅。悲憫而呼蹴之。委頓顚踣。而不能運意。其驚悸之餘。雖魂魄離而近死。久乃復陽。初則煬竈。繼臥土突。覆以布褐。暨明夜二皷。方始喘息朶頤。翌日乃轉舌。問其所居止。即靈岩千戶長李某之少女也。淹十數日。纔能步屨。遂登途。跟蹡匍匐。積日而涉其境。渠家以女傷於虎。方設樂神。母觀其至。出於無妄。嗄喑抱持。轉展于地。良久扶涕。而問其所由。以實言之。感情無垠。塡咽不能言。日已夕矣。師留宿。李以微意諷之曰。師雖艾焉。旣與弱息。似有五百世因緣。冠顚而贅吾家可乎。師猶然笑之曰。老釋自童眞入道。不染世塵。餘五十年。心已灰寒者久矣。寧有癡愛結耶。幸毋以挓捁囮我也。卽拂衣翩然而出。望望然去之。李亦善男子也。得聆師語。感怍難勝。籲呼追逐。僅而遄止。娓娓乞哀曰。某雖慚給孤獨。願側布祇園。少酢師之德。又不頷。彼曰窃聞佛氏之道。以慈哀悲濟爲急務。師何學佛而反是牢拒之爲。願賜一諾。師不獲已曰。然則任所志。卽返棲。未一月。李輟家貲鉅萬。載舳艫浮海而北。艤法聖浦口。廣募游手拓基。搆而增修之。於是斧斤者。刀鉅者。各執其役。不數稔。儼成寶坊。疑其覩史。婆竭之宮。幻出於勝金洲畔也。紺殿中峙。騈室翼如。以至蜂房雁堂庫厫香厨。莫不畢備。綠疏靑鎖。以鏨混沌。飛甍畫棟。以合瓦縫。層樓傑閣。以蕩摩雲烟。虛室廣廈。以吐呑風月。斯乃取易之大壯。以甲環湖千里外諸刹。寔皆師無表戒德。乞力之所感而成也。請試論之。今夫拔一毛而利人。尙不爲。持寸絲而施他。尙或難。如使師少有愛網欲火之戀於盼目冶容之間。則人鬼皆思其顯戮陰誅。豈能使俗子發越乎良心善緣。而捨臟賄傾產業。開伊人宴安遊戯之場。若其巨麗哉。昔者華林有二虎。常執侍維摩方丈。有敬花天女道行䌓峭者。法如是故。無足怔疑也。寺成以其女名普賢。故改今額。盖旌其異而昭後代也。時天順己卯歲也。先是師草其衣木其食。以示殘生。旅泊無累。一徃不復。初非有意於豊亨。至是香霧爲帳。秋水爲簟。撞鐘伐鼓。大開叢席。戢戢而梟趍。穆穆而魚貫。合爪圍繞。幾至折床。方進而未艾也。成化中火浴。其瑞徵甚夥。此有道者常事。可闕而不書。嗚呼。忍界無常。隆替有時。成毁相尋。有若故昭氏之皷琴也。肆以師滅後。百有餘年。值島夷兵燼。鞠爲茂草。寺之僧某與某。慨意重葺。然而規模粗陋。莊嚴未備。僅庇風雨。以今視昔。惟不至蕪廢乾沒而已。寺有舊藉。年多薄蝕。字闕而不可讀。白華道人慧雨大師。以余客歲秋。求經而一宿上房。於寺不無宿緣。請補其闕云。

모악산 해불암기 海佛庵記

영광靈光은 호남 우도의 큰 군郡으로 산과 바다 사이에 끼어 있기 때문에 치내治內에는 신령함을 기르고 빼어남을 온축한 것이 있다. 사방에는 모두 여러 봉우리들이 푸른빛으로 둘러싸여 위로는 하늘에 닿아 있고 끝없는 숲은 울창하여 아래로 깊은 그림자를 드리웠는데 오직 높고 험한 산이 너른 들 가운데 머리를 들어서 장자가 되고 존자가 되니 불덕산佛德山과 구봉산九峯山과 서운산瑞雲山이 이것이다. 여러 산들은 비천한 듯 조밀하게 모여서 조회하는 것 같고 아이들처럼 둘러서 공수하며 모시는 것 같은 산이 있으니 바로 모악산母岳山이다. 실로 서해의 웅대하고 아름다운 산이다. 서쪽(兌)은 강어귀와 바위 골짜기가 되고 수문이 크게 열려 땅은 기름지고 샘물은 달다. 고려 때 각진국사覺眞國師의 시에 '임금이 오성筽城에 하사하신 불갑사'[293]라고 한 곳이 여기이다.

절에서 시내를 따라 산기슭을 가면 산허리를 반 정도 지나서 정상(冢頂)에 미치지 못하고 푸른 등라와 푸른 전나무 사이에 작은 암자가 있으니 해불암海佛庵이라 한다. 연화蓮華 장로가 여러 지방을 두루 참례하고 늘그막에 벽암碧巖의 방에 들어 그의 마음을 모두 전하였다. 방호산方壺山의 운수굴雲水窟에서부터 작은 암자에 우거하였는데 도반들이 조금씩 채우게 되자 선실이 매우 비좁게 되어 배우는 이들이 머물기에 부족하였다. 하루는 아래로 걸어가다가 옛 절터 하나를 만났다. 담은 허물어지고 초석이 파손되어 덩굴이 뒤덮여 있었다. 산동山童을 시켜 잡초를 베고 썩은 흙을 치우고 배회하며 바라보니 바다와 산의 뛰어난 모습이 모두 여기에 모여 있었다. 대개 임진왜란의 병화가 지난 뒤에 작은 암자로 옮겨 가 얽고는 그 이름을 딴 것이다. 곧 반수般倕[294]를 부르고 큰 재목을 베어 병술년 봄에 시작하여, 이듬해 가을에야 일을 끝냈다. 기둥과 기와·서까래를 얹고 학기鶴跂와 용반龍盤을 만들고 도금하고 푸른 단청을 칠하고 흰 바탕에 그림을 그려 넣으니 이것은 바로 급고독장자가 희사한 청정한 강당의 모습을 취한 것이다. 이에 날마다 삼삼오오 오는 유람객들이 모두 의심하기를 대사의 삼매법력으로 천궁을 가져다가 인간 세계에 옮겨 놓았고 그렇지 않다면 어찌 그 괴이하고 신이한 것이 이와 같을 수 있겠는가 하였다.

성긴 푸른빛을 숨기고 붉은 난간에 기대어 눈 가는 대로 모두 보고 마음으로 아름다운 경치를 감상하니 때에 따라 스스로 바치는 듯하구나. 청제青帝[295]의 봄이 돌아오면 그윽한 샘물은 졸졸 흘러서 얼음을 녹이고, 푸른 나무들은 무성하여 영화로워지고, 주명朱明[296]의 더운 여름이 되면 보리 언덕에는 푸른 물결이 일고 누대는 녹음이 둘러싸고 수확의 계절 가을이 되면 너른 들에 황금빛 구름처럼 이삭이 넘실대고 벼가 익어 일천 숲에는 보랏빛 비단으로 어지럽게 헤쳐져 있다. 전욱顓頊[297]이 겨울을 부르면 지난번의 황금빛 불세계는 백옥의 선경으로 뒤바뀌어 맑은 이내와 달빛 비추는 저녁에는 눈부시게 빛나고 해가 뜨면 아침놀에 푸른 바다가 아득하게 보인다. 음풍陰風이 성나게 불어오면 웅장한 파도와 놀란 물결이 거품을 튀기며 철썩 절구질을 하고, 구름이 맑게 개고 햇살이 비치면 바닷물과 하늘이 같은 색이 되니 용이 머리를 들어 만 섬 바람을 배불리 먹어 위아래 섬들과 물가 모래섬들이 푸른 소라 모양으로 배열하고 흰 깁을 끄는 듯하니, 그림 같은 장막을 펼쳐 놓은 듯하다. 쏟아지는 빗줄기가 금방 개고 구름이 푸른 바다에서 생기니 흰옷과 푸른 개의 모양으로[298] 모습이 천만 가지로 변화하니 이것이 가장 기이한 광경이다. 시인과 글쟁이들은 호기를 억제하지 못하여 허벅지를 치며 기뻐하고 참새가 뛰어오르듯 팔딱거리며 호쾌하게 읊조리고 붓을 휘둘러 비단 주머니에 모두 가져가 담는다.

만일 본색도인의 경우에는 다른 것이 있다. 천 리 바깥으로 가늘고 무성하게 보이는 동산 전체를 가리켜 돌아보고 색과 상을 가지고 공으로 돌아가면 흉금이 일순간에 확 트이게 되는 것이다. 암자가 도를 도와주는

것은 이 정도면 많지 않은가. 이것은 대개 대사의 지혜로운 안목이 옛사
람이 하늘이 감춘 곳을 처음 발견했던 안목에 부합함인데, 다만 옛날의
윤환輪奐²⁹⁹의 장엄함이 이와 같이 웅장하고 아름다웠는지는 알 수 없다.
이에 대사가 큰북을 치자 인천이 임하여 장광설을 펴고 최상승의 법을 전
해 주니 사부대중이 기뻐서 외치는 소리가 산골짜기를 울리게 되었다. 모
두 말세에 나타난 부처라고 여겼다.

    내가 말한다. 지금 사람들이 좌권左券³⁰⁰을 가지고 사물에 빗대어 취함
에 혹 반드시 들어맞는 것은 아니다. 대사는 손과 발에 굳은살이 박히도
록 애쓰고 비바람에 머리 빗고 목욕하는 괴로움이 없이 부자들이 재물을
내놓고 가난한 이들은 힘을 빌려주고 재주 있는 자들은 기예를 내놓고 권
력이 있는 자들은 말을 보태 주어 몇 년이 되지 않아서 기와와 자갈이 뒤
덮인 땅과, 여우와 토끼의 소굴이 연화의 정토가 되게 하였으니 일을 주
간하는 재주는 남을 크게 뛰어넘는 자이다. 그 덕의 성대함이 어떠한가.
내가 예전에 방장에 머물면서 천암과 만학 사이에 그의 소문을 들은 지
이미 일 년이 되었으나 매번 한번 가 보지 못한 것을 유감으로 여겼다. 그
런데 지금 구련 선하九蓮善荷 대사의 청을 입어 이곳에 안거하게 되었는
데 마침 구화 처열九華處悅 대사가 그 일을 정리하여 글을 써 주기를 청하
여 마침내 그의 말을 차례로 적고 그 눈으로 본 것들을 아울러 적어서 기
를 짓는다. 두 도인은 모두 입실한 고제들로서 나에게는 법문의 종형, 종
제이다.

母岳山海佛庵記

靈光爲湖右雄郡。而介於山海間故。治內有毓靈蘊秀者。四皆群峯蒼翠而
上入天。長林翁欝而下垂蔭。獨嶒崚斗。起於大野中。爲長爲尊。而佛德九
峯瑞雲諸山。若賤紳叢集而朝。兒孫環拱而侍者曰母岳。信西澥之巨麗也。
兌爲水口石洞。閒閬呀豁。土腴泉甘。即麗朝覺眞國師詩。君賜箕城佛岬

寺者是也。自寺沿溪轉麓。過半腰而未及冢頂。綠蘿蒼栝之間。有小庵曰海佛。蓮華長老。遍叅諸方。晚入碧巖之室。盡傳其奧。自方壺雲水窟。來寓小庵。法侶稍進。禪居狹陋。不足以庥學者。一日步武於下方。得一古基。陊垣破礎。蒙被藤葛。命山童。芟蓁薉剗朽壤。徘徊觀望。海山形勝。盡萃於此。盖兵烽之後。移構小庵而冒名者也。即召般倕。斲大章。權輿乎丙戌春。斷手于明年秋。棟宇甍桷。鶴跂龍盤。塗金抹綠。繪素流丹。斯乃取象乎給孤園清淨講堂。於是日三三五五而遊賞者。咸疑其大師以三昧法力。搏取天宮。置於人間。不然。何其幻恠神異如此耶。若夫隱綠䟽。靠朱欄。縱目窮睇。賞心美景。隨時自獻。青帝回春。則幽泉咽咽而氷解。草樹盎盎而向榮。朱明轉夏。則麥隴翠浪翻。樓臺綠陰圍。𥤡收行秋。則大野黃雲穲穏千林紫錦紛披。顒頊司冬。則向來黃金佛界。翻成白玉仙京。以至晴嵐映夕暉旭。日明朝霞。碧海微茫。陰風怒號。則壯波驚濤。噴激舂撞。雲日澄明。水天一色。則龍驤萬斛飽風颿。而上下島嶼汀沙。排青螺曳素練。若開畫障。至於急雨乍晴。雲生碧海。則白衣蒼狗變態千萬。此最奇觀也。騷人墨客豪氣不除。拊髀雀躍。快吟揮毫。總輸括於錦囊中矢。若是本色道人。有異。夫是千里纖穠。擧圍指顧。攬色相而歸空。豁襟胸於一昫。庵之助道不已多乎。此盖大師智眼。符昔人初發天藏之眼。第未知舊日輪奐莊嚴若是其壯麗乎否也。於是大師。搞大皷臨人天。出廣長舌。演最上乘。四衆歡呼。聲動崖谷。咸以爲季世一佛。余曰今人。持左劵取寓物。未或必得大師不有手足胼胝之勞。風雨櫛沐之苦。而能使富者輸財。貧者輸力。巧者輸藝。勸者輸語。不數年間。化瓦礫之墟。狐兔之窟。爲蓮界淨坊。幹事之才。有大過人者。而其德之盛。爲何如哉。余昔居方丈。千岩萬壑間。聞之已稔。而每以不得一遊爲慊。今被九蓮善荷大師之請。安居于此。適九華處悅大師。理其事請書之。遂詮次其言。而𣸪笔其所觸目者。以爲記。兩道人皆其入室高弟。於余爲法門從昆仲云。

정 염서丁念西 거사의 일출암기日出庵記

염서 거사 정 공은 불덕산佛德山의 남쪽 기슭에 자리한 일출암에 산다. 정토를 독실하게 믿은 자들이 몇 년간 있었다. 하루는 나의 문하에 찾아와서 심법을 묻고 이로 인하여 그의 암자에 대한 기문을 청하였다. 나는 허락하였다.

내가 일찍이 『불설십육관경佛說十六觀經』을 보니 일몰관日沒觀을 최고의 진리로 서술하면서 행인들에게 마음을 다잡고 달아나 흩어지지 않도록 해가 지는 때에 차분하게 명상하도록 하였다. 마치 북이 매달려 있는 모습처럼 눈을 뜨고 감는 것이 모두 뚜렷하고 밝게 보이게 하고 생각마다 버리지 않게 하였다. 만일 오랫동안 매일 그렇게 한다면 마음의 지혜의 태양이 진실로 밝게 되어 무명의 긴 밤을 타파하고 양곡暘谷[301]을 나와 높은 하늘을 곱게 물들이는 것이니 이른바 한 점의 신령한 빛이 곧바로 서쪽을 비추는 것이다.

그렇다면 암자를 일출이라고 이름 붙인 것의 깊은 뜻은 무엇인가. 우리 석가모니께서는 정토를 매우 칭찬하셔서 정토로 왕생할 것을 애써서 권하시고, 여기서 멀리 해가 지는 서쪽에 불토가 있으니 이름이 극락이라고 하고 그곳의 부처 명호는 아미타이며 지금 현재에도 설법하면서 사십팔 개의 큰 서원을 세워서 사바세계의 고통받는 중생들을 일일이 인도한다. 시방세계의 모든 불타 또한 이구동성으로 설법하여 혹시라도 중생들이 청정한 몸으로 예불하고 청정한 입으로 아미타 명호를 부르며 청정한 마음으로 부처를 생각하면 정토에 왕생하지 못하는 사람이 없다고 하셨다. 그리하여 과거로부터 지금에 이르기까지 왕생한 자들을 책에 기록된 것이 하나가 아니다.

그 두 번째가 되는 것은 세존이 중생을 제도함에 만물을 이롭게 하는 방편과 제도하는 문의 지름길이 되고 지극히 간단하고 쉬워서 이것보다 더한 것이 없다. 여러 부처들이 지극하게 찬양하는 것이 마땅하며 진실로 거짓이 아니다.

지금 염서 거사는 이 암자에 살면서 일몰관으로 마음을 닦은 날이 이미 오래되었다. 달도 없는 어두운 하늘 가운데 지혜의 태양이 몰록 떠올랐는지 알 수 없도다! 만일 그렇지 않다면 옛말에 도를 배우는 것은 불을 때는 것과 같으니 연기를 만나도 쉬지 말고 다만 금성이 나타나기를 기다려서 집으로 돌아가야 비로소 완벽하다고 하였으니, 청컨대 염서 거사는 이 말을 다시 보고 부지런히 노력하라. 이에 기를 짓는다.

丁念西居士日出庵記

念西居士丁公。居佛德山之南麓日出庵。篤信淨土者有年所矣。一日踵余門。問心法。因請記其庵。余曰諾。余嘗觀佛說十六觀經。有日沒觀爲第一意。使行人攝心不馳散。顒想日沒時。如皷懸狀。開目闔目。皆令了了明見。念念不舍。若久久如一日。則此心之智日眞明。破無明長夜。而出暘谷麗高穹矣。所謂一點靈光。直照西者也。然則庵以日出名者。其深有旨哉。我釋迦氏。極口稱讚淨土。苦勸往生。有云此去日沒之西有佛土。名曰極樂。佛號阿彌陁。今現在說法。留六八大誓願。接引娑婆苦衆生。十方諸佛陁。亦異口同宣。倘能衆生。淨身而禮。淨口而呼。淨心而念。無一人不往生矣。肆以徃古來今之往生者。不一書於策。其爲二。世尊濟生。利物之方便度門。甚爲徑捷。至爲簡易。而無出其右。宜乎諸佛同讚揚之極者。固也非誣也。今念西居此庵。存心日沒爲日已久。未審從黑月幽宵中。慧日頓出也耶。如未。古云。學道如鑽火。逢烟且莫休。直待金星現。歸家始到頭。請念西更看此語而勉旃。是爲記。

정토사기 淨土社記

연화 제자 구용九蓉 도인은 기성箕城 모악산母岳山 동쪽에 수련(藏修)하고 지내는 곳이 있으니, 그 땅에 방장方丈이 둘이 있다. 진실로 하늘이 숨겨 둔 장소를 펼친 것이다. 손수 취미翠微 속에 한 방을 만들어 나에게 한 마디 말을 써 달라고 하였다.

내가 말했다. "무릇 땅에는 청정한 곳이 있고 더러운 곳이 있다. 경전에서 극락이라고 부르는 곳이 최고의 청정한 곳이다. 사바세계는 가장 더러운 곳이 된다. 같은 불세계이면서도 한편으로는 정토라고 하고 한편으로는 예토라고 부르는 것은 어째서인가? 정토와 예토라고 부르는 것이 어찌 단토端土가 시켜서 그렇게 되는 것이겠는가. 진실로 사람의 마음이 깨끗하고 그렇지 못한 것에 관계될 뿐이다. 시험 삼아 말해 보리라.

아첨하고 미치고 험담하고 질투하는 마음은, 사바세계의 중생들이 더럽다고 느끼는 것이다. 평이하고 솔직하고 착하고 부드러운 마음은 서방세계의 중생들이 청정하다고 느끼는 것이다. 혹시라도 한 생각에 마음이 청정해지면 국토는 청정하지 않을 수 없으니 마음이 청정하면서 국토가 청정하지 못한 경우는 일찍이 없었다. 마음이 청정하지 못하고서 국토가 청정한 경우 또한 일찍이 없었다. 그렇다면 정토는 어찌 멀리 서방 십만 억 떨어져 있는 곳이겠는가? 그 눈썹이 움직이는 사이를 벗어나지 않아서 뚜렷하게 가리키고 밟을 수 있는 것이다. 이것으로 보건대 어떤 사람이 사바세계에 있으면 사바세계가 정토가 되고 극락에 있으면 극락이 정토가 되니 바로 그 사람의 한 치 마음에 달려 있는 것이다. 이것과 저것으로 정토와 예토를 나누어 논할 수 없다는 것이 분명하니 여기에 있는 한 사람의 마음에 조금도 때가 없다면 이것은 예토 가운데 정토가 되는 것이다. 대부분의 사람들이 피안에 있으면서 국토가 모두 청정하다면 이는 청정한 가운에 청정한 것이니 개괄적으로 보는 것이 아니다. 또한 몸이라는 것은 마음이 의지해 깃드는 곳이고 집(社)이라는 것은 깃드는 바(몸)가 깃드는 곳이요 국토라는 것은 다시 깃드는 바가 깃드는 곳이 깃드는 곳이다. 이것이 바로 도인이 이 세계에 나그네로 머물면서 불선으로 마음에 들이지 않고 청정한 국토에 정신을 노니는 것이로다. 그렇지 않고 한갓 스스로 청정한 국토를 구하고 바라면서 마음에 먼지와 기름때가 가득하고 그것을 없애지도 않고 닦아내지도 않는다면 국토가 어찌 청정하다고 할 수 있으리오."

도인이 합장하고 절하고 말하였다. "다른 사람의 마음을 스님께서 능히 헤아려 주십니다." 이에 글로 써서 기를 지어 준다.

淨土社記

蓮華弟子九蓉道人。則公占藏修之所。於箕城治母岳東。其地盖方丈者二焉。信乎發天藏也。手開一室於翠微裡。匂余一言。余曰凡爲土有淨焉有穢焉。經稱極樂爲淨土最。娑婆爲穢土甚。同一佛土也。而偏指淨若穢而稱者。奚盖謂淨穢者。豈端土之所使然哉。實係乎人者之心之淨不淨如何耳。請試言之。諂誑詖諛嫉妬心。此界衆生之所以感穢也。平易質直善軟心。彼土衆生之所以感淨也。倘能一念心淨。則土不得不淨。心淨而土不淨者。未之有也。心不淨而土淨者。亦未之有也。然則淨土。豈遠在西方十萬億之外。即不出於眉睫間。而歷歷可指可步矣。繇是觀之。若有人在娑婆。則娑婆爲淨土。在極樂。則極樂爲淨土。此在當人方寸中。不可以此彼分淨穢而論者明矣。能有一人。於此而心無垢。則是穢中淨。有多人。於彼而土盡淨。則是淨中淨。非可以槩視之也。且夫身者。心之所寄也。社者。所以寄所寄也。土者。又所以寄所寄之所寄也。此所以道人。旅泊於斯。不以不善。納於靈臺。神遊淨土者歟。不然徒自希覬淨土。而心藏垢膩。不制不浣。則土烏能淨。道人合爪而拜曰。他人有心。師能忖度矣。於是乎書以爲記。

호남 담양 법운산法雲山 옥천사玉泉寺 사적

현장 법사의 불경을 실은 백마가 서쪽에서 온 이래로 불교의 가르침이 동방으로 흘러 들어왔다. 이름난 산과 뛰어난 지역에는 범우梵宇와 화궁華宮을 경영하지 않는 곳이 드물어 바둑알을 흩어 놓고 별을 뿌려 놓은 듯하며 불 땐 연기가 서로 바라보고 법고와 범종 소리가 서로 들려서 곳곳마다 웅장한 것이 난타蘭陁의 급고독원이나 죽림정사와 짝이 되었으니, 상법像法302이 흥성하고 융숭한 것이 이와 같았다. 이에 바다 밖에서 신승 순도順道가 고구려로 들어왔고【진晉 함안咸安 2년 임신년에 진秦의 부견苻堅이 보냈으니 곧 소수림왕 때이다.】눌지왕訥祇王 때 사문 묵호자黑胡子가 고구려에서 왔다.【곧 신라 제19대 왕이다.】또 서역승 마라난타摩羅難陁가 진晉에서 마한으로 왔다.【진晉 태원太元 9년 갑신년이니 즉 백제 침류왕 때이다.】이에 삼국이 다투어 서로 따르고 숭상하여 면면하게 일찍이 끊어지지 않았다. 나라가 비록 좁지만 중국에 비하여 매우 융성했다.

호남 추성秋城 법운산에 옥천사라고 있으니 옛날의 정원사淨源寺이다. 선각국사先覺國師 도선공道詵公께서 처음 개창한 비보사찰裨補寺刹303 삼천 곳 가운데 하나이다. 뒤를 이은 사람 가운데 귀곡龜谷 대선사가 있었는데 일찍이 지팡이를 끌고 이곳에 이르러 크게 확장하고 회복하여 차츰 총림의 제도를 갖추었고 중간에 흥기하고 퇴락한 것은 그 사람 하나뿐이 아니다. 당나라로부터 송·원을 지나 명나라에 이르기까지 위아래로 몇천 년 동안 세대가 아득해져서 비록 인멸한 것을 상고할 수는 없으나 시대와 더불어 흥함이 교체된 것을 어찌 그동안에 자주 있지 않았겠는가.

지금 절의 초석이 깨지고 기와가 파손되며 흙이 잡풀 속에서 무너져 버렸다. 모두 옛터 그대로라서 예전에 아름답게304 꾸며져 거대하고 장려한 모습을 짐작할 수 있다. 융경隆慶·만력萬曆 연간에 담장이 모두 기울어지고 법당을 수리하지 않아 비바람을 막고 습기를 피할 곳이 없게 되었다. 그곳에서 지내는 중들도 손가락으로 꼽을 정도여서 거의 회복할 수 없었다. 또한 오른쪽 산 밖으로 가까운 거리의 땅에 띠풀을 베고 서까래를 얽어 사는 곳이 있었는데 이른바 상하사上下寺이다. 당시에 마을의 부호 가운데 김씨 성을 가진 사람이 있어서 황폐하게 된 것을 이롭게 여기고 호견虎肩에 무덤 자리로 차지했으니 대개 그 당시에 황폐하고 쇠락한 것이 매우 심했던 것을 알 수 있다.

요사이 병란을 만난 뒤로 조금 옛 모습을 회복하였는데 숭정崇禎 병자년에 대비구 두영杜英이 보광전普光殿을 중수하고 상량문을 쓰기를 "정덕正德 십일 년 봄 삼월 간선幹善305 도인 두영이 거듭 새롭게 한다."라고 하였으니 숭정崇禎에서 정덕正德 연간으로 거슬러 올라가면 백이십 년의 기이함이 있으니 아마도 전신·후신인가. 연월과 이름이 시대는 다르지만 서로 부합함이 이와 같으니 이것은 매우 드문 일이다.

나는 "부도를 만들지는 않았으나 배휴裵休306는 현도玄度307의 후신이며, 천 척의 불상을 완성하였으니 축법호竺法護308는 승우僧祐309의 전신이다."는 말을 들었는데 이것은 고금에 전하는 것으로 거짓이 아니다. 학사 박인범朴仁範이 요공선사了空禪師의 비문을 받들어 지어 제자 십여 인을 열거하였는데 그 가운데 하나가 법운산 정원사에 거처한 요공了空이니 바로 도선공의 시호이다.【신라 효공왕孝恭王이 요공了空이라는 시호를 내리고 탑의 이름을 증성혜등證聖慧燈이라고 하며 서서 학사瑞書學士 박인범朴仁範에게 비문을 찬하게 하였다. 또 고려 인종仁宗 때 선각국사先覺國師로 추봉하였고 최유청崔惟淸에게 비문을 찬하도록 명하였다.】 그렇다면 지금의 옥천사는 정원사가 이름을 바꾼 것이 분명한데 선각에게 비롯된 것 또한 헛되지 않다. 선각에게 비롯된 것이 이미 헛되지 않다면 귀곡 대사가 중창한 것도 반드시 의심할 것이 없다. 그러나 정덕 연간에 다시 신축하고 숭정 연간에 고쳐서 지은 것이 지금에 이르러 그 누추하고 더러웠는데 매미가 허물 벗듯 환골탈태하고 웅장하게310 새로워졌다. 중앙에 장엄하게 솟아오른 것은 보광대전普光大殿으로 전殿에는 오래된 불상이 놓여 있는데 그 영험이 매우 뚜렷하다. 임진년에 왜구가 육지로 쳐들어와 여러 요사채가 모두 겁화의 재로 변했는데 오직 보광전만은 불타지 않았다. 적의 무리들이 자못 금부처를 업신여겼는데 이윽고 새끼줄도 없이 모든 도적들이 저절로 결박당하게 되었다. 벌벌 떨며 놀라서는 각자 중얼거리며 빌었는데 하루가 지나자 저절로 결박이 풀려 떠나갔다. 대곡大谷 마을 사람으로 포로로 잡힌 자가 그 일을 목격하여 잘 알고 있었는데 포로에서 풀려나고 돌아와서는 여러 사람에게 말하였기 때문에 지금까지 고사로 전해지고 있다.

그 뒤에 신견信堅이 자금紫金을 팔아 삼존상을 만들어 모셨다. 보광전의 왼쪽에 명왕전이 있는데 지정智淨이 세우고 거사 김풍산金豊山이 초상을 시주하였다. 그 아래 선당이 있는데 두영杜英이 보광전보다 먼저 공을 일으켰다. 명왕전의 동쪽에 첨성각瞻星閣이 있는데 원식元寔이 대중의 시주를 모연하여 이룬 것이다. 첨성각의 동쪽에 미타전彌陁殿이 있는데 신훈信訓이 옛 건물을 보수한 것이다. 그 아래에 창고를 두고 여러 법구와 집물들을 보관하였다. 그 동쪽으로 몇 걸음 떨어져서 약사전藥師殿이 있으니 해축海竺이 처음 개창한 것이다. 보광전의 오른쪽에 상실上室이 있으니 자각自覺이 사익思益의 옛 건물을 보수한 것이다. 그 아래에 승당이 있으니 혜웅慧雄이 중수한 것이고 각일覺一이 도왔다. 후실의 서쪽에 관음전觀音殿이 있으니 혜화慧華가 세우고 성응性應이 이어서 그 업을 다스린 것이다. 관음전의 북쪽에 보명전普明殿이 있는데 원옥元玉이 이건하고 해민海敏이 앞서 짓기 시작했다. 보광전의 뒤에 한 당堂을 두었으니 모두 다섯 칸으로 왼쪽으로 네 개의 기둥이 늘어서 있다. 종묵宗默이 다시 십육응진상十六應眞像을 그렸고 오른쪽으로 세 기둥에는 근고의 여러 대덕의 진영을 드리웠다.

또 서쪽 모퉁이에 가로놓인 한 칸의 방을 핵현覈玄이라고 부르는데 모두 건표建標가 지은 것이다. 보광전의 앞으로 큰 누대를 얽었는데 천기天

機가 처음 세우고 지주智珠가 다시 새롭게 만들었다. 누대의 동쪽에는 청풍료清風寮가 있으니 문혜文惠가 집터를 잡고 학계學戒가 다시 고쳤다. 그 동쪽으로 명월료明月寮가 있으니 민호敏湖가 시작하고 자원慈遠이 다시 고쳤다. 또한 그 동쪽으로 보현전普賢殿이 있는데 일선一禪이 아름답게 마치고 신묵信嘿이 처음 단장하였다. 그 앞에는 연자방아(碓坊)와 뒷간이 있고 누대 서쪽으로는 청심당清心堂이 있어 쌍현雙絢이 서쪽 암자에서 여기로 옮겨 왔다. 그 서쪽으로는 문수전文殊殿이 있고 문수전의 북쪽에 공양간(香積厨)이 있으니 모두 쌍경雙鏡이 세운 것이다. 누대 앞에 사왕문四王門이 있으니 설형雪泂이 사왕상을 조각하고 처겸處謙이 전각을 세워서 그것을 덮은 것이다. 그 밖에 조계문曹溪門은 쌍변雙卞이 열었다. 또한 석공石工을 시켜 다른 산의 돌을 다듬고 보광전의 계단을 쌓았다. 섬돌 아래에 돌우물 한 구口가 있는데 달고 시원하며 맑은 샘물로 수만 대중을 공양할 만하였고 쉽게 마를 기미가 없었으니 옥천이라는 이름은 반드시 이것을 취했을 것이다. 이 옥천사가 폐허가 되자 옛 제도를 혁신하여 반백여 년을 내려오니 그 공을 마쳤는데 이는 모두 예전의 간선幹善 여러 공이 그 재주와 힘을 다한 것이다.

쌍운雙運과 불대佛臺 두 암자는 절의 동벽 바깥에 있는데 학숭學崇 대사가 옛터를 경영하여 세운 것이다. 각일覺一 선로禪老가 대사의 증조가 되어 이 절을 경영해 온 것이 십수 년이 되었다. 혹은 동지들에게 권하고 혹은 몸소 노역을 맡아서 털끝 같은 작은 힘이 쌓여 다시금 가람을 세우게 된 것이다.

대사가 이에 호목蒿目[311]하는 근심이 없을 수 없어서, 대동의 종이 부역을 처리하였는데 수고비 대신 관수물품을 공급하여 거처하는 이들을 편안하게 하고서 시주자들을 모아 논 몇 이랑을 얻어 상주하는 데 필요한 물자를 공급하도록 하였다. 이는 그 큰일을 이야기한 것이요 그 세세한 일을 어찌 이루 알 수 있으리오. 돌아보면 설순雪淳과 쌍즙雙楫·각균

覺均·태현泰絢·묘련妙蓮과 같은 스님들이 함께 묻고 의논하여 쉴 때에도 절의 일을 잊을 수 없어서 처음과 끝이 한결같았으니, 기이하도다. 조손祖孫 두 세대가 쓰러진 것을 일으키고 무너진 것을 보수한 공덕을, 어찌 수미산과 향해香海[312]와 더불어 그 높이와 깊이를 헤아릴 수 있으리오. 하수 중류의 지주砥柱[313]가 거센 물살에도 우뚝 서 있다고 말할 만하도다. 아아. 세상의 유자(縫掖)[314]들이 다투어 석씨釋氏를 물리치는 것으로 허풍을 치기를, 반드시 석씨의 무리들은 하는 일 없이 밥을 축내면서 백성들의 재물을 소비하며 사찰을 아름답고 크게 세워 토목에서 백성들의 힘을 수고롭게 하고, 화폐에서 백성의 자산을 빼앗아서, 재물의 소용이 고갈되기 쉽고 풍속이 더러워지기 쉬우니 쓸어서 없애 버려 더 늘어날 수 없게 함이 마땅하다고 말한다. 청컨대 시험 삼아 말해 보겠다.

  우리 부처의 도는 청정하여 작위가 없는 것을 종지로 삼으며 자비롭게 살생하지 않는 것을 가르침으로 삼는다. 비록 세상의 다스림에는 절실하지 못하는 듯하지만 진실로 이러한 마음을 미루어 한 세상의 사람들로 하여금 모두 선을 좋아하고 악을 미워하는 것을 알게 하여 인수仁壽[315]의 지역을 건너가게 된다면 어찌 보탬이 적겠는가. 지금 중생들은 고통의 바다에서 부침하면서 피안으로 건너는 나루를 알지 못하니 부처를 피안으로 삼는다면, 머리 깎고 승복을 입은 자들은 모두 부처를 신봉하는 무리이니, 전각과 당료堂寮의 웅장함과 불상에 금빛과 푸른빛으로 장식하는 것을 그만두겠는가. 비유하면 의사가 병을 고치는 데에는 반드시 병에 상응하는 약을 주어야 하는데, 냉병을 앓는 이에게 단사丹砂[316]와 오훼烏喙[317]를 투약하고 천식을 앓은 이에게 백출白朮[318]과 자단紫團[319]을 주는 것이다. 이미 병이 없다면 약을 쓰지 않지만, 한질이 낫지 않고 천질이 제거되지 않았는데도 먼저 단사와 백출을 없애 버리고자 하는 자들이 옳은지를 나는 알지 못하겠도다. 전대의 존귀한 스님들로 숭앙받던 분들은 어찌 까닭이 없었겠는가. 그 배척하고 물리치기를 심하게 하는 자들의 말은 이를 것이 아주 없다고 깊이 개탄한다.

나는 무령사武靈寺와 불갑사佛甲寺에서 와서 오 개월을 주석하였다. 벌집이나 개미굴과 같은 좁은 방마다 향과 등이 끊임없이 이어지고 경 외는 소리가 흘러서 멈추지 않는데 북과 아쟁이 뒤섞여 되돌아와 메아리가 울려 퍼지니 이는 불국토의 모습이다. 또한 모든 절의 승려들의 마음이 순박하고 두터우며 위엄스런 자태는 아름다워서, 한번 변하면 도에 이를 만하니[320] 여러 사찰 가운데 유독 뛰어나서 가상하다. 여러 공들이 나를 재주 없다고 여기지 않고 오히려 사적을 기록하는 일로 책임을 맡겼으니 입을 빌려 사양할 바가 없어서 마지못해 스스로 붓을 잡고 당시의 빠진 일들을 보충하였을 뿐이다. 다른 날에 혹시라도 서까래 같은 붓[321]을 잡는 자가 있다면 이 글은 물리고 항아리나 덮는 것[322]이 옳을 것이다.

湖南潭陽法雲山玉泉寺事蹟

自白馬西來。象敎東流。名山勝境。鮮不營梵宇華宮。棊錯星分。烟火相望。皷鐘相聞。在在稱雄。以配蘭陁給孤園竹林精舍。像法之興崇。有如此矣。爰及海外。有神僧順道。來高句麗【晋咸安二年壬申。秦主符堅送之。即小獸林王時也。】訥祗王時。沙門黑胡子。自高句麗至。【即新羅第十九王也】又胡僧摩羅難陁。自晋來馬韓。【晋太元九年甲申。即百濟枕流王時也。】於是三國。競相遵尙。綿綿然未甞絶。國雖褊小。比中州爲甚盛矣。湖南道秋城法雲山有玉泉。即古之淨源寺。先覺國師詵公俶始刱。裨補三千之一也。嗣後有龜谷大禪師。甞杖錫及此。拓大而恢復之。稍有叢林之制。中間起廢者不一其人。而自唐歷宋元。逮于皇明。上下幾千載代禩寢遠。雖湮不可考。與時興替者。豈無數於其間哉。今其破礎裂瓦。土蝕於蓁莽中者。皆其舊址。則知其前日輪奐莊嚴之鉅麗也。至於隆萬間。垣墻盡傾。堂宇不葺。庇風雨避燥濕之無地。居僧不滿屈指。幾乎不可復。又右麓外一牛鳴地。有誅茅縛椽而居者。所謂上下寺也。時郡豪有金姓者。利其蕪廢不振。業已占窆於虎肩。盖知其際荒殘寥落之甚也。近自兵烽之後。稍復舊觀。崇禎丙子。大比丘杜英。重修普光殿。撤其上棟。有書云。正德十一年春三月。幹善道人杜英重新。自崇禎遡正德。年所一百二十有奇。豈其前後身耶。何年月名字之異世而同符若是。此甚希有也。吾聞浮圖未成。而公美爲玄度之後身。千尺像畢。而僧護爲僧祐之前身。此古今所傳不可誣也。按朴學士仁範。奉製撰了空禪師碑。列弟子十餘人。其一居法雲山淨源寺。了空即詵公之謚。【新羅孝恭王。贈謚了空。名塔曰證聖慧燈。命瑞書學士朴仁範撰碑。又高麗仁宗。追封先覺國師。命崔惟淸撰碑文也。】然則今玉泉。是淨源之改扁者明矣。而旁于先覺。亦不虛矣。先覺之旁旣不虛。則龜谷之復。必也無疑。而重新於正德。改搆於崇禎。以迄于今。蟬蛻其陋穢。而一新之翬飛。壯聳於中央者。普光大殿。殿中有古佛。厥靈甚赫。壬辰島冠陸梁。諸寮盡爲劫灰。唯殿獨不燬。賊黨頗褻慢金軀。俄而無繩索。盡自擊縛。愕然驚悚。各自伊吾乞哀。經宿乃自解去。大谷里人。被係虜者。目其事甚悉。獲免而歸。言於衆。至今傳爲故事。其後信堅。貿紫金。治瑩三尊像。普光之左。爲冥王殿。智淨建。而金居士豊山。化骨像。其下爲禪堂。杜英先普光而興功。冥王之東。爲瞻星閣。元寔募衆緣而成之。瞻星之東。爲彌陁殿。信訓因舊貫而補之。其下爲庫司。藏諸法具什物。其東步武許。有藥師殿。海竺肇開之。普光之右爲上室。自覺緝思益之舊。其下爲僧堂。慧雄修覺一之。後室之西。爲觀音殿。慧華結搆。而性應繼治其業。觀音之北。爲普明殿。元玉移建。而海敏經始于前。普光之後置一堂。凡五間。左四楹列。宗默重繪十六應眞像。右三楹垂近古諸德之影。又橫一室於西隅。名以蘙玄。皆建標之所建也。普光之前。架大樓。肇起於天機。更新於智珠。樓之東。爲淸風寮。文惠胥宇。而學戒再治。其東爲明月寮。敏湖權輿。而慈遠復理。又其東爲普賢殿。一禪終美。而信嘿始繕。其前爲碓坊爲圊厠。樓之西。爲淸心堂。雙絢移西庵於此也。其西爲文殊殿。文殊之北爲香積厨。皆雙鏡之所建也。樓之前四王門。雪涓塑王像。處謙建閣而覆之。其外曺溪門雙卞闢之。又用石工。鍊他山。壘普光階。阤階下有石井一口。甘凉淸冽。可供萬衆。而不易渴意。玉泉之額。必取此也。於是玉泉之廢。鼎新而閱半百餘祀。厥功告竣。此皆向來幹善群公之殫其才力者也。雙運佛臺二庵。在寺東壁外。并大師學崇之營締故基者。覺一禪老。於大師爲僧祖禰。而經營斯寺十數年間。或勸同志。或躬執役。以至毫累銖積。再造伽藍。大師於此。不無蒿目之憂。辦大同紙役。代衆勞費。以供官需。使居者安堵。募檀那。獲水田若干塍。以足常住供資。此其大者。其細詎可悉乎。顧與雪淳雙楫覺均泰絢妙蓮諸德。咨謀會同。食息不能忘寺事。終始如一日。异哉。祖孫兩世。其扶顚補敗之功。豈與彌盧香海。量其高深哉。可謂中流砥柱屹立頹波矣。嗚呼世之縫掖。爭以攘釋氏爲侈談。必曰釋之徒游手游食。耗蠹民財。招提梵利。宏敞美麗。勞民力於土木。奪資產於金帛。財用易竭。風俗易澆。宜乎掃除不得滋。請試言之。吾佛之道。以淸淨無爲爲宗。慈悲不殺爲敎。雖若不切於世治。苟能推是心。使一世人。皆知善善惡惡。以躋仁壽之域。則豈少補哉。今夫衆生。苦海沉浮。莫知津涘。而以佛爲彼岸。則圓顱方服者。皆奉佛之徒。殿宇堂寮之壯。像設金碧之嚴。其可已乎。譬如醫師治病。必應病與藥。其於病寒者。投以丹砂烏喙。病喘者。授以白朮紫團。旣無病則毋用藥餌。寒疾未瘳。喘疾未去。而欲先除其丹砂白朮者。吾未知其可也。前代之尊尙興崇者。豈無以也。深慨其攘斥者之言甚無謂也。余自武靈佛岬來。駐錫五箇月矣。蜂房蟻穴。香燈陸續。誦聲聒聒。與皷鉦雜還。交響洋洋。是佛國之風。抑闉闍緇褐。心地淳厖。威儀楚楚。可一變而至於道。視諸刹爲獨勝可尙也已。諸公不以余爲不才。猶以誌事相責。無所籍口而辭。强自搦管。聊以補一時之闕如耳。他日倘有把如椽之筆者。則此誌退而覆瓿可矣。

홍주洪州 팔봉산八峯山 용봉사龍鳳寺의 새 누각 기

흰말과 푸른 원앙³²³으로 갖추어 누대를 얹고는 벽 속에 기록을 넣어둔 것이 오래되었다. 집을 건축하면 그 공을 널리 자랑해야 하고, 이름을 지으면 그 의미를 널리 알리는 것이니 진실로 이것을 버리고 억지로 말하는 것은 어렵지 않은가.

홍주洪州의 북쪽에 있는 팔봉산八峯山에는 용봉사龍鳳寺라는 절이 있다. 절의 스님이 불당 앞의 대나무 시냇가에 누각을 세웠다. 훈勳 상인이 이 절 스님의 말을 빌려 나에게 매우 간절하게 기문을 부탁하였다. 글 잘 짓는다는 명망도 없다. 또한 형세의 규모와 재목의 많고 적음, 공사 날짜의 오래되고 가까움에 대해서는 나에게 일러주지 않았다. 다만 태고太古 스님이 처음 개창하여 임자년의 난리에 화재로 쇠락한 것을 지금 새로 짓는다고만 하였다.

내가 말하였다. "태고 스님은 고려 말 두 임금의 조정에서 국사를 지낸 분으로 속세 본관은 홍주 사람이다. 지정至正 연간에 중국의 하무산霞霧山에 들어가 석옥石屋 화상을 참례하고 밀인密印을 얻어 우리나라로 돌아오셨고 그때 이 산에 절을 처음 개창하시고 지내셨다. 이 누각은 태고의 후인이 일어나 중창하게 된 것이니 어찌 우연이겠는가." 땅은 축丑에 열리고³²⁴ 이 산이 무성한 숲에 가려져 사슴의 동산이 되고 뱀의 소굴이 된 것이 몇천 년 동안의 일인지 알 수 없다. 태고 스님 때 와서야 비로소 터를 잡고 오늘에 이르렀다. 다만 비렴飛廉(바람 귀신)에 맞고 우사(雨師)에 벗겨져 기와가 떨어지고 기둥이 꺾여 사찰 도구들(寺俱)과 함께 무너져 다시 썩은 땅이 되고 잡초가 다투어 나서는 마치 태고 스님이 이 땅을 다지지 않았던 이전과 같아진 것인지 모르겠다. 꺾인 것을 바로 세우고 훼손된 지붕을 잇고 무너지지 않게 한 뒤에라야 이 산과 더불어 무궁하게 할 수 있을까. 모든 것이 기필할 수 없다. 이것은 뒤에 이어서 거처하는 자의 책임일 뿐이다.

　상인 또한 홍주 사람이니 나를 좇아 유력한 지 몇 년이 흘렀다. 지금은 고향 마을로 돌아왔으니 필시 이 절에 머무를 테고 그 자취가 대강 태고 스님과 비슷하다. 그러므로 그 어려움은 사양하지 않고 억지로 글을 지었다. 그 건물의 아름다움이나 시내와 산의 형승은 훗날 석장을 날려 호서를 유람할 때 두루 누각과 기둥에 의지하여 마땅히 우리 상인과 함께 감상해야 하리라.

洪州八峯山龍鳳寺新樓記

白馬靑駕。俱架樓臺。而有記陷壁尙矣。結搆焉。襃其功。命名焉。暢其義。固舍是而强之言難乎哉。洪州治之北八峯山。有寺曰龍鳳。寺之僧架樓於正殿前竹溪。勳上人。以寺僧之言。句余記甚勤。乏措辭之名。又面勢之規模。尨材之多寡。爲日之久近。則不我諭。只道太古始剏之。壬子灾欝攸。今新之。余曰太古。麗季兩朝國師。俗氏。洪州人也。至正間入中州霞霧山。叅石屋和尙。佩密印。尋還海東。始開此山而居之。此樓起太古後人踵新之。豈偶然哉。夫坤關於丑。有此山而翳于蓁葳。鹿爲囿蛇爲藪者。不知其幾千祀。太古始胥宇迄于今。第未知敵飛廉剌雨師。瓦縫脫棟宇摧。與寺俱銷歇。復爲朽壞。爭植雜草。如太古未度土之前耶。其能有撓扶之。有毁葺之。不墜而臻後劫。與此山相無窮耶。皆未可必也。是在後來繼居者之責爾。上人亦州人也。從余遊數載。今返鄕井。必駐餠舃是寺。其迹略與太古相類。故不辭其難。而强爲之言。若其栱梲之麗。流峙之勝。異日飛虎錫遊湖西。遍倚樓楹。當與吾上人共賞耳。

천봉산 자수암慈壽庵의 새로 수리한 동쪽 정자 기

　자수암慈壽庵의 동쪽 사문沙門 바깥에 한 걸음 정도 넓이의 땅에 한 작은 나무가 한 그루 서 있다. 이 나무의 가지와 잎사귀는 무성하게 뻗어 있고 아름다운 그늘을 드리우나 그 이름은 알 수가 없다. 어떤 이는 팽목彭木이라고 하는데 곁에는 완석頑石 서너 개가 있다. 나는 더운 여름날의 피곤함과 찌는 더위를 씻어 내고자 매번 옷깃을 풀어서 바람을 맞는다. 하루에 두세 번 이르거나 혹은 네다섯 번 찾기도 한다. 문을 나서면 반드시 그 아래에서 한가로이 어느 때는 나무에 기대어 서 있고 어느 때는 돌에 반가부좌하고 앉는다. 아래에는 잡풀들이 매우 무성하게 자라고 있다.
　하루는 산동山童에게 날카로운 도구를 가져와 그것들을 베게 하였다. 얼마 후 풀을 베고 화훼를 자르고서 천연 그대로 두고 흙을 쌓거나 북돋우지 않았다. 그러자 눈과 귀가 머물러 보고 듣는 것이 모두 즐겁게 만남이 있었다. 숲 바깥의 시내 소리는 콸콸거리고 시냇가의 솔숲 소리는 쏴쏴하고, 맑은 바람이 솔솔 불고 저녁놀과 이내가 쫙 깔려서 먼 산들은 아스라이 푸름을 더하고 가까운 산들은 진한 푸른빛이 뚝뚝 떨어지려고 한다. 눈과 귀를 상쾌하게 하는 것이 이전보다 두 배, 다섯 배가 넘는다.
　내가 두려워하는 것은 훗날 이 암자에 살게 된 이가 다시 무성하게 더럽히고 예전과 같이 관리하지 않게 되거나 또는 호사가들이 그 나무가 커서 소를 덮을 지경에 이를 때 돌과 흙을 쌓고 절벽과 산을 깎아 높은 대를 만들어서 그 천성을 상하게 하여 조물자의 시기를 받는 것이기 때문에 마침내 글로 써서 기록해 둔다.

天鳳山慈壽庵新理東亭記
　慈壽庵東沙門外。容步武地。有一小樹。枝葉繁茂而美陰。不知其名。或曰彭木云。傍有頑石數四塊。余病暑困蒸溽。每披襟而受風。日三兩至。或四五至。出門則必於其下婆娑。或倚樹而立。或箕踞乎石。下有蓁莽雜薉。
一日使山童持利器。剪薙之。不移晷。芟草刜枿。因其天而不築土。不封殖。
耳目所寓而視。聽者。舉熙熙然。有所遇林外之溪聲。決決澗邊之松籟。蕭
蕭淸風。剪剪烟靄。抹抹遠岳。離迾增翠。近峀濃綠。欲滴爽耳根淸眼界者。
若倍簁於曩時。余惧後之居是庵者。復將蕪穢。不治如疇昔。又恐好事者。
以其木之大。至蔽牛。則累石壘土。劇崖剗巘。以爲崇臺。而喪其天。爲造
物者猜。故遂書以志之。

지리산 쌍계사의 대웅전과 팔영루八咏樓 중수기

무릇 토목 공사는 새로 창건하는 것이 있고 중창하는 일이 있으되 반드시 그때를 기다리고 그 사람을 기다리는 법이다. 그때가 아니면 일이 시작될 수 없고 그 사람이 아니면 능히 감당할 수가 없다. 한나라의 미앙궁未央宮과 당나라의 구성궁九成宮은 모두 그 사람과 때를 만나 이루어진 것이다.

이 쌍계사의 법당과 누각의 건축은 반백여 년을 넘는다. 위로는 비가 내리고 곁으로는 바람이 불어와 구름이 피어오르고 안개에 축축해져서 들보와 기둥이 기울어지고 서까래와 평고대가 상하여 보는 사람마다 모두 그 걱정을 감당하지 못했다. 이에 대중회의에서 많은 사람들이 모의하여 말하였다. "이것은 작은 일이 아니라 덕풍德風이 사방에 퍼져 시방의 시주자로 공경하고 믿을 만한 자가 아니라면 능히 할 수 없는 일입니다. 사민思敏 도인이 있어서 연곡燕谷의 금강대金剛臺에 주석하는데 이가 바로 그 사람입니다." 곧 예를 후하게 하여 맞이하였다. 도인은 기뻐하면서 왔다. 이미 때를 만나고 또한 사람을 얻은 것이다. 이에 원근에 소문이 나게 되어 부자들은 재물을 내놓고 가난한 자들은 힘을 빌려주며 재주 있는 자는 기예를 사용하고 권세 있는 자들은 말을 빌려주어, 도공이 기와를 바치고 목공은 재목을 골라서 몇 개월이 되지 않아 환상처럼 새롭게 만들었다.

아! 우리 도인의 일처리의 능함이 어찌 이 일에만 해당되리오. 단번에 한 가람을 만들었으니[325] 이는 그가 유희한 것이다. 다시 썩지 않는 문자에 의탁하고 나에게 기문을 부탁하자 내가 그 사람과 때가 서로 만났음을 기뻐하며 마침내 붓을 들어 기문을 지었다.

智異山雙溪寺重修大雄殿及八詠樓記

凡土木之役。創起若重新。必待其時。亦竢其人。非其時。莫能興。非其人。莫能當。漢之未央。唐之九成。皆遇其人與時而作也。玆雙溪寺法堂與樓之建。逾半百餘祀。上雨傍風。雲蒸霧濕。樑棟傾斜。椽桷朽敗。觀者悉不堪其憂。於是衆會僉謀曰。此非細事。不有德風四被。爲十方檀越之所欽信者莫能爲。有思敏道人。掛錫於燕谷之金剛臺。此其人也。卽厚禮而迓之。道人忻然而來。旣際其時。又得乎人。於是遠近聞之。富者輸財。貧者輸力。巧者輸藝。勸者輸語。陶工獻瓦。木客掄材。不時月間。並幻出而新之。噫。吾道人幹事之能。豈止此而已哉。將咄嗟辦一伽藍。是其遊戲也。尋復欲托文字於不朽。徵記於余。余嘉其人與時之相偶也。遂搦管以爲記。

신흥사를 중건하는 권선문

방장산의 남쪽 제일의 골짜기에 삼신암과 칠불암이 있다. 그 아래는 화개협花開峽의 상류이다. 그 앞에는 옛날에 세워진 대가람이 있으니 그 이름이 신흥사이다. 수만 대중을 수용할 만하며 종문宗門의 나이 든 존숙尊宿들이 서로 이어서 주석하시어 향불과 법등이 끊어지지 않고 범종과 법고가 날로 새로웠다. 그런데 후대에 선풍禪風이 쇠퇴한 지경에 이르자 반백 년 된 선궁禪宮이 이로부터 허물어지고 구릉과 빈터가 되어 오직 눈 가득 잡풀만이 무성하게 우거지게 되었다.

이에 수운水雲 도인 처민處敏이 큰스님들의 터전(淵藪)이 여우와 토끼의 소굴이 되어 버린 것을 안타깝게 여기고는 뜻이 맞는 수삼 인과 더불어 보배로운 사찰을 다시금 경영할 것을 모의하였다. 발우 하나의 생애인지라 장물長物이 조금도 없으니 실로 홀로 마련하기 어려워 권선문을 지어서 여러 집에 시주를 구하기 위해 나에게 한마디 말을 부탁하였다.

나는 저 스님이 자리이타의 이로움을 행함을 기뻐하여 대략 그 까닭을 적어 널리 선남자와 청신녀에게 고하여 끝없이 맑은 복을 심는 보탬으로 삼기를 바랄 따름이다.

重建神興勸文

方丈之南第一洞天曰。三神七佛庵。下方花開峽上流也。前古建大伽藍。名曰神興。可容萬餘衆。宗門之老尊宿。相繼居之。香燈不滅。鍾皷日新。洒後禪風不競。以至陵夷。半百年前禪宮。自爾銷歇。鞠爲丘墟。惟滿目榛莽。玆有水雲道人處敏。悲釋子象龍之淵藪。作狐兎蚖蟒之窟穴。與同志數三人。準擬重營寶坊。一鉢生涯。少無長物。實爲力難獨辦。可以袖勸疏。求化於千門。徵一言於余。余嘉彼上人。行二利行。畧書其所以然。爲普告善男信女。以爲植無涯淨福之資耳。

신흥사의 기와 굽는 가마를 만드는 권선문

선사를 세우고 가람을 일으키는 데에는 비록 용 머리와 봉황 날개 같은 기둥집과 용마루와 서까래가 있더라도 만일 원앙 기와가 물고기 비늘처럼 즐비하게 덮지 않는다면 부처는 그 때문에 편안하지 못하고 승려들도 몸을 의탁하지 못할 것이니, 어찌 전우殿宇와 당각堂閣이라고 할 수 있으리오.

지금 불우를 중창함에 이미 실마리가 있으니, 덮개로 막는 일이 어찌 빠질 수 있겠는가. 옛사람은 갈삿갓 하나로 부처의 정수리를 덮어서 만승을 거느리는 천자의 존귀하고 영화로운 지위를 누렸으니, 혹시라도 쌀이나 옷과 금은을 보시하여 진흙으로 기와를 굽는 노역을 도와 맑디맑게 단청한 불전을 덮어 가려서 부처와 승려를 편안하게 한다면, 응당 지위가 범천에 올라 끝내 삼계의 왕이 되어 홀로 걸을 수 있으리라. 이에 보시하지 않을 수 없을 따름이다.

神興寺燒瓦窰勸文

建禪舍。起伽藍。雖有龍顱鳳翥之棟宇甍桷。若不以鴛瓦魚鱗之櫛比盖覆。則佛不以安。僧不庇身。豈曰殿宇堂閣云乎哉。玆者創宇旣有緖。盖障詎可闕如耶。昔人以一蘆笠。覆佛頂。亨萬乘尊榮之位。倘捨施粟帛金銀。助陶土燔瓦之役。蔭蔽潭潭金碧之殿。以安佛僧。則當位階梵天。而終王三界。可以獨步矣。此不可不施也已。

전일암錢日庵의 불기佛器와 놋쇠솥에 시주하라는 글

이 그릇은 변두籩豆(제기祭器)나 호련瑚璉326을 말하는 것이 아니다. 옛날에 석가모니께서 제위提謂327 장자長者의 초밀麨蜜328을 받을 때 사왕四王이 바친 발우를 먼저 사용하였고, 유마 거사가 팔만 보살에게 공양할 때에도 또한 향적香積 보살의 발우 하나를 사용하였다. 지금의 이 그릇은 바로 옛날의 발우와 같은 종류이다. 그렇다면 받들어 부처께 공양을 바칠 때 이 그릇이 없어서는 안 되는 것이다. 또한 시루라는 물건은 비록 맹민孟敏이 땅에 떨어뜨리고329 범염范冉의 먼지 나는 시루330라고 하여도 구리와 철을 그 머리에 붙이면 큰 안개를 일으켜 날것을 익은 것으로 바꿀 수 있으니, 옥 같은 쌀을 찔 때에도 또한 빠질 수 없는 것이다. 이 두 물건은 서로 필요하며 그 쓰임이 매우 크도다. 이 절에서 두 기물을 굽고 주조하는 것은 대개 오래되었는데 마침 일시에 모두 깨지고 물이 새게 되었다. 부처를 봉양하는 정성이 흡사 인멸할 듯이 보이니 모름지기 공방형孔方兄331이 고개를 끄덕거리는 도움을 받은 뒤에라야, 운문雲門의 떡332과 금우金牛의 밥333을 부처와 조사가 씹어 먹게 될 분수가 있게 되리라. 여러 선남 청신사에게 청하나니 모두 웃으시라.

錢日庵化供佛器鍮鐺文

是器也。非籩豆瑚璉之謂也。昔者大覺受提謂長者之麨蜜。首用四王所獻鉢。維摩供八萬菩薩。亦用香積之一鉢。今此器。即古者鉢盂之類歟。然則奉佛獻供。不可以無此器也。且鐺之爲物也。雖孟敏墮地。士雲生塵。然而銅鐵其額。能作大霧。變生爲熟。雲蒸玉粒之際。亦不可缺也。之二物相須而爲用極大矣。玆庵之陶鑄二器皿者。盖久而適會。一時俱壞漏。視奉佛之誠。似乎蔑如。須籍孔方兄之點頭然後。雲門餠金牛飯。庶使佛祖。咬嚼有分。請諸善士。各開笑口。

봉갑사 천불을 조소하는 권선문

나는 『주역』의 가르침은 반드시 상象을 세워 뜻을 다해야 하고 『주역』의 오묘한 뜻은 반드시 상을 잊고 마음을 밝혀야 한다고 들었다. 상을 세우지 않으면 뜻이 다하지 않고 상을 잊지 않으면 마음이 밝아지지 않기 때문에, 상을 말미암지 않고서 들어가는 것은 없었고 또한 상을 잊지 않고서 얻는 것도 없었다.

우리 불교에서 초상을 설치하는 것을 보면 또한 이와 같다. 삼세의 여래와 시방의 여러 부처께서 각각 옥호의 광명을 비추며 연화(蓮萼) 화왕花王의 자리에서 금산金山을 비추지만 가지런히 바라보고 나란히 바라볼 수는 없다. 눈이 어른거리고 아득하게 먼 곳에 있는 것을 그저 부지런히 발돋움하여 생각하는 것은, 여러 성인들의 위의와 모습이 엄숙하게 모두 불당에 계신 것만 못한 것이다.

우리들로 하여금 당우를 조성하여 손으로 절하고 부처의 발에 예를 올리고 하나하나 세어 가리키기를 이것은 아무개 부처이고 저것은 아무개 부처라고 한다. 여래의 십호를 외우고 염송하면 끝내 깨달음의 피안에 올라 나란히 불도를 이루지 않은 이가 없을 것이다. 경전에 말하기를 나무불南無佛을 한 번 부르면 모두 이미 불도를 성취한다고 하는데 하물며 칭송하고 드러내며 외우고 말하는 것이 오백의 많음을 헤아리는 데서 그치지 않는 데 이름에랴. 그렇다면 불상을 조성하는 것을 그만둘 수 없는 것이다. 대개 상은 진眞이 아니지만 그 진眞을 가지고 상을 만들기 때문에 상은 진眞을 벗어나지 않으며, 그 상의 도움으로 진眞을 보며 진眞은 본래 여러 상이 없으니 상이 베푸는 가르침 또한 크지 않겠는가.

이에 아무개 상인은 여러 성인의 형상을 만들고자 생각했도다. 본사에서는 일불이불삼사오불이 아니라 천불에 이르기 때문에 반드시 많은 시주자와 더불어 이 수승한 인연을 맺어야 하는데 어찌 우리 상인이 고심하

는 발원이 이와 같이 넓고 또 큰 것인가. 저 불상을 조성하는 공덕은 내용
이 대장경에 갖추어 실려 있어서 여러 사람이 익숙하게 들었기 때문에 여
기에서는 군더더기로 말하지 않겠노라. 만일 인연을 도와서 기쁘게 예배
하는 자라면 혹 헛된 상으로 인하여 마음의 진여와 계합하여 참됨과 거짓
을 모두 잊어버리는 지경에 이르게 된다면 깨달음의 언덕에 금방 올라서
복과 지혜가 모두 구족하여 세상의 존귀한 사람이 될 것이니 어찌 일천
여래에게 사양하리오. 소홀하지 말기를 바라노라.

鳳甹寺雕塑千佛勸文

吾聞易之爲敎也。必立象以盡意。臻易之奧者。必忘象以明心。象不立則意
不盡。象不忘則心不明故。未有不由象而入。亦未有不忘象而得者也。用觀
吾敎之設肖像。亦若是矣。三世如來。十方諸佛。各自照玉毫。映金山於菡
萏花王之座。而不得齊瞻並覯。徒勤翹企之想。於悅惚杳邈之中。未若幻衆
聖之儀容。儼然咸臨于一堂。使吾人造其堂宇。拜手禮足而作。一一歷數而
指之曰。此某佛也。彼某佛也。稱誦其十號。則罔不終登覺岸。齊成佛道也。
經曰一稱南無佛。皆已成佛道。況稱揚誦說之。至於數五百之多而不已乎。
然則像設之作。不得不已者也。盖像者。非眞也。因其眞而設像。像不外乎
眞。籍其像而見眞。眞本無諸像。像設之敎。不亦大乎。玆某上人。準擬雕
塑衆聖儀像乎。本寺不於一佛二佛三四五佛。以至於千佛而後。已必與衆
檀共結此勝緣。何吾上人之苦心矢願。如是之廣且大也。夫造像功德。備載
大藏。而衆人之所稔聞故。玆不贅及。若乃助緣隨喜而禮瞻者。倘因假相。
以契心眞。至於眞假俱忘之域。則徑登道岸。福慧兩足。爲世所尊。豈讓千
如來哉。幸母忽諸。

함평 용천사龍泉寺 숙석334 보루와 섬돌의 권선문

무릇 사찰의 작은 방과 당우는 담장이 이어져 있고 회랑이 닿아 있는데 우뚝하게 가운데가 솟아오른 것이 법당이니 진실로 불전佛殿이다. 대웅이 그 중앙에 가부좌를 하고 있으며 불전으로부터 곧장 세 개의 문에 이르기까지 정토를 장식하여 꾸며서 규획을 갖추는 것이다. 비록 그 거대한 아름다움이 천궁과 대궐보다 지나치더라도 사치스러운 것이 되지 않는 것은 우리 부처는 천상천하의 독존이기 때문이다.

이 절은 처음 신라 때부터 개창하여 행사行思 존자가 당나라에서 와서 처음 개산하여 주석하였다. 이어서 바닷가(海門)의 대총림이 되었고 중간의 흥하고 폐함이 한 번이 아니었다. 만력萬曆 연간에 왜구가 불 지르고 노략질하여 겁의 재가 되었고 뒤를 이어서 계속해서 닦고 경영하여 거의 예전의 모습을 회복하였으나 토석의 공사가 오히려 미진한 것이 있다. 흙계단 몇 개가 잡초에 매몰되고 이끼가 뒤덮여 있으며 하물며 이곳은 증기와 습기가 많아서 여름의 찌는 더위에 무너져 내리게 될까 매우 걱정인지라 보는 이들이 강개하지 않을 수 없다.

대비구 아무개가 민심의 바람에 부응하며 겸선兼善335의 뜻을 갖고서 그 없는 것을 채우고자 하였으나 일은 크고 힘은 적도다. 수백의 선남 청신녀들이 각각 시주자의 문을 열어서 함께 그 아름다움을 이룬다면 부처의 발에 예배드리고 꽃을 바치는 무리들이 섬돌을 지나서 불당에 올라 자금산紫金山의 백호광명을 우러러 바라보고 하나같이 수기의 은택을 얻으리니, 불국토가 어찌 멀겠는가. 다만 여기가 그곳일 따름이다.

咸平龍泉寺熟石礨階勸文
凡寺之蜂房鴈堂。聯墻接廡。而嵬然中峙者。爲法堂。寔爲佛殿也。有大雄氏。踞其中央。自殿而下。直至三門。莊點淨土。備盡規畫。雖極其巨麗。過于天宮帝闕。而不以爲侈者。以其吾佛。爲獨尊乎天上天下也。玆寺刱自始羅。行思尊者。自唐來。首開山而居焉。仍而爲海門大叢林。中間廢興不一。萬曆中島夷焚㤀。鞠爲劫燼。嗣後旋旋修營。幾復舊貫。而土石之功。猶有未盡者。土階數等。草沒苔封。矧伊地多蒸濕。甚病夏潦。以至頹夷。目之者。莫不興慨。大比丘某。副興情之望。抱兼善之志。欲補其闕。而事鉅力綿。凡百善信。各開檀門。共成厥美。則禮足獻花之徒。歷階而升其堂。瞻仰紫金山白毫光。一一得蒙記別矣。佛國何遠哉。只此是已。

낙안樂安 남쪽에 다리를 잇는 권선문

수레란 것은 육지를 다닐 수 있게 하지만 물을 건너는 데에는 이롭지 못하며 배란 것은 물 위를 다닐 수는 있으나 육지를 운행하기에는 편리하지 못하다. 비록 통하지 못하는 것을 건네주는 공은 동일하지만 그 쓰임이 다르기 때문이다. 무지개다리를 설치하여 물결 위에 누여 놓고 큰길을 끊어서 허공에 걸쳐 놓으니, 배의 노와 수레를 사용하지 않으면서도 통하기 어려운 것을 통하게 만드는 것은 오직 교량뿐이로다.

낙안군 남쪽으로 성곽 밖 십 리 정도에 끊어진 다리가 있는데, 수레와 말이 지나기에 편리한 길이며 육지와 바다의 긴요한 나루로서 여러 물줄기가 모이는 곳이며 바닷물이 이르는 곳이라 하루라도 이 다리가 없을 수 없는 것이다. 가을과 여름이 교차할 무렵 사나운 바람이 일어나고 연이어서 괴상한 비가 내려 큰 파도가 용솟음쳐 끊어진 다리가 다시 끊어지게 되었다. 백성들은 모두 건너갈 것을 걱정하고 나그네들도 주저하며 머뭇거리게 되었다.

이에 선여인善女人이 있어 널리 구제하는 마음을 일으켜서 여러 사람으로 하여금 함께 피안으로 오르기를 바라고 또한 스스로도 속히 남자의 몸으로 바뀌어 끝내 성불하는 과보를 얻기를 발원하기를 저 용녀[336]처럼 하였으니, 곧 까마귀와 까치를 법 받기를 취하고 자라와 거북이를 꾀하기를 본받았다. 그러나 손바닥 혼자서는 소리 내기 어렵고 반드시 많은 털이 모여야 모직물(毯)을 이루리니 선남자와 청신녀들이 각각 천포泉布(화폐)를 덜어 내어 함께 이 사역을 돕는다면 미연의 복과 과보가 마치 복전福田[337] 가운데로 들어온다는 말과 같게 될 것이다. 힘쓰기에 소홀하지 않기를 바라노라.

樂安治南斷橋架橋梁勸善文

夫車者。可以陸行。而不利於水涉。舟者。可以水行。以不便於陸運。雖濟不通之功一。而其用有殊故也。架虹橋而臥波。截大道而橫空。不用舟楫車輿。亦通其難通者。其惟橋梁歟。樂安郡南郭外十里許有斷橋。輪蹄便道。陸海要津。而衆流之所滙。潮汐之所瀁。不可一日無此橋者也。秋夏交盲風發作連以恠雨。大波舂撞。斷橋復斷。民俱病涉。行旅盤桓。玆有善女人。發普濟之心。欲使衆人。齊登彼岸。亦自願速變男身。而終成佛果。同彼龍女。即取法烏鵲。効謀黿鼉。然獨掌難鳴。必衆毛成毬。同願善男信女。各捐泉布。共襄斯役。則未然之福報。如入福田中所云。幸勿泛勉旃。

경기도 양성陽城 북쪽 소사素沙의 석교 권선문

천하의 한 기운은 통해 있으나 그것이 쌓여서 산악을 이루고 그것이 새어 나와 강과 도랑이 된다. 산에 있어서는 혹 그렇지 않으나 물에 있어서는 매번 건너서 통하기 어려운 병통이 있으니 배를 만들고 교량을 설치하여 건너게 하는 것은 그 유래가 오래되었으니, 상나라에서 시작하여 『주서周書』에 드러나 있다. 또한 강杠·각榷·기徛·작彴[338]은 잡기에 쓰여 있으니 공과 이로움의 크기는 이루 말할 수 없는 것이 있도다. 진秦·한漢 이래로 안교鴈橋[339]와 풍교楓橋[340]가 있었고, 동서교東西橋와 중위교中渭橋[341]가 있으며, 백학교白鶴橋[342]와 청양교靑羊橋가 있고, 계룡교繫龍橋[343]와 낙려교落驢橋[344]가 있으며, 자오교子午橋[345]와 정묘교丁卯橋[346]가 있었다. 혹은 땅 이름으로 이름을 짓고 혹은 물 이름으로 그것을 부르는 것이 다름이 있으니 그 통하지 못하는 것을 건네주는 것은 한결같았다.

양성陽城의 북쪽으로 1유순由旬 정도 떨어진 곳에 소사素沙의 여관이 있으니 서울과 통하는 지름길이다. 영·호남과 호서에서 세 끼 먹으며 가는 길이거나 혹은 삼 개월 동안 모이는 자들이 모두 말미암는다. 여관 앞으로 하나의 긴 강줄기가 흘러가는데 땅을 쪼개고 들녘을 가로지르며 넘실넘실 흘러간다. 혹은 장대 같은 장맛비에 강물이 불어서 넘치고 혹은 얼었다 녹을 때 수레가 잠기고 말이 빠지기도 한다. 사람들이 건널 때에는 발이 머뭇거리고 입으로 놀라 소리 지르길 얼마나 하던가. 아마도 걸출하고 기이하게 비옥한 땅과 단 샘물[347]을 크게 누리고 가장 선을 즐기는 자이다. 집이 본래 추성秋城의 만거萬居로서 서울과는 무릇 한 번 가고 옴에 이곳을 거치지 않을 수 없으니 매번 말을 멈추고 쉬게 하는 곳이다. 이원례李元禮가 조주趙州의 다리를 둔 것을 본뜨고자 그 마음을 내었으나 삼십 년 가까이 되었으나 아직 이루지 못하였다. 지금 손에 침을 바르고 어깨를 드러내며 큰일을 짊어져 물고기 비늘이 조밀하게 늘어선 듯하고 용이 파도 가운데 누워 있는 듯하게 하리니, 까마귀와 까치를 시키고 자라의 뜬 다리를 빌리지 않으면 반드시 다른 산의 돌을 채찍질하여서 이 공업을 돕게 해야 한다. 이것은 혼자서 가능한 일이 아니고 반드시 뜻이 맞는 이가 멀다고 여기지 않고 오게 해야 한다. 한마디 말을 구하여 창도하고자 하니 비루하다고 사양하지 않고 억지로 필설을 휘두르니 이는 유독 옛날에 급선무로 한 것뿐만이 아니라 또한 요즘에도 그만둘 수 없는 일인 것이다. 교량을 닦는 것이 여덟 복전의 한 가지라는 점, 이것은 여러 군자들이 평소에 익숙하게 들은 바이니 어찌 나의 잔소리를 기다리겠는가. 이에 걸출하고 기이하여 비옥한 땅과 단 샘물로 크게 형통하여 가장 좋은 것이다.

京畿陽城治北素沙石橋勸文

通天下一氣也。積成山岳。洩爲川瀆。在山或不然。其於水。每每有病涉難通之患。則造舟楫架橋梁以濟者。其來尙矣。始於商。著於周書。又杠椊榷彴。迭書於雜記。其爲功利之大。有不可勝言者矣。自秦漢以來。有鴈有楓。有東西中渭。有白鶴靑羊。有繫龍落驢。有子午丁卯。或因地而名。或因水而稱者有殊。其爲濟不通則一也。陽城治之北一由旬許。有素沙旅店。即通長安徑術也。嶺湖湖西之三餐宿舂。或三月聚糧之咸所由也。前臨一帶長川。裂地橫郊。袞袞而流。或霪潦漲溢。或氷合流澌。車沒馬溺。人涉卬否之際。足趑趄而口咄嗟者何限。玆有傑奇士甘泰亨。最樂善者也。家本秋城蓴居。京輦凡一往一來。莫不由斯。每駐馬興噓。欲擬李元禮。置趙州橋。萌厥心者。幾三十年而未也。今將唾手袒肩。負荷大事。切欲魚鱗密次。龍偃波心。未假役烏鵲浮黿鼉。必鞭石他山。以襄厥功。此非隻手所可能。要與同志者。共不遠而來。求一言以爲倡。不以辭鄙自解。强饒筆舌。此非獨徃古之所急務。亦可來今所不可廢者。若夫修橋梁。八福田之一。則此乃諸君子。素所稔聞。又何待余之喋喋乎。

조계산 보조국사비와 부도전을 새로 세우는 권선문

이 산은 선천先天과 산을 함께하나 그 처음에 누가 열고 확장했는지는 알 수가 없다. 절이 해동에 이름이 알려진 것은 실로 우리 국사 불일 보조佛日普照로부터 시작되었다. 국사가 이미 적멸에 들자 제자들이 부도를 세우고 사리를 안치하며 임금은 빗돌에 새겨 그 덕을 기록할 것을 하교하였다.

이어 내려오다가 정석貞石(비석)이 병화로 불에 타서 부도를 다시 절의 북쪽 담장 안으로 옮겼다. 머물고 노니는 자들이 모두 비가 훼손된 것을 안타깝게 여겼는데 경신년에 도인 설명雪明이 거듭 중수하여 귀부龜趺(비석 받침돌)를 올리니 형가形家의 말로써 비와 방분方墳(네모진 무덤)을 고봉高峰의 언덕 위로 옮겼다. 지금 비로소 그 땅에 두니 설명 스님이 그 곁에 정사를 세워서 향불을 올리고자 하였다. 다만 산은 한 삼태기에 그치는 것이 아니고 바다는 반드시 여러 물줄기의 도움으로 생기는 것이기 때문에 이내 자신의 힘이 미약함을 헤아리고 두루 인연 있는 사람들에게 고하여 각각 큰 단월들이 함께 아름다운 모의를 하여 한 사람을 모아서 백천만 인에 이르고 한 푼(文)을 베풀어 백천만 푼(文)에 이른다면 거의 중수를 이루었다고 고하게 되리니 어찌 한갓 이 산승이 국사의 성의를 받드는 것만 하겠는가. 또한 천만 대중이 공경하게 우러르고 복을 심는 장이 되리라. 이것이 세우지 않을 수 없는 까닭이다.

曹溪山普照國師碑浮屠殿新建勸善辭

此山與先天共峙。而未知厥初孰開張也。寺則知名於海東者。實自我國師佛日普照而昉也。國師旣寂。弟子樹浮屠安設利。國主敎鑴石。紀其德。嗣後貞石爛于兵火。壽塔再迁于寺北垣之內。居與游者。俱以碑缺爲慊。歲庚

申。有道人雪明。重鐫而戴龜趺。以形家之言。移碑及方墳于高峰原上。今
始直其地也。明師欲搆精舍于傍。以奉香火。但以山非止於一簣。海必資於
群流。乃自揣綿力。徧告有緣。各弘檀度。共襄嘉猷。募一人以及百千萬人。
施一文以至百千萬文。庶幾告成斬新。則豈徒爲此山衲子奉國師之誠悃
哉。抑亦爲千萬衆瞻敬植福之場矣。此不可不建也已。

구례 화엄사의 장륙전과 불상 조성의 권선문

　듣자 하니, 부처는 대원각大圓覺으로 가람을 삼으니 어찌 궁실의 높은 것을 빌리겠는가. 몸은 허공에 뒤섞인 것을 체성體性으로 삼으니 어찌 전단나무의 불상을 조각하겠는가. 그런데도 미혹한 업으로 스스로를 결박하여 고통의 바다에 길이 빠져서는 나오지를 못하니 어리석음으로 지혜가 가리어 어두운 거리에 밤이 계속되고 새벽이 오지 않는 것이다. 백 가지 복으로 장엄한 상호가 아니라면 어찌 우러러 바라볼 수 있겠는가. 삼휴三休[348]의 웅장한 아름다움을 결구하여 짜지 않는다면 그 위엄과 무게를 보일 수 없으니 이것을 그칠 수 있겠는가. 그만둘 수 없는 일이다.
　지리산 대화엄사는 조선 천 년간의 비보사찰로서 봉성현鳳城縣의 요지이다. 반야의 웅장한 봉우리에 의지하여 위로는 어두운 하늘을 벗어나 끝간 곳이 없고 앞으로는 압록鴨綠[349]의 거대한 골짜기에 임해 있으며, 동쪽으로는 푸른 바다로 물을 대면서 쉬지 않는다. 비취 두공과 붉은 서까래가 겹겹의 누각에 무지개처럼 일어나 있고, 금빛 바퀴와 옥빛 거울은 회랑에 해와 달처럼 둘러 있다. 지선地仙이 영약을 바치며 피리를 부는 듯 구름 속에서 닭과 개 소리 들리고, 수풀의 새는 기이한 향의 과일을 머금고 높다란 누대를 스치네. 천 그루 푸른 대나무가 또렷하여 흡사 장생蔣生의 오솔길로 들어간 듯하고, 푸른 계곡물 한 줄기가 콸콸 소리 내니 마치 백아伯牙의 거문고 소리를 듣는 것 같네. 하늘의 선녀가 꽃을 뿌리는 것처럼 만다라가 절집(金地)에 떨어지고, 용왕이 물을 뿜는 것처럼 구슬 쟁반에는 옥 같은 물방울이 날린다. 자줏빛 잣나무의 향로는 금산金山과 같이 안개를 뿜어내고 푸른 소나무는 티끌을 이야기하며 법좌法座를 타고 바람을 빗질한다. 변방의 북쪽 진승眞僧이 호랑이 화해시킨 지팡이를 다투어 던지고 영호남의 개사開士들이 용을 가둔 발우를 다투어 던졌도다. 그러나 비괘否卦와 태괘泰卦가 서로 타고, 흥함과 폐함에 운수가 있어서, 갑자기 왜구의 참담한 병화를 만나니 백량栢梁350이 모두 타 버리게 된 것과 같다. 기원祇園에는 판탕版蕩351의 슬픔이 일어났고, 정수定水는 고래의 포구가 되었네. 온 천하에는 몰락(淪胥)352의 아픔이 쌓였고 자비의 문은 여우와 이리가 숨은 마당이 되었네. 금테 두른 주춧돌만이 한갓 남아 있어서 다시는 꾀꼬리 우는 숲이 아니며, 스님(苾蒭)353들이 어찌 의지하리? 부질없이 축령鷲嶺의 절터임을 전할 뿐이로다. 백마가 슬프게 울부짖고 푸른 소가 울며 떠나가고 바위의 가지는 이슬에 젖고 계곡 문은 다리가 꺾어졌도다.

 이에 벽암碧巖 대장로가 있어 도는 생융生融에 버금가며 덕은 안원安遠과 짝이 되어 사부대중을 창도하여 피안을 도모하는 공을 세우고 만인의 인연을 맺어 즉시 산을 위한 업을 헤아렸다. 이에 가시덤불을 헤치고 잡초들을 제거하며 월전月殿354의 전모全模와 더불어 흙을 쌓고 숲을 열어서 첫 삼태기를 떠서 옥과 같은 누대를 세웠네. 누더기 옷을 입은 중들이 편안히 거처할 수 있게 되었으며 범종이 서로 교차하여 울리네. 오직 장륙보전은 금빛 몸으로 재와 같이 되고 십만의 게송을 겸하나 옥석이 나란히 모두 부서졌으니 눈과 귀가 있는 군자로서 탄식하지 않는 이가 없었으니 하물며 살면서 머무는 주인이 어찌 식은땀을 흘리지 않겠는가.

 이에 학가鶴駕 도인 성능性能은 신선 이슬의 밝은 구슬처럼 밝고 윤기가 흐르며 솔바람과 물속의 달과 같은 마음을 지니고 있어서 사부대중을 인도하여 삼계의 나루와 다리가 되어 줌이 마치 우담발화가 한 번 나타난 듯 큰일을 시작하고자 하는 인연으로 불일佛日이 다시 가운데 있어 요컨대 사부대중이 귀의하도록 하고자 하였다. 산에 큰 소나무와 잣나무의 좋은 재목을 취하고, 무리들 가운데 기술자를 택하여 왕이王爾와 반수班輸355의 묘한 솜씨꾼들을 불렀다. 하루하루의 힘이 쌓이고 일 년의 공업이 모여서 옛것으로 새것을 꾀하니 그 규모가 더욱 장대하였다. 불상을 조각하고 전각을 덮으니 그 가치는 진실로 크도다. 책임은 막중하고 길은 먼데 작은 모기가 산을 짊어졌으니 감당하기 어렵고, 일은 큰데 힘은 약하여 원금冤禽[356]이 바다를 메우려 하나 길이 없다. 한 터럭을 뽑지 않았어도 비록 혹시라도 독선의 마음이 있는가. 지네(百足)는 넘어지지 않으니 거의 서로 돕는 힘을 의지할 만하리라. 이에 작게라도 알려서 다 말하지 않을 수 없으리라. 모두들 기쁘게 부釜를 주고 유庾를 주고[357] 곡식 구백을 주네. 이렇듯 정성 어린 이들이여, 그대들은 창성하고 그대들은 치성하게 되고 그대들은 천만년 수를 누리리라.

求禮華嚴寺重建丈六殿兼造像勸文

聞夫佛以大圓覺爲伽藍。寧假宮室之崇也。身則混虛空爲體性。詎雕梅檀之像乎。然而惑業自覊縻。苦海長淪而莫出。無明所暗蔽。昏衢永夜而不晨。肆以匪相好百福之莊嚴。那可得而瞻仰。微締構三休之壯麗。無以示其重威。斯可止哉。不得已也。智異山大華嚴寺者。鰈域千年之裨補。鳳城一縣之襟喉。却倚般若之雄峰。上出玄霄而無極。前臨鴨綠之巨壑。東注滄溟而不休。翠栱朱甍。起虹霓於層閣。金輪玉鏡。環日月於廻廊。地仙獻藥笛聲。聞雲中之雞犬。林禽含異菓香。飄鳥外之樓臺。千竿綠竹猗猗。似入蔣生之徑。一帶靑溪決決。如聞伯牙之絃。天女散華。落曼陀於金地。龍王噴水。飛玉溜於珠盤。紫栢爐香。儓金山而吐霧。靑松談麈。昇法座而梳風。關朔眞僧。爭投解虎之錫杖。嶺湖開士。競擲藏虬之鉢盂。否泰相乘。興廢有數。奄遭島夷兵烽之慘怳。如栢梁煨爐之餘。祇園興版蕩之悲。之水穴鯨鯢之浦。區宇積淪胥之痛。慈門伏狐狸之場。釰礎徒存。非復鶯林之樹。芘蒭焉托。空傳鷲嶺之基。白馬悲嘶。蒼牛吼去。岩枝泣露。磵戶摧梁。爰有碧巖大長老。道亞生融。德侔安遠。爲四衆倡。潛圖彼岸之功。結萬人緣。即揆爲山之業。於是披榛薙草。與月殿之全模。累土開林。起珠臺於始簣。毳衲得以安棲。梵鐘以之交響。惟丈六之寶殿。與金軀而共灰。兼十萬之偈言。並玉石而俱碎。有耳目君子。莫不興嗟矧居停主人。寧無沘顙。兹有鶴駕道人性能。仙露明珠之朗潤。松風水月之襟胸。汲引四生。津梁三界。如優曇一現。欲創大事之因緣。令佛日再中。要作四輩之歸嚮。度木於山也。取徂松甫栢之良材。擇工於衆焉。召王爾班輸之妙手。萃之以日力。鳩之以歲功。即舊以謀新。其規益壯。塑像而覆閣。其直良多。任重道遠。微蚊負山而難堪。事鉅力綿。宛禽塡海而無路。一毛不拔。雖或有獨善之心。百足不僵。庶可仗相扶之力。玆非小報。未可殫言。擧欣欣然。與之釜與之庾。與之粟九百。是區區者。俾爾昌。俾爾熾。俾爾壽萬千。

팔영산八影山 능가사 팔상전 권연소勸緣疏

적광정토의 법신은 본래 이름도 떠나고 상相도 떠나지만, 사바세계 화택(燬宅) 속의 원력願力은 곧 소멸을 보여 주기도 하고 태어남을 보여 주기도 한다. 삼계의 구류九類들은 모두 불에 타고 물에 빠지는 슬픔을 맛보고, 육도를 윤회하는 뭇 영혼들은 모두 상하고 허물어지는 근심에 부딪치게 된다. 문득 하늘에서 내려와 코끼리(象日)를 타고 대술大術(마하마야摩訶摩耶)의 태에 의탁하니 곧 대지에서 윤왕輪王이 되어 비람원毘嵐苑에 태어나셨다. 사문四門을 유람하고서 동궁東宮은 늙음과 죽음을 싫어하고 깊이 슬퍼하여 8일 저녁에 성을 뛰어넘고 중도에 말과 하인만 돌아가게 하고 홀로 가셨다. 칼을 뽑아 검은 머리칼을 자르니 탑이 천궁天宮에서 일어났고, 곤룡포를 벗고 승복으로 바꿔 입으니 모습은 선중仙衆에 참여하였다. 설산에서 육 년 동안 몸을 의탁하여 다만 보리와 마 하나로 끼니를 때우고 연하連河에 들어가 목욕하니 두 사람이 각각 죽을 바치고 자리를 바쳤다. 나무 아래에서 마군을 물리쳐 십력十力358이 이미 완전해지고 집 안에서 보장寶藏을 보이니 네 마음이 이에 발하였다. 이에 보리수 자리에서 일어나 녹야원에 나아가 세 번 생각하고 다섯 사람을 먼저 제도하였는데 교진나憍陳那359가 사제四諦의 이치를 깨달으니 '해解(이해)'로 이름을 만들었다. 사리불이 한 게송360을 얻어 전하니 네 마음이 지혜에 계합하네. 큰 종이 종 틀에 있어서 작고 크게 두드리면 따라서 울리고, 밝은 거울은 피로를 잊어서 오랑캐와 한인에 따라 응하여 사특하지 않도다.

자비의 구름이 두루 덮고 감로가 널리 적셔서, 두 변을 보이면 가운데에 즉即하고 한 가지 일을 위하면 겉을 이루게 되니, 비유하면 배의 노를 어두운 골짜기에 펼쳐 놓아361 저 언덕을 가리켜 나란히 오르고 어두운 하늘에 해와 달이 매달려 있어 어두운 방을 비추지 않음이 없도다. 일은 이미 처리되었고 공이 이루어짐에 머물지 않으니, 장차 사라져 화하여 진

眞으로 돌아가고, 모두 재가 되어 불이 꺼지는 것과 같다. 사자후가 그치니 법당法幢이 이미 기울어 꺾이고, 학수鶴樹[362]에 신神이 숨으니 중생이 어떻게 붙잡으리오. 대지와 강과 산이 모두 괴로움의 슬픈 소리를 내고 팔부신중과 인천이 함께 분타芬陀(연꽃)의 핏빛을 나타내노라. 어지러운 불길의 보배 횃불이 성인의 불에서 나와 저절로 타들어 가고 각각 금담金壜을 받들어 전신을 부수고 은혜를 끼치는구나.

　이 가르침이 추락하지 않아 전형이 오히려 남아 있으니 용수龍樹와 마명馬鳴 등 현인들이 보살인菩薩印을 차고서 다투어 서역(身毒)[363]에서 창도하였고, 구마라집과 징관澄觀 등 대덕들은 법왕의 바퀴를 굴려서 나란히 중국에서 선양하였다. 불상이 단청으로 환하게 빛나고 패엽貝葉[364]을 유소油素(서책)에 번역하니, 황도皇圖(황제의 판도)를 도와 영원하게 하고 부처의 수명을 이어 무궁하게 하였다. 금찰金刹이 구름처럼 이어지니 사방에서 가득히 쳐다보며 주대珠臺가 아득히 올라가니 칠중七衆[365]이 바라보며 다투어 투신하노라. 법고가 우레처럼 울리니 사빈泗濱[366]의 돌을 움직인 것이 아니고, 연기 나는 향로에 향기가 가시니 아득하게 해안의 향기를 실어 오노라.

　만만 년 가도록 유유히 후겁後劫에 이어지리라. 이 절은 호리병 속의 별세계요, 바다 위의 이름난 지역이다. 비록 감원紺園(사찰)을 개창하여도 오히려 남은 땅이 많다. 먼저 여러 층의 뛰어난 전각을 세워 해와 달로 하여금 기둥과 서까래를 돌아가게 하고, 다시 팔상八相의 신령한 위의를 묘사하여 승속이 모두 귀의하여 우러러보도록 해야 한다. 오직 우리 도속道俗은 함께 착한 생각을 일으켜 깊이 좋은 인연을 맺어, 기둥과 집을 얽고 구름 끝처럼 날개를 펴게 하리니, 아름다운 건물이 우뚝 사물에 표상이 되게 한다. 그리하여 현세와 후생이 사람마다 저 다보여래의 헛되지 않은 복과 덕을 성취하여 동쪽을 칠하고 서쪽을 문지르는 소리마다 그 무량수불을 축원하리니 어찌 감히 은혜를 저버리리오.

八影山楞伽寺八相殿勸緣疏,

寂光淨土中法身。本自離名離相。娑婆燬宅內願力。即能示滅示生。以爲三界九類。盡茹焚溺之悲。六道群靈。共迫傷夷之患。便乃從天而下。乘象日而始托於大術胎。即地之中。作輪王而降誕於毘嵐苑。四門遊覽。東宮厭老死而深悲。八夜逾城。中途返騎。從而獨逝。抽刀而截綠髮。塔起天宮。脫衮而換染衣。形槊仙衆。棲身雪嶺六載。但饌一麥一麻。入浴連河。二人各將獻糜獻座。摧魔軍於樹下。十力已全。示寶藏於宅中。四心爰發。於是起菩提座上。詣鹿野苑中三思。而五人先度。悟陳那悟四諦理。創解標名。舍利弗得一偈傳。四心契智。洪鐘在簴。扣小大而隨鳴。明鏡忘疲。應胡漢而不忒。慈雲遍覆。甘露普沾。示二邊而即中。爲一事而成表。譬如布舟楫於溟壑。指彼岸而齊登。懸日月於幽霄。無暗室而不燭。曁乎事作已辨功成不居。將息化而歸眞。類盡薪而滅火。獅吼輟響。法幢旣而傾摧。鶴樹潛神。衆生惡乎攀仰。大地河岳。俱興痛苦之悲聲。八部人天。同現芬陀之血色。難燃寶炬。出聖火而自焚。各捧金壜。碎全身而遺蔭。斯敎不墜。典刑猶存。龍馬諸賢。佩菩薩印。競唱導於身毒。什澄群彥。轉法王輪。並宣揚於支那。像設煥乎丹靑。貝葉翻於油素。賛皇圖而有永。續佛壽於無窮。加以金刹連雲。四遠曠而盈視。珠臺架逈。七衆望而爭投。法皷雷鳴。非動泗濱之石。薰爐消篆。遙輸海岸之香。萬萬斯年。悠悠後劫。玆寺也。壺中別界海上名區。雖載創紺園而尙多餘地。先當起數層之傑閣。使日月廻旋於棟樑。次復寫八相之靈儀。俾緇素依歸而瞻仰。惟我道俗俱興善念。深結良緣。架棟宇而翼如雲端。美輪奐而翯然物表。則現世及後生。介介成彼多寶如來。不空福德。東塗又西抹。聲聲祝他無量壽佛。豈敢辜恩。

지리산 내원암內院庵 제명기題名記

옛날에 불교를 공부한 승려들은 홀로 천암만학의 사이에 살면서 원숭이나 학과 벗이 되어 지내며 풀로 옷을 입고 나무를 먹으면서도 명성과 이익의 길에는 무심하고, 몸과 입의 봉양을 도모하지 않으면서 부지런하고 또 부지런하게 오직 도를 구하는 것을 급선무로 여겼다. 진晉·송宋 이래로 그 무리들이 진실로 번다해져서 다 모일 수 없었고 유유자적하는 무리들이 다투어 부회하여 괴멸되는 데 이르렀다. 이때 백장 대지百丈大智 선사가 비로소 절(招提)을 만드시고 특별히 규율을 제정하여 그 말법 시대의 폐단을 구하고자 하셨다. 그 지위에는 빈주의 차등을 두고 그 순서에는 계를 받은 법랍의 차이가 있으며 그 기거하는 데에는 장丈과 실室과 당堂과 요寮의 구별을 두고 그 실정에는 왕복하며 예를 올리고 문안하는 절도가 있으며 그 지위의 명칭에도 장로와 주사主事와 수좌와 중승衆僧의 차이가 있으며, 그 봉양함에도 춥고 더울 때의 면옷과 베옷이 다르며 아침과 저물녘의 소식蔬食의 도구가 차이가 나니 이것은 또한 숙세叔世에 도를 닦는 자의 성대한 일이다.

사해의 대중들이 한 절에 모였으니 그 대중을 편안하게 하고 그 도를 행하며 불초한 이를 규범으로 다스리고 어리석고 미혹한 이를 인도하는 것은 도덕과 재학이 매우 뛰어난 자가 아니라면 그 누가 능히 이것에 참여할 수 있겠는가. 장로가 된 자는 요컨대 정밀하게 자신을 다스리고 대중에 임해서는 관대하며 그들의 장점은 취하고 그 단점은 고치게 하는 것이다. 급한 일은 먼저 하고 느슨한 일은 뒤에 하며 사사로운 헤아림을 하지 않고 오로지 대중을 이롭게 하는 데 힘쓰는 것이다. 급급하게 일신을 도모하는 자와 비교한다면 구우九牛의 한 터럭만큼 떨어져 있는 것이다.

지금 내원암은 호서 바깥의 유명한 사찰로 불사가 환하게 장엄되어 있어 세워진 이래로 강하고 익히는 소리가 지금에 이르기까지 끊어지지 않고 있다. 그 성대함이여. 부족한 내가 욕되게 그 뒤를 이어서 거처하게 되었으니 가만히 여러 대사들의 성대한 덕을 생각하면 뒤에 소문이 없을까 두렵다. 영허暎虛 스님으로부터 역계櫟溪 스님에 이르기까지 모두 십오 인이 되니 그 이름을 판에 새기고 반드시 주지의 선후로 차례를 삼지 늙고 젊은 사자 관계로 선후를 삼지 않는다. 뒤에 오는 자들은 장차 눈으로 보고 손가락으로 가리켜 "누가 도덕이고 누가 재학이며 누가 대중에게 공으로 대했고 누가 자신의 몸에 사심을 가졌는가."라고 할 것이니, 아아 두려워하지 않을 수 있겠는가.

智異山內院庵題名記
古之學浮屠之士。獨棲千岩萬壑之間。與猿鶴爲伍。衣草而食木。無心聲利之途。不謀身口之養。矻矻孜孜。惟道之求是急。自晉宋以來。其侶寔繁。無所統戢。悠悠之徒。競附致壞。百丈大智禪師。始剏招提。特制規律。以捄其末法之弊。繇是其位有賓主之異。其序有戒臘之次。其居有丈室堂寮之別。其情有件復禮問之節。其名位有長老土事首座衆僧之差。其奉養有寒暑綿葛。朝晡蔬食之具。此亦叔世爲道者之盛事也。夫四海之衆。萃于一寺。安其衆而行其道。䂓不肖而導愚迷。非道德才學之超邁者。其孰能與此。所以爲長老者。要在精以治己。寬以臨衆。取其長弃其短。先其急。後其緩。不爲私計。專務利人。比夫汲汲爲一身之謀者。相去如九牛之一毛哉。今內院以湖外名藍。佛事煥儼。自營建以來。講肄之聲。迄今不絶。其盛矣哉。聰不佞忝以嗣居。竊念諸大士之盛德。恐後來無聞自暎。虛至櫟溪。凡一十有五。書其名于版。必以住持先後爲次第。不以老少師資後先焉。後之來者。將目以指之曰。孰道德。孰才學。孰公於衆。孰私於身。嗚呼。可不懼哉。

주

1 귀정사歸正寺 : 전라남도 남원군에 있는 절 이름이다.
2 이정구李廷龜(1564~1635) : 한문사대가漢文四大家의 한 사람. 본관은 연안延安. 자는 성징聖徵, 호는 월사月沙 또는 보만당保晚堂·치암癡菴·추애秋崖·습정習靜. 시문집으로는 그의 문인인 최유해崔有海가 편간한『月沙集』68권 22책이 전한다. 그 밖에『書筵講義』·『大學講義』·『南宮錄』등의 편서編書가 있다.
3 상계像季 : 삼시三時에 정법正法·상법像法·말법末法이 있다. 불멸佛滅 후 오백 년을 정법正法이라 하고 정법 후 천 년을 상법像法이라 하는데 법이 행할 때와 같다는 말이다. 계季는 상법의 계세季世를 의미하므로 상법 천 년의 말기이고 불법이 쇠퇴하는 시기를 가리킨다.
4 백의白衣 : 출가하지 않고 집에 있는 사람들을 가리킨다.
5 육통六通 : 여섯 가지의 신통력(六神通)으로, 육안으로 볼 수 없는 것을 보는 천안통天眼通, 귀로 들을 수 없는 것을 듣는 천이통天耳通, 다른 사람의 의사를 알 수 있는 타심통他心通, 지나간 세상의 생사를 알 수 있는 숙명통宿命通, 경계에 장애 없이 자유롭게 다니는 신족통神足通, 스스로 번뇌를 끊는 누진통漏盡通을 이른다.
6 사벽四闢 : 사방으로 막히지 않고 열려져 있음을 말한다. 본래의 사벽은 순임금이 즉위하고 곧바로 '사방의 문을 열어(闢四門)' 천하의 어진 이들이 찾아오도록 하였다는 고사에서 온 것이다.『書經』「舜典」.
7 하늘과 땅의~없는 것이로다 : 당나라 한유韓愈의「進撰表」에서 인용한 글이다.
8 후지猴池 : 비사리毗舍離(⒮ vaiśāli)에 있던 연못 이름. 그 옆에 있는 강당에 부처님이 머무셨다.『長阿含經』등.
9 안 자鴈字 당우堂宇 : 비사리에 부처님을 위해 당우를 지었는데, 모습이 기러기 안 鴈 자 같았다고 한다.『釋氏要覽』.
10 비야毘耶 거사 : 비야성毘耶城의 유마維摩 거사를 지칭하는데 여기서는 재가신자를 뜻한다.
11 방도현龐道玄 : 당나라 형주衡州 사람. 자가 도현道玄이고, 이름은 온蘊이다. 당나라 정원貞元 때 석두石頭에게 선지禪旨를 깨우쳤다
12 일을 성취함(鳩僝) : 구잔鳩僝은 널리 의견을 모아 일을 잘 처리한다는 뜻이다.『書經』「堯典」.
13 비의非衣 : 두 글자를 합하면 '배裵'가 되므로 배휴裵休를 예시한 것이다.
14 영운靈雲 : 당나라 승려로 복건福建 장계長溪 사람이다. 복주의 영운산靈雲山 지극志勤 선사를 가리킨다. 생몰년은 미상이며 장경 대안長慶大安의 법을 이었다. 처음 대위산大潙山에 머물다가 복숭아꽃을 보고 오도하였으므로 선림禪林에서는 '영운견도명심靈雲見桃明心', '영운도화오도靈雲桃華悟道'라고 칭해진다.『祖堂集』권19.
15 개사開士 : 고승. 법을 열어 중생을 성불할 수 있게 해 주는 인물이라는 뜻.
16 도관都官 : 수당 대의 형부상서를 가리킨다.
17 총령蔥嶺 : 총령산이라고도 하는데 당나라 현장玄奘의『大唐西域記』「蔥嶺」에서 "그 지역에는 파가 많이 났기 때문에 총령蔥嶺이라고 부른다."고 하였다.

18 계숭契嵩 : 송나라 때 운문종雲門宗 승려. 자는 중령仲靈이며, 자호自號는 잠자潛子다. 당시 신유교 학자들의 배불에 대해 반론을 폈다.
19 희기噫氣 : 기운이 꽉 막혔다가 통하는 것, 즉 토기吐氣를 가리킨다.『莊子』「齊物論」.
20 큰 우주의~깃든 곳이다 : 「題遠公影堂壁」에서 인용한 글이다.『鐔津文集』권13.
21 불국토(瓊林) : 경림瓊林은 불국토나 선경의 기이한 풍경 혹은 눈 덮인 숲을 가리킨다.
22 구강九江 : 강서성에 있으며,『史記』「貨殖列傳」에서 "형산衡山, 구강九江, 강남江南, 예장豫章, 장사長沙는 남초南楚이며 그 풍속은 서초西楚와 매우 비슷하다."고 하였다.
23 환현桓玄 : 환온桓溫의 아들. 자는 경도敬道, 또 영보靈寶라고도 하며 그가 진晉나라를 찬탈하자 유유는 군사를 일으켜 환현을 토벌하고, 안제安帝를 영립迎立하여 진나라를 부흥시켰다.
24 노반魯般 : 노나라의 유명한 기계 기술자. 공수반公輸般. 초초나라가 송宋나라를 공격할 때 쓰는, 높이 오르는 사다리 운제雲梯(구름 사다리)를 만들었다.『墨子』「公輸」.
25 장춘원長春苑 : 황제의 정원.
26 푸른 산봉우리(靑螺) : 청라靑螺는 소라고둥 모양의 상투인데 산을 형용하는 말로 쓰인다. 당나라 피일휴皮日休의 시〈太湖寺縹緲峯〉에 "흡사 푸른 소라고둥을, 밝은 달빛 중에 흩뿌려 놓은 듯해라.(似將靑螺髻。撒在明月中)"라고 하였다.
27 풍륜風輪 : 불가에서 말하는 사륜四輪의 하나로, 수미산을 버티고 있다 한다.
28 신선 세계 : 원문은 '호중별계壺中別界'. 한나라 비장방費長房이 신선을 따라 병 속에 들어가 본즉 별천지가 있었다고 한다.
29 옥호玉毫 : 여래 삼십이상의 하나로, 두 눈썹 사이에 있다는 백옥과 같이 흰 털을 말하는데, 거기에서 대광명大光明을 발산하여 시방세계를 비춘다고 하여 옥호광명玉毫光明, 옥호상玉豪相이라고 한다.
30 불성을 좇는(息影) : 식영息影은 인위적인 허식을 버리고 자연의 진성眞性을 추구함을 뜻한다.『莊子』「漁父」에서 공자와 어부漁夫가 나눈 대화에 나온다. 공자가 어부에게 물었다. "나는 잘못한 일도 없이 여러 가지 비방을 받으니, 그 까닭이 무엇입니까?" 이에 어부가 답했다. "제 그림자를 두려워하고 제 발자국을 싫어하여 그것을 떼 버리려고 달아난 자가 있었는데, 발을 자주 들수록 발자국은 더욱 많아지고 아무리 빨리 뛰어도 그림자는 몸을 떠나지 않았소. 그래서 그는 아직도 제 걸음이 느려서 그런 줄 알고 더욱 빨리 달리다 마침내는 제풀에 지쳐 죽고 말았습니다. 그는 곧 그늘 속으로 들어가 있으면 그림자가 없어지고, 조용히 쉬고 있으면 발자국도 멈춘다는 것을 몰라서 그렇게 된 것입니다."
31 몸을 굽혀(磬折) : 경절磬折은『周禮』「考工記」'韗人'에 나온다. 곡척에서 긴 모의 일변을 거倨, 직각에서 꺾어 꼬부라진 짧은 모의 일변을 구句라 한다. 경쇠는 모양이 'ㄱ'자 같으므로 경쇠처럼 꺾었다는 뜻이다.
32 용 같은 들보(虹樑) : 홍량虹樑은 무지개처럼 굽어 모양이 용龍과 같은 들보를 말한다.
33 대장大壯 : 괘 이름. 건물이 잘 지어짐을 이르는 표현.『周易』「繫辭傳下」에 "후세 성인이 궁실로 바꾸어서 위에는 들보를 얹고 아래에는 서까래를 얹어 풍우에 대비하였으니, 대장괘에서 취한 것이다.(後世聖人。易之以宮室。上棟下宇。以待風雨。蓋取諸大壯。)"라고 하였다.

34 곱구나 거듭 밝음이여(麗乎重明) : '麗乎重明'은 『周易』「離卦」에 '거듭 밝음으로 바름에 붙어서(重明以麗乎正)'를 활용한 것이다.
35 종승宗乘 : 각 종파가 홍포하는 종의宗義를 가리킨다. 여기서의 승은 대승, 소승의 승과 같이 깨달음으로 인도하도록 중생을 실어 준다는 뜻을 가지고 있다.
36 산호 소리(山呼) : 임금의 덕을 칭송하고 축수하는 데 쓰는 말이다. 『漢書』「武帝記」에, "무제가 숭산嵩山에 오를 때 사당에서 이졸吏卒들이 모두 만세 삼창을 소리 높여 지르는 소리를 들었다.(武帝登嵩山。從祀吏卒皆聞三次高呼萬歲之聲。)"고 하였다. 숭호嵩呼·악호嶽呼라고도 한다.
37 저력樗櫟 : 크기만 할 뿐 아무 쓸모가 없어서 어떤 목수도 돌아보지 않는 산목散木이라는 뜻의 겸사로, 『莊子』「逍遙遊」와「人間世」에 상세한 설명이 나온다.
38 막야鏌鋣 : 자천自薦하여 벼슬길에 나온 것을 비유한 말. 『莊子』「大宗師」에 "지금 훌륭한 대장장이가 쇠를 녹이고 틀에 부어 기물器物을 만들려 할 때 쇠붙이가 뛰어 나오면서 '나는 반드시 막야鏌鋣가 될 것이다.'라고 하였다."라고 한 데서 온 말로 곧 훌륭하게 됨을 말한다.
39 풍성豐城 : 풍성 땅에 묻힌 용천龍泉과 태아太阿의 두 보검이 밤마다 두우斗牛 사이에 자기紫氣를 발산하였다는 전설이 있다. 예장豫章 풍성의 땅을 파 본 결과 용천과 태아의 두 검이 나왔으므로 장화張華와 뇌환雷煥이 각각 한 자루씩 보관하였다. 장화가 복주伏誅되면서 그 검 역시 없어지고, 뇌환이 죽은 뒤 그의 아들 뇌화雷華가 다른 칼 하나를 차고 다녔는데, 어느 날 홀연히 칼이 뛰쳐나와 물속으로 들어갔으므로 잠수하여 찾아보게 하니, 몇 길 되는 용 두 마리가 있었다 한다. 『晉書』 권36.
40 연도鉛刀 : 한漢나라 반초班超의 말에, "무딘 칼(鉛刀)도 한 번 베어 볼 수 없겠는가?"라고 하였다. 둔하고 무딘 칼도 한 번은 쓸 수 있다는 말이다.
41 노반魯班 : 춘추시대 노나라의 솜씨 좋은 목수 공수반公輸班을 가리킨다. 일설에는 반班은 노반魯班을 가리키고 수輸는 공수반公輸般을 가리킨다고 하여 반수班輸를 두 사람의 합칭이라고 한다. 『漢書』「敘傳上」.
42 오사吳士 : 오사吳士가 효爻를 삼켜 경전을 안다고 자임했다는 말이 있다. 『增補事類統編』「人事」.
43 추정趨庭 : 자식이 어버이에게 가르침을 받는 것을 말한다. 공자가 홀로 뜨락에 서 있을 때에 아들 백어伯魚가 종종걸음으로 뜨락을 지나가자(趨庭), 공자가 그를 불러 세우고서 시詩와 예禮를 배워야 한다고 가르침을 내렸던 고사가 있다. 『論語』「季氏」.
44 소를 잡아먹을 기운(食牛之氣) : 그의 자식들이 또 어려서부터 걸출한 모습을 보였다는 말이다. 호랑이나 표범 새끼는 아직 털 빛깔이 선명해지기도 전에 소를 잡아먹을 것 같은 기상을 보인다는 말에서 나온 것이다. 『尸子』 권下.
45 금원金園 : 절에 있는 정원을 말한다. 부처가 계신 곳이다. 당나라 이백의 시 〈安州般若寺水閣納涼喜遇薛員外父〉의 "翛然金園賞。遠近含晴光。"에 왕기王琦가 주를 달고, 금원은 절에 있는 정원을 가리킨다고 하였다. 수달 장자가 기타 태자의 정원을 사서 부처가 머물 곳을 만들고자 하니 태자가 희롱하기를 '금으로 땅을 가득 깐다면 마땅히 팔 것'이라고 하였더니 수달 장자가 마침내 금화로 정원을 가득 채웠는데 두께가 오 촌이고 넓이가 십 리였다. 이 정원을 사서 여래께 받들어 보시하고 정사를 세웠으므로 뒷사람이 금원이라는 용어를 쓰게 되었다.

46 마롱馬龍 : 대승불교의 선구자 마명馬鳴과 용수龍樹. 마명은 범명이 ⓢ Aśvaghosa로 중인도 마갈타국 사람이다. 불멸 후 6백 년경에 출세한 대승의 논사論師였다. 용수의 원이름은 나가르주나(나가:용, 아가르주나:나무 이름). 남인도 출생. 북인도로 가서 당시 인도의 사상을 공부하고, 대승불교 사상의 기초를 확립하였다.

47 징집澄什 : 진晉의 고승 불도징佛圖澄과 구마라집鳩摩羅什을 병칭한 것이다.

48 부박한 세상(澆俗) : 요속澆俗은 요풍澆風과 같으며 부박한 사회 풍기를 의미한다.

49 작은 꾀(小黠) : 당나라 한유韓愈의 「送窮文」에 궁귀들이 말하기를 "그대가 우리들을 몰아서 내쫓으려고 하니, 작게는 약으나 크게는 어리석도다.(驅我令去。小黠大癡。)"라고 하면서 끝내 떠나려고 하지 않았다고 한 데서 온 말이다.

50 산비둘기(鸒鳩) : 산비둘기는 소인을 비유한다. 『莊子』「逍遙遊」에 "뱁새가 깊은 숲속에 둥지를 틀 적에 그저 나뭇가지 하나면 족하다."는 말이 있다. 자신의 능력이 부족함을 비유한 말이다.

51 부상扶桑 : 전설상 나무의 이름으로 해가 뜨는 동쪽을 가리키는데, 해가 뜰 때 이 나무 아래에서 솟아나 나무를 스치고 떠오른다고 한다.

52 등림鄧林 : 좋은 나무만 있다는 숲으로, 신선이 구름을 타고 다니며 노는 곳이라 한다.

53 후생으로 두려워할~행위가 없음 : 『論語』「子罕」에 "후생을 두렵게 여겨야 할 것이니, 앞으로 후생들이 지금의 나보다 못하리라고 어떻게 장담할 수 있겠는가. 그러나 40세나 50세가 되도록 세상에 알려짐이 없는 사람이라면, 또한 두려워할 것이 없다고 하겠다.(後生可畏。焉知來者之不如今也。四十五十而無聞焉。斯亦不足畏也已。)"라는 공자의 말이 나온다.

54 관이오管夷吾 : 이오夷吾는 춘추시대 제나라 관중管仲의 자이다. 진晉나라가 중국을 빼앗기고 강좌江左 강동江東으로 옮겨갔을 때에 왕도王導가 승상丞相으로 있었다. 환이桓彝가 처음 강동에 가서 조정이 미약한 것을 보고 실망하였으나, 왕도를 보고는, "내가 관이오管夷吾를 보았으니 다시 걱정이 없다."고 하였다.

55 악정자樂正子 : 맹자의 제자. 악정자가 정사를 맡게 되었다는 말을 듣고 맹자가 "기뻐서 잠을 이루지 못했다.(喜而不寐。)"고 하였다. 『孟子』「告子下」.

56 소생하기를 : 원문은 '내소來蘇'. 『書經』에, "우리 임금을 기다렸더니 임금이 오니 살아났다.(待我后后來其蘇。)"고 하였다.

57 저궁渚宮 : 춘추시대 때 세운 초楚나라의 별궁別宮.

58 대도大道의 세계로 인도하여 : 원문은 '금비괄막金鎞刮膜'. 맹인의 뒤덮인 눈꺼풀을 의사가 쇠칼로 떼어 내 벗겨 주자 맹인이 다시 광명을 되찾게 되었다는 금비괄목金鎞刮目의 고사가 있다. 『涅槃經』 권8.

59 큰 길(康莊) : 『爾雅』「釋宮」에, "오달五達의 길을 강康이라 하고, 육달六達의 길을 장莊이라 한다."고 하였고, 『史記』「孟荀傳」에, "강장의 거리에 제택을 열겠다.(爲開第康莊之衢。)"고 하였다.

60 칼 놀림(游刃) : 일을 하는 데 여유가 있음을 말한다. 포정庖丁이 소 잡는 방법에 대해 말하기를 "두께가 없는 칼을 두께가 있는 틈새에 넣으니, 널찍하여 칼날을 움직이는 데 반드시 여유가 있습니다.(以無厚入有間。恢恢乎。其於遊刃。必有餘地矣。)"라고 하였다. 『莊子』「養生主」.

61 미천彌天 : 승려를 높여 이른 말로 뜻이 대단히 고원高遠함을 말한다. 진晉나라 때 고

승 도안道安이 당시 고재 박학高才博學으로 이름이 높던 습착치習鑿齒와 처음 만나서 인사를 나눌 적에 "나는 미천 석도안釋道安이오."라고 하자, 습착치가 "나는 사해四海 습착치올시다."라고 한 데서 온 말이다.『晉書』권82.

62 옥수玉樹 : 지란옥수芝蘭玉樹의 준말로 남의 집안의 우수한 자제子弟를 예찬하는 말이다.『世說新語』「言語」에, 진晉나라 사안謝安이 여러 자제들에게 어떤 자제가 되고 싶냐고 묻자, 그의 조카인 사현謝玄이 대답하기를 "비유하자면 지란옥수가 뜰 안에 자라게 하고 싶습니다.(譬如芝蘭玉樹。欲使其生於階庭耳。)"라고 하였다.

63 용천龍泉 : 풍성豐城 땅에 묻혀 있던 용천龍泉과 태아太阿 두 보검이 밤마다 북두성과 견우성 사이에 자기紫氣를 발산했다는 전설이 있다.『晉書』권36「張華列傳」.

64 회소懷素 : 초서草書에 능했던 당唐나라 승려. 회소懷素가 술이 거나하여 흥이 나면 절간의 벽과 마을의 담장에 글씨를 휘갈겨 썼다고 하는데, 이를 읊은 이백李白의 〈草書歌行〉에 "일어나서 벽을 향해 손을 멈추지 않나니, 한 줄에 몇 글자 크기가 말만 하네.(起來向壁不停手。一行數字大如斗。)"라는 표현이 나온다.

65 뜻만 크고~못할 것을(畫虎之未成) : '畫虎之未成'은 뜻만 높을 뿐 성취하는 바가 없어서 남의 조롱만 받는 미천한 재주라는 뜻의 겸사이다. 후한後漢 마원馬援이, 호협豪俠하여 의리를 중시하는 두보杜保를 자기가 애지중지하지만, 사람들이 그를 제대로 본받지 못할 경우에는 그지없이 경박한 사내가 되고 말 것이니, 이는 이른바 "범을 그리다가 제대로 되지 않으면 거꾸로 개같이 되고 마는 것이다.(畫虎不成反類狗)"라고 조카들을 경계시키면서 아예 그를 본받지 말라고 훈계한 고사가 있다.『後漢書』권24「馬援列傳」.

66 거북이 자신을 감추어(藏龜) : 거북의 감춤이란 곧 거북이 위험한 경우를 당하면 '머리와 꼬리와 네 발(頭尾四足)'을 갑甲 속에 감추어 화해禍害를 모면하는 것을 이르는 말로, 전하여 사람이 재지才智를 숨겨서 남의 모해를 면하는 데에 비유한다.

67 맑고 탁함이 분명하니(涇渭) : 옳고 그름과 청탁淸濁에 대한 분별이 엄격함을 이르는 말이다. 원래 중국 섬서성陝西省에 있는 두 물 이름인데, 경수涇水는 물이 탁하고 위수渭水는 맑기 때문에 비유한 것이다.

68 세상과 모순되는 것(柄鑿) : 예柄는 네모난 촉꽂이며, 조鑿는 둥글게 판 구멍으로 네모난 촉꽂이는 둥글게 판 구멍에 맞지 않는다는 뜻이다.

69 인을 당해서는~않는다고 하나 :『論語』「衛靈公」에 나오는 공자의 말이다.

70 수레 덮개를 기울이고(傾盖) : 수레를 멈추고 기울인다는 뜻으로, 길에서 잠깐 만남을 뜻한다.『史記』「鄒陽列傳」에 "속어俗語에 '백발이 되도록 오래 사귀어도 처음 사귄 듯하고, 수레를 멈추고 잠깐 만났어도 오래 사귄 듯하다.'고 하였으니, 그 까닭은 무엇인가? 서로를 아느냐 모르느냐에 달려 있다."고 하였다.

71 안식처(帡幪) : 병몽帡幪은 비바람을 가리고 덮어 주는 장막이다.『揚子法言』에 "비바람이 친 다음에 집이 나를 덮어 줌을 알았다."고 한 데서 온 말이다.

72 경거瓊琚 : 원래의 의미는 아름다운 옥으로 만든 패옥佩玉. 후에 의미가 전성되어 남이 보내온 시문詩文의 미칭으로 쓰인다.

73 도는 목격目擊에 있으니(道存目擊) : '道存目擊'은『莊子』「田子方」의 표현을 활용한 것이다. 자로子路가 공자孔子에게 말하기를, "선생님께서는 온백설자溫伯雪子를 만나고자 하신 지 오래였는데, 만나고 나서는 아무 말씀이 없으니 무슨 까닭입니까?"라고 하

자, 공자가 이르기를, "그런 사람은 한 번만 보아도 도가 있는 줄을 알 수 있으니, 또한 말을 할 필요가 없는 것이다.(若夫人者。目擊而道存。亦不可以容聲矣。)"라고 했다는 데서 온 말이다.

74 형체를 잊는 것 : 『莊子』「讓王」의 "뜻을 기르는 자는 형체를 잊는다.(養志者忘形。)"에서 나온 것으로, 자신의 형체 등 겉치레를 잊고 상대방과 마음을 주고받아 한없이 기쁘다는 말이다.

75 도시락밥(簞食) : 하나의 도시락 밥과 하나의 표주박 물이라는 뜻의 '일단사일표음一簞食一瓢飮'을 줄인 말로, 빈궁한 생활을 뜻하는 말이다. 『論語』「雍也」.

76 자주 굶었는데(屢空) : 누공屢空은 식량이 자주 떨어진다는 뜻이다. 『論語』「雍也」에 공자가 "한 그릇 밥과 한 주발 국으로 누추한 곳에서 사는 고생을 다른 사람은 감내하지 못하는데, 안회는 그렇게 사는 낙을 고치지 않았다."고 하였으며, 『論語』「先進」에 "안회는 도道에는 거의 이르렀으나, 양식이 자주 떨어졌다."고 하였다.

77 붓(尖頭奴) : 북위北魏의 고필古弼이 총명하여 태종太宗에게 사랑을 받아 필필이라는 이름을 하사받았는데, 그의 머리끝이 뾰족하였으므로 세조世祖가 항상 필두筆頭라고 불렀다. 어느 날 조서를 내려서 살진 말을 기인騎人에게 주라고 하였는데, 고필이 약한 말을 주었다. 그러자 세조가 대로하여 "첨두노尖頭奴가 감히 나의 뜻을 멋대로 재량하였으니, 짐이 돌아가면 먼저 이놈을 참수하겠다."고 하였다. 그 뒤로 붓을 '첨노'라고 하게 되었다. 『魏書』 권28 「古弼傳」.

78 현향玄香 : 먹의 별칭이다. 명나라 이시진李時珍의 『本草綱目』「土・墨」에 보인다.

79 관성자管城子 : 붓을 의인화하여 이른 말이다. 한유韓愈의 「毛穎傳」에 "진시황제가 장군 몽염蒙恬으로 하여금 붓에게 탕목읍을 내리고 관성에 봉해 주게 하여 관성자라 호칭했다.(秦皇帝使恬。賜之湯沐而封諸管城。號曰管城子。)"라고 한 데서 온 말이다.

80 송자후松滋侯 : 먹을 의인화한 것으로, 소나무를 태운 그을음으로 먹을 만들기 때문에 이런 명칭을 붙인 것이다.

81 장안미長安米 : 한漢나라 동방삭東方朔이 무제에게 "신의 말이 쓸 만하면 특이하게 예우해 주시고 쓸 만하지 않으면 파면시켜서, 부질없이 장안미長安米를 없애도록 하지 마소서.(臣言可用。幸其異禮。不可用。罷之。無令但索長安米。)"라고 한 데서 온 말이다. 『漢書』 권65 「東方朔傳」.

82 앙산반仰山飯 : 『緇門警訓』 권6의 "앙산반, 앙산반, 낱알마다 구슬처럼 은처럼 찬란하도다.(仰山飯。仰山飯。粒粒如珠似銀爛。)"라는 구절에서 온 말이다. 여기서는 그저 쌀을 뜻한다.

83 창촉菖歜 : 창포로 담근 김치. 주周 문왕文王이 창포로 담근 김치를 매우 좋아했으므로, 공자孔子 또한 문왕을 대단히 사모한 나머지 창포 김치를 즐겼다는 전설에서 온 말이다.

84 붓(毛錐) : 모추毛錐는 모추자毛錐子로, 붓의 이칭이다.

85 탈영脫穎 : 송곳의 끝이 주머니 밖으로 삐져나오는 것으로, 자신의 재능을 다 드러내는 것을 뜻한다. 『史記』 제76권 「平原君虞卿列傳」에 "평원군이 말하기를, '무릇 현사賢士가 이 세상에 처함에 있어서는 비유하자면 송곳이 주머니 속에 있는 것과 같다. 그 끝이 드러나지 않으면……'이라 하자, 모수毛遂가 말하기를, '신을 오늘 주머니 속에 처하게 해 주시기 바랍니다. 저로 하여금 일찍감치 주머니 속에 처하게 하였더라면 송

곳 끝이 주머니를 뚫고 나와서(穎脫而出) 끝이 보이는 정도만이 아니었을 것입니다.'라고 하였다."라고 하였다.

86 수레를 기울여 이야기 나눈(傾盖) : 주 70 참조.
87 서로 만나(盍簪) : 합잠盍簪은 뜻 맞는 이들이 서로들 달려와 회동하는 것을 말한다. 『周易』「豫卦」구사효九四爻.
88 열 줄 편지 :『後漢書』「循吏傳序」에 "수적手迹으로 방국方國에 내릴 때는 모두 1찰札에 10행行으로 세서細書하여 문장을 작성한다."고 하였다.
89 남용南容이 규圭~번 읽고 :『詩經』「大雅」〈抑〉의 "흰 구슬의 티는 갈아 없앨 수 있거니와, 말의 허물은 어찌할 수가 없다.(白圭之玷。尙可磨也。斯言之玷。不可爲也。)"고 한 것을 남용이 세 번씩 되풀이하여 읽었던 데서 온 말이다.『論語』「先進」에 "남용이 백규의 글을 세 번씩 되풀이하여 읽거늘, 공자가 형의 딸을 그의 아내로 삼아 주었다.(南容三復白圭。孔子以其兄之子妻之。)"고 하였다.
90 귀신도 울릴(泣鬼) : 시가 매우 뛰어나 귀신이 보고 탄복하여 울 것이라는 뜻이다. 두보杜甫가 시 〈寄李白〉에서 이백李白의 뛰어난 시재詩才를 찬탄하며 "붓이 떨어지면 풍우가 놀라고, 시가 이루어지면 귀신이 울었지.(落筆驚風雨。詩成泣鬼神。)"라고 하였다.
91 일미一味 : 문자나 언어를 통하지 않고 갑자기 도를 깨닫는 선禪을 가리킨다.
92 손가락을 담가 보게 되어(染指) :『左傳』宣公 4년에 "초楚나라 사람이 정 영공鄭靈公에게 자라(鼈)를 바쳤다. 자공子公이 자가子家와 더불어 영공을 뵈러 가는데 자공의 식지食指가 저절로 움직이니, 자공이 자가에게 이를 보이며 말하기를, '보통 때에 내 손가락이 이렇게 되면 반드시 맛난 음식을 먹게 된다.'고 하였다. 들어가 영공을 뵈면서 보니 찬부饌夫가 자라를 요리하므로 서로 돌아보며 웃었다. 영공이, '왜 웃느냐'고 묻자 자가는 들은 대로 이야기하였는데, 대부大夫들에게 자랏국을 나누어 줄 적에는 자공을 빼놓고 주지 아니하였다. 자공은 화가 나서 손가락을 솥에다 넣어 찍어 맛보고 나왔다."고 하였다. 그래서 후세에 정당히 자기에게 돌아오지 않는 것을 함부로 넘겨보는 데 쓰는 말이 되었다.『春秋左傳』선공宣公 4년 조.
93 치자꽃 핀 절(薝蔔) : 담복薝蔔은 불경佛經에 나오는 꽃인데, "숲속에 담복화가 있으면 온 숲이 담복화의 향기만으로 가득하다."고 하였다. 인도에는 이 꽃이 많고 향기가 매우 뛰어나서 이를 부처의 공덕功德에 비유하는 데서, 전하여 승사僧舍를 의미한다.
94 파초芭蕉 : 여기서의 파초는 깨달음을 비유한 듯하다. 2조인 혜가慧可가 눈밭에 밤새 서서 달마에게 법을 구했으나 달마가 일체 응대를 하지 않자 계도戒刀로 자기의 팔뚝을 끊었는데 뿜어 나온 피 속에서 파초가 피었다는 일화가 전한다.
95 육도六度 : 생사生死의 차안此岸에서 열반涅槃의 피안彼岸으로 건너가는 여섯 개의 법문이라는 뜻으로, 육바라밀六波羅蜜이라고도 하는데, 보시布施·지계持戒·인욕忍辱·정진精進·정려精慮·지혜智慧 등으로 되어 있다.
96 아홉 가닥의 밝은 등불(九枝之明燈) : 옛 등의 이름으로 등잔대 하나가 아홉 가닥으로 갈라져 여러 개의 촛대를 꽂은 것이다.
97 삼마지三摩地 : 삼매三昧와 같은 말로 정정定의 뜻이다. 마음을 한곳에 모아 산란하지 않게 하는 정신작용을 가리킨다.『楞嚴經』에 "관음은 문사수를 통해서 삼매에 들어간다.(觀音由聞思修。入三摩地。)"고 하였다.

98 동중서董仲舒 : 한漢나라 광천廣川 사람. 젊었을 때 『春秋公羊傳』을 공부하여 경제景帝 때 박사博士가 되었으며, 3년 동안 밖에 나오지 않고 책만 읽어 그의 제자들 중에는 스승의 얼굴도 보지 못한 자가 있었다 한다. 평생 동안 학문을 강론하고 책을 저술하였는데 유학을 떠받들고 잡가雜家를 배격함으로써 후세에 유학을 정통으로 삼는 국면을 열어 놓았다. 『史記』 권121 「董仲舒傳」.
99 동야東野 : 당나라 문장가로 한퇴지韓退之의 지기知己였던 맹교孟郊의 자字이다.
100 남곽자기南郭子綦의 망연한 모습 : 주객主客을 초월한 모습을 가리킨다. 『莊子』 「齊物論」에 "남곽자기가 궤안에 기대어 앉아 하늘을 우러러 숨을 내쉬는 그 모습이 마치도 물아物我의 경계를 모두 잊어버린 듯하였다.(南郭子綦隱机而坐。仰天而噓。嗒焉似喪其耦。)"라는 구절이 나온다.
101 견림堅林 : 사라娑羅(ⓈsāIa), 쌍수림雙樹林, 학림鶴林, 사고사영수四枯四榮樹라고 부르기도 한다. 석가모니불이 입적할 때 동서남북에 각각 한 쌍씩 서 있던 나무.
102 회소懷素 : 당나라 때 장사長沙의 승려로 초서에 능했다고 한다.
103 찬녕贊寧 : 송나라 초의 승려로 절의 주지가 되었을 때 송 태조가 절에 이르러 향을 올리고 부처를 보고 절을 하는 것이 옳으냐 절을 하지 않는 것이 옳으냐고 묻자 현재 부처는 과거의 부처에게 절하지 않는다고 하여 황제의 뜻과 크게 합치하여 마침내 정례定禮하였다고 한다.
104 도안道安의 변정辨鼎 : 진왕秦王 부견苻堅이 남전藍田에서 대정大鼎을 얻었는데 거기에 쓰여 있는 전서篆書를 아무도 읽지 못하자, 도안이 이를 풀이해 주었다.
105 운몽雲夢 : 한漢, 위魏 이전엔 그리 크지 않은 습지를 지칭했는데, 진晉 이후로 동정호洞庭湖까지 포괄하는 큰 호수를 뜻하게 되었다. 한漢나라 사마상여司馬相如의 〈子虛賦〉에 "운몽과 같은 것 여덟아홉 개를 한꺼번에 집어삼키듯, 그 흉중이 일찍이 막힘이 없었다.(吞若雲夢者八九。於其胸中曾不蔕芥。)"라는 표현이 나온다.
106 달다達多 : 수달다須達多를 지칭하는 듯하다. 수달다는 소달다蘇達多라고도 하고 번역하면 선여善與·선급善給·선수善授·선온善溫 등으로, 사위국舍衛國 급고독 장자의 본명이다. 장자는 부처님이 계실 정사를 짓기 위해서 기타 태자의 동산을 사는데, 금으로 땅의 면적에 뿌릴 만큼의 고가高價로 샀다.
107 지수止水 : 괴어 있는 물, 즉 자신의 형체를 비춰 살필 수 있는 물을 말하는데, 중니仲尼의 말에 "흐르는 물에는 자신의 모습을 비춰 볼 수 없고, 잔잔하게 고여 있는 물이라야 비춰 볼 수 있다."고 하였다. 『莊子』 「德充符」.
108 연성連城 : 연성벽連城璧의 준말로, 전국시대 때 진秦나라 소왕昭王이 15성城과 바꾸자고 청했던 조趙나라 소장의 화씨벽和氏璧을 말한다.
109 저樗나무는 다만 버려졌으니 : 『莊子』 「逍遙遊」에 크기만 했지 무용지물無用之物인 저樗나무에 대한 이야기가 나온다.
110 기야冀野 : 당나라 한유韓愈의 「送溫處士赴河陽軍序」에, "백락伯樂이 한 번 기북冀北의 들을 지나가면, 무리진 말들이 마침내 텅비게 된다."라는 내용이 있는데, 이 때문에 기야 또는 기북冀北은 '인재가 모여 있는 곳'을 가리키는 말이 되었다.
111 관규管窺 : 붓 대롱을 통하여 하늘을 본다는 뜻으로, 전체를 보지 못하고 어느 일부분만 보는 것을 말한다.
112 겨울 석~쓰임이 족하겠는가 : 겨울철 석 달은 가난한 집 자제들이 글을 읽을 수 있는

겨울철 3개월의 농한기를 말한다. 한 무제漢武帝 때 동방삭東方朔이 처음 무제에게 상서上書하여 말하기를, "신 삭은 어려서 부모를 여의고 형수에게서 양육되었는데, 나이 13세에 글을 배우기 시작하여 세 겨울철에 배운 문사만으로도 쓰이기에 넉넉합니다.(臣朔少失父母。長養兄嫂 年十三學書。三冬文史足用。)"라고 한 데서 온 말이다.

113 삼명三明 : 숙명통宿命通·천안통天眼通·누진통漏盡通을 말한다. 곧 과거의 업상業相·인연因緣을 알아 내세의 상을 정확히 하며 현세의 고상苦相을 깨달아 일체의 번뇌를 끊어버리는 것을 말한다.

114 〈소소簫韶〉 : 순舜의 음악인데, "순임금이 창작한 음악인 〈소소〉를 연주하자, 봉황이 듣고 찾아와서 춤을 추었다.(簫韶九成。鳳凰來儀。)"라는 내용이 『書經』「益稷」에 나온다.

115 호강 다리(濠梁) : 호濠라는 강의 다리이다. 장자莊子와 혜자惠子가 호량濠梁에서 거닐면서 물고기가 자재하게 노니는 것을 보고 심오한 이치에 관해 대화를 나누었다. 장자가 "피라미가 조용히 노니니 이는 물고기의 즐거움이로다."라고 하자, 혜자가 "그대는 물고기가 아닌데 어찌 물고기의 즐거움을 아는가?"라고 하였다. 이에 장자가 "그대는 내가 아닌데 내가 물고기의 즐거움을 모르는 줄 어찌 아는가?"라고 하자, 혜자 "나는 그대가 아니므로 진실로 그대를 알지 못하고, 그대는 물고기가 아니므로 그대가 물고기의 즐거움을 모르는 것은 분명하다."고 하였다. 『莊子』「秋水」.

116 붉은 기러기(朱鴈) : 붉은색 기러기는 서조瑞鳥의 하나이다.

117 소자경蘇子卿 : 한나라의 충신 소무蘇武를 이른다. 자경은 그의 자. 소무는 무제武帝 때에 중랑장中郞將으로 사신使臣이 되어 흉노匈奴에 잡혀 억류된 지 19년 만에야 풀려나 돌아왔는데, 사신으로 갈 적에는 한창 나이였으나 돌아올 적에는 수발鬚髮이 다 희어졌다고 한다. 『漢書』 권54.

118 편지(尺素) : 진晉나라 육기陸機의 악부시 〈飮馬長城窟行〉에 "멀리서 온 손님, 잉어 두 마리 전해 주네. 아이 불러 요리하라 부탁했더니, 그 속에서 나온 한 자 비단 글.(客從遠方來。遺我雙鯉魚。呼兒烹鯉魚。中有尺素書。)"의 구절이 있다.

119 누렁이(黃耳) : 황이黃耳는 진晉나라 육기陸機의 애견愛犬 이름이다. 총명하여 사람의 말을 잘 알아들었으므로 육기가 편지를 넣은 죽통竹筒을 그 개의 목에 걸어서 낙양洛陽과 오지吳地의 몇천 리 길을 오가며 소식을 전하게 했다는 이야기가 남조 양나라 임방任昉의 『述異記』에 나온다.

120 육사형陸士衡 : 사형은 진晉나라 육기陸機의 자字이다.

121 글자(銀鉤) : 은구銀鉤는 자획字劃이 매끄럽고 꼿꼿함을 형용하는 말로, 서법書法에 뛰어남을 뜻한다. 두보杜甫의 시 〈陳拾遺故宅〉에 "지금 흰 벽이 매끄러운데, 붓을 휘갈기니 은구를 이어 놓은 듯하네.(到今素壁滑。洒翰銀鉤連。)"라고 하였다.

122 색정索靖 : 진晉나라 사람. 서법書法을 논하면서 "멋지게 휘돌아 가는 은빛 갈고리(婉若銀鉤)"라는 표현으로 초서를 형용한 고사가 있다. 『晉書』 권60 「索靖傳」.

123 허빈虛牝 : 사람이 살지 않는 텅 빈 계곡. 한유韓愈의 시 〈贈崔立之評事〉에 "가련하다. 쓸데없이 정신만 허비할 뿐, 황금을 텅 빈 계곡에 던지는 것과 같도다.(可憐無益費精神。有似黃金擲虛牝。)"라는 구절을 원용한 것이다. 『韓昌黎集』 권4.

124 황금을 허빈虛牝에~다름이 없고 : 글을 땅에 던지면 금석 같은 소리가 난다(擲地作金石聲)는 뜻으로 훌륭한 글을 말한다. 진晉나라 손작孫綽이 시문을 잘했는데, 일

찍이 〈天台山賦〉를 지어 범영기范榮期에게 보이면서 "경卿은 이것을 땅에 던져 보라. 응당 금석金石 소리가 날 것이다."라고 하였다. 『晉書』권56 「孫綽傳」.

125 보잘것없는 시(木李) : 목리木李는 오얏인데, 오얏으로 자신의 시를 낮추어 말하는 것이다.

126 어린 아녀자(幼婦) : 절묘하다는 뜻. 동한東漢의 채옹蔡邕이 유명한 조아비曹娥碑에 '황견유부외손제구黃絹幼婦外孫韲臼'라고 써 두었는데, 삼국시대 조조曹操의 주부主簿 양수楊脩가 이를 보고 파자破字하여 "황견은 '색이 있는 실(色絲)'이므로 절絶 자가 되고 유부는 소녀少女이므로 묘妙 자가 되며 외손은 '딸의 아들(女子)'이므로 호好 자가 되고 절구(韲臼)는 '매운 것을 받아들이는(受辛)' 것이므로 사辭 자가 된다. 따라서 '절묘호사絶妙好辭', 즉 절묘한 좋은 글이란 뜻이 된다."고 풀이하였다. 『世說新語』「捷悟」.

127 얼굴에 땀을~피가 나지만 : 서툰 솜씨를 말한다. 한유韓愈의 「祭柳子厚文」에, "서툰 목수가 나무를 깎으면 손가락에 피가 흐르고 얼굴에 땀이 나는데, 교장巧匠은 곁에서 구경하며 손을 옷소매 속에 움츠리고 있다.(不善爲斲. 血指汗顏. 巧匠傍觀. 縮手袖間.)"고 하였다.

128 가슴을 치며~본받지 않겠는가 : 춘추시대 월越나라의 미인 서시西施가 심장병을 앓으면서 이맛살을 찌푸리자 찌푸린 그 모습도 매우 아름답게 보였으므로, 그 이웃의 추녀醜女가 그 찌푸린 모습을 흉내 냈더니, 마을 사람들이 모두 그녀를 피해 버리고 보지 않았다는 고사에서 온 말로, 전하여 자기의 재주는 헤아리지 않고 억지로 남을 흉내 내려고 하는 것을 비유한다.

129 삼사三事 : 삼사에 대하여 『書經』의 채전蔡傳에서는 미상이라고 하였고, 『詩經』 전箋에는 삼농의 일(三農之事), 즉 평지농平地農·산농山農·택농澤農이라고도 하는데 여기에서는 하늘을 섬기고, 땅을 섬기고, 사람을 다스리는 일을 하는 삼공三公의 지위로 재상宰相을 가리킨다.

130 여름날 참선(坐夏) : 승려가 음력 4월 16일부터 7월 15일까지 90일 동안 출입을 금하고 한곳에 모여 수행에 전념하는 것을 말하는데, 이것을 하안거라 한다.

131 밝은 태양(离明) : 『周易』「說卦傳」에, "이는 불이 되고 해가 된다.(离爲火。爲日。)"고 하였다.

132 시를 써서(言志) : 『禮記』「樂記」에 "시는 그 뜻을 말한 것이고, 노래는 소리의 형태로 나타내는 것이고, 무용은 동작으로 형용하는 것이다.(詩言其志也。歌咏其聲也。舞動其容也。)"라는 말이 나온다.

133 반숙班肅 : 본적과 생몰년은 미상이다. 당나라 덕종 정원 17년(801) 과거에서 장원급제하였다. 벼슬에 나아가 방주 자사坊州刺史를 한 뒤에 수도에 들어가 사봉원외랑을 역임하였다. 교우를 좋아하고 정의가 두터웠고 목종 때 재상 황보박의 참소로 폄직되었다. 조정 사람들은 반숙을 인의의 사람으로 칭찬하였다.

134 넓은 집(廣廈) : 당나라의 시인 두보杜甫의 〈茅屋爲秋風所破歌〉에 "어쩌면 넓은 집 천만 칸을 얻어서, 크게 천하의 가난한 선비들을 비호해 모두 즐거운 얼굴로, 풍우에도 움직이지 않고 산처럼 편안히 있을까.(安得廣廈千萬間。大庇天下寒士俱歡顏。風雨不動安如山。)"라고 한 구절이 보인다. 『杜少陵詩集』권10.

135 반령潘令의 한거閑居 : 반령은 진晉나라 반악潘岳을 가리킨다. 반악이 50세 때 모친

이 병들자 벼슬을 그만두고 전원으로 돌아가 읊었던 〈閑居賦〉에, "이에 물러나와 낙수 물가에서 한가히 거하게 되었다.(於是退而閑居于洛之涘)"라는 말이 나온다.

136 겸제兼濟 : 양쪽을 다 이해하면서 바람직한 방향으로 유도한다는 말(兼濟道物)로『莊子』「列禦寇」에 나온다.

137 독선獨善 : 『孟子』에 "궁하게 살면 그 몸을 홀로 착하게 하고, 나아가 벼슬하면 천하 사람을 다 착하게 한다.(窮則獨善其身。達則兼善天下。)"고 하였다.

138 안석安石 : 동진東晉 시대 명사인 사안謝安의 자. 행서行書를 잘 썼다. 처음에는 세상에 뜻이 없어 발탁을 받고도 나가지 않았다.

139 현도玄度 : 동진東晉 시대 명사인 허순許詢의 자字. 그는 산택山澤에서 노닐기를 좋아하고 청담淸談을 즐겼다.

140 강물 같은 언변(懸河) : 현하懸河는 위에 걸려 떨어지는 물줄기, 즉 폭포수를 뜻하는 말인데, 진晉나라 곽상郭象이 도도滔滔하게 담론을 전개하자 태위太尉 왕연王衍이 "폭포수처럼 쏟아져도 마를 줄을 모른다.(如懸河瀉水。注而不竭。)"고 칭찬했던 고사가 있다.『世說新語』「賞譽」

141 친밀한 관계(膠漆) : 교칠膠漆은 부레풀과 옻나무의 칠처럼 교분이 매우 두터워서 서로 떼어 놓을 수 없는 관계나 두터운 우정을 가리킬 때 쓴다.

142 장전張顚 : 초성草聖으로 불렸던 당나라의 명필名筆 장욱張旭을 가리킨다. 술을 좋아하여 크게 취한 상태에서 미친 듯 돌아다니다가 모발毛髮에 먹을 묻혀 휘갈겨 썼으므로 세상에서 '장전'이라고 불렀다 하며, 문종文宗 때에는 이백李白의 가시歌詩와 배민裴旻의 검무劍舞와 장욱의 초서草書가 삼절三絶로 꼽혔다 한다.『新唐書』권202「張旭列傳」

143 귀양 온 신선 : 시인 이백李白을 가리킨다.『唐書』권202「李白列傳」에 "하지장賀知章이 이백의 글을 보고 감탄하며 '그대는 인간 세상에 귀양 온 신선이오.'라 하였다."고 하였다.

144 복숭아나무와 오얏나무~길이 생기는 :『史記』권109「李將軍列傳」에 나오는 속담인 "복숭아꽃, 오얏꽃은 말이 없으나 그 아래 자연히 길이 생긴다.(桃李不言。下自成蹊。)"를 차용하였다. 복숭아나무와 오얏나무는 꽃과 열매가 다 좋아서 사람들이 많이 찾아오는 바람에 그 밑에 절로 길이 생긴다는 뜻으로, 원래는 덕행 있는 사람이 무언중에 남을 심복시키는 데에 비유하는 말이다.

145 『맹자』에 큰~공을 적었도다 :『孟子』에 이른바 '11월에 도강徒杠을 이루고 12월에 여량輿梁을 이룬다.'는 것을 말한다.

146 게려揭厲 : 그다지 깊지 않은 강물이라는 뜻이다.『詩經』「邶風」〈匏有苦葉〉에 "허리띠에 찰 정도로 물이 깊으면 입은 채로 건너가고, 물이 무릎 아래 정도로 차면 바지를 걷고 건너간다.(深則厲。淺則揭。)"라는 말이 나온다.

147 구름 거리(雲衢) : 운구雲衢는 구름이 오가는 거리, 즉 하늘을 말한다. 청운의 뜻을 펼쳐 조정에서 현달顯達한 것을 가리키기도 한다.

148 은하수에서 까마귀와~메우지 않았다 : 오작교烏鵲橋와 홍교虹橋를 표현한 것이다.

149 영인郢人과 장석匠石의 재주 : 기예에 능하다는 뜻. 영인이 자기의 코에 진흙을 엷게 바르고서 장석에게 그 진흙을 깎아 내게 하였는데, 장석이 도끼를 휘둘러 마음대로 진흙을 다 깎아 내었는데 코는 조금도 다치지 않고 영 땅의 사람도 전혀 동요되

지 않고 태연히 있었는데 영인이 죽고 나자 장석이 그 기술을 일체 발휘하지 않았다고 한다.『莊子』「徐无鬼」.

150 다른 산의 돌 :『詩經』「小雅」〈鶴鳴〉에 "다른 산의 돌이 숫돌이 될 수 있다.……다른 산의 돌로 나의 옥을 갈 수 있다.(他山之石. 可以爲錯.……他山之石. 可以攻玉.)"고 하였다. 남의 잘못이 나에게 가르침이 될 수 있다는 뜻이다.

151 진나라 채찍 : 채찍으로 돌을 때려 옮겼다는 진시황秦始皇의 고사가 있다. 진시황이 바다에 해 돋는 곳을 보고자 돌다리를 놓으려고 하였는데, 신인神人이 나타나서 바다로 돌을 내몰자, 돌들이 저절로 바다로 달려갔다. 돌이 빨리 가지 않자 신인이 돌에 채찍질을 하자 돌에서 피가 흘렀는데, 지금도 그 돌들은 모두 붉다고 한다.『藝文類聚』권79.

152 구름도 처음에는~넓이(膚寸)에서 시작하고 : 부膚와 촌寸은 옛 척도尺度의 이름인데, 네 손가락 넓이를 부라 하고, 한 손가락의 넓이를 촌이라 칭하였다. 구름이 발생하는 것에 대해『春秋公羊傳』희공僖公 31년 조에, "바위에 부딪쳐 구름이 나와 조금씩 모여들어 아침이 끝나기도 전에 천하에 두루 비를 내리는 것은 오직 태산뿐이다.(觸石而出. 膚寸而合. 不崇朝而徧雨乎天下者. 惟泰山爾.)"라고 하였다.

153 사마駟馬가 드나드는 높은 대문 : 한漢나라 우공于公이 옥사獄事를 공정하게 처리하여 억울한 사람들을 많이 구제하였으므로 사람들에 의해 생사生祠가 세워지기까지 하였다. "우리 자손 중에 고관이 많이 나올 테니 좁은 문을 개조하여 사마駟馬의 수레가 드나들 수 있도록(令容駟馬高蓋車) 크게 만들어야 하겠다."라는 그의 말대로, 그의 아들인 우정국于定國이 승상이 된 뒤에 대대로 자손들이 봉후封侯되었던 고사가 있다.『漢書』권71「于定國傳」.

154 학을 타고 양주로 오리라 : 최고의 부귀영화를 누리는 것을 말한다. 매우 욕심이 많음을 뜻한다. 옛날에 여러 사람이 모여 지마다 자기 소원을 말하였는데, 한 사람은 풍광이 수려한 양주楊州 고을의 자사刺史가 되고 싶다 하고, 한 사람은 재물이 많았으면 좋겠다 하고, 한 사람은 학을 타고 신선이 되어 하늘로 올라갔으면 좋겠다 하였는데, 한 사람이 "허리에 십만 관의 돈을 차고서 학을 타고 양주 고을을 날고 싶다.(腰纏十萬貫. 騎鶴上楊州.)" 하였다 한다.『事文類聚後集』권42「鶴條」.

155 우러러볼수록 더욱 높게 보이니 :『論語』「子罕」에 안연顔淵이 크게 탄식하며, "부자夫子의 도道는 우러러볼수록 더욱 높고 뚫을수록 더욱 견고하며, 바라볼 때 앞에 있더니 홀연히 뒤에도 있도다. 부자께서는 차근차근히 사람을 잘 이끄시어 문文으로써 나의 지식을 넓혀 주시고 예禮로써 나의 행동을 요약해 주시므로 공부를 그만두고자 해도 그만둘 수 없어 나의 재주를 다하니, 부자의 도가 내 앞에 우뚝 서 있는 듯한지라, 그를 따라가고자 하나 어디로부터 시작해야 할지 모르겠다.(仰之彌高. 鑽之彌堅. 瞻之在前. 忽焉在後. 夫子循循然善誘人. 博我以文. 約我以禮. 欲罷不能. 旣竭吾才. 如有所立卓爾. 雖欲從之. 末由也已.)"라고 한 말이 있는데, 이를 원용하였다.

156 무릎으로 걸어서 : 수가須賈는 전국시대 위魏나라 사람인데 그의 문객인 범수范雎라는 사람을 죽이려고 하다가 범수가 진秦나라로 망명하여 진나라의 정승이 된 뒤에 무릎으로 기어가서 용서를 빌었다 한다.

157 신령한 자라 : 봉래산蓬萊山을 등에 지고 있다는 전설 속의 큰 자라를 가리킨다.『列子』「湯問」에, 발해의 동쪽 바다에 큰 자라 15마리가 천제天帝의 명에 따라 5개의 신

산신山을 머리에 이고 있었는데, 용백국龍伯國의 거인이 그중 6마리를 낚아 가서 구워 먹었다는 고사가 있다.

158 산이 무너진 것 : 일반적으로 스승이나 철인의 죽음을 말하는데, 공자孔子가 자신이 세상을 떠날 꿈을 꾸고 아침에 일찍 일어나 뒷짐을 지고 지팡이를 짚은 채 문 앞에서 한가로이 거닐며 노래하기를 "태산이 무너지겠구나. 들보가 부러지겠구나. 철인이 죽게 되겠구나.(泰山其頹乎。梁木其壞乎。哲人其萎乎。)"라고 하였다.『禮記』「檀弓上」.

159 학수鶴樹 : 사라쌍수沙羅雙樹의 준말로, 석가모니가 입멸入滅한 장소에 서 있었던 나무 이름으로, 사찰 경내에 있는 나무를 가리킨다.

160 육수六銖 : 도리천에서 입는 가벼운 옷으로 무게가 6수銖라고 한다.

161 옥과 돌이~버리는 지경 : 착한 사람이나 악한 사람이 함께 망함을 이르는 말이다. 『書經』.

162 좋은 옥돌(琬琰) : 완염琬琰은 주周나라 묘당廟堂의 서쪽 행랑에 비치했던 보옥寶玉을 말한다.

163 신령한 거북이 지고 나오듯 : 신구神龜가 낙수洛水에서 서를 지고 나왔다 한다.

164 하늘을 깁는 오색 옥돌 : 결손이 있는 하늘을 기워서 완전하게 만들었다는 고사인데, 어지러운 천하를 바로잡는 것을 비유한다. 상고上古 때 공공씨共工氏라는 제후가 축융祝融과 싸웠지만 이기지 못하자 노하여 머리로 부주산不周山을 들이받아 하늘을 받치는 기둥이 부러지고 땅을 묶어 둔 밧줄이 이지러졌는데, 여선女仙인 여와씨가 오색의 돌을 갈아서 하늘을 깁고 자라의 발을 잘라서 사극四極을 세우자 땅이 평정되고 하늘이 완전하게 되었다 한다.『淮南子』「覽冥訓」.

165 필력이 강하여~뚫고 들어갑니다 : 진나라 왕희지王羲之가 축판祝板에 글씨를 썼는데, 공인工人이 깎아 보니 필묵이 나무에 세 푼 남짓 들어가 있었다. 『書斷』에 보이는데 그 필력筆力이 강함을 말한 것이다.

166 부끄러운 말이 없고 : 채옹蔡邕의 "내가 많은 사람들의 비문碑文을 쓸 적에는 부끄러움이 많았지만, 곽공郭公의 비문에서만은 그렇지 않았다."는 말을 인용한 것으로 부끄럽다는 것은 찬양할 것이 없는 사람을 찬양하여 부끄러운 생각이 든 것을 말한다.

167 기야송祇夜頌 : 중송重頌, 응송應頌. 경전을 설한 이후에 그 뜻을 다시 노래로 펼친 것, 즉 산문으로 된 경을 다시 운문체로 바꾸어 놓은 형식의 시.

168 나무를 베면서 그대 생각하고 : 죽은 친구에 대한 우정을 가리키는 말로, 여기에서는 보조국사에 대한 그리움을 표현하고 있다.『詩經』「小雅」〈伐木〉에 "나무 찍는 소리 쩡쩡 울리고, 새들은 재잘재잘 즐겁게 노래하네. 깊은 골에서 훌쩍 날아서는, 높은 나무 위로 자리를 옮겨 앉네. 재잘재잘 즐겁게 노래하는 새들이여, 서로들 벗을 구하는 소리로다.(伐木丁丁。鳥鳴嚶嚶。出自幽谷。遷于喬木。嚶其鳴矣。求其友聲。)"라고 하였다.

169 공자가 소악韶樂을~잊어버린 것 : "공자孔子가 제齊나라에서 소악韶樂을 배웠는데, 소악이 하도 좋아서 3개월 동안 고기 맛을 몰랐다.(子在齊。聞韶。三月不知肉味。)"는 것을 인용한 것이다.『論語』「述而編」.

170 보새蒲塞의 여섯 가지 맛 : 이보새伊蒲塞의 찬수饌需, 즉 이보찬伊蒲饌이라고도 하는데, 재齋를 올릴 때 바치는 음식 등을 말한다. 이보새는 ⓢ upāsaka의 음역으로, 오계五戒를 받은 재가 남자 불교 신도를 말한다. 우바새優婆塞라고도 하며 근사남近事男

男, 근선남近善男, 청신남淸信男, 청신사淸信士 등으로 의역된다. 여자 신도는 우바이優婆夷라고 한다.
171 허리에 십만~양주에 오르고 : 주 154 참조.
172 사생四生 : 생물이 나는 네 가지의 형식. 태생胎生·난생卵生·습생濕生·화생化生.
173 삼도三道 : 세 악도惡道로 화도火途인 지옥도地獄道, 혈도血途인 축생도畜生道, 도도刀途인 아귀도餓鬼道를 말한다.
174 김을 깊이 맸는데 : 『孟子』에 "밭을 깊이 갈고 김을 잘 맨다.(深耕易耨)"는 말이 있다.
175 언우齞齲 : 뻐드렁니에 충치 먹은 사람이라는 말로, 달마達摩의 별칭이다.
176 남취濫吹 : 자기 능력이 부족하여 직위를 감당하기 어렵다는 말이다. 『韓非子』「內儲說」에, "제齊 선왕宣王이 우竽를 좋아하여 반드시 3백 명이 함께 불게 하였는데, 남곽처사南郭處士가 왕을 위하여 우竽를 불겠다고 청하니, 왕은 매우 기뻐하여 녹을 후히 주었다. 선왕宣王이 죽고 민왕湣王이 즉위하여 한 사람씩 부는 것을 좋아하니, 처사는 자신의 실력이 폭로될까 두려워서 도망했다."고 하였다.
177 범려范蠡 : 범려는 월왕越王 구천句踐을 섬겨서 오吳를 멸망시킨 후에, 제齊에 가서 성명을 치이자피鴟夷子皮로 바꾸고 재산을 수천만 금이나 모았다. 제나라에서, 그가 어질다는 말을 듣고 정승으로 삼으려고 하자 그는 다시 재물을 다 흩어 버리고 도陶 지방에 가서, 스스로 도주공陶朱公이라 이름하고 농목과 무역으로 또 거만의 부富를 이루고 살다가 도에서 죽었다고 한다.
178 질병(二豎) : 이수二豎는 병마病魔의 별칭이다. 춘추시대 진晉나라 경공景公의 꿈에 병마가 두 아이(二豎)의 모습으로 나타나 고황膏肓 사이에 숨는 바람에 끝내 병을 고칠 수 없었다는 고사에서 유래했다. 『春秋左傳』.
179 불(八人) : 팔인八人은 불 화火의 파자를 말하는 듯하다.
180 수륙재水陸齋 : 불가에서 바다와 육지에 있는 고혼孤魂과 아귀餓鬼를 위하여 올리는 재齋로 고려·조선 시대 때에 절에서 거행擧行했다. 수륙회水陸會라고도 한다.
181 바다 진주와 같은 승려들 : 승보인 승려들이 무리져 있는 모습을 형용한다. 당나라 두보의 시 〈嶽麓山道林二寺行〉에 "땅은 영험하여 걸음마다 설산의 풀이요, 승려는 보배로워 사람마다 바다의 진주로다.(地靈步步雪山草。僧寶人人滄海珠。)"라는 구절이 있다.
182 불경(蚪藏) : 두장蚪藏은 고대의 글자를 과두문자蝌蚪文字라고 부른 데에서 붙여진 이름이다. 용수龍樹가 용궁에서 가져온 『華嚴經』을 가리키기도 한다.
183 옥주玉麈 : 진晉나라 왕연王衍이 옥 손잡이에 고라니 꼬리털을 매단 불자拂子(白玉麈尾)를 항상 손에 들고서 청담을 펼쳤다는 고사에서 비롯하여, 불가에서의 설법과 선비들의 담론을 의미한다. 『世說新語』「容止」.
184 의천義天 : 제일의천第一義天의 줄임말로, 대승의 지극한 묘리를 하늘에 비유한 것이다.
185 금줄(金繩) : 금승金繩은 황금으로 만든 끈으로, 이구국離垢國의 도로는 이 끈으로 그 경계를 표시하였다 한다.
186 유령庾嶺 : 강서성江西省 대유현大庾縣에 있는 고개 이름으로, 당나라 장구령張九齡이 여기에 새 길을 내고 매화나무를 많이 심어 매령梅嶺이라 명명한 이후로 이곳이 매화의 명소가 되었던 데서 온 말이다. 『讀史方輿紀要』.

187 명협莫莢 : 요임금 때 조정 뜰에 났다는 서초瑞草로, 초하룻날부터 매일 한 잎씩 나서 자라다가 보름이 지나면 한 잎씩 지기 시작하여 그믐이 되면 말라 버려 이것을 보고 달력(명협력莫莢曆)을 만들었다 한다. 역초曆草라고 한다.
188 양률陽律 : 12율려는 6개 양률陽律과 6개 음려陰呂로 되어 있고 동지가 되면 일양一陽의 기운이 처음으로 생겨 황종 율관律管 속의 재가 풀썩 일어나므로 양률의 첫 번째인 황종을 기준으로 삼분손익법三分損益法에 의해 산출된다.
189 전단旃檀 : 열대산 향나무로, 그 수간을 저며서 피우면 좋은 향기를 풍긴다.
190 침수沈水 : 침향沈香의 별칭이다. 향목의 굳은 목심木心 부분으로 물에 가라앉는 것이 향기가 짙다고 알려져 왔다.
191 계설鷄舌 : 정향나무의 꽃봉오리를 말린 향.
192 구지등九枝燈 : 아홉 가닥으로 갈라져 마치 시렁처럼 각각 얹혀 있는 촛대 받침대의 등불을 말한다.
193 합벽合璧과 연주連珠 : 『漢書』「律曆志」에 "해와 달은 두 옥벽을 합친 듯하고, 금·목·수·화·토 오성이 구슬을 꿴 듯 한 방위에 연달아 나타난다.(日月如合璧. 五星如連珠.)"고 한 데서 온 말로, 아름다운 사물이 한곳에 집중되는 현상을 비유한다.
194 암라菴羅 : 인도에서 나는 과일 이름. 암마라菴摩羅 또는 무구청정無垢淸淨이라 번역하기도 한다고 한다.
195 소타蘇陀 : Ⓢ sudhā. 소타酥酡·수타修陀·수타須陀라고도 하고 의역은 감로甘露이다. 나무의 즙액으로 만든 음식으로 천상의 식물이다.『瑜伽師地論』권4에 식수食樹 속에서 청·황·적·백 등 사식미四食味가 생겨나는 것을 소타蘇陀라고 한다고 하였다. 또한 수다반須陀飯이라고 하여 천상의 감로식甘露食을 말한다.
196 경종鯨鐘 : 종뉴는 포뢰蒲牢 모양이며 당목撞木(종채)이 고래 모양이므로 종을 이와 같이 부른다.
197 삼도三道 : 각주 173 참조.
198 어머니(聖善) : 성선聖善은 어머니의 덕을 찬양하는 말이다.『詩經』「國風」〈凱風〉에, "마파람이 남쪽에서 저 가시나무 섶에 불어오고, 모씨母氏는 성선聖善한데 우리들은 좋은 자식 되지 못했네."라고 하였다.
199 무연無緣 : 일반적으로 무연은 부처를 만나거나 불법을 들을 기연이 없는 것을 말하며, 유연有緣의 대칭어로 쓰이나 여기에서는 대상이 없음을 이른다. 부처는 일체가 모두 공하다고 관하기 때문에 특정한 사람을 대상으로 삼지 않는다. 그러므로 부처의 자비를 특별하게 무연대자無緣大慈라고 칭한다.『中阿含經』권57.
200 일곱 겹의 인드라망 : 제석천帝釋天에 있다는 보배의 그물인 인타라망因陀羅網을 가리키는데, 이 그물은 낱낱의 코마다 보주寶珠를 달았고, 그 보주의 하나하나마다 각각 다른 낱낱 보주의 영상影像을 나타내고, 그 한 보주의 안에 나타나는 일체 보주의 영상마다 또 다른 일체 보주의 영상이 나타나서 중중무진重重無盡하게 되었다고 한 데서 온 말로, 이는 곧 만유萬有의 제법諸法이 서로서로 걸림 없이 융합하는 것을 의미한다.
201 감응이 있으면~통함이 있으니 :『周易』「繫辭傳上」에 "조용히 움직이지 않고 있다가 감응하여 천하 모든 일에 마침내 통달하게 된다.(寂然不動. 感而遂通. 天下之故.)"고 하였다.

202 육통六通 : 주 5 참조.
203 팔해八解 : 팔해탈. 여덟 가지 해탈, 혹은 번뇌의 속박에서 벗어나는 여덟 가지 선정. 내유색상관외색內有色想觀外色 해탈 등.
204 사과四果 : 소승小乘 불교에서 정진精進하여 성과成果를 얻는 단계인데, 수다원須多圓으로부터 사다함斯陀含, 아나함阿那含, 아라한阿羅漢까지 4단계가 있다고 한다.
205 덮어 주시니(覆燾) : 부도覆燾는 은혜를 베풀고 보호함의 비유. 도燾는 도幬와 통용된다.『中庸』에, "비유하면 천지는 잡아 주고 실어 주지 않는 것이 없고 덮어 주고 감싸 주지 않는 것이 없다.(辟如天地之無不持載。無不覆幬。)"고 하였다.
206 진경秦鏡 : 남의 사정을 잘 아는 경우를 말한다. 진시황 때 어떤 거울이 사람의 오장육부를 비추어서 마음이 어떠한지 알 수 있었다고 한다.『西京雜記』.
207 촉蜀의 비단 : 촉은 지금의 사천성四川省인데 옛날부터 좋은 비단이 많이 나오는 곳이므로 이 말이 있게 되었다.『蜀錦譜』.
208 『대명법수大明法數』:『大明三藏法數』. 명나라 일여一如가 칙명을 받들어 편찬했다. 대장경의 법수 명사들을 포괄한다.
209 능사能事를 완성하였고 :『周易』「繫辭傳上」에 "이를 확대하여 같은 범주의 일에 적용해 나간다면, 천하에서 가능한 일은 모두 끝마칠 수가 있다.(引而伸之。觸類而長之。天下之能事畢矣。)"는 말이 있다.
210 만다라(曼拏) : Ⓢ maṇḍala, 서장어는 dkyil-ḥkhor. 또한 만다라曼陀羅, 만다라曼咤羅, 만다라曼荼羅, 만다라漫荼羅, 만다라曼陀羅라고 하며, 뜻은 단壇·단장壇場, 윤원구족輪圓具足이라고 한다. 인도 밀법을 닦을 당시에 마군의 침입을 방지하기 위하여 원형과 방형의 구역을 그리거나 흙으로 제단을 건립하였다. 때때로 그 위에 불보살상을 그리고 일을 마치면 불상을 없애 버렸다. 그러므로 일반적으로 원형이나 방형의 지역을 구획하는 것을 만다라라고 칭한다. 지역 내에는 제불과 보살을 가득 채운다. 그러므로 취집聚集이나 윤원구족이라고 말한다. 율에는 또한 부정한 것을 피하기 위하여 종종 만다라를 합한다.
211 종지種智 : 모든 법을 다 아는 부처의 지혜. 일체종지.
212 꽃소식(花信風) : 화신풍花信風은 꽃 피는 계절에 불어오는 바람을 말한다. 1년의 24절기 가운데 소한小寒부터 곡우穀雨에 이르기까지 120일에 걸쳐 5일마다 일후一候로 잡아서 총 24후가 되는데, 하나의 후마다 일종一種의 화신풍이 불어온다고 한다.
213 동남쪽의 아름다움 :『古文眞寶後集』「滕王閣序」의 "빈주賓主는 동남의 아름다움을 다하였도다.(賓主盡東南之美)"에서 인용한 말이다.
214 오덕五德 :『無量壽經』에서는 세존이 대적정大寂定에 드셔서 오덕의 상서로운 상을 드러내셨다고 하니 ① 주기특법住奇特法, ② 주불소주住佛所住, ③ 주도사행住導師行, ④ 주최승도住最勝道, ⑤ 행여래덕行如來德 5종種을 오덕이라 칭하였다.
215 육화六和 : 공동생활에서 모든 사람이 염두에 두어야 할 여섯 가지의 중요한 윤리덕목 여섯 가지. 계화동수戒和同修 등.
216 비 갠~밝은 달 : 송나라 황정견黃庭堅이 주돈이周敦頤 시의 서문에 "용릉舂陵 땅 주무숙周茂叔은 인품이 매우 고아하여, 그 쇄락한 흉중이 마치 광풍제월光風霽月과 같다."고 했다. 광풍제월은 맑고 서늘한 바람과 비가 그친 뒤의 명정明淨한 달이라는 뜻으로, 흉금이 툭 터지고 인품이 고아高雅한 것을 가리킨다.『宋史』「周敦頤傳」.

217 좋은 쌀(長腰) : 장요長腰는 몸통이 좁으면서 긴 쌀로, 질이 좋은 쌀을 가리킨다.
218 향적香積의 밥 : 『維摩經』에 "나라가 있으니 그 이름이 중향衆香, 부처의 이름은 향적 香積인데, 그 나라 법의 향기가 시방무량세계에 주류周流한다."고 했다. 향적여래가 뭇 바리때에 향반香飯을 가득 담아서 보살들에게 주어 교화시켰다고 한 데서 온 말이다.『維摩經』「香積品」.
219 오비烏椑 : 반악潘岳의 〈閑居賦〉에 "장공의 대곡에서 나는 배요, 양후의 오비 감이로다.(張公大谷之梨。梁侯烏椑之柿。)"에서 온 말이다. 『文選』권16.
220 암원菴園 : 암라수원菴羅樹園. 인도 중부의 바이샬리에 있던 석가모니의 정원. 그곳에서 석가모니가『維摩經』따위를 강설하였다.
221 법라法螺 : 불교에서 수험도修驗道에 쓰는 일종의 악기이다. 사미라梭尾螺의 껍데기에 금속으로 취구吹口를 단 것으로 경행經行·법회法會 때에 사용한다.
222 일음一音 : 부처님은 원만한 일음으로 설하셨으나 불교에서 대승, 소승의 구별이 있는 것은 중생들의 지혜와 어리석음의 구별이 있기 때문이라고 한다.
223 오탁五濁 : 겁탁劫濁·견탁見濁·번뇌탁煩惱濁·중생탁衆生濁·명탁命濁이다.
224 갈팡질팡하는(倀倀) : 창창倀倀은 어디로 가야 할지 알지 못하는 모습을 형용한 말이다.『禮記』「仲尼燕居」에 "예법 없이 나라를 다스리는 것은 마치 소경이 혼자서 길을 가는 것과 같으니, 창창하여라 과연 어디로 가겠는가(倀倀乎其何之)."라는 말이 있다.
225 십이류十二類 : 난생卵生·습생濕生·태생胎生·화생化生·유색有色·무색無色·유상有想·무상無想·약비유상若非有想·약비무상若非無想·약비유색若非有色·약비무색若非無色이다.
226 하늘을 지탱하는 : 여와씨女媧氏는 상고시대 제왕으로 일찍이 공공씨共工氏가 축융祝融과 싸우다가 부러뜨린 천주天柱를 오색 돌로 보수했다 한다.『補史記』「三皇本紀」. 또한『淮南子』에 "여와씨가 오색의 돌을 달구어 하늘을 때웠다."는 말이 있다. 후세에 세도世道를 만회하는 것을 보천補天이라 일컫는다.
227 업장業障·보장報障·번뇌장煩惱障 : 통칭하여 삼장三障(Ⓢ triṇy āvaranāni)이라고 한다. 삼종장애三種障礙, 삼중장三重障이라고도 한다. 성도와 그 선근을 행하는 데 장애가 되는 것을 말한다. 업장(Ⓢ karmāvaraṇa)은 곧 오무간업五無間業으로 신구의身口意가 만들어 내는 불선업不善業이다. 보장은 또한 이숙장異熟障(Ⓢ vipākāvaraṇa)이라고 한다. 번뇌장(Ⓢ kleśāvaraṇa)은 본성에 치성하게 가득한 탐진치貪瞋癡 삼번뇌를 말한다.『北本大般涅槃經』권11,『佛名經』권1.
228 내손來孫 : 증손曾孫의 손자, 혹은 현손玄孫의 아들. 여기서는 후손을 뜻한다.
229 팔사八邪 : 여덟 가지 사특한 것, 즉 사견邪見, 사지邪志, 사어邪語, 사업邪業, 사명邪命, 사방편邪方便, 사념邪念, 사정邪定을 말한다.
230 근본으로 돌아가니 :『道德經』에 "만물이 무성하다가도 각자 그 근본으로 돌아가니, 그것을 고요함이라 한다.(夫物芸芸。各復歸其根。歸根曰靜。)"고 하였다.
231 완벽完璧 : 조趙나라 혜문왕惠文王은 세상에도 드문 화씨和氏의 벽璧이라는 고귀한 구슬을 가지고 있었다. 진秦의 소양왕昭襄王이 이 소문을 듣고 조에 사신을 보내어 15성城과 화씨의 벽을 바꾸자고 청하였다. 혜문왕이 인상여藺相如를 진으로 보내 화씨의 벽을 일단 소왕에게 바쳤으나 15성 이야기는 조금도 비치지 않자, 인상여는 구슬에 흠집이 있다고 속이고 구슬을 건네받고는 왕이 15성의 약속을 지키지 않으므로

궁궐 기둥에 자신의 머리와 이 구슬을 부딪쳐 부숴 버리겠다고 했다. 구슬은 이미 조나라에 돌려보낸 뒤였다. 소양왕은 할 수 없이 인상여를 정중하게 놓아 보냈다.

232 연성벽連城璧 : 전국시대 때 진나라 소양왕이 15성과 바꾸자고 청했던 조나라 소장의 화씨벽和氏璧을 말한다.
233 옥급玉笈 : 도교道敎의 비서秘書를 감춘 상자.
234 금단金壇 : 신선이 사는 곳.
235 용성龍星 : 이십팔수二十八宿 중 동방의 창룡칠수蒼龍七宿의 총칭으로 속하는 각角·항亢 등의 별을 가리키며 중춘仲春에 해 진 뒤 동녘 하늘에 나타난다.
236 광명대光明臺 : 등불과 촛불을 받치는 제구이다. 아래에 세 발이 있고 가운데 굵은 기둥이 있는데, 형상이 대나무와 같아 마디가 하나씩 이어진다. 위에는 쟁반이 하나 있고, 그 가운데 사발 하나가 놓여 있으며, 그 사발에는 있어 촛불을 켤 수 있게 하였다. 등불을 켤 때에는 구리 항아리로 바꾸어서 기름을 담고 심지를 세워 작은 흰돌(小白石)로 눌러 놓은 다음, 붉은 사포紗布로 덮어 씌운다. 높이는 4척 5촌이고 쟁반의 넓이는 1척 5촌이며, 덮개의 길이는 6촌이고 넓이는 5촌이다. 『海東繹史』 권29.
237 성공性空 : 모든 사물의 근본이 공허한 상태.
238 부처님(黃面老子) : 황면노자黃面老子는 황면노담黃面老曇, 황면구담黃面瞿曇이라고도 하는데, 즉 부처의 몸이 황금빛이므로 부처를 가리켜 이렇게 말한다.
239 바람과 구름이 만나듯(風雲際會) : 『周易』 「乾卦」의 "구름은 용을 따르고 바람은 범을 따른다.(雲從龍。風從虎。)"라는 말에서 나온 것으로, 명군明君과 양신良臣이 서로 만난 것을 말한다.
240 옷자락을 걷고(摳衣) : 구의摳衣는 자기의 옷자락을 걷어잡고 어른의 뒤를 따라간다는 뜻으로, 흔히 스승을 모신다는 뜻으로 쓰인다.
241 어리석게 헤매는 것(佷佷) : 주 224 참조.
242 어머니(聖善氏) : 주 198 참조.
243 덕요德耀 : 후한 때 양홍梁鴻의 처 맹광孟光의 자. 거안제미擧案齊眉 고사로 유명하다. 『後漢書』 권83 「梁鴻傳」.
244 국과 담장(羹墻) : 죽은 사람에 대한 간절한 추모의 정을 말한다. 요堯임금이 죽은 뒤에 순舜이 3년 동안 사모하는 정을 이기지 못한 나머지, 밥을 먹을 때에는 요임금의 얼굴이 국그릇 속(羹中)에 비치는 듯하고, 앉아 있을 때에는 담장(墻)에 요임금의 그림자가 어른거리는 듯했다는 고사가 있다. 『後漢書』 권63 「李杜列傳」.
245 전삼삼 후삼삼前三三後三三 : 삼삼은 무수량無數量의 뜻을 나타낸 말이고, 전과 후는 피차彼此와 같은 뜻으로, 즉 피차가 똑같음을 의미한다. 당나라 무착선사無著禪師가 남방인 항주杭州에서 문수보살을 알현하기 위해 북방인 오대산五臺山에 당도하여 한 노인을 만났다. 그 노인이 무착에게 물었다. "어디서 왔는가?" 무착이 답했다. "남방에서 왔습니다." 무착이 뒤이어 물었다. "북방의 불법은 어떻게 주지住持합니까?" 그 노인이 답했다. "용사龍蛇가 혼잡混雜하고 범성凡聖이 동거同居한다." 무착이 다시 물었다. "그것이 얼마나 됩니까?" 노인이 이렇게 답했다. "전삼삼 후삼삼이니라."
246 무생인無生忍 : 존재하는 모든 것은 태어난 바가 없다는 깨달음의 확신.
247 용녀龍女가 남자로 변한 것 : 『法華經』 「提婆達多品」에 용녀가 남자의 몸으로 변하여

성불하는 내용이 나온다.
248 암마라과菴摩羅果 : 암마라는 나무 이름. 암몰라수菴沒羅樹, 암바라수라고도 하고 의역하면 나수奈樹가 된다. 『律毗婆沙』권1의 암마과菴摩羅果는 이 나무의 과실을 가리킨다. 암몰라수는 인도 각지에서 산생하는데 이 나무는 꽃이 많고 열매가 매우 작아 배 모양이며 아래가 굽어져 있다. 겨울에 꽃이 피고 5, 6월에 과실이 익는다. 『大般若波羅蜜多經』권356, 권460.
249 청제靑提 : 목련 존자의 모친. 지옥에 떨어졌으나 목련 존자가 부처님께 간청하여 도리천忉利天에 태어나게 되었다. 『目蓮經』.
250 진사(蓮榜) : 연방蓮榜은 소과小科, 즉 생원生員과 진사進士를 뽑던 과거 시험의 합격자 명단을 말한다.
251 도홍陶泓 : 벼루. 한유韓愈의 「毛穎傳」에 "모영, 즉 붓이 벼루의 명산지인 홍농 사람 도홍陶泓과 벗으로 친하게 지냈다."는 말이 나온다.
252 습가지習家池 : 정원 이름. 진晉나라 산도山濤의 아들 산간山簡이 정남장군征南將軍으로 양양襄陽을 진수鎭守하면서 나가 놀기를 좋아하여, 양양 호족豪族 습욱習郁의 화려한 정원 습가지에 배를 띄워 술 마시며 노닐었던 고사에서 유래한다. 호수에 나가 배 위에서 노니는 흥겨운 주연酒宴을 비유할 때 쓰게 되었다. 『世說新語』「任誕」.
253 순선句宣 : 『詩經』「大雅」〈江漢〉에 "임금이 소호에게 명하시어 정사를 두루 펴라 하시다.(王命召虎。來旬來宣。)"라고 한 데서 유래하여, 지방관이 되어 왕정王政을 펴는 것을 말한다.
254 홍련紅蓮 막하幕下 : 관찰사를 가리킨다. 진晉나라 때 재신宰臣 왕검王儉이 막부를 열고 재사才士를 많이 영입하자 당시의 명사인 유고지庾杲之가 여기에 의탁하였으므로, 사람들이 이를 두고 연화지蓮花池 또는 홍련막紅蓮幕으로 예찬한 데서 나온 말이다. 『南史』권49「庾杲之傳」.
255 성초星軺 : 봉명사신奉命使臣의 수레.
256 행대行臺 : 고관이 지방을 순시할 때의 임시 주재소.
257 사백詞伯 : 시문詩文에 뛰어난 사람을 높여 이르는 말.
258 낭원군朗原君 : 조선 선조宣祖의 손자인 인흥군仁興君 영瑛의 아들로 이름은 간偘, 호는 최락당最樂堂. 형 낭선군郎善君 우俁와 함께 전서篆書·예서隸書를 잘 써서 이름이 높았다. 작품에 「寶月寺重修碑」·「松廣寺嗣院寺蹟碑」 등이 있다. 어머니 여산군부인礪山郡夫人 송씨宋氏는 군수 희업熙業의 딸이다.
259 할미새(鶺鴒) : 척령鶺鴒은 할미새로 형제를 뜻한다. 낭선군과 낭원군을 말한다.
260 유성維城 : 왕가王家의 큰아들을 말한다. 『詩經』「大雅」〈板〉에, "종자宗子는 성城과 같다.(宗子維城。)"고 하였다.
261 훌륭한 글씨(金薤) : 금해金薤는 전서篆書의 일종인 도해서倒薤書의 미칭인데, 뛰어나게 아름다운 문자를 비유해서 쓰이기도 한다.
262 너무도 매서워(折綿) : 절면折綿은 추운 날씨를 형용하는 말이다. 삼국시대 위魏나라 완적阮籍의 시 〈大人先生歌〉에 "따스한 양기 미약하고 음기가 극도로 심하여 바다가 얼어 흐르지 않고 목면이 꺾어지노라.(陽和微弱陰氣竭。海凍不流綿絮折。)"라고 하였고, 황정견黃庭堅의 시 〈柳閎展如蘇子瞻甥也作詩贈之〉에 "서리의 위엄 능히 실을 끊고, 바람의 힘은 술을 얼리려 하네.(霜威能折綿。風力欲氷酒。)"라고 하였다.

263 정리政履 : 서간문에서 지방 수령의 안부를 물을 적에 쓰는 말로, 정황政況과 같은 뜻의 말이다.

264 천신薦紳 선생 : 지체가 높은 사람.

265 고니와 땅벌레의 관계 : 현격한 차이가 나는 것을 비유한 말이다.『淮南子』「道應」에서 "나는 부자에 비하면 땅벌레와 고니의 관계와 같다.(吾比夫子。猶黃鵠之與壤蟲。)"고 하였다.

266 훌륭한 시문(銀鉤) : 초서草書의 멋진 필법으로 써 넣은 글씨를 말한다. 진晉나라 색정索靖이 서법書法을 논하면서 "멋지게 휘돌아 가는 은빛 갈고리(婉若銀鉤)"라는 표현으로 초서를 형용한 고사가 있다.『晉書』권60「索靖傳」.

267 정사를 베푸시는(吐握) : 토악吐握은 주공周公이 성왕成王을 섭정攝政할 때 현사 만나기에 급급하여, 한 번 밥 먹는 동안 입 안에 든 밥을 세 번이나 뱉고 나가 손님을 맞고, 한 번 머리를 감는 동안에 세 번이나 머리를 움켜쥐고 나가 손님을 맞은 것을 이른다. 주공이 아들 백금伯禽을 경계하여 이르기를 "나는 문왕의 아들이요, 무왕의 아우요, 성왕의 숙부이니, 나는 천하 사람 중에 또한 천하지 않은 사람이었다. 그러나 나는 한 번 머리를 감을 때 세 번이나 머리를 움켜쥐었고, 한 번 밥을 먹을 때 세 번이나 입에 든 밥을 뱉고 나아가 선비를 접대하면서도 행여 천하의 현인을 잃을까 염려했다.(我文王之子。武王之弟。成王之叔父。我於天下亦不賤矣。然我一沐三捉髮。一飯三吐哺。起以待士。猶恐失天下之賢人。)"고 한 데서 온 말이다.『史記』「魯周公世家」.

268 해가 새로~봄기운이 발양하는데 : 『楚辭』〈招魂〉에 "해가 새로이 이르고 봄기운이 발양하건만, 나만 혼자 쫓겨나서 남으로 가네.(獻歲發春兮。汨吾南征。)"라고 한 데서 온 말이다.

269 절묘한 것(黃絹外孫) : 동한東漢의 채옹蔡邕이 유명한 조아비曹娥碑에 '황견유부외손제구黃絹幼婦外孫虀臼'라고 써 두었는데, 삼국시대 조조曹操의 주부主簿 양수楊脩가 이를 보고 파자破字하여 "황견은 '색이 있는 실(色絲)'이므로 절絶 자가 되고 유부는 소녀少女이므로 묘妙 자가 되고 외손은 '딸의 아들(女子)'이므로 호好 자가 되고 절구虀臼는 '매운 것을 받아들이는(受辛)' 것이므로 사辭 자가 된다. 따라서 '절묘호사絶妙好辭', 즉 절묘한 좋은 글이란 뜻이 된다."고 풀이하였다.『世說新語』「捷悟」.

270 아마 같지 않겠습니까(將無同耶) : '將無同耶'는 서로 같다는 뜻이다. 진晉나라의 완첨阮瞻이 왕융王戎에게 성인聖人은 명교名敎를 존중하고 노장老莊은 자연을 존중하는데, 그 취지의 다른 점은 무엇인가라는 질문을 받고 "서로 같다.(將無同。)"는 세 글자로 대답하여 왕융에게 칭찬을 받고 등용되었다는 고사에서 나온 말이다.

271 밝은 덕(耿光) : 경광耿光은 천자天子의 모습을 칭한 것이다.『書經』「立政」에 "문왕의 광명한 빛이라.(文王之耿光。)"라고 하였으며, 여기에서는 덕德이 높음을 이른다.

272 남쪽의 영郢~격일 뿐 : 반대쪽으로 가면 갈수록 다른 반대쪽과는 그만큼 더 멀어진다는 뜻이다. 남쪽을 가는 자가 초楚의 수도인 영郢까지 오고 나면 아무리 북을 바라보아도 극북에 위치한 명산冥山이 보이지 않는데, 그 이유는 명산으로부터 너무 멀리 가 버렸기 때문이라는 것이다.『莊子』「天運」.

273 달걀을 보고~구하는 것 : 『莊子』「齊物論」에, "그대는 너무 성급하게 생각하는구나. 달걀을 보고 밤에 시각을 알려 주길 바라다니."라고 하였다.

274 긴장과 이완(弦韋) : 현위弦韋는 활시위와 부드러운 가죽으로, 긴장과 이완을 뜻하

하권 • 523

는 말이다. 전국시대 때 위魏나라 서문표西門豹가 성격이 급한 것을 고치려고 무두질한 가죽(韋)을 차고 다녔고, 춘추시대 때 진晉나라 동안우董安于가 성격이 느슨한 것을 고치려고 활줄(弦)을 차고 다니며 반성의 자료로 삼았던 고사에서 유래한다. 『韓非子』「觀行」.

275 당오堂奧 : 학문의 점진적인 발전과 높은 경지에 이르는 것을 뜻한다. 『荀子』「大略」의 주註에, "당오는 마루에 오른 뒤에 안방에 들어간다는 승당도오升堂覩奧의 뜻이다."라고 하였다.

276 동오童烏 : 아홉 살 때부터 부친의 『太玄經』 저술을 돕다가 일찍 죽었다는 한漢나라 양웅揚雄의 아들 이름인데, 먹을 까만 까마귀(烏)로 비유하여 해학적으로 표현한 것이다. 『法言』「問神」.

277 백도伯道 : 진晉나라 등유鄧攸의 자字이다. 하동 태수河東太守 등유가 석륵石勒의 병란 때에 아들과 조카를 데리고 피난하다가 둘을 모두 보호할 수 없겠다고 판단하고 죽은 아우의 아들을 살리기 위해 자기 아들을 버렸는데, 그 뒤에 끝내 후사를 보지 못했으므로 사람들이 "하늘이 무지해서 백도에게 아들이 없게 했다.(皇天無知. 使伯道無兒.)"라고 탄식했다는 고사가 전해 온다. 『晉書』권90 「鄧攸傳」.

278 가까운 거리(一牛鳴) : 일우명一牛鳴은 일우명지一牛鳴地로, 소의 울음소리가 들릴 정도의 땅이란 뜻이다. 아주 가까운 거리를 말한다.

279 양중羊仲·구중裘仲과 함께 노니는 일 : 한漢나라 장후蔣詡는 자가 원경元卿으로 왕망王莽이 집권하자 벼슬에서 물러나 향리인 두릉杜陵에 은거하였고, 그 뒤로 집의 대밭 아래에 세 개의 오솔길을 내고 벗 구중과 양중 두 사람하고만 교유하였다. 『蒙求』「蔣詡三逕」.

280 〈파유가巴歈歌〉 : 가곡歌曲의 이름. 기생들의 노랫소리가 마치 구슬이 구르는 소리처럼 아름답다는 뜻이다. 『後漢書』「南蠻傳」에 "풍속이 가무歌舞를 좋아했는데, 고조高祖가 그를 관찰하고 말하기를 '이는 무왕武王이 주紂를 정벌하던 노래이다.'라고 하고 악인樂人에게 명하여 익히게 하였으니, 이것이 이른바 〈파유가〉이다."라고 하였다.

281 청묘淸廟 : 『詩經』「周頌」의 편명으로 문왕을 제사 지내는 내용이다. 고제왕이 선조를 제사 지낼 때 쓰는 악장이다.

282 양반楊蟠(1017~1106) : 자는 공제公濟이며 별호는 호연거사浩然居士이다. 송나라 임해 장안章安사람이다. 1089년, 소식이 항주태수로 있으면서 양반이 통판으로 있었는데 두 사람은 동료로 지내면서 서로 창화한 시가 매우 많았다. 온주溫州를 두 해 동안 다스렸는데 백성들에게도 좋은 평을 받았다. 평생에 지은 시가 매우 많아서 『章安集』 20권이 있으며 유명한 시인 소순흠, 매요신과 함께 칭해진다. 『宋史』「文苑傳」에 평생의 시가 수천편이라고 전해지는 북송 임해 제일의 시인이다.

283 중령仲靈 : 명교 계숭明敎契嵩(1007~1072). 송나라 운문종 승려. 성은 이씨. 자는 중령, 자호는 잠자潛子.

284 안개를 헤치고 : "구름과 안개를 헤치고 푸른 하늘을 본다(披雲霧. 覩靑天)"는 말. 상대방의 정신이 맑고 분명함을 비유하는 뜻이다. 진晉나라 위관衛瓘이 악광樂廣을 칭찬할 때 쓴 표현이다. 『世說新語』「賞譽」.

285 등라 지팡이(赤藤) : 남방의 산중에서 난다는 적색 등나무로 만든 지팡이를 말한다.

286 대나무 지팡이(方竹) : 방죽方竹은 단면이 네모진 대나무를 말한다.
287 후지猴池 : 고인도 5대 불교정사 가운데 하나이다. 또한 불사佛寺의 미칭으로 쓰인다.
288 구백九白 : 9년. 백白은 사계절 가운데 가을을 뜻한다.
289 도사覩史 : ⑤ Tuṣita를 음역한 도사다覩史多의 준말로, 도솔兜率과 같은 말이다.
290 승금주勝金洲 : 염부제閻浮提. 수미산을 중심으로 하여 인간 세계를 동서남북, 4개의 주로 나누고 그중에서 남쪽 지역을 가리키는 이름. 남쪽에 있다는 것을 강조하여 남염부제라고 한다.
291 풍형豊亨 : 모든 것이 풍족하여 구애됨이 없는 상태를 말한다.『周易』「豐卦」의 괘사卦辭.
292 소씨昭氏가 거문고를 타는 것 :『莊子』「齊物論」에 소문昭文의 거문고 타는 것은 성成도 없고 훼毁도 없다는 말이 있다.
293 각진국사覺眞國師의 시에~하사하신 불갑사 : 각진국사는 임금의 명으로 불갑사에 머물렀고 사후에는 임금이 불갑사에 비석을 세우게 하였다고 한다. 이달충李達衷이 지은「王師大曹溪宗師一邱正令雷音辯海弘眞廣濟都大禪師覺儼尊者贈諡覺眞國師碑銘 幷序」의 송頌에서 "임금이 오성 불갑사를 주시니, 사람들은 나더러 게으르진 새 돌아올 줄 안다고 하네.(君賜筊城佛岬山。人言倦鳥已知還)"라고 하였다.『東文選』권 118「碑銘」.
294 반수般倕 : 춘추시대 노魯나라의 기술자 공수반公輸般과 순舜임금 때 유명한 수倕를 가리키는 듯하다.
295 청제靑帝 : 봄을 맡은 귀신으로 청황靑皇이라고도 하며 동방東方에 위치한다.『漢書』「郊祀志」.
296 주명朱明 : 여름을 맡은 신神. 여름은 불(火)에 해당하며 빛깔은 붉기 때문에 붙여진 이름이다. 주명절朱明節은 여름으로 한漢나라 황제가 입하일立夏日에 남교南郊에서 여름 귀신을 맞이하면서 주명가朱明歌를 불렀던 데에서 유래한 것이다.
297 전욱顓頊 : 전설상의 황제.
298 흰옷과 푸른 개의 모양으로 : 구름의 변화를 표현하는 말. 두보杜甫가 친구인 시인 왕계우王季友를 위해 쓴 시〈可嘆〉에 나오는 구절에서 유래한다.
299 윤환輪奐 : 춘추시대 진晉나라 헌문자獻文子가 집을 짓자, 대부 장맹張孟(張老)이 송축하여 이르기를, "아름답다, 윤이여. 아름답다, 환이여.(美哉輪焉。美哉奐焉。)"라고 하였다. 윤은 집이 높고 큰 것을 이르고, 환은 물건이 많음을 이른다. 이 때문에 윤환은 집이 크고 아름다움을 이르는 말로 사용한다.『春秋左氏傳』성공成公 18년,『禮記』「檀弓」.
300 좌권左券 : 좌계左契와 같은 말로, 계약契約이란 뜻인데, 둘로 나누어 좌우左右를 만들어 각기 한 쪽씩 가지고서 신信을 삼는다.『老子』에, "성인聖人은 좌계左契를 가지며 사람에게 책하지 아니한다."고 하였다.
301 양곡暘谷 :『淮南子』「天文訓」에 "해는 양곡에서 떠올라 함지에서 목욕한다.(日出於暘谷。浴於咸池。)"라는 말이 나온다
302 상법像法 : 상법시라고도 한다. 부처님의 가르침과 이에 따른 수행자 곧 교법과 수행은 있으나, 깨달음을 증득·증과하는 이가 없는 시대를 말한다.

303 비보사찰裨補寺刹 : 고려 태조가 창업한 뒤에, 국사國師 도선道詵의 말을 듣고, 국내에 지리의 결점이 있는 곳을 보충하기 위하여 각처에 절을 짓게 하였으니, 이것이 비보사찰이다. 이 밖에는 새로 절을 짓지 말라고 유훈을 남겼다.

304 아름답게(輪奐) : 규모가 크고 아름답다는 뜻으로, 건물이 낙성된 것을 축하할 때 쓰는 상투적인 표현이다. 『禮記』「檀弓」.

305 간선幹善 : 선한 일을 주관한다는 뜻.

306 배휴裵休 : 당나라 때 명신名臣으로 자字는 공미公美이다. 불교佛敎를 숭상하여 평일에 술과 고기를 먹지 않았고, 불교의 교리敎理를 연구하였다. 황벽 희운 선사黃蘗希運禪師를 흠모하여 완릉宛陵에 개원사開元寺를 세웠다. 진사에 급제하여 하동현자河東懸子에 봉하였고, 조행이 엄숙하고 발랐다. 『傳心法要』의 게문偈文을 썼다. 『唐書』권182 「裵休傳」.

307 현도玄度 : 동진東晉 허순許詢의 자字로, 승려 지도림支道林과 교유하면서 청담淸談으로 일세를 풍미하였다.

308 축법호竺法護 : 서진西晉 시대의 역경승譯經僧.

309 승우僧祐(445~518) : 남조 양梁의 승려로, 강소江蘇 강녕江寧 사람이다. 양梁 무제武帝가 매우 존숭하여 승려와 관련된 의심은 모두 승우에게 묻고 해결하였다. 승우는 『十誦律』을 종지로 삼아 일찍이 『十誦律義記』10권을 지었고 또한 역경의 원 자료를 수집하여 역경자의 전기들의 자료를 모아 『出三藏記集』을 지었다.

310 웅장하게(翬飛) : 휘비翬飛는 화려하게 장식된 추녀는 마치 꿩이 날아오르는 것 같다는 뜻으로, 웅장하고 화려한 건축물을 비유하는 말이다. 『詩經』「小雅」〈斯干〉에, "공중에 우뚝 선 건물의 모양은 마치 새가 깜짝 놀라서 날개를 펴는 듯하고(如鳥斯革), 화려하게 장식된 추녀는 마치 꿩이 날아오르는 것 같다.(如翬斯飛)"는 표현이 나온다.

311 호목蒿目 : 눈이 흐려서 잘 보지 못함을 형용하며, 몹시 상심하여 멍한 눈으로 바라보는 것을 말한다. 『莊子』「騈拇」에 "지금 세상의 어진 사람은 눈을 멍하니 뜨고 멀리 바라보면서 세상의 어려움을 걱정한다.(今世之仁人, 蒿目而憂世之患.)"고 한 데서 온 말이다.

312 향해香海 : 불경에 나오는 수미산須彌山 주위의 바다를 가리킨다. 혹은 불문佛門을 가리킨다.

313 지주砥柱 : 지주底柱라고도 쓰며, 하수河水의 중류中流에 있는 산 이름이다. 홀로 서서 흔들리지 않는 것을 중류지주中流砥柱라 한다.

314 유자(縫掖) : 봉액縫掖은 소매 밑에서부터 꿰맨 옷으로 공자가 봉액한 옷을 입었다 하여 유자들의 옷을 그렇게 말한다.

315 인수仁壽 : 어짊과 덕이 있으면 오래 산다는 말이다. 『論語』「雍也」.

316 단사丹砂 : 붉은 선약을 말한다. 옛날 도사道士들은 단사를 원료로 하여 불로장생의 비약秘藥을 구워 냈는데, 이를 연단술鍊丹術·연금술鍊金術·점금지술點金之術이라고도 한다. 여러 가지 쇠붙이를 금으로 변형시킬 수 있다고 하였다.

317 오훼烏喙 : 부자附子를 말한다. 바꽃의 덩이뿌리로 성질은 덥고 독성이 있는데 심복통心腹痛·치통齒痛 등의 치료제로 쓰인다. 뿌리의 모양이 까마귀 부리처럼 생겼다 하여 붙여진 이름이다. 토부자土附子·초오草烏라고도 한다.

318 백출白朮 : 삽주의 덩이줄기를 말린 약재로 구토·설사 등에 쓰인다.
319 자단紫團 : 자단산紫團山에서 나는 삼인 자단삼을 가리키는 듯하다.
320 한번 변하면~이를 만하니 : 『論語』「雍也」의 "제齊나라를 한번 변화시키면 노魯나라의 수준을 만들 수 있고, 노나라를 한번 변화시키면 선왕先王의 도에 이르게 할 수 있다."라는 표현을 원용한 것이다.
321 서까래 같은 붓 : 진晉나라 왕순의 꿈에 어떤 사람이 서까래처럼 큰 붓(大筆如椽)을 건네주자, 꿈을 깨고 나서는 "내가 솜씨를 크게 발휘할 일이 있을 모양이다.(當有大手筆事)"라고 하였는데, 과연 얼마 뒤에 황제가 죽자 애책문哀冊文과 시의諡議 등을 모두 왕순이 도맡게 되었다는 고사가 있다. 『晉書』 권65 「王導列傳 王珣」.
322 항아리나 덮는 것 : 『漢書』「揚雄傳」에 "유흠劉歆이 양웅이 지은 『法言』을 보고 '왜 세상에서 알지도 못하는 글을 이토록 애써 지었을까. 나중에는 장독 뚜껑밖에 되지 않을 것 같다.'고 했다."고 하였다. 대개 자기의 저술을 겸칭하는 말이다.
323 푸른 원앙 : 청원와青鴛瓦인 듯하다.
324 땅은 축丑에 열리고 : 송나라 소옹邵雍이 세운 원회운세설元會運世說에 나온다. 회會는 십이지十二支에 따라 모두 12회가 있는데, "하늘은 자회子會에서 열리고, 땅은 축회丑會에서 열리며, 사람과 만물은 인회寅會에서 생겨난다.(天開於子。地闢於丑。人生於寅。)"라고 하였다.『皇極經世書』.
325 단번에 한 가람을 만들었으니 : 진晉나라 부호富豪 석숭石崇이 "손님을 위해 팥죽을 대접하면서 한 번 호흡하는 사이에 마련하게 하였다.(爲客作豆粥。咄嗟便辦。)"는 기록이 『晉書』 권33 「石崇列傳」에 보인다.
326 호련瑚璉 : 오곡을 담아 신께 바치던 제기. 하夏나라에서는 연璉이라 하였고, 상商나라에서는 호瑚라 하였으며, 주周나라에서는 보궤簠簋라고 하였다
327 제위提謂 : Ⓢ Trapuṣa. 부처가 성도한 뒤에 최초로 공양하고 귀의한 두 상인 가운데 한 명이다. 제위는 제리부사帝梨富娑 혹은 제리부사帝履富娑의 약칭이다. 또한 포살리위布薩離謂라고 하며 의역하면 황과黃瓜·호과胡瓜·과瓜이다.『方廣大莊嚴經』 권10 「商人蒙記品」에 실려 있다. 세존이 성도한 49일에 다연림수 아래에 단정히 앉았는데 이때 북천축의 제위와 파리 형제 두 사람이 상인의 주인이 되어 5백승의 진귀한 보물을 싣고 본국으로 돌아가다가 이곳에서 만나 세존께 공양하고 인천의 법을 듣고는 세존에게 귀의하여 불제자가 되었다. 이것이 곧 불문에 우바새가 생긴 시초이다.
328 초밀麨蜜 : 구워서 익힌 쌀가루 혹은 보릿가루를 꿀로 달게 만든 음식이다. 당 현장의『大唐西域記』「縛喝國」에 "그때 두 장자가 저 위엄스러운 빛을 만나서 그 행차를 따라 마침내 초밀을 바치니, 세존께서 인천의 복을 설법하였으니 최초로 오계십선을 들을 수 있었다."고 하였다.
329 맹민孟敏이 땅에 떨어뜨리고 : 후한後漢 때 맹민이라는 사람이 등에 시루를 지고 가다가 발을 헛디뎌 시루가 땅에 떨어지자 돌아보지도 않고 그냥 가 버렸다. 그 광경을 본 고사高士 곽태郭太가 그 이유를 물어보자 맹민이 대답하기를, "시루가 깨졌는데 돌아본들 무슨 소용이 있소."라고 하자 그의 자질을 훌륭하게 여겨 학문을 권하니 10년 만에 이름이 크게 알려졌다.『後漢書』 권68 「郭太列傳」.
330 범염范冉의 먼지 나는 시루 : 후한後漢 환제桓帝 때 범염이 내무萊蕪의 장관으로 부

름을 받고도 응하지 않고, 그 뒤 누차 태위부太尉府와 시어侍御로 임명받았어도 나아가지 않은 채 가난을 감수하며 살았으므로, 당시 사람들이 내무 고을의 수령인 범염을 "시루 속에 먼지 나는 범사운이요, 솥 속에 물고기 헤엄치는 범내무로다.(甑中生塵范史雲。釜中生魚范萊蕪。)"라는 노래로 찬미한 고사가 있다. 사운史雲은 범염의 자字이다.『後漢書』권111.
331 공방형孔方兄 : 돈을 익살스럽게 표현한 말. 돈이 둥글고 가운데 모난 구멍이 있으므로 의인擬人하여 공방孔方이라 한다.
332 운문雲門의 떡 : 운문호병雲門餬餅. 공안公案의 하나. 운문종의 종조 운문 문언雲門文偃 선사가 어떤 중의 '무엇이 부처를 뛰어넘고 조사를 뛰어넘는 것인가'라는 물음에 기연을 지어 문답한 것이다.『碧巖錄』제77칙.
333 금우金牛의 밥 : 금우반통金牛飯桶. 공안의 하나. 금우 화상이 정오만 되면 도시락통을 가지고 승당 앞에서 춤을 추면서 공양하러 오라고 외쳤다. 뒷날 어떤 승려가 장경長慶에게 그 의미를 물으니 장경이 재齋를 드리고 경찬慶讚하는 것과 같다고 하였다.『碧巖錄』74칙.
334 숙석熟石 : 석회에 물을 부은 소석消石을 가리키는 듯하다.
335 겸선兼善 : 『孟子』「盡心上」에 "궁하면 홀로 그 자신을 닦아 선하게 하고, 현달하면 천하 사람을 함께 선하게 한다.(窮則獨善其身。達則兼善天下。)"고 한 데서 나온 말이다.
336 용녀龍女 : 『法華經』「提婆達多品」에 용녀성불의 이야기가 나온다.
337 복전福田 : 봄에 씨 뿌리고 가꾸면 가을에 수확할 수 있는 것처럼, 부처나 비구에게 공양供養하고 보시布施하며 선근善根을 심으면 그 보답으로 복을 받는다는 말이다.『長阿含六小緣經』.
338 강杠·각榷·기徛·작彴 : 다리의 이칭.『漢書』와『爾雅』등에 보인다.
339 안교鴈橋 : 『三國志』「蜀書」에 선주先主(유비)가 장임張任을 사로잡은 장소로 나온다.
340 풍교楓橋 : 중국 소주蘇州 창문閶門 밖에 있는 다리. 당나라 시인 장계張繼의〈楓橋夜泊〉이 유명하다.
341 중위교中渭橋 : 장안 북방을 흐르는 위수에 놓은 다리.
342 백학교白鶴橋 : 절강성浙江省 백학촌白鶴村에 있던 다리.
343 계룡교繫龍橋 : 미주眉州 팽산현彭山縣에 있던 다리.
344 낙려교落驢橋 : 원주袁州 서쪽에 있던 다리.
345 자오교子午橋 : 강소성江蘇省 염성시鹽城市에 있던 다리.
346 정묘교丁卯橋 : 윤주潤州에 있던 다리. 당나라 명사 허혼許渾의 별장이 부근에 있었다.
347 비옥한 땅과 단 샘물 : 당나라 때 문신 이원李愿이 일찍이 벼슬을 사직하고 물러나 이곳에 은거할 적에 한유韓愈가 그를 송별하는「送李愿歸盤谷序」를 지어 그를 칭찬했는데, 그 글에 "태항산 남쪽에 반곡이 있으니, 반곡 안에는 샘물이 맛 좋고 땅이 비옥하여, 초목이 무성하고 사는 사람은 드물다.(太行之陽有盤谷。盤谷之間。泉甘而土肥。草木叢茂。居民鮮少。)"고 한 데서 온 말이다.
348 삼휴三休 : 세 가지 쉬어야 할 이유라는 뜻으로, 당나라 때 시인 사공도司空圖가 만년에 벼슬에서 물러나 중조산中條山 왕관곡王官谷에 삼휴정三休亭 또는 휴휴정休休亭이라는 정자를 짓고, 그 기문記文인「休休亭記」에 "첫째는 재주를 헤아려 보니 쉬

는 게 마땅하고, 둘째는 분수를 헤아려 보니 쉬는 게 마땅하고, 셋째는 귀먹고 노망했으니 쉬는 게 마땅하다.(蓋量其才一宜休。揣其分二宜休。耄且聵三宜休。)"고 한 데서 유래하였다.

349 압록鴨綠 : 지명. 곡성군 오곡면 압록리.
350 백량栢梁 : 한 무제가 축조한 누대 이름. 높이가 수십 길에 이르렀다. 그것이 불에 타자 다시 대규모의 건장궁建章宮을 축조했는데, 그 설계 규모가 천문만호千門萬戶였다고 한다.『漢書』「郊祀志」.
351 판탕版蕩 :『詩經』에 나오는 두 편명. 사회 혼란을 가리킨다.
352 몰락(淪胥) :『詩經』「小雅」〈小旻〉에 "저 흐르는 샘물처럼 다 같이 몰락하여 패망하지 않게 되기를.(如彼泉流。無淪胥以敗。)"이라는 말이 나온다.
353 스님(苾蒭) : 비구比丘가 출가하여 구족계具足戒를 받은 자에 대한 통칭.
354 월전月殿 : 월궁月宮과 같은 뜻으로, 전하여 달을 가리킨다. 하夏나라 때 유궁후예有窮后羿가 일찍이 선녀 서왕모西王母에게서 불사약不死藥을 구해 놓았는데, 그의 아내인 항아姮娥가 그것을 먼저 훔쳐 먹고 신선이 되어 달 속으로 달아나서 달의 정기精氣가 되었다는 전설에서 온 말로, 여기서는 부인의 죽음을 비유한 것이다.『說郛』.
355 왕이王爾와 반수班輸 : 전설적인 장인의 이름들. 전국시대 송옥宋玉의 〈笛賦〉에 "왕이王爾와 공수公輸의 무리로 하여금 묘한 뜻을 합하고 솜씨를 겨루어서 피리를 만들었다."고 하였다.
356 원금冤禽 : 정위精衛라고도 한다. 염제의 어린 딸 여와女娃의 정령이 변한 것이다. 여와는 동해를 유람하다가 익사했는데, 그 혼이 작은 새로 변해 북방 발구산發鳩山 위에 살았다. 정위는 서산의 나무와 돌을 물어다 동해를 평평하게 메우려고 했다.
357 부釜를 주고 유庾를 주고 :『論語』「雍也」편의 구절. 부釜는 6말 4되에 상당하고, 유庾는 16말에 상당한다.
358 십력十力 : 부처만이 갖추고 있는 열 가지 지혜의 능력.
359 교진나憍陳那 : ⓢ ājñāta-kauṇḍinya. 의역하면 '지본제知本際'가 된다.
360 한 게송 : 녹야원에서 깨달은 다섯 비구 가운데 한 명인 앗사지 존자가 전한 게송으로 연기법송이라 하며 내용은 다음과 같다. "모든 것은 인연에서 생긴다. 부처님은 그 인연을 설하셨다. 모든 것은 인연에 따라 소멸한다. 이것이 부처님께서 말씀하신 것이다.(諸法從緣起。如來說是因。彼法因緣盡。是大沙門說。)"
361 배의 노를~펼쳐 놓아 :『莊子』「大宗師」에 "골짜기 속에 배를 숨겨 두고 산을 못 속에 숨겨 두면 안전하다고 여긴다. 하지만 한밤중에 힘센 자가 등에 지고 달아나도 어리석은 사람은 알아채지를 못한다.(夫藏舟於壑。藏山於澤。謂之固矣。然而夜半。有力者。負之而走。昧者不知也。)"고 하였다.
362 학수鶴樹 : 대열반을 맞이하는 부처님이 제자를 향해 마지막 당부를 하는 때에 사라沙羅나무는 학의 깃털처럼 새하얗게 변하여 학림鶴林 또는 학수鶴樹라 불렸다.
363 서역(身毒) : 신독身毒은 서역의 천축국(인도)을 가리킨다.
364 패엽貝葉 : 패다라엽貝多羅葉의 준말. 다라수多羅樹의 잎. 인도에서 종이 대신 경문經文을 적는 데 썼다.
365 칠중七衆 : 일곱 대중의 불제자. 비구·비구니·식차마나·사미·사미니·우바새·우

바이를 가리킨다.
366 사빈泗濱 : 사수泗水 가의 돌. 악기 경磬을 만드는 재료가 된다.『書經』「禹貢」에 "역양산의 기이한 오동나무와 사수 가의 경석.(嶧陽孤桐。泗濱浮磬。)"이라 했다.

찾아보기

가명可明 / 370
각균覺均 / 471
각진국사覺眞國師 / 460
간선幹善 / 469
갈천교葛川橋 / 296
강백년姜栢年 / 163
건 상인健上人 / 178
견훤甄萱 / 224
경瓊 스님 / 328
경주慶州 / 287
경환敬還 / 368
계룡산鷄龍山 / 315
계숭契嵩 / 375
계정戒定 / 410
고금당鼓琴堂 / 154
〈고산곡高山曲〉 / 108, 117
『고승전高僧傳』 / 305
공권公權 / 272
공 상인珙上人 / 140
곽상郭象 / 396
관북關北 / 296
관 상인寬上人 / 79
관서關西 / 300
관성자管城子 / 385
관寬 스님 / 314
관악산冠岳山 / 155
관이오管夷吾 / 382
관휴貫休 / 370

교연皎然 / 370
구마라집鳩摩羅什 / 206, 390
구봉龜峯 / 445
구봉산九峯山 / 454
구봉자龜峯子 / 191
구수암九岫庵 / 73
구화산九華山 / 282
굴원屈原 / 267
금강 나루錦江津 / 300
금선대金仙臺 / 377
금성錦城 / 432
금화산金華山 / 380
급고독원(給孤園) / 295, 468
급고독장자의 정원(給孤園) / 291
기機 스님 / 78
기자전箕子殿 / 259
길상사吉祥寺 / 225
김 목사金使君 / 77
김 사군金使君 / 218, 258
김 상국金相國 / 260, 267
김 상서金尙書 / 120
김 석사金碩士 / 93
김석주金錫胄 / 264
김 수재金秀才 / 137
김정명金淨名 / 364
김지성金之聲 / 189
김 집의金執義 / 209
김호金鎬 / 251

찾아보기 • 531

나옹懶翁 / 317
낙동강洛東江 / 60
남용익南龍翼 / 254
남원(帶方) / 279
『남화경南華經』 / 214
낭선浪仙 / 289
낭선군朗善君 / 201, 434
낭원군朗原君 / 435
내원암內院庵 / 502
노담老聃 / 394
노황盧愰 / 86
뇌차종雷次宗 / 213, 241, 266, 375
눌 상인訥上人 / 300
능가사楞伽寺 / 499
능가산楞伽山 / 448
능 상인能上人 / 57
〈능운부凌雲賦〉 / 238
능주綾州 / 77

달다達多 / 390
담언曇彦 / 364
담허재澹虛齋 / 196
대동강大同江 / 259
대마도對馬島 / 257
『대명법수大明法數』 / 411
도림道林 / 209
도안道安 / 389, 390
도연명陶淵明 / 59, 199, 206, 376

도잠道潛 / 262
독의루獨倚樓 / 367, 368
동림사東林寺 / 117, 173
동림사東林社 / 241
동명東溟 / 59, 173
두류산頭流山 / 155, 255, 281
두보杜甫 / 289
두승산斗升山 / 183
두영杜英 / 469

ㅁ

마라난타摩羅難陁 / 468
마명馬鳴 / 389
만복사萬福寺 / 303
만일사萬日寺 / 330
만휴萬休 / 291
만휴와萬休窩 / 319
망월사望月寺 / 114
매 상인梅上人 / 243
맹 사군孟史君 / 143
명 수좌明首座 / 101
모악산母岳山 / 90, 92
목은牧隱 / 317
묘고봉妙高峯 / 240
묘련妙蓮 / 472
『묘법연화경』 / 409, 413
묘원 선사妙圓禪師 / 116
묘현 상인妙玄上人 / 149
묘휘 사미妙輝沙彌 / 81
무가無可 / 370
무당산武當山 / 373
무령군武靈郡 / 90

무령사武靈寺 / 473
무이산武夷山 / 373
묵호자黑胡子 / 468
문수보살文殊菩薩 / 123
문수사文殊寺 / 454
문혜文惠 / 471
민 상서閔尙書 / 249
민호敏湖 / 471

박 교리朴校理 / 204
박세혁朴世赫 / 112
박 수재朴秀才 / 213
박 운사朴運使 / 84
박 장군朴將軍 / 186
박정필朴廷弼 / 169
박천博泉 / 321, 324, 327
박태손朴泰遜 / 85, 274
반령潘令 / 396
반숙班肅 / 394
반야봉般若峯 / 280
방간方干 / 370
방도현龐道玄 / 364
방장산方丈山 / 108, 122, 133, 155, 173, 175, 206, 251, 263, 267, 279, 311, 394, 420, 482
방호산方壺山 / 460
배휴裵休 / 364, 469
백거이白居易 / 255
백곡白谷 / 195
백련사白蓮寺 / 242
백련사白蓮社 / 197, 262, 375

백련선사白蓮禪社 / 377
백련암白蓮庵 / 241
〈백설곡白雪曲〉 / 235, 271, 383
백아산白鵝山 / 377
백운사白雲寺 / 93
백운산白雲山 / 168, 175, 282
백운 산인白雲山人 / 40
백운편白雲篇 / 229
백장百丈 스님 / 136, 413
백제百濟 / 224
백화白華 / 458
범염范冉 / 484
법징法澄 / 454
벽암碧巖 / 292, 496
벽운구碧雲句 / 271
벽운루碧雲樓 / 134
보조국사普照國師 / 400, 416, 493
보허곡步虛曲 / 147
보현사普賢寺 / 448, 454
복야僕射 / 272
복천福川 / 148
복천福川 수령 / 199
봉갑사鳳岬寺 / 485
부벽루浮碧樓 / 259
불갑사佛甲寺 / 460, 473
불도징佛圖澄 / 206
『불설십육관경佛說十六觀經』 / 464
불이문不二門 / 140
비안比安 현령 / 251, 252
비장루臂長樓 / 245
비장암臂長菴 / 367

찾아보기 • 533

사령운謝靈運 / 206
사안謝安 / 260
사현휘謝玄暉 / 200
삼은三隱 / 322, 324, 326, 327, 452
삼장사三藏寺 / 420
『삼절유고三節遺稿』 / 265
삼척三陟 / 286
상운祥雲 / 368
서 거사徐居士 / 76
서봉사棲鳳寺 / 208
서석산瑞石山 / 273, 389
서암 노인瑞岩老人 / 49
석옥石屋 / 389
석왕사釋王寺 / 286
석주石洲 / 318
석호石虎 / 173
선 상인善上人 / 109
선 수사宣秀士 / 275
선운산禪雲山 / 448
선재동자善財童子 / 146
설두雪竇 / 390
설명雪明 / 493
설순雪淳 / 471
설암 도인雪岩道人 / 133
설형雪泂 / 471
성능性能 / 496
성담性湛 / 82
성천 상인性天上人 / 87
소요산逍遙山 / 448
소조蕭曹 / 260
송광사松廣寺 / 68, 158, 210, 266, 274, 309, 321, 400, 416
송 수재宋秀才 / 68, 121
송자후松滋侯 / 385
송파 대사松坡大師 / 290
수修 사미 / 302
수선사修禪社 / 299
수修 스님 / 282
수월암水月庵 / 387
수진실垂眞室 / 380
순도順道 / 468
순 상인淳上人 / 139
순성문順成門 / 443
순일 사미順一沙彌 / 63
순 장로順長老 / 236
숭고산嵩高山 / 142
승평昇平 / 200
『시경』 / 370
시산詩山 / 205
신 대사信大師 / 126
신묵信嘿 / 471
신현信玄 / 370
신흥사神興寺 / 482, 483
심담沈柟 / 266
심천사深泉寺 / 114
쌍경雙鏡 / 471
쌍계동雙溪洞 / 173
쌍계사雙溪寺 / 480
쌍변雙卞 / 471
쌍즙雙楫 / 471
쌍현雙絢 / 471

아계역我溪驛 / 60
아미산峨眉山 / 373
악양루岳陽樓 / 394
악정자樂正子 / 382
안국사安國寺 / 300
안기자安期子 / 156
안 사군安使君 / 200, 246
안석安石 / 396
안후태安后泰 / 210, 270
애련愛蓮 / 370
『애련집愛蓮集』 / 370
야유당野幽堂 / 96
양무중楊茂中 / 64, 65, 247
양산陽山 / 156
양 수사梁秀士 / 103
양종호楊鐘湖 / 189
양 처사楊處士 / 214
〈양춘곡陽春曲〉 / 69, 128, 383, 397
여악 산인廬岳山人 / 47
연 대사璉大師 / 87
연연 스님 / 144, 208
연운緣雲 / 290
연화사蓮華社 / 125, 197, 266
영명사永明寺 / 259
영영 스님 / 243
영암靈岩 / 267
영운靈運 / 376
영운靈雲 / 368
영은암靈隱庵 / 287
영주瀛洲 / 156
영축산 / 364

오도일吳道一 / 262
오봉산五峯山 / 222
오 상인悟上人 / 156
오悟 스님 / 313
오융吳融 / 370
오이익吳以翼 / 309
옥천군玉川郡 / 364
옥천사玉泉寺 / 468, 469
와룡산臥龍山 / 74, 208
왕연王衍 / 260
왕희지王羲之 / 287
욕천浴川 / 143
용문사龍門寺 / 124, 133
용봉사龍鳳寺 / 476
용수龍樹 / 389
용천사龍泉寺 / 487
용흥사龍興寺 / 364
우담화優曇花 / 291
우 대사牛大師 / 315
운봉현雲峯縣 / 279
웅웅雄 스님 / 66, 106
원원圓 스님 / 114
원식元寔 / 470
원통암圓通庵 / 183
월성月城 / 108, 256
월악산月岳山 / 280
월암月庵 / 50
유관劉寬 / 258
유마사維摩寺 / 130
유마힐維摩詰 / 364
유명현柳命賢 / 272
유색惟賾 / 370
〈유수곡流水曲〉 / 117, 316
유유민劉遺民 / 241, 255, 375

찾아보기 • 535

유종원柳宗元 / 394
유진석柳震錫 / 193
유현柳倪 / 309
윤 상인允上人 / 80
윤允 스님 / 312
윤 진사尹進士 / 285
응화應和 / 70
의곡義谷 / 279
의곡사義谷寺 / 279
의심 상인義諶上人 / 311
의준義俊 / 406
이봉징李鳳徵 / 321
이 석사李碩士 / 71, 128
이 수재李秀才 / 130
이 시천李詩川 / 96
이옥李沃 / 321
이원례李元禮 / 491
이재李渽 / 150
이지온李之蘊 / 286
인 상인仁上人 / 50
인印 스님 / 127
일선一禪 / 471
일출암日出庵 / 464
임경당臨鏡堂 / 85
임 석사林碩士 / 110
임유후任有後 / 261
임 참의任叅議 / 291
임 학사林學士 / 205

〈자고천鷓鴣天〉 / 253
자수암慈壽庵 / 478

자원慈遠 / 471
〈자허부子虛賦〉 / 86
자후子厚 / 272
『잡화엄경소초』 / 448
장 봉의張鳳儀 / 167
장 수재張秀才 / 227, 228
장죽재張竹齋 / 288
전일암錢日庵 / 484
정곡鄭谷 / 370
정광연鄭光淵 / 230, 304
정동명鄭東溟 / 235
정두경鄭斗卿 / 155
정면鄭勔 / 287
정 사군鄭使君 / 330
정 상사鄭上舍 / 253
정 서천鄭舒川 / 58
정 수사鄭秀士 / 125
정시필鄭時弼 / 320
정 염서丁念西 / 464
정원사淨源寺 / 468
정 원외鄭員外 / 250
정토사淨土社 / 466
제기齊己 / 370
제영당題影堂 / 217
조경망趙景望 / 271
조계산曹溪山 / 212
조근하曹根夏 / 268
조 사군趙使君 / 203, 205
조 석사趙碩士 / 273
조세환趙世煥 / 266
조식曹植 / 206
조 정언趙正言 / 117
조종저趙宗著 / 252
조주趙州 / 331

536 • 백암집

조 진사趙進士 / 124
조 학사趙學士 / 198
종남산終南山 / 206
종병宗炳 / 206, 213, 266
종소문宗少文 / 376
주속지周續之 / 375
『주역』 / 456
죽림 거사竹林居士 / 153
죽림정사竹林精舍 / 468
죽림 처사竹林處士 / 111
죽암竹庵 / 160
준 상인俊上人 / 318
중흥사重興寺 / 267, 440
지곡사智谷寺 / 279
지도림支道林 / 117, 394
지리산智異山 / 92
지밀智密 / 73
지심支深 / 252
지즙智楫 상인 / 373
지헌 사미志軒沙彌 / 240, 242
진락대眞樂臺 / 61, 121, 299
진양晋陽 / 279
진정국사眞靜國師 / 301
진주성 / 394
징광사澄光寺 / 380

찬粲 스님 / 195
창주滄洲 / 230, 304
채영彩英 / 147
처겸處謙 / 471
처민處敏 / 482

천봉사千峰寺 / 93, 227
천 상인天上人 / 94
천왕봉天王峯 / 281
천중절天中節 / 78
천풍루天風樓 / 102
천풍산天風山 / 70
청량淸凉 / 411
청산현靑山縣 / 137
최규崔珪 / 234
최 생원崔生員 / 89
최치옹崔致翁 / 187
최후상崔後尙 / 263
추풍령秋風嶺 / 114
축법호竺法護 / 469
축암사鷲岩寺 / 364
취령鷲嶺 / 91
취미 대사翠微大師 / 389, 418, 438
취암翠巖 / 442, 445
칠보산七寶山 / 163, 373
침계루枕溪樓 / 299
침굉헌枕肱軒 / 381
침허 장로枕虛長老 / 197

탕휴湯休 / 143, 233, 271, 287, 289
태현泰絢 / 472
통영統營 / 257

팔영루八咏樓 / 480

평림平林 / 411
평양平壤 / 259
포숙아鮑叔牙 / 396
필영지畢穎之 / 376

하 수사河秀士 / 129
하 수재河秀才 / 130
하양현河陽縣 / 251
학계學戒 / 471
학민學敏 / 229
학봉鶴峯 / 236
학천 상인學天上人 / 32
한식寒食 / 106
한유韓愈 / 370
합천陜川 / 107
해불암海佛庵 / 460
해 상인海上人 / 123
해심 대사海深大師 / 62, 132
해축海竺 / 470
행行 사미 / 305
행사行思 존자 / 487
향로봉香爐峰 / 295
향적사香積寺 / 31
허현도許玄度 / 84, 169, 396, 469
현 상인玄上人 / 259
현해懸解 스님 / 222
형 사미洞沙彌 / 331
형악衡岳 / 373
혜우慧雨 / 458
혜웅慧雄 / 470
혜원慧遠 / 197, 233, 266, 289, 375, 377,

389, 394
호계虎溪 / 267, 287, 400, 432
호령湖嶺 / 116
호산湖山 / 221
『호산록湖山錄』 / 301
호서湖西 / 296
호 장로浩長老 / 145
홍경사弘慶寺 / 296
홍석구洪錫龜 / 266
화 수좌和首座 / 328
『화엄경華嚴經』 / 308
『화엄경회편소초華嚴經會編疏鈔』 / 411
화엄사華嚴寺 / 495
환선정喚仙亭 / 269
환還 스님 / 306, 307
환이桓伊 / 270
황령黃嶺 / 293
황령사黃嶺寺 / 46, 216
황매 처사黃梅處士 / 166
회계 도인檜磎道人 / 443
회소懷素 / 382, 390
회소繪素 스님 / 277
회암사檜岩寺 / 317
휘 상인暉上人 / 44
흘屹 스님 / 284

한글본 한국불교전서

조·선·출·간·본

조선 1 작법귀감
백파 긍선 | 김두재 옮김 | 신국판 | 336쪽 | 18,000원

조선 2 정토보서
백암 성총 | 김종진 옮김 | 4X6판 | 224쪽 | 12,000원

조선 3 백암정토찬
백암 성총 | 김종진 옮김 | 4X6판 | 156쪽 | 9,000원

조선 4 일본표해록
풍계 현정 | 김상현 옮김 | 4X6판 | 180쪽 | 10,000원

조선 5 기암집
기암 법견 | 이상현 옮김 | 신국판 | 320쪽 | 18,000원

조선 6 운봉선사심성론
운봉 대지 | 이종수 옮김 | 4X6판 | 200쪽 | 12,000원

조선 7 추파집·추파수간
추파 홍유 | 하혜정 옮김 | 신국판 | 340쪽 | 20,000원

조선 8 침굉집
침굉 현변 | 이상현 옮김 | 신국판 | 300쪽 | 17,000원

조선 9 염불보권문
명연 | 정우영·김종진 옮김 | 신국판 | 224쪽 | 13,000원

조선 10 천지명양수륙재의범음산보집
해동사문 지환 | 김두재 옮김 | 신국판 | 636쪽 | 28,000원

조선 11 삼봉집
화악 지탁 | 김재희 옮김 | 신국판 | 260쪽 | 15,000원

조선 12 선문수경
백파 긍선 | 신규탁 옮김 | 신국판 | 180쪽 | 12,000원

조선 13 선문사변만어
초의 의순 | 김영욱 옮김 | 4X6판 | 192쪽 | 11,000원

조선 14 부휴당대사집
부휴 선수 | 이상현 옮김 | 신국판 | 376쪽 | 22,000원

조선 15 무경집
무경 자수 | 김재희 옮김 | 신국판 | 516쪽 | 26,000원

조선 16 무경실중어록
무경 자수 | 성재헌 옮김 | 신국판 | 340쪽 | 20,000원

조선 17 불조진심선격초
무경 자수 | 성재헌 옮김 | 신국판 | 168쪽 | 11,000원

조선 18 선학입문
김대현 | 성재헌 옮김 | 신국판 | 240쪽 | 14,000원

조선 19 사명당대사집
사명 유정 | 이상현 옮김 | 신국판 | 508쪽 | 26,000원

조선 20 송운대사분충서난록
신유한 엮음 | 이상현 옮김 | 신국판 | 324쪽 | 20,000원

조선 21 의룡집
의룡 체훈 | 김석군 옮김 | 신국판 | 296쪽 | 17,000원

조선 22 응운공여대사유망록
응운 공여 | 이대형 옮김 | 신국판 | 350쪽 | 20,000원

조선 23 사경지험기
백암 성총 | 성재헌 옮김 | 신국판 | 248쪽 | 15,000원

조선 24 무용당유고
무용 수연 | 이상현 옮김 | 신국판 | 292쪽 | 17,000원

조선 25 설담집
설담 자우 | 윤찬호 옮김 | 신국판 | 200쪽 | 13,000원

조선 26 동사열전
범해 각안 | 김두재 옮김 | 신국판 | 652쪽 | 30,000원

조선 27 청허당집
청허 휴정 | 이상현 옮김 | 신국판 | 964쪽 | 47,000원

조선 28 대각등계집
백곡 처능 | 임재완 옮김 | 신국판 | 408쪽 | 23,000원

조선 29 반야바라밀다심경략소연주기회편
석실 명안 엮음 | 강찬국 옮김 | 신국판 | 296쪽 | 17,000원

조선 30 허정집
허정 법종 | 성재헌 옮김 | 신국판 | 488쪽 | 25,000원

조선 31 호은집
호은 유기 | 김종진 옮김 | 신국판 | 264쪽 | 16,000원

조선 32 월성집
월성 비은 | 이대형 옮김 | 4X6판 | 172쪽 | 11,000원

조선 33 아암유집
아암 혜장 | 김두재 옮김 | 신국판 | 208쪽 | 13,000원

조선 34 경허집
경허 성우 | 이상하 옮김 | 신국판 | 572쪽 | 28,000원

조선 35 송계대선사문집·상월대사시집
송계 나식·상월 새봉 | 김종진·박재금 옮김 | 신국판 | 440쪽 | 24,000원

조선 36 선문오종강요·환성시집
환성 지안 | 성재헌 옮김 | 신국판 | 296쪽 | 17,000원

조선 37 역산집
영허 선영 | 공근식 옮김 | 신국판 | 368쪽 | 22,000원

조선 38 함허당득통화상어록
득통 기화 | 박해당 옮김 | 신국판 | 300쪽 | 18,000원

조선 39 가산고
월하 계오 | 성재헌 옮김 | 신국판 | 446쪽 | 24,000원

조선 40 선원제전집도서과평
설암 추붕 | 이정희 옮김 | 신국판 | 338쪽 | 20,000원

조선 41 함홍당집
함홍 치능 | 성재헌 옮김 | 신국판 | 348쪽 | 21,000원

신·라·출·간·본

신라 1 인왕경소
원측 | 백진순 옮김 | 신국판 | 800쪽 | 35,000원

신라 2 범망경술기
승장 | 한명숙 옮김 | 신국판 | 620쪽 | 28,000원

신라 3 대승기신론내의약탐기
태현 | 박인석 옮김 | 신국판 | 248쪽 | 15,000원

신라 4 해심밀경소 제1 서품
원측 | 백진순 옮김 | 신국판 | 448쪽 | 24,000원

신라 5 해심밀경소 제2 승의제상품
원측 | 백진순 옮김 | 신국판 | 508쪽 | 26,000원

신라 6 해심밀경소 제3 심의식상품 제4 일체법상품
원측 | 백진순 옮김 | 신국판 | 332쪽 | 20,000원

신라 12 무량수경연의술문찬
경흥 | 한명숙 옮김 | 신국판 | 800쪽 | 35,000원

신라 13 범망경보살계본사기 상권
원효 | 한명숙 옮김 | 신국판 | 272쪽 | 17,000원

신라 14 화엄일승성불묘의
견등 | 김천학 옮김 | 신국판 | 264쪽 | 15,000원

신라 15 범망경고적기
태현 | 한명숙 옮김 | 신국판 | 612쪽 | 28,000원

신라 17 대승기신론소기회본
원효 | 은정희 옮김 | 신국판 | 536쪽 | 27,000원

신라 18 미륵상생경종요 외
원효 | 성재헌 외 옮김 | 신국판 | 420쪽 | 22,000원

신라 19 대혜도경종요 외
원효 | 성재헌 외 옮김 | 신국판 | 256쪽 | 15,000원

신라 20 열반종요
원효 | 이평래 옮김 | 신국판 | 272쪽 | 16,000원

고·려·출·간·본

고려 1 일승법계도원통기
균여 | 최연식 옮김 | 신국판 | 216쪽 | 12,000원

고려 2 원감국사집
충지 | 이상현 옮김 | 신국판 | 480쪽 | 25,000원

고려 3 자비도량참법집해
조구 | 성재헌 옮김 | 신국판 | 696쪽 | 30,000원

고려 4 천태사교의
제관 | 최기표 옮김 | 4X6판 | 168쪽 | 10,000원

고려 5 대각국사집
의천 | 이상현 옮김 | 신국판 | 752쪽 | 32,000원

고려 6 법계도기총수록
저자 미상 | 해주 옮김 | 신국판 | 628쪽 | 30,000원

고려 7 보제존자삼종가
고봉 법장 | 하혜정 옮김 | 4X6판 | 216쪽 | 12,000원

고려 8 석가여래행적송·천태말학운묵화상경책
운묵 무기 | 김성옥·박인석 옮김 | 신국판 | 424쪽 | 24,000원

고려 9 법화영험전
요원 | 오지연 옮김 | 신국판 | 264쪽 | 17,000원

고려 10 남명천화상송증도가사실
□련 | 성재헌 옮김 | 신국판 | 418쪽 | 23,000원

※ 한글본 한국불교전서는 계속 출간됩니다.

백암 성총栢庵性聰
(1631~1700)

백암은 부휴 문파의 제자로, 13세에 순천 취암사에서 출가, 16세에 법계를 받았고, 18세에 취미 수초 문하에 들어 9년간 수학하였다. 30세부터 송광사, 쌍계사 등에서 강의하며 후학을 지도하였다. 영광 불갑사에 주석하던 1681년 전라남도 임자도에 중국 선박이 표착하였는데, 이 배에서 『화엄경소초』, 『대명법수』, 『회현기』 등 190권의 불서를 수집하였다. 그 후 4년여의 수집 끝에 1685년 징광사에서 판각을 시작하여 약 15년 동안 총 12종 197권 5천 판의 책을 찍었다. 그가 저술한 「정토찬」은 『정토보서』, 『사경지험기』와 함께 18세기 정토신앙 발전에 지대한 역할을 하였다. 백암은 한국 불교사뿐 아니라 한국의 출판사에 큰 족적을 남긴 인물이다.

옮긴이 유호선

서울 출생으로 고려대학교 국어국문학과에서 학부와 대학원을 졸업하였다. 학부 재학 시절, 민족문화추진회(현 한국고전번역원)의 한학 연수과정과 중앙승가대학 불전국역연수원의 연수과정을 졸업하였고, 동국역경원 역주사업의 일부 번역과 증의를 맡았다. 박사논문은 조선 후기 경화사족의 불교사상과 불교문학을 주제로 하였고, 동국대학교 BK21사업단에서 박사 후 연구원(post-doc)을 지낸 뒤 국립중앙박물관에 입사하였다. 당시 서지학을 공부하기 위해 성균관대학교 문헌정보학과 박사과정을 수료하였다. 그 뒤 문화체육관광부를 거쳐 현재는 국립한글박물관에 근무하면서 고려대학교 등에서 강의하며 틈틈이 조선 시대 문학, 사상, 역사에 대한 글을 쓰고 있다.

증의 및 윤문
김재희(백천서당百千書堂 대표)